余春烛

疫情美国 2020

一个人的记述
一代人的记忆
……

壹嘉出版
旧金山 2023

壹嘉出版
1 Plus Books
http://1plusbooks.com

作者：余春烛
书名：疫情美国 2020
Copyright © 2023 by 余春烛

2023 1 Plus Books® 壹嘉出版® Paperback Edition
Published and Printed in the United States of America

ISBN: 978-1-949736-44-1
All rights reserved, including the right to reproduce this book or protion thereof in any form whatsoever.

出版人：刘雁
封面设计：余哲茜

定价：$24.99
San Francisco, USA , 2023
http://1plusbooks.com
email: 1plus@1plusbooks.com

余春烛，1966年生人。北京医科大学学士，美国南加大USC博士。美国洛杉矶华文作家协会会员，美国雕龙诗社会员。小说，诗歌，散文散见于报刊。自营公众号《余哥唱晚》。

 请扫码加我为朋友

目录

序　　一笔一划的大时代书写　申美英　1
前言　余春烛　5

1. 捐献篇：南加尔湾华人抗疫下半场　11

2020.03.21	"一句话日记"二则（发布于微信朋友圈）	13
2020.03.22	"居家令"出如兵临城下，疫情初起华人自发捐献	15
2020.03.23	疫情乍起选情初现战端，华人捐献首送警局	18
2020.03.25	自用防护物资捐社区医院　号召国内亲友邮寄做"蚂蚁兵"	20
2020.03.25	尔湾华人重金采购捐献　国内同胞邮寄细水涓涓	24
2020.03.26	国内关怀，老乡主动放弃　疫情焦虑，急盼国际合作	26
2020.03.29	义工捐物又献力，国内捐献全靠蚂蚁兵	28
2020.03.30	疫情交接有违常理，口罩送超市接受不一	31
2020.04.02	诊所停诊，员工病人作应急安排 病人朋友，赠口罩方知稀缺珍贵	36
2020.04.03	日记号召始见实效　邮寄包裹耗费巨资	40

I

2020.04.04　年轻妈妈身居小家护犊爱子　心系大"家"捐献社区　42

2020.04.06　主流美媒报道华人捐助　平民与政客迥异在动机　44

2020.04.07　疫情月余超市雇员未戴口罩　医院进华人社区领取捐赠　46

2022.04.08　父母之爱大无疆　48

2020.04.09　苍生应得悲悯　51

2020.04.12　言传身教,代有人出　53

2020.04.15　前方!后方!　56

2020.4.18　疫情中感受美国政治　61

2020.04.19　和市长一起发口罩　64

2020.04.20　口罩后面的曙光　67

2020.04.23　盟主 Journey 发力了!　70

2. 社会民情篇:胶着与焦虑　73

2020.04.27　再次感受疫情中的美国政治!　74

2020.04.27　重新开放,还是不开?　76

2020.05.01 *劳动节*　急诊的故事　79

2020.05.04 *大晴*　疫情持续发展,生计何去何从　82

2020.05.10 *母亲节*　疫情中的母亲节　85

II

2020.05.12	双城探秘	87
2020.05.17	看不到尽头就是头	92
2020.05.24	Santa Ana——圣女安娜	95
2020.05.28	胶着与焦虑	98

3. 疫情骚乱:"我无法呼吸" 101

2020.05.31	危邦不入, 乱邦不居	102
2020.06.02	I can't breath!——我无法呼吸!	104
2020.06.08	在美国, 我及家人曾被黑人救过两次 ——我与美国黑人交往的故事	106
2020.06.10	乱花渐欲迷人眼:疫情未平,暴乱又起	114
2020.06.24	父亲节, 我们全家从通往海滨的石阶上折返	118
2020.06.27	再次感受美国政治——在美华人自媒体为何挺川多?	121
2020.06.29	"疫地"歌云	124

4. 旅行篇:疫风千里, 万山绣锦 127

2020.07.08	黄石、大提顿五日自驾游(之一)	128
2020.07.09	黄石、大提顿五日自驾游(之二)	131
2020.07.12	大棱镜, 老实泉	133

2020.07.13	走马观花大提顿7月2日	138
2020.07.16	农庄宾馆、珍妮湖与松林山村7月3日	141
2020.07.18	Thayne小镇,盐湖,中国城 7月4日和5日	145

5. 微信保卫战：即使性格沉默也不甘忍受　149

2020.07.27	疫情政治再议（上、下）——从微信传言到使馆"驱逐"	150
2020.08.01	近期回国攻略　马儿	156
2020.08.04	疫情难不倒少林英雄汉	160
2020.08.10	美国（川普）对微信到底会怎么样？ ——我更担心"怎么样"之后！	162
2020.09.07	"政治疫苗"	164
2020.09.13	气氛耐人寻味,川普微信封禁令生效前	167
2020.09.27	川普微信封禁令博弈中的居美华人	170
2020.10.04	有同得新冠之生命机体,却无得天独厚之医药特权,咋办？	174

6. 美国大选篇：撕裂的美国　177

2020.10.13	2020美国大选中微信群华人立场的裂变状况	178
2020.10.19	美国大选白热化,华人裂痕呈断崖	181
2020.11.02	疫情,大选美国两高,回乡中国双检双阴	184
2020.11.09	美国总统大选周,最纠结的一篇日记	186

2020.11.18	我的疫情日记,篇篇印刻着川普退出白宫的足迹	188
2020.11.22	理"拜",不崇"拜" 从媒体信息流中感受拜登其人	192

7. 疫苗篇:第一批吃螃蟹　195

2020.12.09	选情迷雾日渐消散,疫苗疑云淡而复浓!	196
2020.12.20	2020岁末在美国新冠疫情炼狱中的生活	199
2021.01.07	2021年伊始,美国新冠疫情炼狱生活下的心情	203
2021.01.21	2021居美提偶记	207
2021.01.31	今天我打疫苗了!	210
2021.02.15	又过年啦,这个牛年不一般!	215
2021.02.22	与儿子探讨:应该给马路上的乞讨者钱吗?	219
2021.03.15	家中半边天体验疫苗第一针	222

8. 反仇视亚裔运动:被压抑的亚裔终于爆发　225

2021.03.22	全美"停止仇恨亚裔"运动:是一次选举余波还是将永不消失?	226
2021.04.09	疫苗成老生常谈推新又出乱,反亚裔仇恨终有成果仍存歧见	230

9. 美国后疫情时代:全球疫情此起彼伏　234

2021.05.02	病毒是毒,不是病!政治是个什么鬼?	235
2021.05.09	COVID-19将去还复来:防疫的边界在哪里?	239

v

2021.05.19	CDC口罩建议引混乱,全球疫情此起彼伏悉因政治有地缘,全球组成抗疫统一战线迫在眉睫	243
2021.05.31	爱乒才会赢	247
2021.06.25	娇宠吉娃娃:从妞妞到妮妮	254
2021.07.01	圣芭芭拉教堂:后疫情时代再次跨州旅行(1)	261
2021.07.05	加州铁路博物馆中记录的华人:后疫情时代再次跨州旅行(2)	266
2021.07.10	上帝偏爱美国西岸而馈赠的明珠:火山湖(Crater Lake)——后疫情时代再次跨州旅行(3)	271
2021.07.22	克劳利湖(Crowley Lake)探险——后疫情时代再次跨州旅行(4)	278
2021.07.26	从美国看河南雨灾	284
2021.08.03.	关于数字的评判:再从美国看河南雨灾	287
2021.08.20	儿子开学了!	290
2021.08.24	"五筒"的靴子何时会落地?	293
2021.08.30	我的阿富汗病人	296
2021.09.11	二十年前9.11后我的第一次访美经历	300
2021.09.19	中秋时节,月与月饼忆事	305
2021.09.25	"晚舟归航"前因与后果的猜想	309
2021.10.18	中美关系真的不能回到从前了吗?	311

2021.10.24	我是如何在一个半月之内让体重减持10磅而运行的?	315
2021.11.08	我如何看中美两地"与新冠病毒共存"?	319
2021.11.15	疫情仍在迁延,初涉南加"乒乓江湖"	322
2021.11.27	中美防疫的边界在哪里?	327
2021.12.10	当"欧米克狼"(Omicron)遇到烤全羊	331
2021.12.20	春江水暖谁先知?—— 疫情过去在即吗?	336
2021.12.25	王明星没有守住的两条底线	339
2021.12.31	冰火两重天的圣诞2021	342
2022.01.01	是疫情凄风苦雨的继续?还是彩虹当空之前的最后雨季?	346
2022.01.09	从三大纪律八项注意,也谈西安抗疫及其他	350
2022.01.15	黑云漫卷又压城,不惧是雨还是晴!	355
2022.02.04	疫情中这样度过第三个春节	359
2022.02.05	美国疫情如此惨烈,为何民众还安之若素 ——深入美国社会的较全方位视野	365
2022.02.27.	……州……县,马后炮!	373
2022.04.20.	抗疫做法要基于人文精神,悲天悯人情怀	377
2022.05.15	人类面对大灾难时,小而如我等应如何应对?	380
2022.05.31.	在美国加州第一次买枪的经历	391
2022.06.20	小时候我差一点混进了流氓团伙——那时还没有黑社会	396
2022.06.24	我做了美国警察枪击演习的路人甲	401
2022.07.24~09.10	奥兰多之旅——噢!难多!	406

2022.09.18. 反思:全家怎么"阳"的? 432

2022.11.27 迷思 435

10. 文学篇 疫年拾文习诗　437

1.诗

疫　　438
蝠　　439
音 符　　441
眼神　　442
女神　　443
从镜头看黄鹂与白鹭　　445
当诗人与更夫相遇　　446

2. 散文诗

悼伯父　　447

3. 疫情小说

酸菜炖羊排　　450

4. 散文

我和武汉的"一面之缘"　　455
清明时话　　459

5. 书评

书如其人, 厚怀悲悯, 可托生死 ——《洛城娘子》读后　　464
我是我的王, 像极了生活—安隐长篇小说《大梵宫》读后　　466

跋　邱明　469

序

一笔一划的大时代书写

申美英

站在亚利桑那特有的红土地上，眼前一片赤褐色的山峦，身边是纵横的沟壑，山野之间，大河蜿蜒。天地在苍凉与厚重中写着一个大大的"大"字，而"大"字之中是风雨岁月雕刻下毫不造作的让人感动又震撼的质朴。在这种氛围中酝酿这篇小序，突然之间，眼前的景色和余春烛的文字便有了一种契合感！

认识余春烛是在疫情前不久，从一首小诗开始。有一段时间里，他常会发一些新作给我看，我也会不揣冒昧地点评一二。记得我常说的一句话是："诗写情真，诗写情深，诗写自我，不必刻意模仿。"很快地，疫情爆发了，世界为之改变，他的文字也随之而改变。那些小诗在他笔下逐渐消失，替而代之的是一篇篇雄文大作。我一面感叹他顺势而动，把握时代脉搏的敏捷和能力，一面眼睁睁地看着他的文字在这场旷世风雨中，在他勤耕之下，从一棵春时的小苗，经过四季的洗礼，到今秋长得枝繁叶茂硕果累累。终于到了收获的季节！

他书写的是一个个灾难中的日子。

疫情来势汹汹，那蓬勃之势就像卷着波涛的大海冲击，看似波澜壮阔，洒下的却是凄风苦雨。他写下的故事，就是这凄风苦雨飘落在身上的每一点一滴。背景，是这故事中蕴积的悲壮和苍凉。他站在这悲壮与苍凉的氛围之中，仿佛是站在那大美又苍凉的红土地上，承受着视觉与心灵的冲击，在强烈的碰撞中写下大时代中的文字。所以这样的文字必然与众不同，也必定与己不同。

这本书从"封城"写起，第一天，第二天，第三天，第四天……一天天写下来。写疫情初始"居家令"下人们的迷惑，慌乱，不安。写民生种种。写世界按下暂停键时他们一帮"蚂蚁大军"连打上下半场，奔波在各大医院和邮局之间为中国和美国的抗疫前线送上救命的稻草。这里面有亲眼目睹的医护人员因缺乏防护品不得不暴露在病毒之下的窘境，也有为做医生的儿女寻求防护物资彻夜难眠的白发爹娘。写疫情的起伏胶着和这种胶着状态下人们各自不同的选择和取舍，从戴不戴口罩到出不出家门，各种形象都是真实的遇见。每一个细节都是特别时刻中特有的洞见。这些让他笔下的人物和故事不必做很多的刻画，单只是白描就已是活灵活现。因为，大背景下的书写，一笔一画都浸透着时代的色彩，锅碗瓢盆的碰撞，也都是时代的颤音。

疫情中的故事很多，大多数在人们心里只是泛起片刻涟漪但难留住记忆，尤其是那些转瞬即逝的细节。我很庆幸余春烛不遗余力地写下了疫情中司空见惯但匪夷所思的诸多琐琐碎碎，给我们留住了这个时期特有的记忆。这些文字让我们看到了，在大时代的背景中，人是何等的渺小，渺小到无法左右自己的生活状态，无法躲避命运的掌控，这是疫情的"特色"，这些"特色"组成了那个特殊时期的背景。他写海边的高尔夫球场："二人座的高球车都是一人一车"，写疫情中的太太和儿子久居家中初次外出前的恐惧与"晒到太阳，看到果园的景致"后的那种兴奋与难耐的雀跃。这些都是普通人普普通通的生活瞬间啊。而这些琐琐碎碎，在特殊的年代里，写下来就是历史，不写便随风飘散。如今我们再回过头去看，不能不感叹，他伸手抓住的那些瞬间是多么的重要。由此也可以想见，这本日记是多么的珍贵。他记录着生活，而这生活，就是我们不能忘记的历史。

如果说疫情是一场灾难，但对有心的写作者来说，却是一场"幸运的遇见"。这种遇见对心灵的撞击感，是你在惯常的日子里寻不到的。这不是风花雪月中的矫情，而是腥风血雨里的搏击，他的文字就在这种搏击中而生，而长，而成熟，而稳健。不能不说，作为一个有心人，作为一个书写者，余春烛是遇到了"好时候"。这个时候你不必去刻意寻找，笔之所触，皆是惊心动魄。从前面说的生活点滴，到举国乃至全球上下的风云变幻莫不如是。比如中美之间的贸易冲突；比如黑命贵运动；比如美国大选；比如左右两派之争；还有在种种纷扰当中的中美两地华人的各种纠纷和口角；有海外华人对母国的无法舍弃的爱以及对居住国的情感和纠结。他写了小也写了大，大小都是时代赋予他的素材。面对着这些素材，他既写着现实，也书写着对现实的思考。所以，我需要做一点修正的就是：余春烛说他的日记是"感受型"的，"只从日常社会生活与社媒中的信息流去感触，有感而发"。而我要说，他的这种"有感而发"并不是单纯的情绪抒发，而是在阐发见解，这种见解的前提是思考，是观察，是发现，是拷问。

所以，我想他应该被定义为一个思考型的写作者。因为唯有这些思考才能让他将寰球的风云纳入笔底并涌起波澜。你看他笔下有无数个问号："我去充军，为什么？""我游手好闲，为什么？""我被学贷压垮，为什么？""为什么美国的平民会感受到各种各样的无法呼吸？""为什么凡事皆是政治？""一个有权杀人的警察是否比无权判死刑的法律还大？"这每一个问号，不正是他思考的结果吗？一个好的写作者，一个时代的记录者是必须将自己对时代脉动的观察和把握归结于他的感受和思考的。如此层层递进，相辅相成才能成就作品的深刻。所以，在他的文字当中我们可以看到，观察给了他把握时事的冲动，这种冲动又给了他感受的前提，感受提供了思考的条件，思考又促成了他文字的深度，所有这一切组成在一起，成就了他笔下的精彩。

这本书最让我感动的细节，是作者"站在空空的冷柜前"买不到儿子的牛奶时的那种失望、无奈、不知所措以及对未来生活的忧虑和担心。书中多篇提到儿子的牛奶，平静的叙述中，那个父亲的形象，让人读之落泪。这是他书写着的本真，我想，面对他现在的文字，我是不必再提醒他"书写情真，书写情深"了。

从最初青涩的小诗到今天这本冷静、沉着、质朴、大气的书，我可以说，余春烛的文字已经走向了成熟。他和时代相互成就着对方。就像他自己写的那样："在各种机缘巧合的岁月中，相互作用，相互打磨，随遇而安，自然天成"。小诗多是矫情，这些文字才是人生。付出的真诚，思想的涌动，行动的过程，人生的感悟，都在这里面了。

眼前亚利桑那旷野孤山上那橙黄赤褐色彩斑驳的纹路和斑点，一条条一点点，成就了那大背景之下的精彩。这本日记里记下的这个动荡时代里的每一个日子，每一点一滴也成就了余春烛的精彩，这精彩让人读之悦然，品之回甘！祝贺他！

2021年11月5日
完稿于亚利桑那佩吉镇自驾游途中

前言

本书写作起因纯属偶然，或可以说起于一时兴起。

二零一九年底在南加尔湾，一个总人口约二十八万人，其中有约六万华人的城市。正待与家人欢度春节，国内武汉突发新冠疫情的信息一夜之间占据了整个微信朋友圈。本该欢乐喜庆的传统节日，立时变了气氛，转了节奏。旅美及其他海外华人，原本应忙碌于过年的，转身投入了买空世界防疫物资，捐助国内疫区的战斗。我因当时还需忙于日常工作，对此轰轰烈烈的海外华人的爱国运动，没有起念作下记录，甚为遗憾。

早在二零二零年一月份，时任美国总统川普下令关闭了美中航线，但二月底三月初，中国疫情初步得以控制，而世界其他国家疫情纷起，我在接诊一位从当时疫情严重的伊朗来美的病人时，得知她是在美伊航线也关闭的情况下从欧洲绕道进入美国的，而且入关程序仅仅是测量一下体温，就预感到疫情在美可能失控。果然疫情在纽约首先爆发，其他各州陆续发布居家令也被俗称"封城令"，加州居家令于三月十九日发布。我也于该日开始半停诊而只看急诊患者并投入当地社区的募捐活动，从四月一号起，便完全停诊，而且很多牙疼患者也因害怕染疫而不敢就医，我便给他们开处方，通过微信发给华人药店，帮助病人缓解疼痛。因为停诊，而较有空闲时间和心情作日常记录。三月二十一日开始在微信朋友圈追记两篇"一句话日记"。二十三日在公众号软件"美篇"上正式发布第一篇美国疫情日记。五月二十九日开始转到微信公众号《余哥唱晚》发布。

疫情日记在美国疫情初期为号召华人社区及国内外华人捐献抗疫物资，了解疫情动态，及在特殊艰难时刻互相鼓励打气等方面起到了一定的积极作用，得到了一定的传播和读者肯定，使我备受鼓励而坚持书写。

日记内容从记录疫情中旅美生活日常，到华人积极捐助自救，到对时政与社会运动内容的记录、感受和看法。日记为散文之一种，散文本应做到"形散而神不散"，但日记又因记录日常而有一定松散性。每日疫情作为小背景，可能与百姓日常生活及国家社会时政不一定有具体而即刻的关联性或因果关系，但疫情的发生发展作为大背景，对日常生活与时政，则有着巨大的不可忽视的影响。所以从写作角度来讲，日记中的部分疫情记录与生活记录之间的联系似乎没有达到"形散而神不散"的要求，而作为整体内容来讲，我认为是不可或缺的。另外，也诚如我在某些日记章节中表达过的，对具体的疫情，时政，社会事件等可溯查的资料，并不作过多记录与介绍，而着重在于记录经历者在当时的感受，因为感受是稍纵即逝，而且会因时过境迁而变化的。或许正是这种感受的鲜活性是其他资料所不可替代的。

初写日记时，并未有长远规划，仅以疫情日记1，2，3等序号作题；篇幅稍多后，有读者建议每篇应有一个特定标题，于是续写日记均根据主要书写内容，拟有题目，并在题目后继续标注日记序号。到四月底复诊之前，尚可坚持一日一记，但四月底复诊后，因日常门诊渐忙，多数情况下只能做到一周一记，个别情况下可能二周，但仍自称为"日记"。本书基本保留了原有标题，但删除了序号，尽量体现写作状态的原貌。本书还收录了数篇因各种原因未在公众号发布的日记和诗文。

本书得以写成出版，首先要感谢专业的作家美英老师在我书写日记的初期给予了非常专业的评阅、指导和热情洋溢的鼓励；继而又在自己有诸多写作与编辑任务的百忙之中，尤其是在宝贵的与亲爱的女儿旅行途中，阅读了我几乎所有的文字，欣然为本书作序。美英老师鼓舞人心的文字，将激励我在文学道路上继续以梦为马。

要特别感谢作家邱明老师为帮助我加入洛杉矶作家协会，千方百计多方帮助我创造条件，发表作品，使得我在北奥、美英等多位老师的推荐下，加入作家组织；与子同行，文学追梦不再孤独。为了本书，邱明老师也积极帮助联系出版社并热情地写下温暖我心的后记。

还要感谢诗人、作家李大兴兄，为本书在国内出版积极奔走，探寻可能，并且在书名、前言、结构等方面提出了宝贵指导和专业意见。

各位师长在文字上的、共同的严谨态度，给我留下了极为深刻的印象和广阔的学习空间。

另外还要感谢女儿余哲茜 Jenny Yu 在特殊情况下，数易其稿为这本书设计封面。她表达了自己的设计理念："我选择那张照片用于封面设计的原因是：疫情中的各种情形都多有不定，人们从有很多恐惧和未知到接受现实经历了漫长又匆忙的几年。那棵树就像一根柱子也像我们家，保护着我们并给予支撑。照片中母子二人依偎着大树实在是感觉很渺小，但是视线一旦落在身上，他们就无法被忽视——看到他们的人会想要看看他们在做什么。男孩躲在树根后面带着口罩，和妈妈站在身后，身体像旁边倾斜，感觉是"愉快的"，不生硬的；虽然亲身经历并从中学到很多人间的世故，但是依旧保持向上的心态。很多人对疫情大概是感觉自己很渺小，就像大树旁的娘俩。"同时要感谢太太等家人的支持与陪伴。

因本人写作水平，出版经验及时间所限，虽经努力校对修改，本书可能仍有错谬之处，敬请读者谅解并指正。

至此，美国疫情三波四折，世界疫情仍然此起彼伏，连中国疫情也诚如我在一篇日记中所预料：难以独善其身。希望疫情早日结束，世界恢复正常秩序，人们恢复正常生活。

余春烛

二零二一年十一月九日于美国南加尔湾

补记：本书因故延后出版，得以有机会补入2022年的记录文字。在此感谢出版人刘雁和壹嘉出版。

当前疫情形势，以保全社会经济结构与功能，维持民众基本生活需要为导向的美国，正式统计病例接近一亿，但从自身及周遭情况来看，奥米克戎以后自测阳性病例，因症状较轻未就医而进入统计的病例比比皆是，全美应该是进入了全民免疫阶段了。而以疫控为导向的中国，仍然是以2020年疫情初期的模式，即"动态清零"，在疫情漫延，呈燎原之势的情况下，已知西藏已封控9月有余，新疆封控也已约6个月，另有内蒙，河南郑州等地均有封控……人民的生活受到极大影响，部分进入困境，有人甚至陷入绝境。

当再次校阅前稿，感慨良多。尽管国情不同，疫情阶段有异，但在这样的全球世纪大灾难面前，各国各地人民的生活与精神需求和心路历程却是类似的。因此，对既往不远之灾情，反观，反省，反思，以鉴未来，于平民百姓，或可学习如何趋利避害，以图生存，对国家政府，更可掘现治理之短板，预谋图强福民之道。

再次校阅完本书，对照仍在进行中的疫情现实，作为笔者，庆幸不经意中的一段记述，或可成为一段可供人们反观、反省、反思的记忆素材。

佘春烛

二零二二年十月二十二日于美国南加

又补：中国在强烈民意下，于12月7日突然由疫情清零管控180度转变而为放开，于二十余日内估计染疫者数亿，可能系人类历史前所未有。但若深入体察，无论身处何处何时，经历感受，心理路程却于各异之中存有类同。

佘春烛

二零二三年一月一日

捐献篇

南加尔湾
华人抗疫下半场

2020.03.21

"一句话日记"二则(发布于微信朋友圈)

(一)

很多人在写美国"封城"日记。琐事忙,我来写"封城"一句话吧。前天:"封城"第一天,傍晚手术完下楼,约6点,上车,手机放上空调口磁架时,屏幕上闪过一句话——加州州长Newsom下令"封城"。回到家时,一位第二天孩子有预约的家长询问门诊还开不开。多方查询中英文信息,美"封城"非中"封城",明天照开。 昨天,有一二病人取消预约,其余如期而至。主要是正畸病人,一个月前约的。间隙看到群里一个康州物资求捐信息,提醒疫情升温,医生们在"裸奔"了。拟了一个募捐接龙放自己几个群里:

@All 美国现在进入相当于武汉"封城期",因为前期我们华人华侨买空了美国全部各种口罩等医疗防护用品,支援国内或自用。现在我们美国医务人员,尤其一线的医务人员都在"裸奔"状态,没有N95口罩,有的一个口罩用一周。中国是生养我们的土地,我们对她有深挚的感情,美国是我们自己选择生活的地方,而且多半是为了孩子的将来而选择生活的地方,我们一定希望她也安全而繁荣。在此,我号召大家捐出,或交换自己手中的医用N95及工业N95口罩。所谓"交换"是用我诊所储备的医用口罩5到10个换一个N95口罩。作为一般居民,待在家里,是对自己最好的保护,N95或一般医用口罩可能区别不大。而对医务人员,一个N95口罩就可能就是一道守护我们的防线。请大家接龙,注明姓名,捐助或交换,有医用还是工业用N95,

数量等。接龙后再作进一步交接安排。1，Dr. Yu捐医用口罩约2000只交换N95；2，Cynthia Guan 工业 10只 捐；3，应者踊跃，一会儿有一百多工业N95送到诊所。陆续看到尔湾有几个群也在为医院募捐。多是家用的少量物资、口罩。

今天，少有地设了闹钟，准备上午去诊所接收尔湾华人捐助的口罩，下午争取先送消防局。安排了"无接触"接收。诊所正式停诊，只看经筛选的急诊。不能看的，可以破例远程开处方。

（二）

加州"封城"第三天：一个好天，整个停车场只有我一辆车，小摊摆好。尔湾华人基本按照事先约好的时间安排，一个人到来，放下物品，登记，离开，再来另一个。春燕今天是一周没出门以来第一次出门，专门为捐赠过来，令人感动。叮嘱她也要适当出门。不然会不会感觉门外都是妖怪呢？他们走后，我出来每次都用诊所专业消毒液喷洒一遍，十分钟后收进屋里。一上午，收获爱心多多。和智海提议请市府及相关需要捐助的部门开放受捐窗口，Hoag医院就有，据说市议员正拟议中。UCI学生宿舍又增一例阳性，输入性，非学生。努力分析着每个坏消息中的利与不利方面，信息要足够。物品需等到周一送出，相关部门雷打不动过周末了。我妈若知道，会不会说河里人不急岸上人急呢？谁在河谁在岸有时难分难辨吧？

2020.03.22

"居家令"出如兵临城下，疫情初起华人自发捐献

第四天，严格讲是第三天。有人针对说美国或加州"封城"不太舒服，打了引号也不舒服，须说"居家令"才没意见。要怪都怪第一个发布中文消息的人选了这个哗众取宠的字眼。

上周见冰箱里儿子喝的盒装牛奶多了一倍，我对太太说，你不是不赞成囤货的吗？太太脸上现出了真正的忧虑，说，我只是怕逗逗要喝的那种会断货。家里养了个食癖不着人烟的小子，长到九岁没沾过一星肉腥，单靠牛奶续命，而且仅限这一种口味，包装换了都不行。昨天我离开诊所后去大华采购，受嘱再进几盒那种牛奶。无。回家晚饭后，我欲往常去常有的那家Albertson再看看，太太说等明天一早去吧，晚上肯定没有了，白人超市的人又多半不戴口罩。我明白她的意思，冒一趟"险"，得值。尊重。

一觉自然醒，等着估计过了超市规定老人购物的时间，驱车出门。又是一个令病毒害怕的南加晴好天气。

走进超市，直奔去过几次的冰柜，已经几乎空空如也，有点怀疑是不是自己忘记了那种牛奶摆放的位置。身前一位小伙购物车上正有两盒我要的那种牛奶。我唤了一声，小伙转过头，亚洲人长相，又不全是。用中文试探，不是中国人。请问他拿的牛奶是不是那柜里最后的，他说是。我便死心了。他马上问我要不要一盒？确认过他真诚的眼神，为了儿子，我受让了。付款台前的地面上多了几道让人保持距离的红线，对我是头一次，没有马上习惯，收款员几次走出来提醒。

出了这家，想着一盒有点少，奔到另一家。冰柜里竟立有七盒，好久没有这种喜出望外的心情。拿了三盒，不能全拿，留给别人四盒，电话征询太太，她也同意。回头几天再买，还会再有吧？交款走出。

一向达观的我，心里也真正有了些担心。如果这一味牛奶断供了，怪小子会接受另一种吗？要是牛奶也没有了，这会是他成为饮食正常人的一次绝处逢生的好机会，还是会因为难以克服自己生理心理障碍而面对生存或毁灭的抉择？从逐渐多起来的售空的货架，让人有了隐忧。这还只是一场人与自然的战争，无论自然如何强大，它只逞能于一时，全人类可以团结一致去对付它。而若是人类之间的战争，两个阵营必然是千万百计定要我活你死，平头百姓如我等可能不仅仅是听天由命，更有可能只是战争硝烟中的一粒扬尘。

按说牛奶产自美国本地，平日供应充足，现在为什么也短缺呢？忽然想到灌装牛奶的纸盒或纸盒原料很可能产自中国，中国那边因疫情已停产一月有余，这种猜测似乎能很好解释现状，但不知有据否。

到家进了车库，怪小子和妮妮（我的那只小狗)颠颠迎出来，前呼后拥帮忙把东西提进屋。我去信箱取了信件，昨傍晚把信箱盖和信报都喷洒了消毒液，一晚上什么毒都死光光。广告纸页直接进了垃圾桶。

忽然有人电话，说有东西要捐，已在诊所楼下等，因在那附近办事，顺道。去诊所的高速路上，车辆仅二三，格外通畅。

下午回来，外面升高的气温，长袖穿不住了，好事。顺势沐浴更衣。和太太做了在家的半隔离安排，家里两个皮沙发归我专用；女儿不常在家，浴室便被我征用。在外跑要注意，在家也要注意了。妮妮憋在家好几天老想往外跑，最后妥协在院里晒着太阳陪我码字，岁月静好，希望永远。

傍晚后打开微信，好些亲加我打听购买什么合格防护产品好捐，和智海商议后，是时候可以组织大家捐款了。

明天和智海争取送出第一批捐物，好几个医疗机构已闻声而至。

2020.03.23

疫情乍起选情初现战端，华人捐献首送警局

昨日些许儿女情长，岁月静好，仿佛是尔湾这场"战疫"静谧的前夜，难以预料此战将会平淡无奇，还是会惨烈异常。中国在前面走，世界各国在后面跟着，步履蹒跚千姿百态。

一早和智海约好了去OCFA，权且叫它橙县消防局吧。尔湾市议员Melissa促成OCFA设立了居民捐助站。不知为什么，有委托在身，就会急切地想把装在车上的捐助物资尽快送到急需的地方。时间还早，我先去诊所交代和确认Doris和Jessica能较好地执行"无接触交接"继续接收居民的捐献。为了让她们安心，上周就告诉她们诊所虽然停诊，但不用担心工资，无论能不能来上班。其实诊所停诊后，各项费用除了消耗品，其他一样都少不了。川普政府在稍早时曾规定雇员工资不少于三分之二，最长三个月。既已如此，又忙着推议案，坊称一人一千块。以我的理解，在此疫情烧得焦头烂额之际，这是撒金买选票吧？晚上消息，该议案被民主党阻击，这个乖不给卖，民主党要把烧饼画得更大！看不到选举，却处处见选情。疫情，选情，孰大？

OCFA大门外停车场临时支了顶深米色帐篷，桌上一溜大方盒排开，二位制服洋帅哥戴着蓝色口罩守候着。搬下部分物品清点后，我们请求给签一个Waiver of Liability（免责声明）时，他俩请出了自己的老板，一位稍胖长者，也一样制服、口罩，但显然口罩和他的嘴巴不肯和谐相处，只见他一会儿移开一会儿拉上。问清我们的要求后，他又请出一位"领导"，居然比他年轻。没戴口罩。但签字毫不犹豫，

并大方熟练地让智海拍了一小段采访视频。随后又单独让一位随从拍了一段视频，听意思是向市民公告。在美国一样，有没有公关意识，有没有口才，决定了做领导的素质。我从旁拍了照和视频发给智海，她发到群里，一番群议。智海早上给了她的邻居一百多个N95，带去凯撒医院，邻居是那里的员工。其他受捐点联系人还没有回话。于是我们各走各路。我专程去两处取了主人不便送到诊所的捐物，e隆堂药店捐了15只N95；一位居家带孩子的妈妈，一包普通口罩装在一个购物袋里，她说外包装盒污损了才扔掉的。如果说上半场尔湾乃至全美华人支援国内抗疫拼的是物质，买尽美国，空运中国不知多少吨；下半场我们几近赤手空拳，坚守在美家园，守护儿女，拼的就是精神了。

　　诊所今天收到的捐赠，人数不如上周六多，但有几箱DuPont杜邦制重磅物资，据说中国禁出的。才一个月前，有志愿者请求我帮忙买这种物资支援武汉，因为只有行医执照才可以，我盯了一星期也没买上，全被买走去了中国。这几箱一定是在奔往中国的路上掉队了，流落至此，但身价跃然高企。这是应该马上送往新冠病人最多的医院去发挥它最大保护作用的，我以为UCI医疗中心应该算一个。但是联系人一直没有给回话。人家一定有自己的日程安排和更紧要的事要办。请Doris和Jessica把货箱塞满我的座驾后座。等到下午3点多，想着亲自送去，却一直去留难定。最终还是决定此时此刻对医院重地还需留有敬畏之心，做对比做快重要，如果一不小心回来祸害了尔湾，多少捐赠也值不回呀。 晚上和联系人沟通，UCI急诊室对这种物资循规还不能使用，大概是疫情还没到那火候。那就先给他们口罩，商量了安全的交接方式。 上周一位老父亲为在Riverside河滨县做医生的儿子寻觅此类物资私聊过我，据形势发展忧心儿子下周将可能遇诊新冠病人。群里一位亲有一些另一个牌子的，她说国内昆明的医院用的都是它。一番沟通促成了他们对接。为了一个老父亲。

2020.03.25

自用防护物资捐社区医院
号召国内亲友邮寄做"蚂蚁兵"

3月24日,早晨阴雨,穿着加厚长袖T恤出门,按地址去UCI急诊室的Max家,送去200个N95口罩和19只护目镜,口罩大概够他们用一星期。他太太是联系人,为了对尔湾华人捐助者负责,昨天已对Max身份作了确认。为了安全只是把物资送来放到他家门口。我回身上车后,看见Max开门把东西拿进了屋。他太太不一会儿微信我,说Max一会儿就会送到医院去,并发同事与物资合照。本来他今天是休息的。

智海这时微信我问手里还有多少只口罩,好安排送去给凯撒医院,她已联系好。诊所一早又收了一二笔捐赠,我想回去收齐后,一起清点。驱车开上Jamboree时,忽然汽油警示灯亮起,好险只剩一格油了。刚好拐出,去Costco加油。油价竟然只有二点七刀多,十年多以来油价都在四刀上下徘徊。沙特石油跌到$20一桶时来此加过一次,那时油价也没有掉。今天这个良心价是真实市场价,还是石油大亨们疫情发善心呢?

在诊所楼下停车场把所有物品作了清点。和智海按约到了Sand Canyon凯撒医院停车场碰头。随后又转到医院入口装卸区。一男一女两位制服人员推辆二层小车朝停在路边的车辆边电话边张望。没戴口罩。进出的病人佩戴口罩者几无。我从副座上口罩盒里抓了两只,走近时抢先伸直手臂递过去。女士接过和男士有点尴尬地微笑戴上,说他们只是管理人员,医院不要求戴。她的口罩上端缝隙留得很宽。

把货物搬上他们的小车，我问男士：医院有无收治新冠病人。他很职业地回答：我不能和你交流这个问题。女士电话请示后，签了免责书，登记了我们的名字。我自拍一张四人同框照片，留作纪念，也好回来汇报。

此毕，智海独自去 Mission Viejo 的 Mission 医院送口罩，虽只是邻城，但唇亡齿寒。我有病人就住那个方向，确定某小区有新冠阳性病人，这是官方不会公布的。而我还要趁早去趟 Burbank 办点事。

这时天气渐热，厚长袖穿不住了。我一直关注气温。南加阳光是天然消毒剂，但每个个体还是潮湿的小宇宙，口罩、距离此时仍是防疫的利器。

贝托是立新的公子，本科在纽约学机械，自作主张加学了电影，读研究生便跑来 Burbank 傍着好莱坞学拍起影视。武汉疫情时，他在北京家中度寒假。北京也有了病例，他冒着被传染的风险飞回美国开学。结果现在中国好了，这边成了疫区，天天宅在租住的公寓里。立新，老乡，十八岁上北医开始的兄弟。昨天微信我，贝托离开北京带的几个备用口罩不够了。那会儿，连川普都没想到有今天。还是送一趟吧，更安全少风险，在 UPS 里面对面地和业务员弄半天，他们多半也没有口罩。跟贝托的交接也是无接触。疫情，让陌生人互不信任，却让朋友更加默契。

这几天时间和心境都让我根本顾不上各群都在发生什么。但昨天的日记在中学群里引发了疑问：美国真那么缺乏防护物资吗？就像再怎样有同理心，我们也不可能体会当初武汉人民随着疫情波折而跌宕起伏的种种情绪有多悲催。我问：你想象是什么样的？答：想象中，美国应该是财力雄厚，物质充足的。我不知道这是不是代表了国内多数同学的认知。我意识到在国内的同学从中国来看中国和看美国，与在美国的同学，从美国来看中国和看美国，就好像从曼哈顿看新泽西，和从新泽西看曼哈顿，又或者从浦江这岸看向浦江那岸，目力所及，高楼水岸都相同，可各自眼中的风景却迥异。有的群我保留了几乎所有的对话记录，随便截几个屏发给同学们，他们应看到，当初美国华人群情激昂支援武汉捐去中国的全是"洋枪洋炮"（尽管多数为中国制造），而在美国这边留给自己社区的却只有一小堆如土八路手中的红缨枪大砍刀。有同学私下问我要不要寄口罩，起初我谢绝了，因为个人不需要；但问得多了便忽然想到，当初支援武汉时的物资与社会条件已不在，从国内用蚂蚁搬家的战术，是不是能聊解华人居住的美国社区抗疫物资匮缺的燃眉之急呢？

据了解以外贸邮包一次可以走500个N95，个人邮包一次100个口罩，抵达时间不定，有在6天左右到达的。再考虑防护服、护目镜等其他物资。若可行，各地华人可以发动自己的亲人，同学，朋友。但中国是海外华人的生养之地，祖国有难，自当殚精竭虑，虽九死吾往矣；而海外之地，对多数国人却是既遥远又陌生的，反向捐助的动能何在？唯一的动能就是，他们有挚爱的亲人朋友飘游海外。饥馑之地，必有饿孚。为了你们的亲人朋友还能健康平安回家与你们团聚，如果做不了霹雳将，还可以做一名蚂蚁兵，请发动亲人的亲人，同学的同学，朋友的朋友，不断寄过来你们的小小爱心，直到可以停住。这样就是帮助为了祖国沸腾过一腔热血的海外华人。让他们手有所依，就地为战，联点成片，守护海外炎黄子孙后代。如果你，你们没有谁可以寄，那就寄给我，记得留言有点创意，别再"山河异域"什么的，不是异域了，我们同村，同心。海外华人已经快捐无可捐了，捐钱也买不到抗疫物资，我的抗疫日记将很快失去动作片性质，成为自家后院乏味的岁月静好。我的笔本就是枯涩的，只有你们可以给我故事。

当然这件事如果让国家来做是最好。我虽然也讨厌美国政客，反对美国把中国树为假想敌，对川普团队由支持到反对，由于他们对中国的无端打压做法，我不愿换掉我的中国护照，虽然没有一毛用处，我也不去投票。但是公平而论，武汉抗疫之初，他没有禁止华人抢购强运数以百千吨的防疫物资回中国，也是被动存在一丝善意。就算他傻x一个，只是没有料到也有今天才没有做，不管怎样，是为了拯救海外华人而不得已捎带脚也救美国人一把，还是为了教训美国政府而让美国华人跟着陪葬，请慎重决断。

2020.03.25

尔湾华人重金采购捐献
国内同胞邮寄细水涓涓

3月25日，今天又是晴好天气，可以短袖。尽管晴暖天气并不必然阻击住每一枚新冠病毒，但在大环境上总是有利的。这是南加人的福分。

上午诊所收到两份捐助：一盒3M1860，捐主本身属于低免疫力人群，家人专门高价为她买来加强防护的，她竟特地亲送过来，郑重嘱咐交与一线医务人员（她这一盒下午捐去给了Kaiser的主要物资配送中心）。还有一位我微信群里住在Lynwood的亲，现购邮寄过来的两盒N95终于也到了，她一直挂念，所以拍照过去知会。她说若需要还要捐。

智海的公司CAMA也设了收捐台，方便就近居民。她还在家有事缠身，我那会儿多出点空，就代她先去把捐赠物收上车，好早点前去受捐医院。诊所总有消毒剂，头两天Jassica灌了一满喷壶给我放在车上备用。华人刚上过国内疫情的预课，个个已是新冠防疫专家，在美国现在应该是最安全的群体。但小心行得万年船，收货前还是先去把捐赠物包括容器都轻轻喷洒一遍，等待它发挥作用时，转去Cypress Village居民家门口取了一份捐物，再回CAMA把物品搬上车。喷壶后来交给智海，嘱她照办。这种专业消毒剂，除了肝炎病毒芽胞，其余病菌一般都可杀灭。

下午智海比较辛苦跑了三家医院，我跑了一家。基本把目前收上来的捐赠物都送了出去，包括那4箱重磅物资，100套杜邦防护服，尔湾居民花50美金一套购得的。还有最后一箱欲送 Fullerton 的 St. Jude 医院，尔湾北边另一华人聚集社区 Yorba Linda 距其不远。联系中。

昨天的日记群发加朋友圈，得到空前的转发。多数反馈为鼓励声援有加，也听到一点风凉话。帮忙转发的朋友也有受了一点委屈的。抱歉，但正常，很多从人群中发生的事都符合正态曲线分布规律，多数人如何，少数人怎样。

关于蚂蚁搬家战术，综合各方面信息，发现小邮包邮资太高，寄四盒一次性口罩要三百多人民币，只不过200只，不然我的病人、女企业家加慈善家江庆可以无限量捐助口罩。武汉战疫期间，她从美国成吨成吨地捐去几批物资，国内口罩不够，她便开了生产线，可惜运输成本太高。走外贸线稍好，一次可邮500只，N95和一次性混杂，但也有运输和通关成本问题。还有就是时间。蚂蚁搬家早有人在做且越来越多，所以直邮美国时间难保证了，曲线走香港倒好些。有朋友告知刚邮购了3000只N95，算大宗了吧？拭目以待，希望顺利。 很少像现在这样"不误正业"连着每天码几千字，有点疲劳了，就像很少下地，冷不丁锄了几天荒。肚里那点墨水，洒出一点就少一滴。心里一边往上犯懒，这不快周末了吗？一边又觉得愧对"日记"两个字。提前知会一声，我可好好的啊！要不咱改周记？（3月26日记）讲真，好几天没时间混群和浏览新闻，已鼠目寸光，快闭门造车了。怕被眼前的"一片祥和"蒙蔽，码出一堆笑话。今一大早，有朋友发了一堆纽约的信息，显示忧心如焚。于是我和东边的朋友聊几句，在 Boston 的，情绪语态平静，说不会比中国那边更糟。昨晚眼睛一瞥的信息有，美国国务卿 Pempeo 似乎开始寻求与中国抗疫"合作"，这是好的信息，全球现在不合作，就等着看COVID-19把谁收拾得更狠。但傲慢换不来合作。拭目以待。

2020.03.26

国内关怀，老乡主动放弃
疫情焦虑，急盼国际合作

尔湾华人捐赠的抗疫物资昨天基本出空。所以今天权作休息。前台Doris继续接收捐赠，CAMA那边也在接收。中午后，Ben来诊所，放下从江西省政府捐赠南加江西同乡会1万只口罩中他接龙分配到的750只，为此他往返开车二三个小时带回来分给尔湾乡亲。诊所有人执班便于领取。我看那10只一包的小包装，很便于发给社区超市、加油站等，在老乡群做了提议，多出的也许可以捐给社区。有好几位老乡主动放弃领取，头两天我见Vivian还在微信群求购口罩，她居然也放弃了，说有国内口罩正在寄来的路上，还是留给他人吧。另有一些老乡还是很缺口罩，令人痛惜。来自国内的关怀，虽然数量有限，那也是雪中送炭呀！

下午还简单处理了一两位病人，都是上周治疗的后续动作，不宜久拖的。互相也了解信任。病人小渔在心脏起搏器制造公司工作，虽然外国人多，但工作环境都须穿防护工作服的，工人们应该都受过无菌培训。她的公司没有停工。

再说说上午在家的时候，和一位新加的微友私聊了一阵。看过我的日记，她正在发动国内朋友捐赠。她看到纽约那边一些很不好的信息，情绪有所焦虑，正如我头天流露的疲惫。于是我同时和东岸的朋友聊了一下，他在Boston，我看他离纽约很近，他却自认有段距离，语气较平静自信。又进纽约群把住法拉盛附近的群主拉出来聊了几句，她只说纽约情况不妙，并未显示任何慌乱。去她的群里爬了几层楼，多数还在聊疫情，有聊纽约，也聊意大利香港，居然还有人心情恬静到刷屏一组花卉风景。真是，你看到什么，就有什么心情；反之，你想怎样，就能看到什么。回过来和微友又聊了一阵。这几天来，大概因为时空频乱而心无定锚，目睹社区华人踊跃倾囊却大多所献无几，情境悲壮，以及遥望故土而近渴难解，万般无奈，令我疲惫上心。可是当面对比自己心情更糟糕的人时，你却想寻找一些东西去帮助对冲。于是我脑中掠过头天浏览到一向对华说话不怕强硬的Pompeo开始在谈与中国抗疫"合作"；再就是有篇文章推道：尽管有脸色晦暗的川普提襟见肘的窘迫，但还有纽约州长科莫的应对沉着。这样的对冲动作，不仅帮到了他，也缓解了我自己。

晚上终于有点闲心各群逛逛。见Judith刚发过一个视频，是洛杉矶市长宣布自己的姐妹城市广州以及上海市将联合过来搭救的消息。一晚上没有看到，也没有特意去搜寻是不是有对应搭救纽约的中国城市，如果真没有，这可能将会是一场中国选择性帮助美国的抗疫战役。如果真是这样，纽约人民您有一阵子就悬啦！

明天，可能去我的母校USC医学中心送出尔湾华人社区捐赠的物资。小激动中。

2020.03.29

义工捐物又献力，国内捐献全靠蚂蚁兵

日记停了两天。因为白天不定时活动，晚上饭后眯一觉，夜深人静时才能稍许定下心绪。如此这般连续数日，会感觉身心疲惫，担心文字难免被消极心理所驱策。意外收获是，因避免去餐厅用午饭，体重有所减持，始有身轻如燕之感。

3月27日，去智海CAMA办公室，把我那边收上的捐赠物一块集中，再分拣配置，准备送往两处医院，一处是位于Montebello的Beverly Hospital和另一处位于LA Downtown的LAC-USC Medical Center (LAC即LA County)。虽然距尔湾较远，但往小了说，南加各医院各社区都是唇齿相依，只要物资送到最需要的地方，捐助物资去向不限于尔湾。

曾在国内做过外科医生的Amy也前来做义工帮忙，能做外科的女性动作都格外利索麻利。她还捐出了三小箱从上海发来的非常好的外科口罩，有可能相当于美国Level 3，仅次于N95，都是10个一包的小包装，不用外包装盒，可以多装达到约300只一箱，她说邮递过程很顺利。这个真实的直接的经验给了我很大的信心。头几天向人打听时，得到的信息都是每一环节均有各种不确定性，所以婉拒了好几位热心的朋友和同学的盛情，怕他们的捐助夭折在半路上，辜负了一番好心。于是我放下担忧，请他们只管发过来，其中还有一位广州的朋友，新加的微信，只为了给我捐寄抗疫物资。我那篇号召蚂蚁兵的日记，这几天还在不时被人转发，可惜我没有早注册好微信公众号，现在用的平台有点过小，希望对读者多少有所感召。这几天也不断看到

和听到社区里有这样的小包裹收寄过来捐赠出去，显然很多华人早就是蚂蚁战士啦！正是这样不谋而合的点点甘雨，正在不断汇聚而成涓涓小河小溪，护绕家园，阻挡病毒。希望不久可以冲决堤坝，有大批物资到来。

  智海是公关高手，收捐医院的方方面面她都能安排妥当，我只需跑跑腿即可，非常省心。接受以往经验，我们在微信或电邮里都会提前提醒院方接收人在交接时戴好口罩。Beverly Hospital 并不在 Beverly Hill，而是随了一条街名，这里进出的病人戴口罩的较多。LAC-USC医疗中心，是我在 USC 时实习过的医院。曾经还跟外科主任查过房，这里的病房，每床之间都从屋顶上垂下宽长的布帘，让人感觉压抑和憋屈，但是美国是非常在意病人隐私的国家。病房陈设很像纽约医院最近流传的一个视频里，一个个躺着的新冠病人，只有脚板露在布帘外面。为了这一幕不在南加重演，在正规后勤部队到来之前，我们尔湾和其他城市的华人，就像民工运输队一样，不惜气力捐钱捐物，并从母国以蚂蚁搬家方式运来一点又一点抗疫物资，汇入这一场与新冠病毒力量悬殊的战役。

  很多市民在家已经禁足多日，甚至在加州正式居家令颁布之前即已开始，心理上会更加恐惧户外。更何况这样应该已经接诊了新冠病人的大医院。每次捐赠我们都会和医院接收人员合影，并发回社区，以此向我们荣受的巨大信任做个郑重交代。为了不让大家担心，也为了更好地保护自己，我穿了一身没有头帽的隔离衣，加上手套、口罩，并始终注意与所有人保持距离。这一形象和经历将成为我一生中最重要的记忆之一。

  回到家来，尽管有南加渐已炽热起来的阳光照射一路，还是把车先停在车库外面，用专业消毒剂把所有门把手都擦过一遍。甫一进屋，就被太太赶去专用浴室，衣服从里到外，只要外出过，必须一天一换。我自己还用口外手术时口腔消毒用的碘仿漱口2分钟，并沾满棉签清拭鼻孔。从来没有这样"打理"过自己，听起来是不是很"医生"？这两天微信群里出现一个进家门多少步曲的图表，相信很多人进家门的程序不乏这样的繁文缛节。所有这一切都可能多余，所有这一切却都是必须！当人与环境之间的交集失去了可信任的界面，人与人之间便失去了安全的依凭。一个小小的病毒，一夜之间成为超超级网红，用地图上满布的红点向人类演示出什么是全球一体化；为了教训人类的健忘与狂妄，把生存与死亡的讯息同时加密在一个人的一星唾沫中，让全地球的人类放下一切烦躁来围观，来静心解读。

2020.03.30

疫情交接有违常理，口罩送超市接受不一

补记这几日发生的事。日记如果不想做成流水账，能做到每日记并不是容易的事，而疫情之下，又似乎每天都发生着一些可歌可记之事。

3月28日。有些行为，在常理之下，会让人觉得古怪而不可思异。比如，要给人一样东西，按我们中国人的礼数，小东西应双手奉上，大点东西应端至面前。如果把东西放置在远远的地上，让人弯腰自取通常是失礼的行为。但这种行为，在疫情之下，却不仅显得合理，而且授受双方均因一种理解默契而一笑宛尔。

诗人才女老乡 Jenny 通知我她捐献100只N95等物给一线大夫，约好时间送到我诊所。同时 Ben 也有国内家乡向南加江西华人捐送的普通口罩在我这里还没领完，于是我通知老乡们也差不多的时间来取。Jenny 稍早到，电话里告诉我，诊所大楼下面的停车场正在施工，不能进入，她停在邻楼停车场了。我让她把捐赠物品放在车外地上晒会儿太阳消消毒，到达时看见 Jenny 把原本放在她车边的装物袋又挪到远处，Jenny 说她先生觉得离车太近。先生在驾驶座上打电话。这样我们就无接触地做了交接。Mina 要来取分发给老乡的口罩，我上诊所去取，准备也在停车场如法炮制。

诊所楼下停车场入口被拦起，几个园林工人在修剪树枝。在美国干这一行的多数是墨西哥人，他们都没戴口罩，有二人配合干活时几乎面对面站立，尘土扬起时，有人会用毛巾捂住口鼻。我一直想试

看一下其他族裔对口罩的接受度。进到办公室打印了两页纸，一页宣传口罩对新冠病毒扩散有防止作用，一页说可以给免费口罩。我准备了一些小包装的口罩。下到楼来，刚好楼口停有一辆作业卡车，我向司机出示第一页纸，他点头懂了，我又出示第二张，他又点头表示接受。我拿出口罩，他下车向我走来，我连忙手示他止步，弯身把几小袋口罩放在地面水泥地上一字排开。我离远后他才走过去俯身拾起，分发给其他工人。有的马上戴上了，有的仍忙于干活。Mina 到来时，放口罩的纸箱在南加灿烂的阳光下已躺了好一会儿了，我远远地让她自取一份，她高兴地捧在胸前立此存照，正是：献鲜花不如献口罩更得美人欢心啊！

  老乡们来领口罩不甚踊跃，可能多种原因，其中我设想可能有人此特殊时期不敢来诊所，就像我自己如其他人一样不敢去医院，尽管我们早二个月前就对病人开始筛选，二三周前又对手术种类有所选择，少动或不动电钻。但这就是这一特殊时期人们的心理常态。我建议还是把口罩送回Ben，Ben也是让我放在他家门口就好。

  太太指示若干物品需购。我又直接去的那家上次买到牛奶的Albertson. 尽管已是下午，我看一位黑人小伙儿抱了一包最近一向稀缺的手纸出来。家里还有，便没有去货架上寻看。儿子常喝的牛奶竟然不缺，除了卫生用品货架空了外，罐头仍是肉鱼类卖光，其余货架都如常摆满。收银员基本都没戴口罩，除了一二位，其中一位白人小伙还戴的是N95。昨天智海公司CAMA给市政厅捐赠了8000只口罩专门要分发给尔湾各超市，让收银员都戴上，但显然还没有到位。我问"N95"他们有没有口罩，他以为我要买，我告诉他可以免费给他们，他马上表示接受。车上还有三盒从诊所拿的医用口罩和两盒手套，都取下交给他。旁边有位收银员一直注意到我，马上走去打开盒取了一只戴上，他还拿出一只给一位帮顾客装袋的白人帅哥，对方没接，他又放回。我排在"N95"这台交钱，其他台收银员都没戴口罩真不敢去。我对"N95"反复说其他收银员最好也都戴上，暗示他应马上分发，但他显然觉得应先忙于手头而无暇他顾。装袋帅哥也只是口头应承，口罩盒就在他伸手可及之处，他是真心排斥。在停车场车里，看见一位收拢购物车的工人戴上了我拿来的口罩，一点欣慰。希望下次来，看到所有工作人员都有戴。目前华人超市像大华没有收银员不戴口罩的，相对安全得多。

回到家里，儿子已知道主动上来帮忙运货，但这次被太太一把挡住，一件件用消毒巾擦过才让他搬。他还不理解眼下病毒这回事。

3月29，30日。3月30日是美国医师日。湘宁是我们尔湾的江西媳妇，忽然微信找我告知他先生工作的医院里，医生、技术员当然还有他自己都很缺医用口罩，特别是N95。在我们仅一周多的募捐中，我就遇到好几位，先生在医院工作，太太焦急地四处寻找防护物资。我亲手送出的第一小批捐赠物资给了UCI急诊室的主任Max，就是由她太太在群里提供信息和联络而一手促成的。她们为先生的安全耽忧，为此而奔走，一方面是物资极度匮缺，一方面也因大的医疗机构管理层会有一些繁文褥节和种种顾虑而对受捐这件事反应稍迟钝。在社区华人居民几近闻新冠病毒而色变的情形下，她们的至亲至爱却要在缺乏必要装备下就地等待甚至主动迎战病毒而上，她们心中的耽虑与所承受的心理压力一定是难以与外人道的。如果说无知者可以无畏，但中国疫情刚刚所呈现的一切，明明白白地告诉她们应有的装备必须有哪一些，而具体却无奈的现实，无疑是在她们眼前摆上了一幅残酷的图景。接诊新冠病人的尔湾 Cheng 医生，为保护家人而各处辗转憩息，最终睡在自家车库帐篷里的图片近日传遍了微信圈和各社媒。他们有选择后退的权利，但他们选择了向前；他们的太太可以选择阻拦，但是她们选择了跟随。Max 收到物资后，当天下午就都带回医院，本来他那天是休息的。湘宁的先生也是，拿到的捐助物资，没有给自己单独留下一件。30日和智海给 Kaiser Anaheim 送去物资时，遇到 Ann。她先生是 Kaiser Downy 急诊室的医生，那里情况紧急而捐助极少，可能因为不在华人区，作为这次捐助主力的华人知道得少。本来早已是相夫教子家庭主妇的她，摘下围裙跨出了家门，奔走在各捐助群中。智海通过 Ann 才知道 Kaiser Anaheim 缺乏防疫物资，这并不是 Ann 的先生工作的医院，她因为自己的先生而走出家门，却并没有只围绕着先生打转。

30日上午还据 Yorba Linda 华人社区提供的信息和联络，前往 Fullerton 的 St. Jude 医院急诊室送去100件等级参差的防护服。主任 Dr.Greco 本来要在他办公室隆重接待，后来尊重我们不进医院的意愿，便提前守候在急诊室门口亲自接收。其他几处接收捐赠的医师都以各种形式表达对社区的感谢，态度十分诚挚，并表示会在新闻媒体和推特等上面宣传。

尔湾华人抗疫募捐团体我在群而无暇参与的就有很多个，之后得空一定追溯一下他们的足迹，而不是仅有我个人的单一视角。可能因为读了我的日记，有些本不相熟的微友会忽然抛过一个入群邀请，有一个群因为名为"援北美新冠……"便入了。虽然群里有不少美国华人医生，但感觉群气氛基本是"坐而论道"，与我当下目睹美国医生急需抗疫物资的现实而生的心境不甚匹配，不过也许国内北医老同学有兴趣。于是向他们发出了邀请。不曾想惊动了认真的群主加我微信各种追问。群主是武汉的一名医生，按说她的城市刚刚经历过我们正在发生的一切，她和同事应该知道武汉疫情之初缺乏抗疫装备时，海外包括美国的华人是如何倾情捐助的。她此时对于海外实际情形过于平静理智的态度，尽管对我很耐性应对，而她的群还在"坐而论道"，我的感觉就像对当初武汉疫情火烧眉毛之时，病毒研究所的人却抢着在国际期刊上发论文、抢注专利一样。我忽然一时性起，写了一段话摔进群里，接着删群而出并把群主也删了。不一会儿群里一人追出加我，我接受了，他说看了我那段话心里很难受，也提供了一些捐助思路与国内现实。也许他的共情言语起了作用，我冷静下来。后来群主再加我时，我对自己的冲动道了歉。群主找到一个国内捐助群，并邀我再次加入她的学术群。但此刻于我看来，美国的医生没有足够的防护器具，任何学术探讨都是零。

  我的病人林灵忽然发来微信，告诉我读了我的日记很感动，她刚动用了国内关系人要捐2万个口罩过来，还给我发来他们沟通的截屏。她是一个风一样的女子，一名成功的企业家。在自己的情绪波动低落之时，周围的朋友总是能输来正能量。稍过一会儿，我读到美国从中国购买装运抗疫物资的飞机已经飞抵纽约，随后一个月内还有22架次。又想着上周洛杉矶市长宣布有上海与广州同时支援抗疫物资的新闻，这周是不是也会到位？于是向林灵发信，问她要不要让国内朋友先等等，先不要操作，省得这边物资到了，他们费尽心力却可能浪费了。但林灵又发来一个截屏，是她另一位企业家朋友已然很冲动地空运出了一万个口罩，并希望美国的疫情尽快好转；那二万个口罩要下周发出，就让他们发吧。当初海外华人捐助武汉时很多人也是这样仅凭一时冲动，一鼓作气的，稍许的得失算计，可能就会停顿下来。第二天我去诊所的路上，又收到林灵的微信并附有一张照片，照片上一排数人去年都来过尔湾，他们弄了三万口罩要捐过来。是啊，只有足迹所至，才有情感所依。

2020.04.02

诊所停诊，员工病人作应急安排
病人朋友，赠口罩方知稀缺珍贵

3月31日。Jessica 和 Doris 最后一天工作。在居家令颁布之后，美国牙科协会 ADA 和加州牙科协会 CDA 都做了相应的建议：只做选择性治疗或急诊，以减缓一般急诊的压力。说是建议，很多同行视之如法律。我的中文洗牙师 Lindsey 在居家令出台前一周就主动要求取消病人预约，因为"妈妈觉得太危险了"。而我同时取消了英文洗牙师 Dawn 的预约，她却有点不乐意。大约一个月前她去 New Orleans 走亲戚，我希望她回到橙县家里至少居家两周，最好四周后才来上班，那时尔湾病例数才个位，尚没有证据有人传人。我担心她在机场或飞机上有传染机会。一两个月以来对病人的选择就较苛刻，首先必须一个月内没离开过橙县。有一位将离职去北加的西裔员工，本来给了我提前两周的离职通知，刚一周时，她周末去了趟 San Jose，那会儿那里已出现多个病例，当时属加州最严重。她本来周一还回来继续上班一周，我便让她可以不用上了，使交班有些仓促。可 Dawn 才回加州不到一礼拜，加州居家令就颁布了。Dawn 开始还有点不明就里，直到我把 ADA 和 CDA 的建议截屏给她，才理解。随之，她马上就问，那不上班有没补偿？这点与 Lindsey 不同，Lindsey 一周之后才问同一问题。老外在金钱上总是很直接，而华人会稍含蓄一些。

Dawn 问话那会儿，美国政府还没有政策出台，而且诊所不可能说关就关的，部分病人的治疗都有连续性，必须给完成，不然不知疫情拖到何时；同时，社区捐助开始了，这样，两位助手一边帮忙完成治疗收尾工作，一边帮忙接收捐助物资。政府终于出台政策，员工都可以去领失业救济金，大部分雇主都已或将停顿业务，断了现金流。美国绝大部分雇员都是月光族，半个月发一次工资支票，若少一张支票，或减收稍明显，就会面临交不起房租等困境。其实我自已也是公司雇员，也要考虑申领失业救济金。虽然这钱也是我们每月在工资单上扣留给政府手里的，之后还会提高比率扣除，但事缓好过事急。最后一天，上午便预算出整天的工作小时数，早早发给会计 CPA 做出工资单 Payroll，打印支票时，机器出了点问题，它也想休息隔离去了。便手写支票，给每人的数字几乎 double 了一下，尽管做老板都很艰难了，但员工这种时刻更加脆弱，在申领上失业救济金之前，给她们多一点手头机动。后来 CPA 说，多给的部分也应做在工资单 Payroll 里。 这点不是没想到，只是那样又会被扣税。年底再处理吧。疫情趋紧，我决定暂不继续募捐，只将手头已捐和同学朋友从中国邮递过来的捐赠收拢后送出即收手，以减少自身感染和社区风险。这样送来诊所的捐赠便少了。下午提早让她们下班，每人可以带回家一盒口罩和一盒手套。再约定每周联络一次，无论平安还是有恙。

  从同行群里了解到，有疫情较重地区的，诊所早就关了。疫情稍缓也有现在还开着的。而此时，国内的牙科已陆续恢复门诊，但医护人员必须全身防护服出诊。当前全美病例近十万，加州近一万，ADA 和 CDA 此时的建议并非完全停诊，而是"若不治疗即可能病人生命会受到威胁"的情况，应予接诊，但应加强防护。

  才正式休诊，每日都会有病人牙痛求诊。有"睡觉时痛"的，有"一咬就痛"的。因还不会"威胁到生命"，只能暂时先以药物缓解。甚至有病人还诘问："那我就得吃一个月的药吗？"谁也不能预测这场疫情在美国将持续多久。作为特殊时期，只要药房愿意接受，我愿意在病人未见过我的情况下，帮忙无接触开处方，病人可向药房出示处方相片。对了，尔湾有家华人药房，老板是我北医师弟，我们认识并信任，若需要我可以把处方直接传给他，这样对医生本人的处方权可以有更好的保护，对华人病人也更方便。平时科普很多，牙齿健康都靠日常维护，自己洁牙和定期看牙医。到这疫情时期，睡觉吃饭受影响可都是降低免疫力的事。此刻，牙齿还不痛的人，有人想得多的可能还认为我在利用疫情做"广告"吧；只有牙齿正痛的人可能会后悔没有或不曾听到过这样的"忠告"呀！医生也有很多面对病人爱莫能助的无奈时刻。对新冠病毒如此，对病人的牙痛也如此。

　　电子信箱里，Norman 这一段忽然变得活跃起来，他是位白人老头，八十多岁了，平时每天开车到处跑，是我在 USC 时的病人，后来成为我在美国开诊所时的第一个病人，很规律地每半年过来维护牙齿。不记得什么时候给过他电邮。他发了一个疫情笑话，题目是《商场》：一队老年人在老人购物时段开始前正在超市外排队等待，一位年轻小伙子从停车场冲过来就要插进队伍，第一次被一位大妈一把耳朵揪了出去；他还插，这次被一位大爷一手杖给敲到屁股上再一脚踢翻在地；第三次，小伙子又冲过来，大妈大爷要齐出手了。小伙子举着门钥匙说，不让我过去开门，你们就谁都不能进店里面去买东西！

　　想着白人不像我们华人有途径买到口罩，我在电邮里问了他一句：您若缺口罩，我可以给您一点。这两天他继续发着疫情有关信息和对老人的建议，没理我。今天早上我忽然发现有一个他的未接来电和留言——因怕晚上意外电话铃响影响睡眠，我总是关静音。打过去，是他，问，"你说你有口罩，能给我一点吗？"我说是。他问我能给他多少，我反问您要多少？他说能给我"十"吗？他没用量词，我问："十盒？"他说："十只！"我乐了，"您可以多要点！""那就十二只吧！我付你钱。"我们约了十一点，他准时来到我诊所，我担心他进门没戴口罩，他居然戴了。他老习惯要和我握手，我没伸手，然后我们碰了肘关节。老人接过一盒口罩要给钱，还说要分一部分给他好朋友 Joe 和邻居 Richard。临走时他问，这口罩能重复用吗？问得我鼻子发酸。我们口头约定疫情过后他来看牙。

2020.04.03

日记号召始见实效
邮寄包裹耗费巨资

  国内是4月4日，清明节。全中国哀悼日，降了半旗。疫情降给美国的痛，什么时候可以停止，将以什么方式抚平？

  我的日记里一直没有出现有关染病者的数字。大概因为那些数字已非个人努力所能改变或控制的了，我们能做的，要么好好待在家里，如果愿意为社区做点事，在外面为捐赠事务奔忙时，尽量做好自我保护。过度关注数字，并不能使我们的行为更为积极，倒可能有消极影响。

  这几天陆续收到从国内过来的捐赠。常勇学长有"圆桌"的修炼，也是性情中人，从本性中散发出善良与诚挚。总是如兄长一样关心周围的人，事实他应该比我年轻。收到他寄的第一个包裹时，我还琢磨了好一阵来由，因为是我收到来自国内的第一个包裹，距离常勇学长告诉我要寄两个包裹已经一周过去了。

  James 突然寄到我诊所地址的 14 箱口罩也差点惊了我一下。我在一篇日记里公布了诊所地址可接收国内捐赠，James 直到包裹到达前一天才在群里告诉我。之前我们素不相识。这 14 箱口罩，每只都是单独无菌包装，他说连他在国内医院感染科的同学都没有用过这种，刚好遇到，花大力气才把存货都弄过来，颇有华人当初扫光美国支援武汉的气势，这批口罩光运费就花了人民币2万元。 疫情之下，殊不单纯，给国与国、人与人、群体与群体之间的各种关系提供了特殊的背景与时空，以及表演或角力的舞台，各种戏码或者一如既往地延续进行，或者峰回路转现出一片新的蓝天。作为我们大多数人只能顺潮而动，而有的人总能行动迅速，抢得稍纵即逝的一瞬，成就一番。抢运口罩之事只是管中窥豹。国内外形势瞬息万变，稍一迟疑，一道小门缝又被关小了。

James说，我们华人这次先是援汉后又援美的行为挺感染人的。的确，海外华人全场战疫拼足了力量，向世界展示了华人的团结力量，坚强和柔韧的性格。但平心而论，上下半场，本质上我们海外华人都是在守护自己的家园。援汉是为了母国的大家园；援美是为了自己异国生存的小家园。可能不需要拔高，但需要提升，无论在祖国或异国，什么时候我们所有的倾力善举，除了丰富我们的精神，别无他图，那我们人民的民族性格便又到了另一个境界。

2020.04.04

年轻妈妈身居小家护犊爱子
心系大"家"捐献社区

4月4日。刘笛是三个孩子的妈妈。忽然微信里问我,她从国内买了八千只口罩想捐给UCI,但不知符不符合美国标准,人家收不收。这一时期,美国CDC和政府的口罩政策变来变去,让急于从国内购买口罩的华人捐赠者有点无所适从。我的建议是,只要你知道口罩质量是过关的,只要能想法运过来,不必过于拘泥标准,当初从美国捐助支援武汉也是如此。我看了她发过来的相片,是单片装的外科口罩,证号齐全。从中国经验来讲,这应该都是非常正规,质量非常好的口罩,假冒伪劣产品不可能舍得这番功夫。当然最准确的,应是把各个号都核实一遍。常常我看到凡专门买来捐赠的物资通常质量都非常好,而只为贩卖的却常常充斥伪劣品。既然物品已在这边,我建议她捐去让医院自行斟酌使用。从中国运来这些外科口罩加上一些美国现在稀缺的洗手液,光运费就花了四万多人民币。洗手液她捐给了社区。带着几个孩子在家且又怀孕了,她已有多时不出门。于是我和智海临时改变计划,今天中午前专程去她家把货物装上两辆车,送到了UCI抗疫捐赠物品收集站。而仅在二周前UCI只有一线医生需要私下越过管理层来接受我们的捐赠。她家住Fullerton,我问她为什么倾向于捐助UCI,她说,"我想帮助尔湾社区,我觉得尔湾疫情相对其他城市还是挺严重的,没什么特殊原因。"这就像我们尔湾华人社区收到位于她家不远的St Jude医院急诊室急需防护服的信息时,便马上送去了100件防护服的行为类同。全美各个城市,因为抗疫物资普遍并不充裕，各社区华人的捐助虽然大抵呈各自为战的态势，但都明白唇齿相依的道理。

另一位住在 Yorba Linda 的妈妈沙颖也是带着孩子在家一个月没出门了。她要捐 200 个 N95，是中国疫情正盛的二月份买的。说来很奇怪，疫情远在中国时，好些在美国的华人出现过焦虑心理。那时我的微信朋友圈里就有因此发圈，群议，还有需要找我私聊的。我不是心理医师，但也尽我的经验努力帮忙纾解。遇到更严重的，会建议他们接触一下专业心理医师。那时也有不少关于疫情焦虑心理调适的讲座和文章，我都会发到自己群里对冲一下因疫情过多的负面消息而升高的紧张气氛。但是当更严重的疫情发生在美国，甚至就在自己身边，毒临城下之时，华人大多数严阵以待，应对从容淡定，过度焦虑的人反倒似乎少见。带孩子在家的妈妈们，也只是更为小心谨慎尽量不出家门。我去她家拿取时，口罩箱正放在屋门口晒着太阳。

之前还有几位妈妈也是如此，比如 Liqun, Rungina 和春燕，带着孩子在家很久大门不出，二门不迈，却为了捐赠而专门跑来我的诊所。

这就是我们华人年轻的妈妈们，在疫情面前，她们的心很小，缩小到和她们幼小的孩子们一样大，蛰伏伏在家的堡垒里，忍耐着足不出户，圈着养的单调生活和难料未来的惶恐。但是她们的心又很大，大到与社区甚至与国家同在，贡献自己的心力和物资，倾力积极参与构筑抵御病毒保卫家园的工事。抗疫卫家，妈妈们自上半场至下半场未曾一刻缺席！这个"家"，既是异国的小家，也是母国的大"家"。从这些年轻妈妈们的行止，我看到了中国母亲们，无论她们身处何方，优秀而伟大的品质在一脉传承；同时也能看到，富集这些优良品质的母性滋养对于后代子孙的润泽与浇灌，坚定而永恒。

2020.04.06

主流美媒报道华人捐助
平民与政客迥异在动机

4月6日。今天消息，洛杉矶新增病例下降，究竟是拐点，还是周末检测减少，还有待观察。

这两天处理了一些个人事务，部分累积下来的各种账单，和各种执照更新等。今天申请了政府提供的一些救济贷款项目有PPP和EIDL等。

然后发现各微信群里，在传发全美各地主流媒体有Fox5，Fox61等和社媒报道华人社区捐助当地医院的新闻。全美各地华人应该一直都在行动，开始是捐出自己家中为疫情而储备的工业用N95和一次性口罩，捐完之后，又想尽各种办法从中国购买口罩、防护服、防护镜等再高价邮寄过来捐给当地医院。虽然比不上当初支援武汉时那般有排山倒海之势，但也形成了潺潺不断的援助溪流，尽管对于美国严酷的疫情仍是杯水车薪，但也无疑是雪中送炭。毕竟这么大的疫情，非依靠政府的强大国力，与世界各国的相互合作才可能尽快彻底扑灭。不幸的是，尽管那么多生命在逝去，我们仍然看到对于政治阶层，竟然有比百姓的性命，健康与生计更重要的东西。意识形态与选举的需要时刻如幽灵凌驾于人类生存需要之上。

智海和我以CAMA（美国华人互助联合会）为组织的募捐工作，因尔湾社区华人不断的捐赠而一直停顿不下来。大家彼此鼓动、激励，给予相互精神支持而一直持续进行。智海既要鼓动组织，又要联络各受捐医院和整合物资资源，还负责清点与登录，而且还和我一样，冒着一定风险把抗疫物资送往医院。即便这样，还居然有个别人对她风言风语，冷眼相看。但相形于社区华人居民的信任和支持的热忱，那些真的不值一提。长长的捐助登录单还在延长。

就我所粗知，尔湾的捐助团体组织者除了智海和我工作的 CAMA，至少还有汤革新医师，钻石，橙县华人联合会，TOC，大尔湾江西老乡群，Dr.Yu 爱牙群，Tiger 高尔夫球俱乐部，另外还有一些宗教团体和企业。尔湾近邻华人社区的 Yorba Linda 在尤其开心和贾阿姨组织领导下，平日就有义工活动，这次上下半场的加时抗疫救援，更是忙得满场飞。

外州我认识的北美医师义诊组织 MVI 创立人徐思海就是支援武汉和援助纽约的募捐急先锋。不认识的应该更是不计其数。

国内除了马云、华为、腾讯这类风云人物与公司，应该还有其他援助组织在工作，近日就得悉有武汉美德志愿者联盟在武汉疫情中成立，现在开始转而来支援在美抗疫前线的华人医师。更有全美无数华人社区在国内的亲友，包括我自己的一些同学朋友，都充当了蚂蚁大军，不自量力地，浩浩荡荡把防护物资从中国源源不断输往为政客们设置各种人为屏障而交通阻滞、法规混乱的美国抗疫前线。

美国各州也纷纷前往中国抢购防护物资。川普总统收到马云的一千台中国制造呼吸机也荣耀地宣称这是对他私人的捐赠。

南加的气候在升温，美国也在变暖。我们期待着那些变化。此次与华人相关的疫情，释放了华人所有的善良、无私与大爱的人性光辉；相信疫情终结之日，也会是华人打开与人类相关的慈善大门之时。

2020.04.07

疫情月余超市雇员未戴口罩
医院进华人社区领取捐赠

4月7日。一天阴雨，在南加是一年仅有的几个小雨天。对于新冠病毒来说，艳阳高照的日子更给人信心。但连续一个星期以来，加州每天新增病例都是在1千多一点，并没有呈几何级数增长，这两天还有少许回落，加州总数今日在1万7千多一点。而全美总数过了40万。

昨天国内同学发了个邮递进程截屏，显示昨日快递已到我处但未投递成功。从时间上看，我昨天到诊所时间稍晚了一点。决定今天稍早点过去。儿子喝的牛奶也快没有了。昨天傍晚犹豫了一下还是没有去超市买，因为戴口罩人多而相对安全的大华以前也是有卖的，但近几次都没有，还是去 Albertson 比较有把握，而一早去能买到的可能性更大。这就是疫情中的心理，平时不会在意的机会成本，此时不能不算一算。有一周多没去白人超市买东西了，昨晚群里有人说去过像 Trader Joe's 这样的店，收银员还都没有戴口罩。本来很想去上次给了三盒口罩的那家 Albertson 看看他们的情况，但太太说另一家有自助付款台，可以不必面对没戴口罩的收银员，又赶时间，便直接去了这家。停了车，口罩手套武装好，走向超市。有零星的顾客进出，戴口罩的超过一半。收银员还是没有戴。儿子喝的那种牛奶只有最后两盒了，又另外拿了两盒不同的，争取一到二周不必为此再来。自动收款台处有两位职员，也没戴口罩，顾客少，显得很闲。会主动远远地问要不要帮忙，要不要塑料袋，今天免费。把两个塑料袋放我购物车上，有意保持着距离。在超市里与任何一个没戴口罩的人接近时，似乎都在接近一个雷区。是顾客便赶紧绕开，在收银台则没有办法，只能硬着头皮上。好在雇员会保持距离。一周多前去 Costco 时，自动收银台面每次用过，雇员都会用消毒巾擦拭一下。

把东西放回家赶紧奔诊所。外面门开着锁，我在里面办公室继续处理平日积攒的杂事，下午，同学寄的包裹不知何时就被放在了前台桌子上，还有朋友寄的另一个。用消毒液 Cavicide 喷过静置有一阵子才打开，传闻快递小哥也有阳性的。都是口罩，N95和一次性的。千里寄鹅毛，礼轻情义重。这一周国内同学朋友寄出的包裹陆续都应该到了。再晚寄出的，出关会更困难，欧洲那边买了国内不合格产品，影响中国制造声誉，致使海关把控更严。

智海让我把 James 的14箱口罩余下部分送过她公司去，医院有人来取。外面还下着雨，好在不太大。又故伎重施，用一个靠背椅当推车分两次把余下六箱口罩加上同学刚寄到的，一起搬运上车。智海那儿有推车，这样又可以把我们低调的江西老乡 Sasha 周末送过来一直放在我车上的两大箱近 1300 个 N95 也一起装上，运到智海办公室。一位没有戴口罩的女士在办公室门外等，是医院 ICU 来取货的。我把东西交给智海便离开了。最近让医院人员来智海公司取货的人多了，我回到车里给智海发信，提醒她要注意加强防护意识。晚上智海发到群里的照片，看到医院女士在货物交接时戴着口罩，也注意保持距离。心稍安定。

晚上在群里瞥了一眼，智海又高效率地把各种捐赠明细公示出来，包括每一笔捐助的捐赠人、收集人、捐赠去向、种类、数目，一清二楚。偶有遗漏，捐赠人马上指出，即刻修正。捐款的明细也公示出来。很多人捐完物又捐款。尔湾人太给力了！

2022.04.08

父母之爱大无疆

日记写到今日，对文字是否看上去美不美已经失去了自我感觉，也顾不上啦！就像长跑运动员，跑至中途，已顾不上步态是否优美，更顾不上能否争名次，只是机械地摆动手臂，迈动双腿奔向终点。可是，我们抗疫的终点在哪里？在美国国家或者州政府抗疫物资供应充足稳定的那一天？在病毒消失的那一天？这一天还没有谁能设定！只有一路的点赞，转发，多个公众号的求转，更有微友声称受了感动，感召而不断在捐物捐款，这么鼓励着我继续写下去。我们就这样相互鼓励扶持着前进吧！顽强地跑就是最美的步姿，顽强地写就是最美的文字。平凡却真实的文字，影响微弱却也力所能及地在朋友圈播散。今日有外州兄弟团体因为看了日记而询问抗疫物资货源；还有《三联生活周刊》记者加上微信想采访，意欲向国内读者展现海外华人团结抗疫的情形。我把这些信息都转给了智海处理。

今天要写的主题，憋在心里好几天了，事情也已发生了很多天，一直在思索着如何下笔。"随缘随遇"是我群里的一位父亲，平日里他就是一位群友，"父亲"这一角色突现始于他忽然谦恭有礼的求助："Dr.YU，你好！我这里有一个小小的请求，不知道你是否可以帮忙。我儿子也是一名医生，服务于一家医疗中心下面的诊所。儿子周末说他们马上要面对感染了冠状病毒的病人，但防护服和防护镜要4月底才能收到。我一直在各方联系，仍买不到。我儿子身高1米85，可否请你帮我给他买几个大号的防护服和防护镜？或者暂借，他那里一到货就如数还来新的，以解燃眉之急。无论如何我都非常感谢！"

彼时我们刚开始募捐，手里物资和信息尚少，也缺乏经验，对一切求助都比较慎重。但是能感受到他作为一位父亲深深的忧虑。后来联系到尔湾热心的"西&南妈妈@美国（兵团三字经）"捐赠了50套防护服给他儿子，儿子悉数交给了医院。另一位是位焦虑难眠的母亲"梦幻"，在周六凌晨3：58给我发来求助信息，要为在医院工作而没有任何防护物资的儿子购买防护服和N95。我因为周日要和智海赶在UCI医学中心受捐站最后一日中午12点关闭前，把刘笛指定捐助的8000只口罩捐过去而没有及时回复，结果她在11点多钟就告诉我，她已经买到了。这是多么高的效率啊！上周，美国节节高升的疫情数字居然惊到了我自己的父母，母亲突然打过电话来问询，说第一句话时显得还有些许的张皇，直到感受到我们的平静，才放下心来；连平日少语而耳力不济的父亲也对着电话吼一般地喊着"要小心哟！"这就是我们"儿行千里父母担忧"的父亲母亲。

随着 COVID-19 在全世界蔓延，网上流传着比利时90岁老人苏姗·花蕾姿染疫却让出呼吸机给其他年轻病人的视频。类似这样的故事不时从欧美疫区流传上网。

表面上看是中国父母的"小爱"相形于欧美老人的"大爱"，但从感情与直觉上我并不以为"见绌"。这便是我迟疑下笔的原因。

以我粗浅的社会人文知识来理解，人类个体需要融于社会才能生存与发展。西方地广人稀流动性强，尤其美洲社会形成始于少量欧洲移民，社会关系更趋横向连接才更利于生存与发展，从社区的形成中因为可以得到更多信息，资源与共同最优决策而受益；推而广之成国（State)与联邦(States)；而中国自古（可居住)地少人多流动弱，社会关系更趋纵向发展，而形成个人家庭国家的个体纵向结构才更利于生存与尽快成功，所谓"修身齐家治国"。超越家庭的横向社区概念，从来要不就是"保甲连坐制"的束缚与惩诫，要不就是"衣锦还乡"时对

"光耀门楣"的家庭概念进一步强化。题外话一句，由此看出，中国MZ化进程，并不在于首先弱化使社会凝结为一体的国家治理，而是要先让社区形成并且使其功能比家庭更有利于个体的生存与发展，比如当一个人家庭养不起时社区可以帮养，一个人生病家庭负担不起时社区可以负担，一个人家庭教育不好时社区可以教育。从而使新一代国人随着世界科学技术及社会发展而更具超越家庭的现代社区意识。由此看出中国父母的"小爱"与西方老人的"大爱"并不说明个人胸襟的宽狭，而是个人与社会历史文化的大小背景使然。但从人类的观点来看，中国父母与西方老人无论定向的爱与奉献与不定向的爱与奉献并无孰优孰劣，这一份有限的生命力资源，在他们年轻时只需要一捧手心就可以轻松给予，到他们身老力弱时，他们仍然用整个身心来承担托举，在生死抉择之时甚至不惜用自己最后仅存的生命力去让年轻的生命存续，叠加而放大，直至有机会绽放更绚丽灿烂的生命花朵，他们积淀已久的深厚绵长悠远的香味从这花朵里散发而出。在这次始见自中国武汉续于全球各国各地的疫情中，旅居世界各地，无数年轻华夏儿女自发组成物资捐献的蚂蚁大军，他们不自量力，匪夷所思的抗疫卫家的悲壮义举，不正有着这股发源并续存于中华大地的，而属于全人类的生命的馥郁芬芳吗？

2020.04.09

苍生应得悲悯

自从我让诊所助手不上班后，诊所没有人接收，捐赠物品捐往 CAMA 更方便。近来让医院来人收取捐赠物资较多，我们外出就少了。这样智海就承担了大部分具体琐碎的收集捐款捐物，商洽购买和发送抗疫物资，以及登录明细等等有关工作。最近又要往纽约支援一些物资，那边医院前线的情况让人揪心。尔湾的华人就是这么给力，不断地捐款捐物，让我们停不下来。

加友两年有余，但少聊天的 Queena，忽然发给我一堆截屏和语音。她有朋友的孩子医学院刚毕业，就要去纽约一家医院的急诊室工作。孩子很优秀且很懂感恩。在医院实习看到产妇分娩的不容易，就会打电话感谢妈妈的生养之恩。虽然出生在美国，但这次他要求去一家华人较多的医院，说要有机会为华人服务。妈妈非常非常担心，但也支持孩子，就多方寻购防护物资。Queena 向我询问一批 3M N95/8000 口罩是否合格，若合格妈妈想不管多少钱都买下来让孩子带上。Queena 怕不合格，把孩子害了，便来问我。从常识我知道，上一线需要什么样的防护。为了稳妥，我把 Queena 请进了我爱尔湾捐献群，Suzie 一定会帮她解答的。尔湾是藏龙卧虎之地，人才济济。Suzie 的工作背景和经历让她成为了群里的义务智囊，所有防护物资从生产历史到各国资格认证，她都能弄得一清二楚，在用捐款购买防护物资时发挥了关键参谋作用。

真希望纽约乃至全美的政府防护物资供应渠道能够早日有保

证,不至于看着这么好的孩子去纽约却如赴火海身无护甲赤手空拳。从新闻里我们看到听到的只是数字和医生或护士的身份标签,当我们走近他们,他们便是我们身边的父母兄弟姐妹和朋友。很多来美国的华人可能都是不喜欢政治的。但来美国久一点,就会看清,你可以漠视政治,但政治没有一日会放过你。从疫情初起之防疫,到疫情发展之抗疫,政治的每一次犯蠢,都是普通民众在支付着代价,包括生命。

Jeanne从我发过"投疫日记"的群里加上了我。她的微信封面上地址显示:湖北武汉。从朋友圈里发的相片来看,她应该是一名基督徒。她很主动地自我介绍她是名医学硕士生,在武汉疫情时就是名志愿者,现在是在"主内的医疗团契"。她问我需要什么帮助吗?首先她提议:可以组织国内大医院的一线医生和您那边的一线医生视频会议,交流抗疫经验。这么高大上我没有理睬,现在国内很多抗疫群都请有这位那位一线专家介绍抗疫经验。那种劫后余生志得意满的气氛与仍在劫难中的人的心境实难相符。在此刻我的眼里,一只医用N95胜过一千条抗疫经验,一身防护服胜过一万条。她说她的父母和叔叔亲戚都感染过,好在都是轻症,已经恢复。她说会寄些口罩来捐助。我感受到了上帝通过她传递的悲悯气质。她很熟练地一条不落要了我的信息,向海外邮寄捐赠物资显然不是第一次。她也知道武汉有个美德志愿者联盟。

今天候在诊所半日没有国内包裹到来,信箱里收到UCI的急诊室ED所有医生签名的感谢信,感谢尔湾华人社区。那是我们发起捐助后捐给医院的第一小批物资。

2020.04.12

言传身教，代有人出

4月11日。国内陆续有包裹邮到诊所，在国内安徽的"田野"发来截屏，显示他寄的包裹因昨天诊所没人而没有投递成功。其实我只是因为去 Target 和 Lowe's 买了点东西而晚到诊所一会儿。今天决定早点在诊所等。Target 网站说会给员工在工作时提供口罩和手套，但在店里几乎都没见到一个员工戴口罩，包括整理货物和在自动付款台区帮忙的员工。购物车有人在擦。不过顾客戴口罩的比率较高。宽敞洁净有条不紊的购物环境还是让人有安全轻松的感觉。而在 Lowe's，收款员也没有口罩，但是在收款台前加挡有一块透明塑料板以区隔收款员与顾客。路过 Costco，长长的队伍排出停车场很远，限制客流，保持社交距离 Social Distance。

在诊所待到下午，追踪到国内包裹转去 TNT 了，没有马上再次投递。智海和我这个群组的社区华人已经发动了一大波捐物捐款，随着疫情的加重，本来没有打算再继续募捐，但是一直仍有尔湾居民陆续捐款捐物。"老大一棵树"微信过来对我写日记的行为鼓励一番后问我，他和朋友捐款捐物哪样好，捐物有什么标准。这样，我就直接把他推送给智海处去作捐款。"Flora 花花"发来一串口罩照片，这是少见的 ASTM Level3 口罩，功效仅次于N95，有 CE 和 FFP2 认证，但没有 FDA 认证，她不确定是否符合要求，若可以她有1000只要捐。捐献者们在询问捐献物资标准要求时，普遍地都是这么谦恭，仿佛在询问大学录取标准。等到"Flora 花花"送来这 1000 只 Level3，我再去 Gracia 家中取她的 500 只口罩。多日前她就说有 2000 只口罩要捐，只是好几处都有她认为最急需帮助的人，分别各处捐出，她这500只口罩也交代要送往医院，和我们收来也是想着尽量交到最需要的医务人员手中不谋而合。

智海正好在 CAMA 办公室，我便把车上物资运过去集中。遇到一位娇小美女和智海在一起，戴着口罩，一双眼睛似曾相识，"我就是Suzie呀！"哦，就是群里那位知识渊博的医疗物资进出口专家，有问必答的 Suzie！智海还提醒道，二年前抗议大公园驻扎流浪帐篷她也是志愿者。平时我们很少联系，直到有"事"才又走到一起。她们两位女将正在装盒清点要发去纽约的物资，有N95口罩，防护服和护目镜。多家纽约医院告急，本来并不丰裕的物资，再分发几家医院，每家都是杯水车薪，但哪家都不忍心置之不理。Suzie负责邮寄，她要把那些物资先运到家里，分装打包，再发往纽约各个具体地址。帮忙抬上她的 MiniVan 时，有的箱子我都觉得太沉，需要再分拆成小箱，她却毫不在意，无论多重，抱起就往车上装。一直忙于说事做事，三人居然没想起拍个照留念，下次三人凑到一起又不知何时，希望没"事"时，我们也能相聚。

本来以为可以试着让快要医学院毕业，准备去纽约医院急诊室工作的 Kevin 带过去，但好几大箱物资显然不可能随身托运。智海和我还是决定捐送给这位勇敢的孩子两身防护服，在关键的时候可以保护自己。我又和智海说起Gracia 的朋友意欲捐赠1400只口罩，但希望有上高中的孩子的名字在医院正式收据上面。智海想到 Mission 医院正是出具这样正式的收据，如果让孩子自己直接去联系这家医院，办理捐赠事宜，对孩子正是个很好的锻炼与实践参与慈善工作的机会。不愧是两个孩子的妈妈！

不光想着大孩子，还想到了小孩子。智海说医院现在很缺面罩，她正在考虑自己买来手工塑料面板材料，教孩子们手工制作，再捐献给医院。正是言传身教，一举数得！

后记：5月2日，美国主流媒体Fox11专题报道了尔湾华人社区儿童制作面罩支援抗疫的事迹。

2020.04.15

前方！后方！
——尔湾华人抗疫卫家下半场

这两天读到对南加州大学（USC）医疗中心呼吸与危重症教授乔人立的采访和其自述文章，按照时间轴呈现出我们原来不易了解到的南加抗疫一线的一系列事件。尽管全加州，乃至全美各地在时间节点与疫情的烈度上各有纷呈，但沿着这个时间轴，梳理一下前方后方两条平行线与交叉点，大致可以更清晰地看到全美或者至少是南加在这次战疫中部分战场的概况。3月份之前，前方后方大部分都在由关注讨论中国疫情而逐渐转向关注美国疫情。据乔教授介绍，部分西奈山医院ICU在3月初即已住满了COVID-19病人。而后方，迟到3月22日，有一位该医院某分部的医生向我救助 N95 和 PAPER Hood 等物资，而我们那时募捐刚开始才两天。

3月15日

前方：USC 医疗中心乔教授接诊了第一例 COVID-19 病例，系一位90岁美国老人。后方：继续关注全美及社区局部疫情。

因为回溯最早资料只能近至3月16日，故只得用该日曲线反映美国和加州的病例情势。

全美累计病例：4644；

加州累计病例：568，

新增病例：102。

3月18日

前方：乔教授接诊第二例因为其他病而就诊的病人，第一次测试为COVID-19阴性，第二次测试为阳性。乔教授等为此被隔离至4月10日。后方：继续关注全美及社区局部疫情。

全美累计病例：8759；

加州累计病例：867，

新增病例：151。

3月19日

前方：一线医生继续治疗COVID-19病人。后方：微信群里出现不明身份募捐人募捐链接。后证实为欺诈。

全美累计病例：14184；加州累计病例：1048，新增病例：181。

3月20日

前方：一线医生继续接诊治疗 COVID-19 病人。后方：我见到为康州医务人员募捐的信息，感觉到情况紧急，遂在我的5个微信群中发布第一条募捐广告如下，揭开尔湾华人社区为南加医务人员募捐接龙序幕.

全美累计病例：19714，新增：5530；加州累计病例：1263，新增：215。

3月21日

前方：一线医生继续接诊治疗病人。后方：尔湾（相信全美各地也是）多个群体紧锣密鼓募款捐物。

全美累计病例：26879，新增：7165；

加州累计病例：1523，新增：260。

尔湾学生宿舍出现一例阳性，非学生，为输入性。

3月27日

前方：橙县25家医院中：ICU病人31例，普通病房36例

3月下旬，USC医院方才同意医师在医院内戴口罩和在医院外部设立筛查点。此前因口罩储备不足，不允许戴。3月31日，USC的ICU有7个重症病人。

后方：当日我和智海二人给LAC-USC及其他医院送去DuPont防护服和N95口罩。之前，有朋友太太所在合唱团也向USC送去十数箱DuPont防护服。

全美累计病例：105363，新增：18793；

加州累计病例：4896，新增：848。

橙县累积病例：606，新增：107

尔湾累积病例：57例，新增：7；

3月31日：

全美累计病例：190984，新增：25758；

加州累计病例：8572，新增：1184。

4月10日

前方：乔教授隔离重返一线时 ICU 有24个病人。医院仍不允许医生穿套头防护服（后方已捐赠数以百千计 DuPont 专业防护服），理由是怕吓着护士。在病房外还有医护人员不戴口罩。每人发放一只护目镜。橙县25家医院：总住院124人，ICU 57人。

后方：有花店给医院送花，关闭的餐馆给医院各科室包饭。我们继续往各医院输送社区捐献的防护物资。

全美累计病例：504268，

新增：34237；

加州累计病例：21388，新增：1219。

橙县累计病例：1138，新增：62

尔湾累计病例：91，新增：1

4月11日

前方：转到纽约，多数一线医务人员装备仍很差，多家医院向远在西海岸的华人社区求援。

后方：匀出并不丰裕的物资支援纽约。

4月14日

全美累计病例：615302，新增：26889；

加州累计病例：25779，新增：1407。

橙县累计病例：1299，新增：23

尔湾累计病例：103，新增：3。

橙县25家医院：总住院122人，ICU 62人。

本文参考以下二文，若有版权问题，请联系本人，在此致谢并向乔教授等一线医务人员致敬！

乔人立：《重回第一线》

健闻王晨：《医学最发达为何疫情最严重？加州一线医生：美国从一开始就错了》

2020.4.18

疫情中感受美国政治

4月18日。昨天美国累积病例74万，纽约24万，加州3万。

尔湾华人捐助支援投疫前线整整一个月了。今早在 Youtube 上看到加州州长 Newsome 花10亿美元从中国比亚迪买防疫物资的视频，便发到几近精疲力尽的抗疫群里以鼓舞士气。不料受到一位女士劈头盖脸的追骂，其无厘头的政治倾向惨遭众群友的唾弃，群主出面将其移出群外。在华人抗疫微信群里的群友，难免有不同政治倾向，但大家尽量不在群里议论政治，避免分歧而产生分裂，而是一心团结，为眼前的危机出钱出力。实在政治倾向明显不同的团体则另行组群，同样做着捐助抗疫的事情。

做企业公司的人，一般平时不表露自己的政治倾向，以避免不必要地得罪某些人，使利益无端受损。按说做诊所，也类同。而我是不惮于公开发表政议的人。但是我的不同之处是，我并没有预设立场，只对事与主张不对人与党派。比如对民主党前总统奥巴马搞的所谓"全民健保"，表面上打着人人都有健康保险的旗号，实则是变相剥夺了相当一部分人的健保而实现的，特别是他为此搞了一个网络平台，让所有健保都必须通过这个平台来购买，而由此保费连年翻番暴涨，三年翻倍，让企业和自费投保人苦不堪言。这个平台后面一定有利益集团。所以，政治正确的"人人健保"只是个幌子，建立这个网络平台为利益集团牟利才是真正目的。只有在美国生活才能透识到这层政治表象与实质的关系，所以我反对奥巴马这个做法。但没有鸟用。

这便也是其下届选举时从政条件优越的希拉里败选的重要原因之一。以共和党身份参选的川普，我是先支持后不支持的。先支持在于他在竞选之初声称他完全自费参选，所以可以摆脱利益集团控制，更为百姓谋福。但当他赢选成势，也不得不与利益集团合流。当选之后，以他对奥巴马的敌意，誓要毁坏其一切政治遗产，但对"人人健保"也只废除对拒保人的惩罚条款，对于为盘剥民利而建立的那个网络平台丝毫不敢触碰。至今为止，我也没有见到任何媒体与政治人物乃至总统对此网络平台置喙一词，可见利益集团多么强大，无论哪个党派上台均奈何不得。为全民也好，为美国优先也罢，听听即可。

疫情的发生，只是给同样一群人提供了一个不同的情境与背景，甚至一个机会。在国内，在曾经的时代，政治会找上门；但现在大致可以选择远离政治，闷声发财。而作为在美华人，你理不理政治，都可能为政治所累，每一届政府都会出台一系列法案，你要么是受益者要么是受损者。

华人在美国遭遇到的政治，大致可以分为美国政治，和与中国有关的美国政治。美国最大的政治自然是选举。所以你可以看到八十岁的民主党魁老太太佩罗希屡战屡挫，屡挫屡战，弹颏完总统再疫情追责总统，疫情之初还难得地去趟唐人街。总之，让对手失分不易，自己得分更难。迄今为止，美国累积病例都过74万了，死亡快4万了。总统川普早先已带过风向，死亡不超10万就是大功一件，不用说大功属于谁，反正记者追问责任的时候，总统毫不迟疑地往州长身上推，不识相的记者问这种问题多了，总统直接以罢工相威胁：我走，你跟你身边的其他人BB去。同为民主党州的纽约和加州，这次疫情，一个拨得头筹，一个似乎控疫得力，所以并不能显示党派优势，但二位州长一个从东一个自西和总统隔空交火，战火把美国上空烧得透亮，一会儿争权力夺资源一会儿推责诿任甩锅，民众对宪法赋与总统与州长的权力与责任在一会儿糊涂一会儿明白中得到了实战式科普。对于给民众发钱这种不费力的好事，川普自然不肯放过，就怕有人被新冠病毒弄坏了脑子以为钱是联邦政府发的，总统一定要把自己的名字印在支票上，哪怕等着支票给老人买面包给小孩子买尿裤晚到几天，这样民众就会把支票看成选票了，而且是没有其他候选人名字在上的选票。除了给州长和其他人甩锅，还有其他各种甩，对于华人来说这就牵扯到与中国有关的美国政治。

　　对于华人，无论入了美国籍与否，与东方那块既遥远又贴近，既熟悉又可能变得陌生的故土，总有着各种各样复杂的爱恨情仇，而这一切情感的起点，始于那个古老又年轻国度的历史与遭遇，更始于每个活生生的人与家庭在这个国度的经历、经验与互动，这一点复杂度与香港相似而更加大而化之。究其产生的原因，就如同美国为消灭恐怖分子而把其家人亲友也制造成了恐怖分子。再比如，一个服务性公司，服务好了一万个人，这一万个人只会比较平和，但若有一百个人不满意，这一百个人一定会恨到欲把这公司砸墙卸瓦大拆八块而后快罢。美国华人中就会有这一百个熟悉中国文化，历史和民情的拆迁者。这或许能解释在我们日常的信息流中会夹杂了那么多"拆拆拆"的声音，为了消声这些"拆拆拆"，很多正常的声音也抑制了，有的便也反跳性加入了"拆拆拆"。这也许可以解释，中国感染人数八万多就了不得，因为"拆拆拆"之声已入云霄；而感染者快八十万的美国却还可以泰然自若。抗压力小点其实也好，少些百姓无辜不幸，尤其这无辜不要落在谁谁家自己头上。"拆拆拆"的声音不是一无是处，没想到吧！

2020.04.19

和市长一起发口罩

4月19日。周日，晴好。

今天中午与捐助小组智海、Amy及维唯陪同尔湾市长Christina Shea去两处超市分发口罩。

第一处是在Culver大道上的Wholesome Choice，很多华人叫它中东超市，以卖中东国家的一些食品为特色，比如好些中东人在购物车上会搭一块像枕巾那么大的烙饼，里面还有一个中东主食food court，平常时买了饭食就在店里或店外的餐桌上就餐。这个超市离我的诊所只有8分钟车程，我时常午饭时间过来吃长粒米饭就咖喱炖羊肉外加一小块新出炉的烤饼，再来一杯放在冰块上的鲜榨芒果汁。享受这份美食的愉悦感大概与中东人并无二致吧。但此时此刻这点平平常常的小确幸都变得可望而不可即。超市旁的中国餐厅Kongfu Master的老板娘是我的病人，每样菜都合口味，尤其香辣猪蹄时常被我打包回家。一向要排队的中国餐厅今天灯光昏暗，门锁紧闭，从玻窗望进去空无一人。超市门廊外，像这几次去的大华超市一样，因为限制人流排起了长队，排队的顾客基本都戴有口罩。队伍中有位用头巾捂住嘴的妇女，Amy走过去，给了她一只单独包装的口罩。有几位顾客见况也分别走近索要。Amy把手里所有的几个口罩都送给他们。更多的在智海的车上。市长Christina穿着便装，趿着一双拖鞋也到了。

这两三周以来，不上班主要在家的情况下，尽管有时去医院送捐赠物资，但都只去医院停车场，且注意与接收人员的距离，其实风险并不如想象那么大，风险最大的反而是去超市。其他超市收银员多数不戴口罩，顾客也至多有一半戴，只有华人的大华超市最早采取了限制人流，收银员都戴口罩，以华人为主的顾客也只偶尔有人不戴，有的"老外"可能也注意到华人超市相对安全，超市外面排队的队伍里"老外"有所增加。这也就是为什么全美乃至欧洲华人新冠罹患率低吧。Wholesome Choice 门口的长队让我意识到"老外"超市的新变化。市长Christina走到门口和一位戴了口罩的工作人员说了几句，给了他一盒口罩和一张名片。随后，挨门挨户走进旁边每一个还在开门营业的商家。商家门口都立有一张告示，声明是市里命令，顾客进门都必须戴口罩或遮挡口鼻。市长进店排在其他顾客后面，轮到自己时才走近收银员，递上一包口罩和一张名片，自我介绍是市长，给他们送口罩。我们在外面等时，看到没有口罩或只用头巾遮挡口鼻的人，都会送上一小包口罩。接收的人面露欣喜和感谢。一位保安见我们一干人等挨门串户，行止不同一般顾客，还上前来询问事由。

  University Tower 是 UCI 为几万学生服务的中小型商场群，有 Trader Joe's 和 Target，以及一些小餐馆和商店。副市长 Anthony Guo 也来了！和市长 Christina 在 Trader Joe's 外面等着。太阳眼镜和拖鞋，海滩休闲打扮，Anthony Guo 是去年选上的尔湾第一位华人市议员，随后又升任副市长。他父母来自台湾，他在尔湾土生土长，有自己的生意，做市议员与副市长系兼职。他能说一些"国语"。Trader Joe's 门口没有排队，有的人没戴口罩，走到门口便从兜里掏出口罩来，也有不少人用头巾围着脸下部和脖子。Target 门口站着位帅哥控制进入店内的人流，他只用一条彩格围巾挡着嘴。我们没有进去，不知道其他店员如何，我上次一两周前去另一家 Target 时，所有店员都是没有口罩的。市长和副市长给店家递着名片和一二盒口罩，我们看到身边路过的人谁需要就给他一小包。

从旁观察,像市长一级的政治人物,很注意与民众接触的方式和效果。

4月20日

口罩后面的曙光

　　日记坚持到今天，有的群友荣封我为"战地记者"。但是我以为对自身的保护应优于"战地"记录，因为身后背负有一些责任；尽管有并不认识的朋友反馈说，疫情之下，我的文字能让他们平静而心安，但记不记录并不能改变疫情情势一分一毫。这一两周，前往医院送捐减少后，我便让自己回归自我生活，做必须做的事，往最安全的地方去。所以两周以来，必须做的事便是每周去超市采买一些蔬果等食物，因为买多了也难以久存，顺带再购买一些其他使生活有所改善变化一点的食品。现在很多人让蔬果群送货到家，从某些方面分析，这样做可以使有的方面风险降低，但另外方面风险也可能增加，况且有的东西还只能从超市买到。所以我一般还是去超市购物，只是尽量远离非华人超市，Costco 就有两周不去了。本来以前儿子常喝的牛奶和常吃的麦片习惯性要去 Albertson 买，但自从这几周采购成了我的专职，我发现自己家人的饮食所需从 99 大华购买基本都可得到满足。而这一切选择的导向，都是因为口罩，华人区口罩的使用率远高于其他社区。

　　昨天和市长走了两个商区送口罩，看到了在市府命令之下社区在佩戴使用口罩方面的变化，尽管这个命令比华人认为应该的时间晚下了三四周。一个社会的群体认识总有个过程，过程的长短取决于引领，这一点与中国武汉疫情初期的情形有某种程度的类似。只是在美华人因为文化信息圈与国内重叠，对 COVID-19 的认识比非华人社区时间上领先，程度上深入，同胞们刚刚经历的生死劫对我们心灵的震撼余震未消，转眼就轮到自己上场。但华人社区仅仅是美国社会很小的一部分，甚至还不是那么被重视的一部分，未能成为社会神经系统的末梢，仿佛一出戏，只有自己一个小龙套台词最熟走台最准，而其他男女一二三号都如盲人骑瞎马，眼瞅着台词昏念台步乱走，真急死卿了里格楞。有人把眼下这个时期比作美国的"珍珠港事件"。去年我刚去夏威夷珍珠港参观，了解到其实当年从日本航母上起飞的大批日本轰炸机在扑向珍珠港途中，加州的美军雷达就已发现，但他们居然以为是自己的飞机在演习，麻痹大意至此，吃了大亏。美国从中汲取的教训竟是走向另一极端叫作"先行打击"，你并没有侵犯我，但只要有足以伤害我的实力，我也可能予以打击。而从这次疫情在美国肆虐的情形来看，引领美国的神经元依然是同样的迟钝散漫，刀风不能让他闪躲，需要切肉割痛。美国民族的性格里，在迟钝散漫与过度敏感之间，是不是还有很大一片荒野？

现在美国终于痛醒！今天的数字，全美80万，纽约25万，加州3万。

智海今天安排了外出去送物资，我刚好有了别的事情，Amy积极请战同去。Amy本来常年在国内，因为疫情，滞留在美，便一边做起义工，一边打捞南加生鲜美食。她曾是国内外科医生，早转行投资，同时还是抖音上的美女网红，《Amy姐微金融》插播进美国南加尔湾华人抗疫进行曲，端的是声情并茂，风生水起。

我在橙市的诊所，上一场雨后就发现屋顶漏水，疫情一起，便忘了向房东Dr. Mamory报告。上月底州长发出居家令后，Dr. Mamory发信给我主动削减了近三分之一房租，我顺便向他报告了屋漏之事，今早他安排人来修理，须我到场。我特别交待请工人和我见面时务必佩戴口罩。我按时到达，一黑色口罩工人走进屋来，告知我他们在修对面屋顶，再忙十几分钟就过来。远远望向对面屋顶，两三个工人忽隐忽现地在忙碌着，都戴着口罩干活，和我两三周前见到的园林工人都不戴口罩迥异。之后，我去Tustin的 Papa John's、面包房，和同一 plaza 的 Trader Joe's 采购一些食物，情形与前大不同，95% 以上人员都有戴口罩。只是很多他裔女孩戴的是花布口罩，可能是为了好看，也可能是购买不到现成口罩，自己裁制的。但也有很多人佩戴有各种颜色及款式的现成口罩，是不是说明在华人圈外，可能也有口罩在销售了？

口罩后面现出疫情消退前的一抹曙光！

2020.04.23

盟主Journey发力了！

尔湾华人的微信群里长久以来就活跃着无数个自制特色食物群、有机蔬菜群、生猛活鲜群等，安抚着华人新移民们思乡的味蕾和喜鲜的习性。向军的凉皮肉夹馍群经营有年，我把太太拉进她的群后，午间她竟常去买了独享而我却在饿肚上班，被我发现后便交待向军，但凡太太预订，必做双份强卖给她以杜绝独食；北京人Nick家的酱肘子刚被我发现不久，封城前一两天还专门开车半小时去Eastvale买过一回，要香有香，要味是味，软硬口感刚好，不输京城天福号，尔湾就缺这一口儿！这二位能主儿，我都给拉到Journey的一个群里。

Journey的群与那些单打一的食物群不同，据她说她有四五个群，为了迁就她那上千粉丝们朝三暮四的味觉，她在群里招徕了一些其他卖各种吃食的能人，向军名声她也早有耳闻。我说那你就不是群主，是盟主啦！其实我一直没整明白她自己在做什么卖，尽管她告诉过我她还卖活鸡，可我一次没见她在群里吆喝过。所以不再关注。疫情前我甩给她的群那两位美食大咖后，疫情起了，我便基本停了诊所开始闷头写起疫情日记闭眼往各群里甩。那天Journey忽然微我，小心翼翼貌似推心置腹地和我谈话，我恍然大悟，回她的群里爬上楼，才知道群里的美妇们虽乐于笑纳美食大咖，其他虚的假的则犯了群规影响她们专注购买美食，有几位嚷嚷着要群主清理门户。我假作大度一撅屁股，T吧！

上周日和市长到市场发完口罩，Amy忽然说，她在一个海鲜群里订了几磅活虾，送我和智海各一份。给了我地址去取。居然看见是Journey了，身边围了一圈纸箱，里面一袋袋红皮虾，还在分装。Amy送了我一袋，Journey又追出来塞给我一袋，给钱不要！这是T我的补偿么？要不再T咱两回？很不好意思地拿回家。Journey带女儿Yan-ran在我这做矫正一年多了，我知道她是单亲妈妈一个人拉扯孩子，很能干，但其实生活很不容易！晚餐虾宴，那虾可真鲜嫩！也杂陈很多生活的滋味。

周一，有个做矫正的小孩咬东西没注意弄得钢丝扎嘴，约到诊所处理了一下。病人走后，我在办公室查查电子邮箱。政府第一批抚慰金PPP和EIDL早就发放一空，身边只听到有少数人领到而我这边毫无动静。如果此时自己手里没有一点现金的话，靠政府其实并没有保障。怪不得有人上街游行，要求解除"禁足令"。本来是发给小公司小企业的，但据说哈佛大学也去申领，弄得有600万要退回。 传言川普的企业也有，国会要查。这些无法确实的消息，只能任由它飞。

忽然微信里Journey问，她有些韩国的免洗净手液能不能捐。一个多小时后她送过来了，居然有三小箱。我说你为什么不留着卖？她说卖了一些再捐一些。上面都是韩文她也不懂，但她试着挤出一点烧过，证实含有酒精。我照相发给懂韩文的中医车医生，回说果然是酒精净手液。我准备打一个中英文翻译贴上再捐给需要的人。Journey还捐了一些看上去像KN95的3D口罩，有大号和中号。想起汤医师问过我有没有小号N95，有位需要的医生脸比较小。也许可以给她中号拿过去试试。我对Journey说，你捐的可都是紧俏物资！

晚上看到捐助群里智海告诉大家尔湾市议员Mellisa Fox在组织给农场的农民捐食物。农场的农民多为墨西哥人，建议捐赠的食物清单里，一般是他们喜欢的米、鸡蛋、豆、面饼之类，发的照片里他们打出西班牙语Gracias表示感谢。我三周前买了两口袋罐头食品要捐给 food bank 的，因记错时间没捐成，所以对这条信息格外关注了一会儿。忽然注意到 Journey 原来也早已在我们这个捐助群里，她也正对这条捐赠食物的信息发言。她说平时忙没时间看群，既知道农民需要食物，就给他们从仓库拉几袋米面去，还有鸡蛋和水。盟主发力起来，出手就是不一般！

我有一事不明：既然 Mellisa 说感谢农民在这特殊时候保证我们的蔬果供应，他们应在正常上班，有工资生活，为什么要捐助他们食物呢？Janet说，她看新闻，因为疫情，现在饭馆关闭基本都不订菜了，农民生产的菜很多都烂在地里，可惜了。于是帮助农民打开蔬果销路的建议就提了出来。Journey 说可以零利润帮农民在群里销售，平时群友的确有蔬菜需要，只是她嫌麻烦不愿弄。还提了一些只有内行才想到的建议。大家也随着七嘴八舌出了很多主意。才看出来，Journey 在尔湾妈妈们中颇有知名度。木棉麻麻马上打钱托付她，买她的米面送去捐给农民。Suzie 说以后要多支持她的团购群以表彰她的爱心。Journey 回说，若有真正生活需要的就过来买，不必专门做什么。

此为生鲜团购群盟主Journey尔湾抗疫发力小传。

社会民情篇

胶着与焦虑

2020.04.27

再次感受疫情中的美国政治！

随着疫情的发展，全美确诊数字八十万九十万地往上窜，政治自然无所不在地衍生出一个接一个的故事和一波又一波的舆情。

近日最热的是总统川普记者会的一段视频。我用自己的话但尽量客观地描述一下这段视频（除了视频自然呈现，我这样客观的描述可能尚属首次）：讲台上，川普一边望向陪坐一边的病毒专家一边说既然紫外线、消毒剂这类东西可以秒杀病毒，那能不能从中得到些启发研究出什么能用于人体的方法来？席间一名男记者说，总统先生，我们是来听发布有关治疗病毒的信息和治疗指南的，不是来听谣言的。

随之网上飞出各种恶搞总统的段子和漫画，其中最有名的是一位沙发上葛优躺的哥们，手臂上扎着输液管通向两桶消毒液。接着，又传出有30人左右因服用消毒剂而被送医院，一本正经的主流媒体登的，应实有其事。

当这些恶搞的段子和漫画在网上飞了一会儿又飞一会儿，后面总会引出一群愤怒的人跟上为总统辩护并朝对方猛踩狠撕，最后本来爱总统的更爱得死心踏地了，原来只有点爱的爱得更多了。

在这里，川黑们有故意断章取义之嫌，不去领会消毒剂在川普话里只是他山之石，可以攻玉的一个提示；而川粉们也无视，贵为总统应当满足民众对治疗病毒有新进展和新指南的期待，而不应把本该在会前与专家们会商的不成熟假想或动议在记者会上发布。记得当初武汉疫情之始曾流出一个视频，原湖北省委书记对记者提问避实就虚答非所问招致舆论挞伐，该书记被阵前撤职；而贵为美国总统带领着专家组，对记者提问，不管如何怒怼或如何随意，大家却习以为常，不以为怪。这也是个很值得研究的事。

这样不对事件本身做深入审视，只着眼于衍生言行而撕逼的政治事件，几乎每一天都会在很多社媒上演，可以让群友破头，同学反目，据说还会让夫妻离婚。

屁股坐定了，疫情也好，其他也好，只是个板凳长板凳宽的小板凳。

2020.04.27

重新开放,还是不开?

4月27日,今日全美确诊人数过100万。近30万人的尔湾127例。

过去这一周多,最引人关注的是各州均有居民要求重新开放的声音。18号在佛州的Coco就告诉我:"我们市长把beach开放了,说是essential activities!"那会儿佛州确诊病例2万多,迄今3万多了。"essential activities"可理解为"不做,则无法生活,或威胁生命的活动"。赞成的人会说:不做会死;反对的人则言:不作不死。随之有Colorado州的Denver市医务人员挡在要求州开放而示威游行的车队前的视频和图片从CNN流向社媒。甚至在疫情最严重的纽约,也有了重新开工的呼声。而南加离尔湾不远的Newport Beach,则呈现了4万人的人潮扑向海潮的盛况。此情此景令人们不禁为封城之初,一位谁也不挨谁也不碍的弄潮小儿以违反社交距离的罪名被弄进人满为患的监牢而喊冤。

前天开始看到有人转发各州重新开放的时间表。其实我是不太相信的,因为迄今为止,有哪位州长能够预测预料本州的疫情走向呢?这个时间表大概除了起点安抚作用,也会给困窘中的人们一点希望吧!

为什么疫情达到最高峰,最需要人们全神贯注,严阵以待之时,有些人(数量还不少)会冒出来这么些不可理喻的"幺蛾子"呢?很值得心理学家和社会学家去研究。

从理智上,相信每个人都已具有COVID-19的流行病常识,懂得社交距离的重要性，从近两三周来看，非华人社区的居民佩戴口罩的人已大大增加，不佩戴的成为极少数。所以，发出重开呼声的人们应该不是缺乏知识，也并非没有理性。而更合适的解释可能是，理性在他们的生活平衡与心理平衡上，占比变轻了。

尔湾的华人大多数是新移民，经济条件相对优渥，受美国社会经济活动影响较小。美国政府印钞补贴居民的生活费，成人 $1200，儿童 $500，对很多华人新移民家庭可能还会是额外的一笔小收入，而对靠工作收入去付房贷车贷地税房租各项保险及其每日三餐生活开销的当地美国人家庭则可能杯水车薪。以我自家为例，自封城一个多月以来，仅收到 $2900 的补贴，差不多够付个房贷而已，其他各项支出一样都不会少，四月份之前还刚寄出几千刀的地税支票，医疗保险公司也没有忘记按时收走几千刀的保费。由此可见，疫情带给众多美国居民的经济压力是不可忽视的，政府补助并不能完全解忧。

如果是自己开个小公司小企业，则压力还会更大。房屋租金一般会允许延交却不会免除，雇员虽然可以去领失业金，但之后还是自己要往资金池里注资。只不过把压力往后推延。

另一方面人们的活动空间被居家令极度压缩，既往日日拥堵的高速路变得空旷；车位难求的商场餐厅停车场车停得稀稀拉拉；连原油期货价格都能生出旷世奇闻的负数。如果没有现代通讯工具聊解烦闷，现代人类仿佛一夜回到农耕时代。人们的种种社会活动受限致曾几为常态的各种心生理需求满足落空而严重受挫。

这些实实在在的经济、社会压力都必然会转化为个体的心理压力。而情绪是心理的出口。国内疫情盛时我们不也时常能见到不少情绪失控的人吗？一个社会都应给人们一个情绪的释放口、减压阀，这一点在允许拥枪的美国尤为重要。

作为政府，也在想各种办法帮助经济纾困，比如加州政府拟出资餐馆供给困难的家庭与人群以免费食物应是一举两得的措施。

　　我们在美华人常会有意无意把中国对疫情的做法与效果和身处现状作比较，而无端产生焦虑与郁闷。对在疫情高峰下，平常理性已不能完全平衡其内心的部分美国海滨爱好者，渴望开工的人，不妨以宽容之心待之，视之如家人。自疫情之初，我们华人捐款赠物出大力，不正是以社区为家，以其他居民如家人吗？试想，如果我们有家人如此，除了晓之以理，约束以规，我们应该一味责备怪罪呢，还是耐心安抚陪伴？大不了疫情可能因此延长一个月半个月，待人们情绪发泄了，现实问题有一定着落了；人心既定，则可避免次生不测，又可同舟共济，与克时艰，不必大忧！

> 2020.05.01
> 劳动节

急诊的故事

有没有疫情,牙科急诊每日都在发生。有了疫情,急诊的故事与以往不一样。

Abby是位来自北京的美妞,每日在朋友圈晒美颜照,把自己的容颜搞到面目全非。现今的好多小女孩不知咋的啦,没见本人,看朋友圈除了自己晒照就是和一帮闺蜜晒照,好自恋;见过本尊,再看朋友圈,本来天生丽质,找不出理由为什么如此这般用镜头自残!后来帮她们想明白,女孩们大概不想真颜私照散落人间吧。

Abby的自爱自律大概是她爹妈敢把她放飞的原因。刚到银行上班不久的她,美国疫情渐盛,被同事们的大胆都不戴口罩吓坏了,立马申请带薪假期,已经歇了一个月,反正她不想死。也不想天天懒觉让自己长得不像自己。她每天准时早起,健身房,遛狗,学习两小时,只吃一顿饭,女孩家家的那种,半夜会饿醒,好久没吃糖,于是吃了一块,牙从来不痛的,竟丝丝地痛了。有一种牙痛,叫着进甜食后疼痛。

柏凯有个字眼通俗却令人不能马上一目了然的长长的微信名。4月10日他求加我微友,用语比一般人多了一行字,但把他的位置,认识我的途径,求加的理由、原因,一次说清,无需再多问。他对自己牙齿问题的描述那么清晰准确,以至于我当时没意识到他竟然用了好几个专业名词。后来才知其实他本科地质,研究生环境,现在UCI学大数据。他没说自己在读博。当时我已停诊两周,忙于收送社区捐赠防疫物资。给他远程开了处方。这周忽然想起问他现况。他说他原先牙疼半夜得咬着毛巾睡,多亏吃了我开的药。他现已回国了。我好奇现在回国的状况紧张到什么程度。他说家在台北,已回去两周,那时每天还都有航班,票价人民币3000,现在居家隔离中。我才惊异他的简体字识认,应用得这么好,他说和大陆接触很久啦。我尽量淡淡地不深谈政治。柏凯却并不回避自己对中美及两岸民众的中肯看法。我对各处寻常街景总有兴趣,他便随手朝隔离住所窗外拍了一张很快发来,一种似曾相识的年代感从相片里扑面而出。他说,那些60年代建的四层小楼,曾是美军越战时的驻所。他还发来一段视频,是他曾去静思冥想的台东的一处海滩,沉郁的滩涂,浑厚的海潮声,让我想起小时候看过的电影《海霞》里的镜头。微友五千,一般难得聊天,我和柏凯却聊了很久。

2月8号,辛竹给我的朋友圈点了个赞,让我想起自在橙市诊所给他植牙已有四五年了,他是尔湾这边的陪读爸爸。我问他人在哪里,情况如何。他说回北京过年,困在国内了。又说,"唉,这几天上火牙疼,国内牙科门诊都停了,只能忍着[流泪]"。我给他介绍了北京的大夫去试着问一下。

3月17日,他在我的群里发了个什么信息,一个思维稍微极端的人出言不逊,竟把他这么好脾气的人也惹怒。为了平息事端,我把两人都请出群,但把他又请进另外一群。我们私下聊起,他因疫情牙没看成,吃着药。过几天就要过美国来,我提醒他中国已是最安全之地,美国疫情刚起,橙县这边 South Coast Plaza 一位员工染疫,UCI 学生宿舍有一住户阳性;而且路上反而危险。他说孩子在美国这边不放心;这会儿从中国往美国走还好,从美国往中国走更危险。显然他对此已有深思熟虑。前天,在诊所看完一位急诊病人,忽然想起他,便在微信上去问,已经过来了吗?他很快回说,已过来一个多月了。我笑说,你这是为了孩子,飞蛾扑火呀!"没办法,孩子学校放假了,又不敢让他回国,他自己在这儿我们更不放心,只好在这最厉害时候回来了。"他说,等于经历两次。牙还是一直没看,忍着,从国内带了一堆药。"等疫情过了吧!"

2020.05.04
大晴

疫情持续发展,生计何去何从

全美确诊逾120万例,加州5万6千多例,橙县2800多例,尔湾127例。

今天的日记其实成为周记,所记之事可能较为琐碎芜杂。之所以没有尽可能每天记录,主要在于不好把握生活的主调在朝哪个基调转换。在这样的大疫情背景之下,"重新开放""复工"等声音,却几乎盖过"抗疫"之声!

我所知道的尔湾几个社区抗疫团体依然在运作。CAMA 智海组织儿童自制数千只面罩捐献医界的事迹被 Fox11 录像报道,不过报道的主角是"Children"儿童们,没有特别点明"华人社区"。没有专门去统计,只是多年见闻留存下来的一点印象,在主流媒体的报道中,华人涉及负面新闻时,往往被点名;而有正面新闻时,常只冠以"亚裔"或不予称谓。可以继续注意一下是否确实如此。不管如何,华人社区支援抗疫能引起主流媒体关注,终究是好事。

汤医生依然在亲力亲为地收集捐赠并运发出去。汤医生的热心华人公益始见于她自费购票鼓励华人支持好莱坞华人导演电影《不要告诉她(Farewell)》。

CAMA 这边捐款几乎用尽,采购活动减少,医疗物资专家 Suzzie 便也更多地在其他团体里不仅承担高参角色,还积极帮助采买防疫物资。

和 Judith 熟悉起来,是她在尔湾的历次社区公益活动中频见的身影。她是最早推动尔湾学区学校停课保护学生的人。昨天她在群里询问 N95 口罩的价格,大概又在准备再一次捐献活动。

我今天也收到一包来自 Zenni Optic 捐助的防疫物资，有 N95，系带医用口罩，面罩，居然还有防气雾护目镜！也体会了一把受捐者的心情。这个 Zenni 是个眼镜公司，疫情之初就开始向全美医务人员寄捐防疫物资，开始时不了解，怕是骗子公司骗信息，直到很多医疗人员收到才知是真的。

有的人把要求"重新开放"等民众要求政治化。从现实来看，可能有政治因素或为政治所用。但疫情发展近二个月至今，又看不到疫情结束的日子，很多民众有经济困窘的动因，也有心理持续压抑而亟待调整舒解的需要。

上周六我怂恿太太带着儿子去河滨市（Riverside）的果园采橙。因为自"居家令"生效以来，他们真的是几乎宅家未出，所有超市采购都是我包办，现在我对各家常去超市的特点样样门儿清。对于我的提议，又听说去疫情几乎是橙县二倍的 Riverside，母子二人都非常害怕抗拒，即便我说在果园那样的户外社交距离完全是可控的也不行，直到我说开车到那里，如果人多情况不对，我们就不必下车，这样才说服二人成行。

到达果园，沿街居然已停了十几辆车，但对硕大的果园，人员应不算多。我们停了车，钻进果园里。因为疫情，果农损失惨重，每棵树下都满是熟透落地的金橙，有的已经腐烂。采摘之时若与他人相遇，都会提前互相在树后绕路避开。橙子非常甘甜，橙肉细腻，很像自家后院种的有机橙。我们满载而归，准备回家给果园主寄去支票。但是第二天就有消息，当地警察不满众多车辆停在路边有违不得群集的命令，再停将罚款一千刀。微观上讲，尽管汽车本身的大小可以决定人们不会近于社交距离，何况并非同时到达或离去，而且大家都懂得主动互相回避；警察能做的只能是宏观管理。太太竟然庆幸很及时地插了这一回空档，到郊外透了口新鲜空气，晒到太阳，看到果园景致。于是便肆无忌惮起来，第二天发给我几个不知哪个群里来的图片和视频，是昨晚上威尼斯海滩 Venice Beach 的荧光海。我知道她动了想去看的心思。老宅在家里会非常害怕外面的世界，一旦踏出家门，胆量恢复起来，倒又要更注意安全，保持社交距离了。

周日忽然发现家门口街上热闹起来，孩子们在门口放风筝，骑车溜滑板；难得一见的大人在门口草坪上支起了小椅。我纳着闷，去信箱取邮件，发现邮箱外面红扳手上夹了一页信纸。原来这是邻居们发起的"街道快乐时光"活动，信纸上提醒活动中保持社交距离的一些规则。

今天早晨接到银行电话，提醒我最后完成PPP的申请手续，以便发放资金。PPP等政府救济资金是鼓励企业留住员工，不使失业，似有鼓励企业保持或恢复工作的意思。如果照此意支付员工工资则该笔资金就不用归还，否则就成为低息贷款需要偿还。但是我问过已在领取失业保险金的员工，他们每周除了领取失业险金，还额外有600刀联邦补助，加起来比平时上班工资还多上千刀。有同行算过，一般员工工资在12到20刀每小时，而失业金收入却达到约25刀每小时。员工们在家闲得发慌，渴望恢复工作，但是却又舍不得这份失业金的待遇。

这种很细小具体的情况，其实很反映当下政府抗疫工作中的粗放，社会民众的纠结，与企业想抗疫，又不得不想着开工，而要开工员工又不愿意回来等等乱象。

下午五六点钟上高速路时，入口处居然 Meter On 了！高速路上的车辆，一反疫情初起时的冷清，只比以前下班时拥塞的路况稍好一点。橙县人民难道不宣而"复工"了吗？

2020.05.10
母亲节

疫情中的母亲节

在洛杉矶留居租屋工作月余的女儿，特地赶回家，给她母亲带来花和甜酒。

大街路口，墨西哥人停驻花摊车向路人兜售着新鲜玫瑰。

微信朋友圈里，各种贴图或温馨或思念或调侃，"母亲"这一称谓，在敬与爱的语境下达到最高频度。

自国内发生疫情以来，从上半场延宕至下半场，群里便很少见到发红包了，那一阵小喧闹与抢红包人的小确幸心理，曾几何时显得那么不合时宜。但是今天，在群里发个小红包，踊跃地抢着，愉快地道谢，气氛轻松和谐。

疫情什么时候开始仿佛只是一组在遥远处变幻的数字，而这组数字仅仅如一行或一页简谱，每个人每个家庭将这简谱变奏成与自己生活相谐的音乐或音响背景。

不经意间，我的日记里，竟竖立有一组母亲们的抗疫群像：

疫情初起时，年轻的母亲们一边惶然将幼小孩子们蔽护在屋舍之下，一边淡定筹措防疫物资慨然捐献；

年长的母亲们，腿脚虽不再灵便，思维似也逊前敏捷，只因有在疫区工作生活的儿女，忽然又回变成风一样的女子，如延翅的老母鸡一般呵儿护女；

有像汤医生那样的母亲，本来只作计自己捐赠抗疫物资的短小

战斗,不想竟与身边无数作同样计的母亲们共同扩展深化成了一场长远战役;

也有像智海那样,把两位小帅哥公子全权托付家里贤内助,自己化身集号召、联络、帐薄与分送等各职于一身的铁娘子;

还有发动起一双双小手,引领一支分散在各家各户的童子军,做起成千上万顶面罩去护卫白衣战士们的百千位虎妈慈母们;

更有为了守住医者的职责和荣誉,为儿女挣一份尊严,为了社区的安全和健康福祉,明知防护物资匮乏,几近赤手空拳,而依然挺身向病毒冲锋的母亲护士和医师们……

母亲!这一角色为什么值得倾情歌颂?她们不仅仅养儿育女,更于灾难当前,在儿女们身边站立成母亲的姿态!

2020.05.12

双城探秘

今日累计病例全球426万，美国140万，加州7.1万，橙县3600，尔湾143。

居住在尔湾的人，获取疫情信息的渠道有很多，较为集中省力的办法是通过三家自媒体了解到各种数据和概况，争取下一篇日记详介一下。这三家是《一亩三分地》《微尔湾》《我爱尔湾》，其中《我爱尔湾》就是这次与我一起合作组织捐赠的 CAMA 所创办的，智海是 CAMA 的创建者之一。

一直以来，数据显示橙县疫情最严重的两个城市圣塔安那市 Santa Ana 和阿拉罕市 Anaheim，有如竞赛一般，轮番占据第一位置。最近几周，尽管有些数据如监狱、老人院等单独提取列出，Santa Ana 仍然连续占据第一，今天累计570，新增24；而 Anaheim 今天累计545，新增5例，渐有拉大差距之势。

这两个北邻尔湾的城市，为何疫情格外严重？

近两周以来，美国的防疫物资紧张度大为缓解，我的几家牙科材料供应商都通知我他们已有外科口罩和KN95供应，只是价格比疫前高出5至6倍以上。甚至还得到一个信息，有一家网站在预售3M最专业的N95。因此，我感觉捐赠对象的重点应由对医院转向对民间，因为口罩的价格对于很多低收入人群相对太高，或许是这两个城市疫情高企的原因。我把此想法与尔湾的几位捐赠组织者沟通，没有得到响应，这又是为什么？

首先我上 Santa Ana、Anaheim 和尔湾（Irvine）三个城市的网站上浏览了一下。Santa Ana 的疫情信息极少，只在很不起眼的一行文字里找到"COVID-19"几个字；Anaheim 却有很丰富的疫情信息；Irvine 则只有一个市长的疫情视频，但含有"COVID-19"字样的标题很是醒目。我希望从网站的风格与内容去初步寻找答案。

　　昨天找到电话号码，我给 Santa Ana 市政府打过去，表明口罩捐赠意向，电话被转过三次后，我被告知，会有人联系我，留了我的电话。今天一天，我的电话没有响。头两天，我还托家住 Anaheim 的同行朋友打听一下往 Anaheim 如何捐赠为好，至今尚无回音。

　　下午收到雕龙诗社的 Lily 她朋友捐赠的300只非医用口罩，寄出地址居然也在尔湾。其中有100只儿童口罩，这是第一次收到儿童口罩，小一号的尺寸，让人联想到它们戴在小朋友脸上的样子，不禁莞尔一笑。把这300只口罩放上车子，我往GPS里输入"Santa Ana"，循着路线开过去。

　　Santa Ana 位于 Irvine 的北边，中间隔着塔斯汀市（City of Tustin）。GPS 上显示，走5号高速路居然有一段黄色的小堵路段，这是平时下班的时间，看来的确很多人已经实质上复工了。

　　我选择了走非高速路街道，尽管多走几分钟，但是可以更好地看到人们的社区活动情况。距离GPS上的目的地还有7-8分钟，我感觉到已在 Santa Ana 的地界里。路过一个有九毛九"99 Cents"的商铺区Plaza，停了下来。"99 Cents"的中文名是"9毛9"，多半设在低收入区，10年前基本还能做到每件商品只卖9毛9，现在只能做到大部分商量保持这个价格。今天收到的口罩是50只大包装的，我想买点塑料袋分成10只左右的小包装，尽管车上常放有小包装外科口罩，一直在随时随地发给商场里见到的用薄围巾遮住口鼻没有口罩的人，但还是想把外科口罩留到最后。

从商场出来的人都戴着口罩，多为布面的，黑色居多。刚从车里出来的人，会一边往商场门口走去，一边从兜里掏出口罩戴上。停车场里有一位小伙子没有戴口罩，举着一张纸牌，看见有人靠近便举起纸牌，应该是在向人行乞。商场外面另一角有几个衣冠不整的人聚集交谈，口鼻都露在外面。这种情况，我是不宜靠前去给他们口罩的。四月初，曾在诊所门口遇到一群园林工人，我远远地把口罩放地上，让他们自取，而此时，这些人背景复杂，一些对他们奇异的动作说不定会引出些什么误会。从商场买到塑料袋出来时，那一群人正四散而去。

另一商铺车场入口处，一位流浪老人坐在路牙上面对草坪正吃盒饭。我停好车，拿了两袋口罩，走近去，示意他是免费的，他确认后，放下拿叉子的手，伸出一个手指头，"One?"我两个都给了他，他很仔细地放进地上的背包里。我想让他拿着口罩让我给他照张相，这是我们常用的向口罩捐赠者交代的方式，但可能他对英语不通，只顾闷头吃饭了。

在停车场另一端出口处，一位面蒙布巾的年轻人向里走来。我给了他一袋口罩，他弯下腰，把背包放在地上，把口罩放进背包，依旧蒙着布巾向前走去。

不止这一次，接受口罩的人没有如我们所期望的那样，马上戴上捐赠的口罩，而是收起来，依然故我。我们不了解他们，正如他们不了解我们，我们不了解口罩对他们意味着什么，价值几何？经济价值还是使用价格更重要？

在一个修车铺的停车场，一个穿工装的工人在和一位貌似顾客的人，在一辆前车盖掀起来的车前"坦诚"交谈。

一位妇女和一对貌似夫妇的人街上相遇，两个女人见面拥抱，三个人亲切交谈，都没有戴口罩。

街口两位小摊贩，等候着顾客，一位戴着口罩，另一位没有。

Santa Ana 商业区依然人来人往，尽管停车场一半以上空着。仅仅相去不远的三个商铺区，不戴口罩的人在四处走动，相聚，交谈。疫情第一名看来并非浪得虚名。原因似乎显而易见。不知这样走马观花得到的信息是否与大数据匹配，对应得上。

但是，在 Anaheim 我就看不懂了。

Anaheim 是在 Santa Ana 更北边的一个城市。我在不远的橙市（City Of Orange）开诊所时，经常在两个城市之间走动，但并没有特别留心二者的区隔，在印象里，一直把二者都当作美国穷人聚集的区域，到今天我才区分清楚，尽管 Anaheim 有一大片低收入人居住区，但它是拥有迪斯尼公园 Disneyland 和世界知名会展中心的商务区，街道整洁干净，商铺有档次感。

GPS 把我引到 Anaheim 会展中心，Disneyland 与它紧邻，平时直到晚上10点以后，这里都是车水马龙，游人熙熙攘攘的，而今天商铺都关门闭户，街上冷冷清清，反倒是 Santa Ana 还更显得有人气。

我沿着 Anaheim 大街走了几个街区，除了一个有 Target 的停车场有些人员进出外，其他小些的商铺基本都是关闭的。尽管餐馆门口有"我们可以外卖"的牌子，但基本少见有人进出，更没有人排队。

忽然想起附近也有一家大华超市。上周末有几样东西没买全，正好可以看一下。这一家大华周边的小商铺相对比较混杂，因此来往的客人除了华人，还有越南人、墨西哥人等。在车场，看见一对墨西哥姐俩，一位正在给另一位系蒙面头巾，头巾有点短，打不上结。女孩正准备手捂着离去。我给了她一包口罩，她走出很远，还回过身来感谢。

　　Anaheim 这一区域的市容街貌比 Santa Ana 整洁得多，人流也稀少许多，自然见不到很多不戴口罩的人。这就是从直观感受不到的地方，为什么 Anaheim 疫情也比较严重。也许我刚看的这一片是 Anaheim 市最好的区域。我以前通过邮局了解过 Anaheim，知道一些相对要差一些的区域，今天没有走到，不知答案是不是在那边？

2020.05.17

看不到尽头就是头

今日全美151万例,死亡近9万例。加州8万例,橙县4376例,尔湾多日新增为0后今天4例,累计153例。

全美疫情爆发两个月来,新增病例已呈下降趋势,但每日仍然新增1万5至2万例。若以中国为参照,两个月中国基本结束了主战场,而美国疫情结束却看不到头。

看不到头便是个头,居家隔离毕竟不是生活的常态。

于是马路上车流变大了,在以往的上下班时间段,也有了车流高峰,只是尚没有出现拥堵。这似乎说明,很多人其实已经开始恢复了工作。

州县市府亦出台了分阶段复工计划或指令,实际上是呼应了这种要求。

餐厅努力外卖以维持着生意;写字楼外停放的车辆已经不少。

各海滩和公园,出现了丛丛簇簇的游人,尽管相应的停车场还没有开放。大多数人们戴着口罩,自觉保持6英尺的社交距离;狭路相逢时或有意回避或快步擦肩而过。

并非急诊而需定期复诊的病人多次和医生联系,询问开诊时间。

而今,我的抗疫日记阅读量下降,人们不再更多关注疫情,很多人甚至不再畏惧,反而希望自己已被感染过。有人或出于怀疑,或出于期望，去医疗诊所花费10刀测试一下抗体。盼望阳性结果。

本来，疫情发展让人看不到头，人们渴望生活恢复常态，不顾病毒，冒险工作，带家人到海滩，调适身心，可能出于无奈。往消极方面看，似乎不尊重病毒，不肯坚持居家隔离，令病毒扩散。但往积极方面想，也可认为人们正是正视现实，正视病毒，积极生活工作学习，准备与病毒长期共存。

而很多华人在悄悄考虑回国。自春节来美探亲便滞留数月的朋友汪，忽然出现在国内天津。身着当下乘坐飞机的标配：医用ICU级防疫服，护目镜，N95；在洛杉矶机场登机。少吃少喝少上厕所，一飞冲到天津。尽管疲惫少息，但一路的惊险离奇刺激了他的谈兴。有一个飞机上进食的细节，没有经历的人是绝对想不到的。当饥饿难耐时，手藏食物，眼观六路，直待周遭有人咬食甫顿，拉上口罩之瞬，自己便迅即移开口罩，速啃一口干粮，旋即拉下口罩，咀嚼吞咽清喉一切口腔活动均在口罩后面进行。口口相传的原来不止言语，也会有病毒。同一架飞机上，前后左右同一时间不可能有两张嘴同时露出。此情此况，曾经在地面悟出过"人不能两次踏进同一条河流"的古希腊哲学家赫拉克利特如果也恰巧在飞机上，他会在空中悟出什么样的哲学原理来呢？

汪自下飞机，便被安排排队做多次检测，熬过七八小时之后，才得以坐上去隔离宾馆的大巴，其间饥渴疲惫令他除了后悔，难以言表。核酸检测时的鼻拭子捅得他几近晕厥。380元一日的如家级宾馆，120元的一日三餐按时无接触放置门口，不禁让人胡思乱想到电影镜头：渣滓洞里，铁门上小窗一开，食碗进，小窗再一开，空碗出。一切费用自理。如此足不出户14天。之后回北京再隔离7天。

我的病人Cathy这几天也琢磨着带一对儿女回国的事。儿子八九岁,女儿青春期。她说学校安排上网课在她看来如上网吧。我赞同,告诉她,我儿子在上网课时,有的同学忙着显摆自己搭的乐高,有的让自家的宠物小狗频频出镜。我告诉她汪先生的回国奇遇。面对一时的困难,她不以为意:"再这样下去,孩子们毁了!"

2020.05.24

Santa Ana——圣女安娜

Santa Ana 翻译成中文圣塔安娜，乍一看好似一位圣洁温柔女性的名字。相比较尔湾28万人口，她有33万多人口，相当密集；她与尔湾之间只相隔一个城市 City Of Tustin。从尔湾沿5号高速北行仅四五个出口就到了横穿而过的55号高速公路，过了55号就进入Santa Ana 的地界，很近。

不想双城探秘一晃已过去两周。在美国城市的大街上走一趟便大致能感受到该城的人口，经济，社会风貌等。Santa Ana 是拉丁裔人口聚集区。家庭中位收入约为尔湾的1/3至1/2；而贫困线以下人口约为尔湾的2到3倍。

此次疫情，Santa Ana 累积感染人数起初与其北邻的 Anaheim 轮番占据第一第二位置，近三四周 Santa Ana 占第一居多，至昨天达到885人，也是33万多人口的 Anaheim 有770人，而28万人口的尔湾仅166人。

Santa Ana，难道你将一骑绝尘？

双城探秘之后，与尔湾几位捐助群组的组织者有所沟通。大多对 Santa Ana 的关注度较低，也并不认为是因为有人会觉得口罩贵，而且认为捐了口罩有人也不会戴。也许他们看到了我所没有看到的。但是试错有时好像是我无可救药的宿命。我还是希望试一下。

手里还有二三位捐献者之前捐献的物资，因为美国抗疫物资市场见缓，应是与中国国内疫情基本完全控制有关，急需的医院可以自购，所以暂时没有捐出去，在我自己的几个群里发了两天募捐广告后，又有十几位捐献者加入。陆续把东西送来或要我上门收取；国内武汉的 Jeanne 捐赠的口罩在邮途走了一个多月，终于也到了。智海也很支持，但她手里没有口罩了，只有几百只自制的面罩。想想，警察如果需要面罩，他们应该会用到防暴头盔，而老百姓更不会戴着面罩到处游走。尔湾要开全民检测点，还是留给检疫人员。

Santa Ana 方面终于也有人出来和我联系，是警局的警官 Tuc Bui。我与市府电话联系不觉已是二周前。终于约定今天把东西送过去。

"千蔚青青"这次又捐了口罩来，说过一段还是要带儿子回中国上学，尽管一票难求，路上会千辛万苦，这边这样上网校还是不行，口罩便不需要那么多了。她信奉"莫以善小而不为"。说着，她也很愿意来做义工。

晚上在车库，把零散的物资集中，有各式口罩、酒精净手液等大致四五千件，整理在三四只大纸箱里，贴好标语。这是第一次做这事，更体会了智海和汤医师他们如此这般送出数以几十万件物品，一趟又一趟，何等不易，需要时间和耐心。

临时兴起想到给 Santa Ana 市长 Pulido 先生和市议员们写封信，附上在街上拍到的照片。捐赠物品或许杯水车薪，邻城市民的关注和期望或许能给市里领导们带来一点触动吧？

周六上午10点多，按约到达 Santa Ana 警局。"千蔚青青"还带了儿子在身边，有言传身教为小善的意思。她已把女儿送进了 UC Berkly，还要把儿子培养成有公益心的更优秀的人。

警官帅哥戴着黑色口罩从警局走出。捐赠物的数量超乎他的预料，他返身推了一个推车出来。"千蔚青青"家的小伙子很主动地帮忙搬运、照相。我也抢拍到母子二人与美国警官同框搬物的镜头。

下午，警官 Tuc 又短信过来，了解这次捐赠后面更多一点的信息，要发社媒。他是认真的。我把街头照片也发给了他。有点想知道，照片中隐含的批评之意会令他作何感想。不痛不痒没有意思，能对他们有所触动才是我们的初衷。

2020.05.28

胶着与焦虑

全美累积病例176万，死亡10万3千；加州累积过10万；橙县5700；尔湾185例，新增2例。

我的日记属于感受型，仅以尔湾普通居民的角度，只从日常社会生活与社媒中的信息流去感触，有感而发。有的感受引起较多的朋友圈共鸣，有的少些，但这都不一定说明感受的准确性。比如，早在两个月之前的3月27日的《Dr. Yu日记24：重新开放，还是不开？》，即感受到社会对重新开放的心理需求与生活需要，以此为主题所感所记，当时朋友圈反应较冷淡，大概因为不符合我们华人朋友圈在以先行的中国模式为对照所形成的心理期待和对疫情能被及早控制的愿望；但至今要求重新开放的气氛在民间与政府之间的相互呼应中，愈来愈浓。

这几天的感受是：胶着与焦虑。疫情的胶着与民众心理的焦虑。

全美的疫情因纽约、新泽西等原先的重灾区的疫情趋缓而曲线有所拉平，但是身处的加州特别是南加乃至橙县却有疫情上升的趋势。尔湾曾经连续数周都基本是日零新增，近日却连续数日出现新增，多时可达一天4例。

医生群里好些各地一线医生包括身处南加重灾区洛杉矶的UCLA的医生都说，自己医院的病床从原来供不应求到现在已有空床，但疫情数字却还是增升，其原因不得其解。

获取答案需要在更高的位置，掌握大数据才行。

结合近日海滨等公众场所的开放，人们似乎很容易为局部疫情炽燃找到原因。

上上周末，我携家人途经 Laguna Beach 去某海滩（姑隐其名，以防人员聚集，见文请莫问）。在车上看到 Laguna Beach 街上行人不少，戴口罩与不戴口罩的大概各半，行进中有一定社交距离，也很难免有赶超或对面错行时的近距。在我们中国人看来，会觉得不符合疫情期间应有的做法。

那一天，某海滩的停车场没开放，人们把车停在两个 Blocks 以外的超市停车场，再步行前往海滩。行进路上或戴口罩或不戴，都能保有二三步远间距，不过也常有与对面行人狭路相逢，交臂而过，有时其中一方会走下马路，拉大相遇距离。

海滩上，陌生人之间相隔间距较大，而熟人都不然，有一群年龄像高中生的男孩女孩，聚集有小十人，相处较为亲密。新冠传染往往在关系亲近的人群中发生。

海边高尔夫球场有人打球，二人座的高球车都是一人一车。

儿子看中了那个通向海滩的隧道，一定要去那儿骑自行车，太太要看夕阳，于是上周末两次前往。这次路上小餐馆外面桌上有人围食，人且不多；停车场开放了，一位难求。海滩情形与上一次差不多。只不过超市停车场空了很多。

一二月间几次出游，太太与儿子由宅居数周后不敢出门到比较从容，心理上应是有所调适。虽然在人较密集处注意戴口罩，但人少也未必戴，若此时有人相向而行，交臂相错，是不是也有中招机会呢？去海滩的人，大多数有这类似情形吧？但有文章中的专家说这种情形，感染的机率还是小的，需要足够的时间和病毒浓度。

除了娱乐开放，重新复工更是炽热话题。

医师群里除了请 CPA 讲解 PPP 的使用，非一线专业也在议论复诊。

牙科同行群里除了有类似话题，也在攒团购买各种疫情间复诊所需仪器，研究怎么让口罩佩戴严密。讨论深透之后的结论是，需要负压诊室。又据说，保险公司给付每人 $10 PPE 费用，但拒付某些非急诊项目。

抗疫捐赠群 Gina 分享了一篇文章。在旧金山的作者写道，在一次登山途中遇到有在警局工作的人透露，疫情期间，自杀率大幅增加。而我在日记24里无端地担心，不仅是自伤更有伤他。

在疫情胶着中，人们为疫情所困，宅守家中而焦虑，渴望社会重新开放；而社会重新开放与疫情复燃相关联，又使人们更多了另一层焦虑。

作为个体，疫情不可控，但如何与病毒共存，在疫情中怡情，大概在相当长一段时间里是我们要思考摸索的现实问题。

疫情骚乱

"我无法呼吸"

2020.05.31

危邦不入，乱邦不居

5月30日夜。人们对全美甚至所居城市的疫情数字麻木之时，明州警察跪颈扼喉引发的全美骚乱——其实应称"动乱"的各种消息和视频，刷屏了。华人抗疫卫家的上半场，或以捐赠物资净绝，中国官方物资进场为终结；而下半场却既无时间限制，疫情终结亦遥遥无期。

屋漏偏逢夜雨。又所谓夜长梦多。上一篇日记才刚刚提到疫情的胶着与人们的焦虑，动乱便开始了。以"死"开始，烧抢续之。疫情与动乱之间有无内在因果联系，有待今后社会学家和心理学家们去研究。

消息称，明天尔湾市政厅前街也将有示威游行。当下这样的游行，谁能预料将会演绎出何种结果呢？

疫火虽炽，但人们似乎已熟悉了病毒的那点小脾气，虽无奈而仍可与共处，已经开始或正酝酿复工、复课、"复活"——恢复生活。可是，"烽烟"又起！"烧，抢"之后，留下一片狼藉，还是会继续延烧，一发不可收拾？

国内平稳的疫情控制，不可否认，是政治抗疫的成果。美国的170万病例，死逾10万的疫情现状，又何尝不是政治抗疫的"勋章"。"危邦不入"。除了为还在美读书的幼小子女而"飞蛾扑火"的父母们，奋不顾身前来，其他国人也一般都在对岸搬出了小板凳，或押脖，或忧心，或庆幸叹息……。

"乱邦不居"。原来对回国仍犹豫不决的父母，在一票难求，望洋兴叹之际，去意的砝码想必已果断放上天平。

母亲视频电话过来叮咛。 我在家庭群里对计划明天归家的女儿也一番叮咛。国内朋友短信过来询问。

邻里守望群里逛一圈，这些曾经的枪群里，充斥着各类贩买广告。夜晚启动居家门窗警报系统，默想一遍疫初备好的枪弹存放的位置。

2020.06.02

I can't breath！——我无法呼吸！

　　I can't breath（我无法呼吸）！ 一个名叫乔治·弗洛伊德的黑人，在不断的求饶声和路人的声援中，被一名白人警察，给活生生的当街虐杀。

　　在美国生活的平民，会感受到各种各样的"无法呼吸"。

　　如果我知道，一截坚硬的胫骨，连同膝盖以上硕大的躯体，将会置于我的脖颈，哪怕再身无分文，也不敢侥幸去用那张二十元的假币。妈妈，你生我时，我那么弱小无力，尚且可以分享人间一口空气；壮硕如今，却像一头牲口赴地，血脉被无情阻断，气管被压变形，我无法呼吸！

　　如果我没有多生下几个孩子，就得不到政府更多的救济，去过那醉生梦死的生活。只要还有 Food Stamp（政府救济穷人的食物券）我就不知道哪里是我孩子的未来，就像不知道我自己怎么吸食成瘾。别看我家徒四壁，却吸着昂贵的可卡因。飘飘然入仙境的瞬间过后，我无法呼吸。

　　如果我不失去08年的选举，就不会失去我的医疗保险。我交的税金，四分之一被政府拿去做了应该或不应该的救济，四分之一被联邦拿去造了应该或不应该造的舰船航机。为了每月的房贷和日常支出，只要不急的花费我都会尽量节省，存不下钱来真的不是我生活奢侈，事事借贷也并非出自我的本意。生活的重担压得我只剩一口气，稍有风吹草动，比如大病或者失业，就会跌落成无家可归者，从此在这社会，我无法呼吸。

如果我不努力读书，一味沉沦，不去上大学，我就不必刚刚二三十岁的年纪，就背负四五十万美元的学贷，我的父母并非都目光高远，懂得如何培养我独立，也非对我缺乏爱意不愿出资，原因其实很简单，他们只是负担不起。尽快还贷成为我前去充军的动机，世界各地的基地，才会有源源不断的兵力。要不然，我可能做一辈子学贷奴啊，想起来那感觉，真让人胸弊气闷，无法呼吸。

如果没有 COVID-19，就不会有那么多人失去生命。如果没有居家令，我就不会失业，游手好闲在家里。我的生活还有着落吗？我要去哪里娱乐？学业如何继续？毕业了吗？何处去找工作？签过合同的公司也刚刚宣布倒闭。欠下的借贷并不会免除，只是累积，没有工作如何去还清？房东没有松口，疫情稍缓还要照付租金；借贷公司也不肯豁免，只答应延迟还款不影响个人信誉……三个月过去，疫情还看不到尽头，我那一头未剪的乱发，就沉重得足以让我无法呼吸！

2020.06.08

在美国，我及家人曾被黑人救过两次
—— 我与美国黑人交往的故事

近两周以来，因为明尼安那波利斯黑人 George Floyd 被白人警察 Derek Chauvin 在众目睽睽及摄像头直照下跪杀而死，其后尸解结果竟愚弄公众常识，而引发民众为求公正，反对种族歧视掀起示威游行伴随极具烈度的烧抢风潮，席卷全美一百余城市。很多华人，包括在美国生活多年的人，可能对黑人族群并没有太多感性认识，而从一些传闻，和某些文献来看，易造成"黑人＝问题"的刻板印象。这里回顾一下自己与美国黑人的一些交往与缘分，犹如触碰到他们黝黑的肌肤，能感觉到如你我一样的恒常体温。

我遇到的第一位印象较深的美国黑人是我还在北京开诊所时的病人，名叫 Williams，是位光头，健硕，健谈的人。大概有两年左右的时间里，隔几个月他就会来。每次治疗后，我不忙时，他在前台交完费都会和我闲聊半天，我当作英语口语练习。有一次谈及他家人，他说他的儿子多年前被谋杀了（他用了 murder 这个词），在美国的酒吧里。我当时十分震惊。对于一般中国人，发生在身边人身上的谋杀事件，应该是很罕见的吧！从 Williams 拒谈任何细节，能感受到他内心深藏的悲伤。不忍心细问，去揭他的伤疤。

后来，我来到美国南加大牙科学院拿学位，同届美国同学里，只有一位黑人男性，比起其他族裔，黑人比例的确很低。

但是有很多病人是黑人。USC除北侧有一部分拉丁裔区外，其余区域被黑人居民区包围。USC建在这里，对牙科学院从零开始建立临床经验的牙科学生们来说，有很大好处，比较容易收治到病人，因为病人大多有政府福利保险，他们不介意由经验不足的学生给自己治疗，反正自己不花钱，又有有经验的老师监督。有些没有保险而又实在付不起治疗费用的病人也可能得到部分免费治疗，因学校给每个学生有一定的经费，来帮助留住一些有学习价值的病例。

我在USC的病人里约有一多半是黑人。黑人妇女脸上皱纹少，不显老，当她们告诉我已经七十左右时，看上去像五十多岁。黑人病人里有一半或有工作或自己做点小生意的，他们一般守时负责，和牙科学生配合度很高。有个Agnes在家办私人托儿所，根据她家房屋大小和条件，执照上规定她可以接收十几个孩子。还有一个Candy在家里向方圆周围邻居以妇女为主，卖售围巾首饰等手工艺品，都是中国货。有一次她听说我回中国度假了，很惋惜地说没让我给她带一些货品。

有相当一部分黑人的姓，用的是Rice, Flower等植物名，像高球名人Tiger Woods，大概也是这种情况。应该不难理解，他们祖先被掳到这块土地时，丢失了祖根，在新的土地上劳作而寄予了自己的希望。

黑人病人里也有部分不那么可靠的，这并不仅限于黑人，在拉丁裔、华人及白人里也都有：和学生们做了预约，到时没人影，电话没人接，不理他们多时却又冒了出来，接着再重复玩一遍消失。学生们在积累临床经验的同时，和各种病人打交道的经验也在吃一堑长一智的过程中快速增长。

Candy和我很谈得来，于是她把女儿给我介绍做病人。三十多岁，单亲，不工作，我问她靠什么生活，她说生有五个孩子，每个孩子政府会给钱，加起来每月有三千左右，还有免费牛奶和食物券。她说她很想治疗，如果可以分期每个月付二十几块的话。USC 没有这样的计划，我的免费额度也已用完。没法帮她，便没再见到她。

Candy 还介绍她儿子给我。二十多岁，瘦高个黑人青年，初看没什么，等我带他从病例登记，到照x光片，再检查，直到送走，凡是经过他身边，甚至只是远远看到的女性，他都以一种说不上味道的方式和人家打招呼，起初我以为他们认识，接着才明白，原来还有这个类型的人。

X光科负责的是位年岁较大，戴副深色玳瑁眼镜，走路稍跛的黑人大叔，对学生很和蔼，学生有不懂或需开个小后门什么的，别人对学生板着脸的不少，而他都能友善帮助，让我感觉他和我们圆通的中国人没有多大区别。到了我考美国牙科执照时，他很自然地问我有没有助手。学生平时看病人都是没有助手的，但临床考试不能没有。于是他介绍了一位"很好的"助手给我，是位二十来岁的黑人女孩。的确"很好"很有经验，帮我一次就通过了执照考试。当然是付费的。后来知道，很多学生都从他这里请到助手去考试。他是位精明的人，在迎来送往一届又一届的学生们当中，以让人很舒服的方式做着这一门生意。

牙周科主任奥斯汀 Austin 是位胖胖的黑人女性，上大课时，很有威严。上小课时，却显出对每个学生都很亲和。我那时刚来美国，口语不流利，但每次上小课时，看到她的眼神就有发言的胆量，别的美国本地学生都耐不住性子了，而她每次都很慈和专注耐心地听我用结巴的英语讲完。至今还记得她的样貌。

当和这样一些美国黑人相处，学习，共事日久时，我会忘记他们的肤色，甚至在他们身上能找到"性相近，习相远"这句话。还能读出他们身上与小说《根》里那些黑人人物一样鲜活的个性与生命力。

刚到美国的头一年，我及家人就被黑人救过两次。我常对家人说，在美国，黑人是我的保护神。

到美国读书之前，我来开过两次学术会议，都是用中国驾照开车。继而到美国读书，一来就扎进紧张的学习和考试，当时又没有现在的微信，未能很快探寻到必要的信息，还一直用中国的驾照开着车。太太也是。直到有一天太太载着女儿在大道上被警察拦下，才知道早应该去考加州驾照。

所以在考取驾照之前，坐了一段时间城轨火车，来往家里和USC。如果六七点之前能坐上学校大巴，就能直达洛杉矶城中心downtown 的联合车站 Union Station，再坐一趟火车就可到家。平常每天在学校都要忙功课到半夜十二点，但那段时间因为没开车，就要在八九点的末班车之前，赶到离USC最近的一个火车站，坐上火车到 Union Station 再转。

这一天晚上，我不得不放下手里没做完的事，从 USC 赶到火车站。幽暗的站台上人只有我一个人。夜间行车间隔也长。这时来了四五位看模样也就十七八岁的白人男孩，在不远处的椅子上坐下，叼出烟来吸。不一会儿，一个男孩朝我走过来，走到离我一步远，要我给他一些钱。大概是我还穿着医学生制服看上去像医生。我告诉他我只有信用卡没有现金。他走回伙伴身边，他们说了几句什么，这男孩又走来我身边，伸手抓我手臂，要搜我身的意思。我触到他的手绵软无力，就用力握他，想显示力量让他知难而退。男孩甩着捏痛的手退回伙伴身边，说了不到一二句，他们竟都起身一齐走过来把我围在中间，我感觉手臂和腰间已有不同人的手搭上来。不祥之感浮上脑际。

正在这时,他们忽然又松手后退开去。我看见四五步开外,出现一个年轻黑人,个头不高,身材瘦削,他手里拿着一只打开的翻盖电话,嘴里喃喃自语,但是我清晰地听见他在说,"I am making a call！I am making a call（我在打电话！我在打电话）！"我能感觉到,他是对这伙男孩说的。当时情况发生突然,我竟来不及想应该打911,就是想打也来不及。男孩们退下了,但直觉能感到他们的目光仍在向我瞟来。黑人青年走到稍远处,在电话里叙述着。不一会儿,一男一女两位警察出现在站台上。并肩站在离我五六步远之遥。黑人青年走近他们说着什么,还抬手朝我指了指。火车来了,我跨上火车,那伙男孩也上了,聚在不远处的门边；两位警察也上了火车,站在离我二三步远处,并不说话。黑人青年不知何时不见了。远远的那伙男孩还在往这边张望。到了Union Station,我一边往回家的站台走去,一边注意到警察和那伙男孩也在我身后移动。当我跨上最后一班火车,发现那伙男孩和警察不知何时都不见了。

这是我生平第一次遭遇如此险境,大概是初来乍到,对美国社会还不了解,对有些社区地段的危险性,虽有所耳闻,但毕竟没有亲身经历,从而有所掉以轻心。孤身一人,在洛杉矶最危险的地段,夜行候车。那些还正处在青春期的街头浪子们,正是在有物质需求却无条件满足的年龄,荷尔蒙一上头便可能不知天高地厚,不计后果的。如果不是那位黑人兄弟出手相救,真不知会出现怎样恶劣的情形。

这一经历,十分惊险,让我深刻体验了美国社会并非人人懂理友好,也有极为险恶的时空和人群。更初次认识了正直黑人的侠义善良。

第二次获黑人救助,是2008年圣诞节前。他救助我们的方式非常奇特,大大出人意料。

我请了一周的假，携太太和女儿前往美东游玩。在尼亚加拉瀑布（Niagara Falls）赶上大风，所有回纽约的航班均取消了，我们不得不改变计划准备租车开回9小时以外的纽约，去赶预订飞回洛杉矶的航班。租车人很多。我们等了六七小时之后，租车公司终于给了我们一辆丰田花冠小车。当时我还嘀咕，这么大风，这样的小车会不会太单薄了。但是好不容易才等到，还有九个小时车程要赶，不及多想，一家人赶紧拉箱提包往停车楼的指示车位赶过去。刚才在柜台里面时站在发车员身后的工作人员，那位黑人小伙子，也随着我们往停车楼走去。我以为他是给顾客带路找到租车的，不时问他这么走对不对。他只说，往前走就是。说着他走向了不远处一辆车去开车门。我们也按号找到那辆丰田花冠。放好箱包，调好椅镜，我点火，倒车，车头调向出口，看见刚才黑人小伙开的车正在前方车道上，我正等他前行或让开车道，我好往外开，不料，那车突然倒车灯亮起，接着以极快的速度倒冲过来，我大吃一惊，根本来不及作任何操作，只能把手掌压在喇叭上，伴着停车楼里一声高亢的长鸣，"嘣"的一声，他的车尾猛地撞到我的车前帮，灯碎帮落。再看他的车，后车帮也瘪进变形。我连忙熄火开门，指着他的车几乎说不出话来。他开门下车，脸上毫无表情，对车况看都没看，说，你把车停回去，没事的，给你换一辆车。说完他便走回租车接待处去了。我无可奈何，把车停回原车位。又拖车提包回到接待处，心想，刚才等车就等了好几小时，这下不知又要等多久。这时，看见刚给我丰田花冠的发车员，正把一把钥匙交给那位黑人小伙，我没想到那就是给我们的车。但黑人小伙冲我们一扬手，让跟他走。我们跟着他走到停车楼一辆大得多的卡迪拉克旁边，他把钥匙交给我就转身回去了。我想，这个鲁莽的黑人一定是撞了我们车，过意不去，才这么快给我们换一辆车吧，很幸运，这车大多了，这么远的路，会更舒服些。

等到我们开车上路,北美冬季刚猛的劲风把这辆车体宽大厚重的美国造卡迪拉克吹得都有点打飘时,我忽然醒悟到,那个黑人小伙救了我们全家。虽然这一次,这位黑人小伙的救助不像第一次那位黑人兄弟,有那么明确的言语行动。但对尼亚加拉和纽约这边的气候,我们陌生,他一定不会不熟悉。他们一定在那种劲风中开车驰骋过,了解劲风对不同车辆的作用。从他在撞车时的倒车速度看,只有不懂车性的新手才会倒那么快,而他显然不是新手。意外撞车后,常人本能的动作至少会察看一下车辆受损情况,而他看都不看,好像没有意外发生。所以我判断他是故意撞车。而他以这样一种方式帮我换车,应该是只有这样,才有最好的理由。

我每周并不去教堂,但我还是相信上帝的。我以为这两位黑人小伙都是上帝派来的保护神。2011年和2012年,我被工作的公司派到USC南边不远的一处诊所工作了两年。这里是完完全全的黑人社区,大概这是上帝派我用两年为黑人社区的服务来偿谢两位黑人兄弟的救命大恩吧!但我们中国有语道:大恩不谢!永记心中!

那两年,在黑人社区服务没有发生任何不良状况。病人绝大多数对我们专业人员都很尊重,没有遇到什么疯狂的人。连把大裤衩穿在外裤外面,一身刺青的帮派小年轻也显得挺和善,教我区分什么帮派穿什么,怎么穿衣服,涂什么鸦,打什么手势。可惜我都没记住。

我经常步行去诊所不远处的 Subway 吃 Tuna 三明治或者麦当劳吃汉堡。那里的保安也如诊所的保安都有佩枪。

我治疗的黑人病人,绝大多数像其他族裔病人一样信任我。有一位老妇人,由别的大夫转过来,是一个花钱较少的局部治疗计划,并不能明显改变她口腔整体的健康状况。我复习完她的资料后,改变治疗计划,会大大改善她的牙齿美观与功能状况,但是费用高出几倍。诊所主管很担心病人会有意见。但是我一贯坚持自己认为对的事，病人求助我们就是为求得专业帮助以恢复健康和功能，至于省钱与花钱则是由病人自己考虑决断的事。如果颠倒过来，则医生专注在帮病人考虑节省费用，而病人自己却并不知道如何能最好地解决他们自己的牙齿问题，这一点，很多病人其实也有想不明白的。我和这位老妇人陈述了新的治疗计划后，她出乎意料地很接受我的方案，并且愿意支付多得多的治疗费用，自始至终非常配合。明智的黑人是跟其他族裔一样明智的。而且并不是黑人都贫穷，他们很多人也知道节省，来积累财富，照顾自己。

　　这就是我不吐不快的与黑人的故事与缘分。希望我把感受到的他们的温暖，传导出去，让读到的人，对黑人不再那么隔膜，至少透过这层膜感受的不再是冷冰而是温热；当听到 Floyd 躺在地上喊妈妈的时候，我们的心也会像他一样绝望，我们的肺也有一刻，无法呼吸！但是，我们的头脑永远不要缺氧。

2020.06.10

乱花渐欲迷人眼：疫情未平，暴乱又起

一切与弗罗伊德（Floyd）之死有关，又无关6月9日。全美疫情累计过200万例，死亡过11万例。加州疫情渐重，已接近14万例。记得三月底四月初还在我们往尔湾的医院送出第一批抗疫物资时，就听一位急诊室主任说过，加州恐成纽约第二。当时加州疫情还比较轻微，未以为意。可现今从这趋势来看，难道真会一语成谶？橙县也已过7000例，尔湾224例。在这疫情发展趋势还看不到头的时候，全美人民抗不住生计压力，等不了政府急印几万亿"杯水车薪"的救济金（忽然想到川普政府会不会暗渡陈仓，留出相当数额资金用于将来补助从中国撤回的企业？一时乱想，但愿将来不会被证实。）人们对由此而可能使刚稍有控制的疫情复又炽燃的担心还未放下，却已然顾不上了。

刑事案件 明尼苏达州黑人 George Floyd 被白人警察当街"膝杀"的镜头让所有观者触目惊心，继而法医轻辱民众智商的"死于并发症，而非窒息"的解剖结论与法院慌不择路的匆忙"轻判"，彻底将民众激怒。本来一件显而易见的刑事案件，仅因为当事人的黑白肤色而上升为种族歧视事件，就像是平地新垒高一座舞台，全美各色人等纷纷登场，各种武打文戏尽纷呈；又如架好一只乱炖巨铁锅，爱吃肉的狂抢肉，爱吃土豆的忙切块，喜喝汤的举起了大锅勺。端的是"乱花渐欲迷人眼"。

种族歧视 局外人不知当事人想过什么，说过什么，只要是不同

肤色，尤其是白加黑，便有了一个可以盛装一切的筐子，上贴一签，签上曰："种族歧视"。美国法律规定：上学、招聘、看病、购物等等等等不得"看肤色"，而这恰恰概因现实中，肤色意味着很多，"Colors mean a lot"！暴力一出场，戏就热闹了。"No Justice No Peace！""没有公平就没有和平"！追求公平的民众（不限于黑人）围堵法院、警车，袭击警员，在大街上与警察撕打成一片。明州警察局大楼被付之一炬，残剩的大楼框架在熊熊大火中如同一只通体透明的巨大灯笼。甚至有人荷枪实弹簇拥在政府建筑外面和大街上，不由让人担心内战一触即发。在疫情中压抑已久，正处于"屋外无一人可偷抢，屋里尽人无一可抢偷"尴尬境中，各州众肖小之徒，终于天赐良机得以混水摸鱼趁乱抢掠，超市、金店、手机店门破玻碎，现金、货品被狂扫一空。此情此境，让稍许胆怯的民众，对声援要求公平公正的抗议者望而却步。

和平力量 但还是有众多勇敢的人们（不乏黑人）走上街头，阻挡劝退暴力人群，围护落单警员，保护饭店商铺。也有像在我们尔湾的和平示威者们那样，在市府、在警局周围举牌诉求执法公正，呼喊族裔公平心声。更有芝加哥的华人枪友团，与警察呼应配合，保卫唐人街，护守自己宝贵的财产和声誉。一部分起初与抗议民众对峙的警察，单膝跪地，与民众一起祈祷，而化解了与许多爱好和平不喜暴力民众的对立乃至对抗。但是跪膝动作，不仅在不同文化的族裔间有不同的意涵与解读，即便在同一文化族裔的不同阵营之间，也被有意无意上纲上线，而终成党派划分的身体符号。

政治是肮脏的 选举，还是选举。在美国，凡事皆可以是政治。不信吗？厕所擦P的厕纸又贵了，因为销售增税立法刚刚通过，所以从此如厕不得不付出更大代价。立法对民众民生就是最大的政治。政治任何时候都不会缺席，从抗疫到抗议。政治人物最大的政治却是选举。首先Antifa这个反法西斯组织与政治人物的勾连被挖出；接着又挖出似乎为某一派人众更同情的George Floyd，原来曾经是几乎十恶不赦的罪犯和坏蛋。再如前所述，跪与不跪也因川普不跪的推文和拜登下跪的身形而向政治的台面飘浮而上。单从中文媒体来看，共和党的川普在微弱的民主党拜登面前，无疑是不可盖超的"大声公"。

联邦和州又干上了 联邦和州，具体来说是川普和各州长，更明确点主要是民主党州长，好像从来不会有话好好说。从"抗疫"期间互相甩锅，再到"抗议"这会儿比谁更压得住阵脚：不知道咋使警察，还不会用国民卫队？一边去，有俺派大兵上。归根结底，还是在显摆谁更能干！还是为选举！

拉郎配——扯上中国 六月！军队！哪年不扯上中国？今年，众议院：拉倒吧！川普想想，"拉倒就拉倒！大兵哥，撤！唉，看什么看？还说风凉话！说你呢！你 —— China！"

关于跪 在美国，有"跪杀"人的警察应该不令人奇怪。只要警察感觉受到一个人（嫌犯）的威胁，他就有权不经法律程序而剥夺他的生命。对于废除死刑的州，一个有权杀人的警察是不是比无权判死刑的整个法律系统还大？而对于保有死刑的州，对死刑犯执行法律制裁，是一个旷日持久的过程，可以长达几十年。而一个警察却可以在不到八分钟内就杀死一个人。甚至可能他并不需要感受威胁，而只要感觉不在手机拍摄下，就可以这么做，因为法律系统会给他擦P，不是吗？George Floyd之死，如果没有旁人的摄像，法院依据首剖法医的结论，还会"轻判"吗？No！极可能是"不判"！为了社会的安全，美国民众接受警察为了保护他们自身而有一定的特权，但是再僭越这一特权，便会人人自危了！这便应是本轮事件爆发的根本出发点，一次海啸发生的震源。而社会各界的各股力量，会时时准备着，跃入一次次社会激浪，一番弄潮，几次三番，捉虾捕鱼，各有所获。也有的被激浪卷去，定有所失。哪怕警察叔叔在民众面前单膝下跪祈祷这样一个动作，或许是出于对同伴"以跪行凶"的赎罪，或许是降低身段让民众得以心安，更或许是为了仰受上帝的指引，今后得循正确道路前行……在最初，赢得各方民众谅解和称赞。但是一旦政治介入，警民便陷入了"未跪—强跪"，"跪也不是，不跪也不是"的纠结漩涡，不是向内和解，而是向外分裂。警察叔叔不知所措了，既然下跪不好，那就给您洗脚吧？谁知更加骂声一片。终于警察叔叔撂挑子了。先是几十个警察叔叔集体辞去高薪警职。接着明州决定撤消警察局，做个"无警州"！这样可好了吧？没谁可骂了！州长真傻吗？他不知道"无警"的州还能成好州吗？

偏偏有一帮傻X当了真，真心扮起"死罪既免，活罪难逃"的社会主宰，在这疫重世乱的灾年，要求州市削减警局的经费，挪作他用。华人在干嘛？华人不游行不抗议，害怕暴力。观望复观望，微信转发，坐而论道！尔湾华人得知有人要市长下台，削减警局经费，今晚议员会议讨论这事。市长网上发出信息(透露风声)，华人竞相转发，上网留言留名，齐声反对。

据传，会上市长手捧长长名单，警察局长感激涕零。五个议员的会议5:0通过，反对削减警察经费。余哥参悟道：是的，立法，才是美国政治的实质；影响立法是最好的政治参与。我们华人越来越会了！下次别再让我上那个白宫网站签名了！行吗？

End

感谢CAMA"通风报信"，再次组织尔湾华人争取权利。

2020.06.24

父亲节，我们全家从通往海滨的石阶上折返

6月23日，掐指一算，距3月22日发第一篇日记，美国疫情初起，三个整月。是长是短？往年有时觉得不过弹指一挥间，今年却感觉恍如一个世纪，经历太多，看到听到太多，想得太多。对于自己，这三个月，把一辈子的字都码了，成就"坐家"梦想。除了COVID-19，还有谁能让我们"收获"如此：疏离世界，找回自己？

这只是开始。

人们对疫情数字已然麻木。几百万与一百万已然无异，似乎也就只剩为一列数字，但很多人无意识中把这一个个数字不知不觉转换成了自己心脑泵血的毫米汞柱。我停诊了一个月，开急诊两个月了，每一次外出，每一次接诊，每一次"巡（微信）群"，都让我触摸到疫情的脉搏。

周日21号是父亲节，女儿从洛杉矶回家。几周前那次回家后返回洛杉矶的第二天，女儿忽然带给我们一场虚惊：她们公司的一位清洁工确诊阳性！虽然她做设计，在家办公，但一周有一次回公司。公司全员做检查，两三天后出结果，女儿没事！她的老板遂改为两周回一次公司。我趁机又叮嘱女儿一遍如此这般，女儿平静接受，不似早年青春期逆反，嫌我们啰嗦。

中午在后院精心烤制女儿点名要的烧烤：烤羊肉串，烤黄鱼，烤香肠茄子土豆。傍晚终于可以全家去海边看海，看日落。

去过海边两次，疗愈了太太和儿子在家的"居久恐外症"。一次海

滩公园停车场没开放，一次停车场爆满，两次都把车停在附近超市车场，而就近走高尔夫小道去往海滩。这次决定走另一条风景更美的公园小道。

这次居然很幸运，一路驶近海滩公园停车场时，远远看到不少空余停车位，以至于当驶入车场后，可以选择不必停在有不戴口罩的人在装车或下车的旁边，而在相对较远而空旷的车位任择选停。

停好车，我们鱼贯走向海滩入口处的台阶，一路有刚到和离去的人们出现在车场各个进出口与海滩的出入口之间，却鲜有戴口罩者。我心里提高了警觉。当踏上石阶，走向下面不宽的海滩公园小经，眼下的情境让我惊愕止步，公园草坪上，人们尚可择地而憩保持距离，而大约六米宽的小路上，不戴口罩的游人密度，可以用前呼后拥来形容。

我们一声"走"，全家从石阶上折返，回到车场，又开车去往超市，这次买到好吃的葡萄干油炸面包片和鲜榨橙汁，心安理得停好车，沿上二次的路径前往海滩。这边的游人却比上两次都少，大概是今天那边好停车，都去了那边。

来时还云霭厚重，不抱希望看到日落美景。不想，女儿竟是有福之人，待我们踏足海岸，浪卷浪涌之上，云堆竟裂开一道长缝，悬出一粒美美的夕阳。

周一，曾一度落至2万以下的全美新增病例，回升达到2万6千例。加州累积病例数，已接近纽约一半。不过女儿说，加州地广人多，似乎还满有信心。

上周一位病人临时取消预约，她抢到了回国的机票。昨晚芊蔚青青从飞机上发来照片，让我猜机上那二位是机组服务员还是医务人员，她带一双儿女已在东京转机，三小时不到，全家就在福州落地，同时落地的大概也有全家的心上之石。

而此时，对于北京新起而已控制到个位的疫情，也有各种传闻。

微信群里，（因）隔离（而产生）抑郁（需要）援助的广告也上线了。

2020.06.27

再次感受美国政治
——在美华人自媒体为何挺川多

　　一直想把这一段时间对美国政治的感受梳理一下，但一时看不清，默默感受观察中。事务不忙，政业不精，所有感受来源均只限于日常身边流淌的信息源，没有内幕消息，未追宗溯源，更未刨根问底，所以不会引经据典。无有对错，专属个人业余消遣，不必作其他引申，唯一注意的是屁股尽量不挑板凳坐。今日感受三件事：加州州长 Newsom 权力被限；ACA5；总统选举。

　　据传，加州州长 Newsom 因"动用权力，以高出市场价 2-3 倍价格"从中国 BYD 公司购买抗疫物质，被人提议限制权利。

　　我们尔湾华人自加州刚颁"居家令"后一二天即开始了捐赠投疫物资，作为其中一员，并有"日记"记载，对美国抗疫物资市场的脉搏起死回生的状况，可谓了然于胸。Newsom 与 BYD 签定10亿美元合同时，美国正规市场一罩难求，只有华人口罩黑市一派兴旺，供应华人居民捐赠。记得当时得知10亿合同的消息，捐献日久已现疲态的华人社区，人心为之一振。可合同当即就被以需通过 NIOSH 审查而喊停，BYD 退回定金。直至近两个月后，BYD 才通过论证，而此时中国各省重开，抗疫物资需求大为减少，于是过剩产能与物资转注美国市场，可美国疫情早已冲上百万，加州"排名"也节节"高升"。

　　10亿合同订立之时，美国根本没有抗疫物资市场，何来"价格"？Remdesivir 批准试用于临床都比批个口罩快。表面看似乎大概因口罩来自中国，内里有没有党争权斗？

老百姓眼里只有抗好疫，过好日子。政治人物也这么想吗？

关于 ACA5：美国社会对种族主义现象甚为敏感，黑人 George Floyd 被"跪扼"而死的视频也够令人触目惊心。但是如果没有疫情延宕无日，人民憋屈难忍，BLM抗议暴乱形势会如此轰轰烈烈吗？对BLM有抚慰作用的ACA5趁势再次出台并在众议院通过，只是顺势而为？还是早有预谋的兴风作浪？有谁说得清？

为美国抗疫捐资捐物积极奔走的华人，在疫情中即被轻易切去一大份蛋糕！华人们是否认识到，疫情只是银幕背景，暴乱不过是烘托气氛的打击乐，在你刚唱罢我登场的眼花瞭乱中，华人有没有看懂故事另有主线？

再来说选举。大家不难看出，重疫当前，什么是川普的心心念念？川普竞选广告在主流媒体上比比皆是，电视、youtube……美国不是无限责任政府，当然也不是无责任政府。即便疫情发展如此，已死亡十数万人，川普竞选的中文帖子仍在各群转传。与川普初选那次不同，一是这些帖子言必损民主党，二是转传已不如初选时那样自带热情。相同的是有部分帖子专按华人口味定制，比如歌颂川普年届七旬还在辛苦操劳；贵为总统如何省下白宫用度几千万。奇怪，几乎见不到民主党攻击川普的帖子。我被引入一个称是支持民主党的群，所见帖子也只提请川普的种种不是，少见各种颂扬民主党。民主党的宣传貌似弱毙。川普初选时，赢得华人无比的热情。当选之前与之后其中都有人被接见，被邀请去了白宫，邀请去观典礼……也许还有别的邀请！难保这次不再被"邀请"攒帖子，发帖子。

川普行情如何？早先有人说，不管疫情如何，支持川普依然坚挺；有人说，义乌市场的选情晴雨表又显灵。近日，中外媒体都在说川普的支持率大滑坡，川普募得竞选经费少于 Biden，有二十几个州 Biden 已领先。但是也有说希拉里当初也领先，最后怎么着？最硬核的是，全美疫情中复工后经济复苏强劲，对川有利。有专家淡淡地说，Biden 还是太弱，川普当选几无悬念！不管如何，好事身上揽，坏事忙甩锅，川普的无原则无底线显而易见。与历届并无二致，此届尤甚的是，不管谁竞选，都以踩中国为垫脚石：川普打压中国无所不用其极，连病毒命名都不是 China 就是 Kung Flu；而身为竞选对手，Biden 不是深揭狠批其抗疫不力，而是揭批其对中国还不够狠。连黑川狠角色博尔顿爆料竟也是川普其实对中国暗地卑躬屈膝！美国百姓因韩战与越战，与中国结下情感梁子。政界竞选历年据此，上揽下动，左呼右应。

  COVID-19 以无敌的方式，昭示了和平安定于百姓就是全部，就是生活。无论贸易战也好，疫情战也罢，还是留学战，更别说真枪实弹的的热战，所带来的社会震荡，首当其冲的不是政客，不是权贵，而是我等升斗小民。一些政客总是把中国和中国人民剥离，好像不怕和中国单打独斗，而只怕中国人民包括海外华人上下联动，里应外合。华人有没有想过，对此能做点什么？不为别人，只为自己，顶多也就是为一点世界和平！

2020.06.29

"疫地"歌云

6月28日，迄今全球病例近一千零二十五万，死亡逾五十万。全美病例近264万，死亡逾12万8千。加州后来居上，已然超过纽约的一半，达到21万6千余，死亡人数较纽约则尚"欣慰"：5935。截止于27日，橙县病例12462例，死亡323例。尔湾病例342，看似仍不高，但尔湾用了约三个月才达到300例，近一周每日都以二位数新增，前景不得不令人耽虑。

恰逢6月25日是端午节，这个节日除了纪念战国时代楚国爱国诗人屈原，也是中国传统文化中驱疫祛瘟的时节，我们这一代人尚且记得熟蒜、艾草、雄黄酒等，都是自古中国民间用于去病祛瘟的农业物事。但现今大疫面对的不仅仅是某单一农业国家，也殃及全球有着现代医学文明的各个世界强国。

去年底，我以五音不全之嗓，或可补高中低音各部之不及，而获邀入尔湾《雅歌合唱团》。参加几次排练后，2020年赛季在即，却不待发挥我的荒腔走板优势，美国疫起，将全团冲散家去。直至六月初，雅歌恢复Zoom云上授课。"云上"场合，颇合杨指挥授课要点：从三点摆到九点，再从九点摆回三点。好似从云端荡下的一副秋千，怪不得厉害的歌声，可以"直冲云霄"。中国疫情初起之时，华人心情之沉重，以致心生任何诗情都有"趁人之危"的羞耻感，我的"疫情诗"产量受到抑制；全球疫情急延渐重，人心惶惶，我的诊所也停诊一月有余；全球疫情蔓延无边，美国疫情潮退无期，加州疫情控制无力。

但是端午节过了，我们雅歌要放喉歌唱！

团长麦穗不仅是位知名歌唱家和优秀歌唱教育家，也是知人善任的聪明管理者，"明天朗诵什么呀？"扬我的些许长处，避我显而易见之短，一锤给定了音。执行团长谢珺紧锣密鼓推出长长的节目单。周日下午一场大戏在尔湾云上推出：

《雅歌合唱团——端午云联欢》！谢珺团长安排我第二个出场，抛砖引玉，很有寓意。

《端午》

明明是个悲剧，却年年伴着粽糯的香甜；明明是位忠烈，门楣上却挂着祛邪的艾蒿；孩提时脖子上悬挂着的鸭蛋，为什么染成姑娘的腮红？煮熟的颗颗蒜头，一瓣瓣在嘴里香软。那条名字为江的河啊，当时是晨曦还是暮霭？你留在水面的涟漪，渔舟还在那里徘徊。当时这样的事不多吧，为什么只为你用雄黄熏染？你到底是个什么样的人物，英名千古流传？

侯相宜，张宇你们主持俏皮，顺畅，尽管歌儿唱上了高音区，方言朗诵《再别康桥》却让东北的土渣从桥上掉进了麻辣火锅里。John Fang 你说竹笛只练了二三天，《谁不说俺家乡好》，那就说俺的竹笛好！Larry and Janet Leu 你们琴瑟和鸣，满头华发，难掩眉目传情。钢琴娘子庄丽莲，从北京到日本，从芝加哥到橙县，北大状元李大兴高唱着西洋调儿，《跟着你到天边》！梁华、张甜甜、方香儿虽然你们唱歌获了大奖，但是你们不知道麦穗老师说起你们时心里有多甜！大牛，你今天唱的《那就是我》，你在你我共混的28个群里跟人论辩的劲儿，分明也在说：那就是我。Irene、胡桦、Derek Yuen，魏诗锦，Eric，Yen Song，John Li，你们都是，唱得比 Joy 和 Beverly 说的好听！尽管他们说得已经很好听了。所以我们同声合唱费玉清的

《雪花飘飘》，还一齐把脖子仰成45º角。麦穗团长一首压轴《龙船调》，纪念悲剧诗人不悲戚，透着辣妹乐天派；不光唱得好，说得也一语点睛：等我们战胜疫情，再一齐仰脖合唱《一剪梅》——疫减就没！

旅行篇

疫风千里 万山绣锦

2020.07.08

黄石、大提顿五日自驾游（之一）

6月30日见朋友晒黄石公园游，便又动了心思。想游黄石已久，但多年来不易具备多于三天以上的假期，又闻人挤，一直未能成行。和朋友聊了疫情中游黄石的种种，终下决心，去往一游。我每游一处，不爱看攻略，步人后尘；只略知方向，便随兴而游。一般也不预订旅馆，为预设的居住地而羁绊了脚步，所以常常有意外惊喜。

写游记也是以感受为主，不过多作人文考据，故无渊博深邃状。一般考据或可随时随地进行，中文百度，英文 Wikipedia，你游与不游都在那里；而内心感受却是时过境迁，稍纵即逝的。

粗略计划7月1日到5日作游。谷歌地图一下，到黄石约15小时车程，加上可能的堵车，中途歇息停留，按我们既往的行车习惯，不可能一日到达。故拟6月30日下午下班后出发，行至 Las Vegas 附近留宿，次日再行往黄石目的地；4日下午或夜晚折返，5日行车一日回到家里。

经询女儿，她须上班，不便请假同往。此行只有我、太太和儿子。本想捎上助手 Doris 和 Jessica，但在特殊时期，还是作罢。

6月30日，本拟早点下班回家出发。忽有"木兰麻麻"急联，大女智齿疼痛需诊，一周后她们全家也将黄石游两周。麻麻本只期望得到一点简单止痛处置，但我担心其大女路途发作，建议并愿意帮其拔除。女儿痛定思拔，麻麻意外惊喜。"木兰麻麻"她们已去过黄石多回，忠告我自驾游才5天，似应另择他处，而不是黄石。事实证明她的建议也对也不对。

加诊后归家，虽然太太早一二日即已整箱备包，待到出发又过了一二小时。

一路上看到不少房车。我和太太聊起了蜗牛。儿子问："蜗牛怎么啦？"蜗牛天生继承有房，出门带着家，男不愁娶，女不愁嫁，当然出游更不用担心无处驻扎。但是我们多年前也玩过房车游，对于新冠期间来讲，房车在租赁、驻住及使用方面也并非就能做到百分百高枕无忧。本来计划在Las Vegas过夜，但11点半左右才到达City of Jean，还需往前走约一小时。决定就地留宿，以免过劳。Expedia显示此处有三四家赌场宾馆，居然其余各家均已售罄，只有一家尚有空房。

下车戴好口罩手套进门，先被测了体温，穿过赌厅，赌客稀少，有的戴了口罩，有的没有戴，远远坐着在玩老虎机。登记完入住，回到车来搬运行李，比以往多了口罩盒，手套盒，消毒巾盒，消毒液喷壶，甚至还有紫外线灯，都是从诊所拿的专业级消毒用品。

手里捏一张消毒纸巾，用完身份证和信用卡时，都揩拭一遍，再收入皮夹。用消毒巾裹着手指摁电梯按钮；进电梯前，手提消毒液喷壶的太太，先朝电梯里喷上两喷。来到房间门口，也先将门把手擦拭一下。进到屋里，满屋先喷后擦，才放妥行李。反正初来乍到，弹药充足。

洗盥已毕，我和儿子说话都有了点鼻音，想来应该是喷洒的消毒液的刺激。但也不免联想是否"中招"。紫外线灯终于没有用。臭氧气味，恐怕令人难以入眠。

翌日晨起，我和儿子鼻息恢复正常，心下轻松些许。搬运行李回车,连箱带人连鞋底,又喷洒一遍,这才登车前行,直奔黄石。

是日,加州新冠病例累积超23万,内达华州1万8千多。

2020.07.09

黄石、大提顿五日自驾游（之二）

7月1日离开驻地，很快途经去过多次的赌城 Las Vegas，沿着15号高速一路北上，穿越 Nevada、Colorado，进入 Utah，将路过 Salt Lake City 盐湖城。想着在盐湖城稍作停留，再继续赶路到达黄石或者黄石的前站 Rexburg 住宿一晚，应还来得及看一眼这三处：盐湖（或许再尝一尝咸度），摩门教发祥地，还有中国城。

因为未预作功课，在这里犯了两个错误。15号公路穿过的盐湖城，位于一个较狭长的山谷，后查为 Salt Lake Valley，刚入城际，便眼见一口大湖出现在左前方，以为便是那大名鼎鼎的盐湖。

驶离高速，行至湖区，发现原来这是名为 Utah Lake 的湖，地图上，比前方不远处的盐湖小了很多，而在眼前却也是浩淼宽广。岸边有人垂钓，水面浮游着船艇。门票15刀。

发现这一错误时，已耗时约一小时。儿子肚饿，要吃他喜爱的 Papa John's 的 Breadstick。在 Yelp 上找到，用 App 预订后，便前往去取。

地图上显示只要约十分钟。迎着山，左拐右拐寻去，只见半山上有一个白色的字母"Y"，暗忖它代表着什么意思，于这个城市有什么含义。应该不难查知。

从街道名，显示这里应该有一所大学。街道干净，街边建筑簇新，好像是座新兴城市。路过看见CVS，想起忘带一种消毒漱口水，在这疫风盛行的日子，时常漱口拭鼻，只会有益无害。于是停车先买了漱口水，特意留了收据，上写这个城市叫"Provo"，是与盐湖城及另一城市 Ogden 所组成的大都会的一部分。

另一错误，是在网上搜寻摩门教堂"Mormon Church"时，竟首先注意到离盐湖城以南4小时以外的一处"Mormon Temple"，点过去查看过一次，以后再查，便首先显示这一处。尽管心里寻思怎么会在那么远的地方，但时间匆忙，不及多想。决定只能回程时，若有机会再去打卡。

不爱做攻略，一主要是懒于这方面，二是并不执着于打卡名胜。出门主要为散心。所绕的道、所费的时间、所犯的错误都能令人有所得。游历认识一座城市，她可以是旅游景点，名胜古迹，也可以只是与自己有着和而不同的生活的城市。可以探寻她的历史，也可以发现她的年轻。

自驾游的另一大好处，是一家人封闭在一个彼此很近的空间里，有一搭没一搭地闲聊，营造出和家里不一样的与孩子、与另一半沟通的氛围和机会。在家时，各个舒服自在，也各自为政，各拥一隅，彼此相挨或相对，一天也说不上几句话。而车在路途，没盐没油的话一堆，腻了，可以放一段 YouTube，听一段音乐。孩子与大人尽管各有所好，但也得彼此克制，轮流交替分享。由此容忍不同，接受差别，有时忽然发现，大人小孩也会有同时都喜欢的音乐或剧情。这个好处，坐飞机也不可能得到。

计算了一下时间，必须尽快动身，赶到 Rexburg 才不至于太晚。

黄石公园为 Idaho、Wyomin 和 Montana 三州所包围。以 Idaho 疫情为相对最重，约五六千病例，Wyomin 次之，一千多例，Montana 最少，一千零点。

Rexburg 位于 Idaho，距黄石西门约2小时车程。好几家酒店都没有空房了，在余下的酒店里选了一家价格中上的。

与病毒长期共存，除了口罩，社交距离，消毒，也有几率的计算，多一层计算，少几分几率。

执夜班的白人女前台，接待时并不戴口罩。但相比加州的二十几万新冠病例，Idaho的数字也可算是九牛一毛了吧。酒店尽管看上去干净，雅致，我们也是照例消毒忙乎一番，才洗漱入睡。

大棱镜，老实泉

7月2日　睡到自然醒而没有很晚。因为疫情，酒店虽然取消了早餐，但准备了早餐袋，一人一个黄纸袋，装有一瓶水，一个小点心，一个营养bar，一个苹果。

离开酒店，GPS定向黄石西门。15号州际公路转20号州内公路，驶向前方山脉，途程约二小时。到达西黄石小镇。

小镇呈现山区旅游市镇的特点，小店林立，游人处处。黄石大街有车排队，不用询问，随大流也能知道去哪儿。

我们看到路边有个游客信息中心，建筑占地颇大，停车场却很空。想来游人大多是回头熟客，不需问讯。初来乍到，为了稳妥，我们还是脱离车队，开车停到游客信息中心停车场。拿到地图，了解了黄石公园游览区8字地型总貌及主要游览要点。工作人员介绍，汽车排队正是前往黄石西门，只需排队约十到十五分钟。这还是疫情期间，游人大为减少的情况下。想必正常时期，排队应会更长久得多。

遗憾的是，太太最想看的黄石瀑布那边整修封路，此次无缘。而儿子一眼看到地图上"Old Faithful"几个字，就立刻兴奋地设标要直奔前往。他的知识不知来自哪本杂书或游戏。"老实泉"或"忠实泉"我是听过的，没注意英文原来是这俩字，感觉翻译得哪儿差了一点，但又觉得"老实泉"翻译得还算"老实"。儿子输入"Old Faithful"，GPS显示另有路径前往，但我们还是说服他"老实"地按公园地图，西门入，循路而行。

公园门票单次35刀，年票80刀。一般都买年票，方便多次出入，而且可用于全美各州的国家公园National Parks。

进西门前行右拐沿森林车道南行，是前往"Old Faithful"喷泉方向，自然是我们的首选。

不多远，就有几辆车停留路边，远处林间河岸青草地上有一群"Bison"即"Buffalo"，也就是水牛，在低头噬草。前称较学术，后称较通俗，实为同一物。以前去过两次烤肉店，他们用的是"Bison"。现在知道，"Bison"这个词用起来比"Buffalo"更唬人，听起来更加山珍野味。

我们没有停留。此后直到南门基本没再遇见野生动物。直到在南门外才遇到一头小鹿在树旁一闪就消失在林后。以前看图片，以为黄石公园如非洲草原那样，到处野生动物成群，可能是错觉。

由西拐南这条路经的温泉地质主题，很快呈现。公园的规划设计者，大概是位文章高手，该引入处引入，该一笔带过处不拖沓，该停留处有过渡有修饰，适当处理着每一处自然资源素材，引导游人或作片刻流连，或者一瞥而过。如果说大棱镜喷泉 Grand Primatic Spring 是这段路最绚烂的篇章，那么，"老实泉"Old Faithful 就是用众星捧月般的手法，推出的高潮。

不同的路段伴随着不同名称的河床，河水因为地势或奔涌或静流。火洞河 Firehole River 两岸一会儿是郁郁葱葱的森林和草地，一会儿又因遭遇温泉而草黄树枯。

行近大棱镜温泉时，许多车辆停靠在路边，游人从远处步行，跨过一座木桥，走上大环形木制栈道，鱼贯而行，徒步欣赏三四个大小不等的泉眼。

其中以大棱镜温泉最为绚丽壮观。水体由深蓝到浅蓝，有如晶莹剔透的蓝宝石。泉石则因矿物质及细菌层的流变与沉淀，而形成层层叠叠由赤橙过渡至浅黄的暖色系。所以看航拍照片，仿佛几颗蓝钻镶嵌在设计精巧，制作繁复的金座上。温泉水支支叉叉流入火洞河，在河岸上嵌入几处突兀的，有着温泉特征的黄白色入河口，与青草葱葱的河岸，形成生命与死亡、微观生物与宏观生命的跨界。

此处地势较开阔，颇有风势。温泉上氤氲弥漫着或浓或淡的硫磺烟气。有的人戴口罩，有的人裸露面鼻的游客队伍，带着2020年COVID-19的年代特征，让我不禁想到，这里充分的硫磺洗肺，可不可以变为新冠病人的疗养胜地呀？

离开大棱镜温泉，便对其余的名不见经传的温泉游览处产生审美疲劳了，而急于寻访 Old Faithful。

Old Faithful 既不宏大，也无绚丽的颜色。但以它为中心，旁置有数个旅游购物饮食建筑群和几个有数百个车位的停车场。围绕着它，搭建有宽阔的木质通道观景台。想象一下，如果不是疫情期间，从世界各地汇聚的观众大概会围个里三层外三层吧？

疫情如现在，居然也有里三层的观众。大约有一半人戴口罩，多数人还是注意着彼此的距离，也有少数不介意的。我在外围拍摄，并时刻关注着太太和儿子与他人的距离。有不戴口罩的人靠得稍近，就会紧张地提醒他们移动位置，离人远一些。次数多了，太太也会不耐烦，她说从你那个角度看是不一样的，其实她自己都注意着呢！

除了 Old Faithful，其实还有其他多眼间歇喷泉是定时或不定时喷发的。只不过 Old Faithful 间隔时间较短，现在为约每90分钟，间隔误差较小，约10分钟左右，相对更为"忠实"，因此而培养了千万"忠实"的粉丝。想来还蛮有生活哲理的。

间歇泉喷发热水和蒸汽的原理，在于深达数千英尺的地下有滚烫的岩石，而其周围存在着水系灌流，高温和高压使沸水喷出一条释放通道，随后热岩、地下水系、回吸的冷空气，相互作用，达到沸点以上某一点温度时，攒足了压力，便再次喷发而出，如此周而复始，蔚为壮观。经年累月，也会应各种物资条件变化，如矿物质沉淀，地下水系因地震而发生改变等因素而改变了水温与压力提升。

Old Faithful 在零星地不时喷出一点水雾。为了抓拍住集中喷发的时机，而不致废镜头太多，我保持手机相机录像打开，每过一二分钟便摁停，重启。终于拍到约三分钟从刚喷发、到喷发高潮、到结束的宝贵镜头，即时发到群里和大家分享。

在尔湾抗疫群，智海说，大家现在都成了口罩警察！任何实拍照片和视频都不知经历过多少次"审视"。老乡群有老乡羡慕地说，现在连去超市采购都要再三犹豫，居然还敢去旅游！

我的想法其实很简单，照美国这样抗疫法，哪儿是个头啊？即便是在中国，人们至今也依然要求戴口罩。与新冠病毒共存看来是长期的了，那就尽量相处和谐一些吧。对于有二三十万病例的加州，数以万计的橙县，围绕着黄石只有一千至数千病例的三个州 Idaho，Wyomin 和 Montana，对从加州过去的我们没有任何歧视与限制，也是令人思索与感慨的。

想起两三个月前，太太与儿子在家蹲了一个多月后，听说我要带他们去果园摘橙子时，各自都一脸的惊恐；到后来，去海滩，现在来旅行，太太心理上更加开放与强大，儿子学会如何更从容地防护病毒，应对危机。应反对任何鲁莽的，对自然界缺乏敬畏与尊重的行为，但也不必自我束缚到只蹲守家中。我们无法控制病毒与世界的距离，可我们可以根据规律，保持自己与病毒的距离：太近，易受其害，太远，丢了生活，不远不近，才刚刚好！

今天一天的内容较多。下篇再续。

2020.07.13

走马观花大提顿（7月2日）

在 Old Faithful 礼品店买了几样小纪念品，天色尚早。园区内手机没有信号，无法详查周围信息。只有手中园区示意地图可参考。虽然依照攻略下载了黄石公园App，但使用起来似乎并不灵光。

接下来便有两个选择，一是原路返回西门，寻找安排住处，明天续游其他线路；另一是循路前行，去往黄石南门，应该也有住处可寻，这一路说不定还可见到什么新奇景物。前往新路线的吸引力更大。

车上的导航还可以工作，输入黄石南门时，我们被导引到了黄石大湖附近。这里并不像西门那样有个小镇，可供游人居住。车载导航显示，再往南行一个半小时车程有一个 Jackson 应该可以住人，但似乎有点远。园内的住宿都需提前预订。有人也许喜欢提前计划周密，而有人如我，却喜欢在迷失中寻找出路的感觉，回回如此。此时同伴的反应非常重要，如果埋怨，大家便回头去走乏味的老路；如果相随，便一起寻新探奇。此时太太摆出嫁鸡随鸡嫁狗随狗的姿态，儿子则一再催促"往南往南"，闹不清他是真知道还是不知道。

公园南出口处已经无人执守，停在路边，我下车拦住一辆从南边过来在入口处减速慢行的车辆。也是位中国人，本来坐在车内摘了口罩的，见我近前，来不及戴上口罩，便用手托着口罩挡住嘴说话。这也就是我要拦同胞问话的部分原因。他说前面就是有名的大提顿公园，他们专程去玩了一天，现在回到黄石住宿。往南去就有一个城市

Jackson。

于是我们不作它想，直奔 Jackson 而去。因为回到西门更远，而且乏味。

天色尚早，南向的车道在林间蜿蜒，有河涧逶迤相伴，与黄石公园内的道路情境又有不同，更添了许多自然野趣。前述看到的那只棕色的鹿就在此时出现，一跃一闪消失在林后。

路过一座石桥时，河水的轰鸣声，向我们传递来出自大山深处的生机。路边有让游人驻足的停车带。我们停下车，循声四望，原来这里有个小瀑布名为 Lewis Fall，身边的河叫 Lewis River。本来因为封路看不到黄石瀑布而有所失望的太太，在此得到一个小小惊喜。这或许就是上天对于她嫁鸡随鸡嫁狗随狗的小小奖赏。

此处游人稀少，我们顶着成群蚊虫快速自拍，有一对游人也驻足观看，但没有请他们帮忙。疫情时期，以人为壑（此处应有掩面而泣的表情）。儿子细皮嫩肉，架不住蚊虫的攻击，早早逃回车上。

汽车在林中穿行，一口大湖出现在森林后面。不久，车子驶出森林，一纵连绵的冰峰豁然延宕在前方，在左，在右。此时晚霞与冰峰同框，山谷青草地上，有很多马儿低头吃草；路边还有不少摄影师对着冰峰架起长枪短炮。

汽车在公路上奔驰了一个多小时，也没跑出这样连绵不绝的美景。大自然在我们车前一遍遍地铺展开一部硕大的地球生命教科书：地壳造山运动，成就这众多山峰高于雪线以上的大提顿山脉 Grand Teton Range，常年冰盖加顶，雪融冰化，在山脚成湖成河，成涧成溪，浸润泽被出葱绿成片的森林和草地，随之繁衍着鱼虫鸟兽，万年以前有了人类的足迹。

这样的美景不仅令人赏心悦目，这样一本教科书也真能启人心智。她让我联想到夏威夷火山公园里所摊开的万千年岁月，火山石如何风化成土孕育生命。也让人联想到，发源于青藏高原雪峰的长江，黄河，其不同的特点会如何影响到中华文明的诞生，形成与发展，以致如何影响华夏民族人民的现代生活。

到达 Jackson 时，天色已晚。很重要的一件事，首先是解决儿子的饮食问题，他的食谱偏窄。这也是我们不能出门太久的主要原因之一。这是个很小的城市，小到找不到一家 Papa Jone's 这样的连锁店。Wikipedia 上说，不足一万人。赶在一家 Pizza 店关门之前，出示图片才请人做了 Breadstick，这种普通不过的食物却并不是是个 Pizza 店都会做的。忘了带水果刀，好在有 Albertson 这样的超市，买到了。这样就能吃上苹果了。好歹能对付一下。

城市里手机有了信号，于是赶紧订酒店。现在怀俄明 Wyomin 地界，尽管整个州才一千零几个新冠病例，还是订了一个四百多刀价位偏高的乡村酒店，来提高安全系数。

酒店并不远，导航显示约十分钟左右。但跟随着导航，我们开上了一条盘山小道，一圈又一圈，没有路灯，周围黑黝黝，我们担心会不会在向一个黑店开去。

导航终点在一个停车场，车场有好几辆车，让我们稍许心安，但周围一两幢房子站在黑暗当中，长什么样都看不出来。四分之一圈外小山坡上，有幢房子亮着灯，我们退出停车场，把车开到跟前，原来是接待处。这幢房子挺大，登记完，我以为住处也在这里，但被示意在地图上另一处。这黑灯瞎火的，各处房屋都不在一个平面上，我有点不耐烦了，马上有一位年长保安在前开车引路过去。车场停车，老人家向一幢只有两个门的房子一指，就这里。居然没有电梯。

我们把行李一件件搬上楼梯。用插孔钥匙打开锁，进门消毒已毕，又是深夜。赶紧洗漱睡下。

2020.07.16

农庄宾馆、珍妮湖与松林山村（7月3日）

早晨起床，听见太太从她昨晚就注意到的露台处喊：太美了！

我们三人在露台上，眼前是比画更美的景色。我们所住的客楼全部是原木搭建，周围有好几栋，组成农庄村落。楼下是池塘，有鸟儿飞越、停歇、鸣叫；满眼绿树青草，连绵的大提顿雪峰在蓝天白云下耸立排列成雄健而清丽的诗行。昨夜关于黑店的狐疑从脑中一扫而空。"黑店"乃黑夜中的店。

今日节目安排二选：一是沿昨日路线南门折返再游黄石公园；二是游历眼前如绘胜画的大提顿公园。

随兴而游的优势在此显现。因为这几年曾经先后领略过 Grand Canyon（大峡谷）和夏威夷 Kilauea（基拉韦厄）火山这一类的地质地貌，昨天参观完黄石公园内大棱镜和"老实泉"之后，便对类似火山地热风景产生了审美疲劳，而对公园内野生动物也不再有非洲森林的那般期待；今天太太的肩背出现了不适，儿子也显出一些疲态；又计算了一下时间，综合下来，决定就近游历美丽的大提顿公园，之后往盐湖城方向回赶，适时择地留宿。

在大提顿国家公园中，依山而行，有多处游玩赏阅去处。我们选择了 Jenny Lake（珍妮湖），因我们的大女儿也叫 Jenny。

驱车到达时，远远地，路边就一路停放了很多车辆。停车场更是几乎车满。我们很幸运，转了一圈后，刚好有一车离开空出车位。

这是走近神秘而清丽的大提顿山脉的时刻。从一万二千年前而始，大提顿各个冰峰部分融化的雪水，流下峡谷，在山脚汇聚成多个湖泊。一万一千年前，Shoshone Indian（肖肖尼族印地安人）即出现并生活在这里。

其中的珍妮湖是以 Shoshone Indian 妇女 Jenny 的名字而命名。Jenny 嫁给了英国人 Richard Leigh。紧挨 Jenny Lake 珍妮湖旁边的湖就叫 Leigh Lake。当年来大提顿的考察队，得到珍妮 Jenny Leigh 的帮忙。她一生育有六名儿女。不幸在1876年全家死于天花。

我们现今旅行，开着数匹马力的汽车，装着满满一车物资，沿途有旅馆加油站，兜里揣着信用卡，尚且感慨："在家千般好，出门一日难！"难以想象当年在人烟稀少乃至荒无人烟的美洲大陆上探险的探险家们会遭遇何等的艰难困顿。他们对能得到 Jenny 这样"地主之谊"帮助的感激，可想而知。

因三人中有两人状况不佳，我们没有去登顶，在纪念品店给女儿 Jenny 买了只好看的水杯，补充了一些食品，便沿着89号公路驶上回程。

根据时间，我们初步决定在路过一个傍湖的小山村 Alpine 时，视情形决定是否留宿。车上的 GPS 将我们引向目的地。忽然儿子非要从另一路口提前拐弯，说那是 shortcut（捷径）。通常我们大人都是盯着GPS所导路线而行，可儿子常常会注意到之外的各种地形与线路，提出不一样的走法，坚持且执拗。以前也试着按他要求走的路线走过，倒也常会遇到一些意外的惊喜。

已经错过他要的那个路口，在他连连的惊呼声中，我们掉头回过去，拐向那个路口，满足他的愿望。在我看来，GPS指的是条条直直的折线，而儿子要走的是曲里拐弯的道路。这样的道路，往往是盘山而行，路远而有风景。尽量满足小队友不碍大局的心愿，也是给旅途增加一点欢乐因子吧。

在山区驱车南行。与大提顿冰峰渐行渐远，山势渐趋低缓，依然有山溪奔涌而出，而山林山色都在渐渐变化着。这样的景色变幻，刚才按GPS路线大概是没有的。所以总结一下经验，如果地图上显示蛇形蜿蜒的道路，应该都是山路，欲览风景的，可以去。

行至一处山林拐弯处，前方突然出现一只健硕的棕色麋鹿。它优雅地驻足在马路中线左边，好像在等我们这辆车开过去它再穿行。我们一边降低车速，一边慌忙打开手机相机拍摄，麋鹿知道我们让它，轻盈几步，消失在道外林中。它选在山道弯行之处穿越公路，应该是悟到人类车辆在弯道处都会减速，比较安全吧！

我们都很高兴这一邂逅，比在黄石公园南门看到的那只更清晰、从容。我们和儿子开玩笑，你是不是早知道有这只鹿才要上这边来的？儿子含笑不语。

傍晚，车到 Alpine，一个比 Jackson 还要小得多的村镇，Wikipedia 上说 2010 年统计只有 828 人。89号公路穿镇而过，两边有旅店、饭馆、酒吧等。手机有了信号。搜索了一下，小小村镇居然有好几家旅馆，居然都住满了。只有 Three Rivers Inn（三河旅馆）剩有一个房间。

我们去看了一下，条件一般但床被、桌椅看上去都很干净。天色不早，我们决定住下。于是又喷洒抹拭一番。浴室没有吹风机，我去接待处借，顺便问没有戴口罩的经理，这个镇有染上COVID-19的病人吗？他机敏地回答：We are waiting for！（我们在等着呢！）

站在旅馆门口看见空中有焰花升起，明天就是美国国庆日。去超市买东西时，看见有焰火卖。在LA或尔湾时，房屋密集，而且前两年美国国庆节，儿子都和妈妈去了中国过暑假，我也不会想到玩焰火。今天突发奇想，要买几支和儿子玩玩，旅馆门口空地很宽阔。

我们小时家里没有闲钱买烟花玩，以后国家又禁止，所以几乎没有自己以及带女儿放烟花的经验。反复考虑安全性后，买了四支冲天连珠炮，美国这边叫"Candles（蜡烛）"，心里还有点忐忑不安。

在旅馆门前空地上，我先试燃了一支，非常安全。便带着儿子一起放。起初他还很害怕，放过一支过后，他便敢于自己手握"蜡烛"，独自燃放啦！这是他生平第一次，差不多也是我第一次玩烟花呢！

儿子后来有一句评语："这个旅馆不是很好，但是很cozy(温暖)！"他对事物开始能有这么准确与客观平衡的评价，让我们看到了儿子的成长。

2020.07.18

Thayne小镇，盐湖，中国城 （7月4日和5日）

为了让那位食谱局限的小人儿，不致于天天啃面包，出发前特地去 Target 买了一口小电煮锅，好煮点胡萝卜面条，补充点营养。一早起来，煮完面条，又煮了一打茶叶蛋。鸡蛋和茶叶是现去超市买的，酱油包和盐是带的，这是太太旅行时最想吃的东西。一个人的胃可以多杂，他就可以走多远，大概不假。

我把东西在车上码好，太太往电视柜桌上放了一点小费出门，正遇到旅店两位白人清洁员进门打扫（这个小镇大概极少其他族裔的人）。她说，看见她们一进门就往地面喷洒东西，应该是消毒液。这个举动，很让我们放心。

沿着89号公路蜿蜒南行。在无人路段，就是高速公路，穿行山村小镇时就成为镇的主干道。到了一个路口，"道路关闭"标志横在路中央，挡住了去路。一位警察站在旁边指示人们左拐。根据在美国开车的经验，一般是前方道路有了情况，司机们绕行一段一般都还能绕回到主路上来。

在绕行路上，车载GPS显示，前方有两处路线可以绕回到主路上。若在LA那样的大城市，警察多半会在绕行路线上摆好几道「DETOUR」（绕行）标志牌，指示可走路线。可在这山偏路远的地方，警察可能不方便，也可能没必要立牌。我们只能估摸着往前开。在绕行路上，车载GPS显示，前方有两处路线可以绕回到主路上。我坚持要到远处那个路口再拐，这样离有情况的路段较远，被再次拦挡的几率要小。事实证明这至少是个不错的判断。当我们即将回到89号公路时，前面出现了热闹的场面。原来这里在举行国庆游行，人们身着节日装，开着装扮过的汽车，还有几匹大马，在加油站、餐馆和超市的建筑群落之間聚集，走动，孩子们异常兴奋。

起初没有看到一个戴口罩的人。我们停好车，走向89号主路边的加油站门前，有点不好意思戴口罩，只好远远与欢乐的小镇人们保持距离。两辆消防车缓缓驶来，车上两门水炮慢慢转动着把水柱射向各处人群，六七个衣服湿漉的孩子，蹦跳着追逐着水炮，抢着让水喷淋到自己身上。这是国庆游行队伍的最后高潮节目。

我走进加油站小超市，买了点东西，为的是得到一张印有此处地名的收据，收据上的地名显示为"Thayne，WY"。才看到有二三位戴口罩的人进出，一位男性长者买了杯咖啡，另两位是女性。我问其中刚下车的那位这个小镇的名字，听到了她对这个地名的发音。

这时一辆警车停过来，一位警察下了车，正是刚才路上拦下我们的那位。不知是记得我们，还是看见儿子站在我身边，他走过来伸直胳膊保持着距离递过一样东西，原来是枚警徽粘纸，警察常用来哄孩子高兴，融洽警民关系的。

89号公路穿行在这一段窄窄的山谷之间。很多商铺的招牌上都有一个挺有诗意的名字：Star Valley，可以称作"星谷"吧！

终于又到了盐湖城。

先去了真正的盐湖（Salt Lake）。我的一尝湖水咸度的念头，在湖边打消了。湖水浅处有好些穿泳装的人在戏水。湖滩上石砬杂乱，臭味熏鼻，刚要靠近水边的堆石堤，就被一阵阵密集如墙的蚊子冲撞而逃离。

观湖平台上有一些文字介绍牌，解释盐湖的成因、盐分、生态及历史等。虽与想象不同，总归百闻不如一见。

随之在盐湖城里寻到中国城，"中国城"三个金字镂刻在一座簇新的中国牌楼上，牌楼成为一家中国超市及数家中国餐面馆组成的商场入口。

逛了一下超市，虽是中国超市，布局与加州的中国超市类同，但英文标识较多，而且有白人美女收银员。大概是本城华人不够多，需要顾客更多元化一些吧。

我们从一家中餐馆要了一个水煮鱼和土豆丝，坐在堂外桌边吃，当然桌椅都自己用消毒巾反复擦拭过。从水煮鱼的做法看，老板娘大概是老移民，或从台湾过来，辣椒是细碎的，汤似勾芡过。早几年尔湾的台湾中餐馆就是这种做法；现在大陆新移民的餐馆多了，水煮鱼一般是一堆整个的干红辣椒炸油滚淋。

旁边有一对年轻男女点了外卖在等。我们简单聊了两句。他们说盐湖城的中国城，就只有这一处。

本来有机会打卡一下摩门教堂，后来地图上看到其实就在不远，但因前述原因错过了。若以信教者心理，大概这个错过也是上帝的意思。

本来在怀俄明的Jackson时，感觉离总统山所在Rushmore不远，是儿子想看的地方。但查了一下，仍有九个小时车程，时间太仓促了。而且听说川普已经去那里了，要作演讲，估计会有很多人聚集。想去的地方太多，一次不能太贪。无意中，车行在15号高速，在盐湖城南边，忽然从车中看到路边有一组小号的总统群像，一晃而过，不知是哪个游乐园所在。后来问儿子此行最好玩或最喜欢的地方是哪里，他竟说是那一闪而过的小号总统群像。哈，大人永远不懂小人心！

夜晚宿在 Cedar City（西达尔城），属 Utah（犹他州）。此地新冠病例约五六千，但从只有一千多点的怀俄明州过来的我们，不免还是有些小紧张。酒店接待员仍是不戴口罩。我问为什么不戴，他说法律没要求戴。于是我查了一下西达尔城的市府网站，果然市府只要求在联邦的建筑里，也就是政府的建筑里才要戴口罩。

这一夜，我们把所带的消毒液都在这里喷完了。第二天，仍然是只有外带早餐袋。我们也没领。

7月5日。途经 Colorado（科罗拉多州），Nevada（内达华州），向加州进发。从怀俄明的大提顿冰峰下的青葱山岭一路驶来，植被渐稀，绿色渐暗，土色渐黄，乃至沙丘一片，到达 Las Vegas 附近，又赶上交通大阻塞，路边一支硕大无朋的温度计显示为113华氏度，那是摄氏45度！

有些朋友担心出游的风险。如果不必要且没准备好，那就不要出游了吧。如果不是家在加州，从新冠只有一千多例的怀俄明州，途经有五六千例的犹他州，路过有二万多例的内达华州，再以有二十六万多例的加州为目的地，是不是步步惊心？会不会魂飞魄散？但是我们坦然回家来了！不带任何让自己胆寒的想象。因为我们熟悉这里的一切，了解这里的环境，清楚自己的防护是能控制风险的。所以，对未知作恐怖的想象，才是无名恐惧的来源。

当我远在中国，每天为儿子我这一家提心吊胆的老娘追读完此文，大概又会说出她的那句"老口表"：你们好好的就好啦！我不跟你们"河里人不急岸上人急"哩！

—— 本次游记 完——

微信保卫战

即使性格沉默
也不甘忍受

2020.07.07

疫情政治再议（上、下）

——从微信传言到使馆"驱逐"

———— 上 ————

7月13日，这一天全美新冠病例344万余，当日新增6万余；加州近33万5千，当日新增9千；橙县新增540例，尔湾14例，累积橙县2万5千余，尔湾808。 7月23日，全美新冠病例413万余，新增6万9千余；加州近43万余，当日新增9千余（有曰1万2千余）；橙县新增905例，尔湾22例，累积橙县3万2千余，尔湾1062。

疫情发展在美国不算政治，多半算块景布。美国的政治另有故事，一条主线，多条分支。

疫情或许是我们小老百姓的最大政治，因为它拴着我们的生命、健康和正常的生活。但还是那句话，另有故事的美国政治却是每个在美华人都躲不开，深陷其中，生活深受影响，也喜欢议论的话题。作为业余选手，信息资料及专业眼光与能力所限，玩票一乐，纯属个人感受而已，不必做其他引申。每个人都有自身感应，没有对错，不分高下，若您另有感触与看法，请另谋篇分享，不必试图说服辩论。即便专业人士也必有分歧与不同。

7月13号左右，大家都还在关心中印边境情势，谈论中方示弱，印方吃亏死了二十几个人。忽传微信可能如抖音一样，将会被美政府禁用。一时焦点偏转。

禁抖音之声由来已久，华人并不太过介意，虽然海内外玩者甚众，但毕竟不如微信广植几乎每一位华人的手机。

各微信群里华人的反应就不必多说了，我的第一反应却与多数人不同，当时不便说，我的反应是：战争！只私下和家人与一位微友说起。这位微友非常谨慎，我们通的电话，不留痕迹。

为什么是战争？

有多篇文章分析美国宪法如何，网络技术上如何，安慰大家微信在美封禁不可行。但其实，如果有中美双方的战争爆发，微信在美封禁必然是大概率，而且应是毫无障碍的事。

微信在美封禁传闻风声四起，应该是战争的念头在某些谋国者的心中打了有好几个转。微信不足十年里让华人在美大显其威，有目共睹——为华人，为美国政府。

从奥巴马执政下，全美华人用微信联合起来，在同一日上街游行为纽约华人警察梁警官鸣冤抗议起，到2016年，全美华人又是在微信上为政治素人川普竞选总统推波助澜，在多城租用飞艇在全美上空拖飘挺川标语，因而受到川普本人关注重视，多次会见助选得力华人，还让外孙女儿大秀中文。再到今年伊始的新冠疫情在中国武汉初燃，不仅全美，简直是全球的海外华人，靠着微信互传信息，以风卷残云之势买空全球各国防疫物资，排山倒海般捐往武汉及国内各地。当年美国独立战争打响，就是靠着牛仔二十四小时马不停蹄地迅速往全美各地传递信息，使得各地民兵得以快速联合一致，抗击英军，最终取得独立战争胜利。使用微信的在美华人，虽然立场各异，想法未同，但是有几百万人的基数，若一朝有事，微信之威力，怕是无人敢予小觑。

随之关于中美战争的议论日多，有关军事的信息从中印边境增兵扩武，从英国舰母奔赴南海，从日本购机104架F35B，从澳大利亚一向交恶，从菲律宾再度反水，更从美军双航母在南海演习，盖过全球超千万，全美超四十余万的新冠疫情，如秋风中扫起的落叶，在我们的朋友圈上空飞旋打转。这二日更是，有着标志性意义的德州中国领事馆人员，几乎是正在被"驱逐"！

战争的预感，先兆，似乎都在一一得到印证，但是我却不由得善解人意地嘴角露出一丝笑意。

欲知所笑为何，请关注下一篇。

——下——

写上篇时，因脑拙笔钝，夜深人静，急于收笔，所以卖了个喙头，引得好几位粉丝引颈期盼下篇。若还论我所笑何事，窥破何等天机，恐怕已经时过境迁，纯属马后炮了。

我还是分享一点笑从何来吧。首先，美国政治舞台耀眼的中心，自然是总统川普。不管你喜欢不喜欢他，也不管你认为他是真天才还是假聪明，他都不屑戴口罩地站在那里。

在总统上任之初，也许很多人都无法预知预判他的执政路子。执政三年多以来，行家终于总结出一个"超限战"。

其实很多信息，在他当选总统之前，就已经传达出来：他是个有着美国典型个人英雄主义情结的人，因为在很多早年的电视节目中，他就多次表示："他们做得不对！""他们"指的是多届美国总统。之所以不说"历届"，是他还有一个认为对的，那就是分解了前苏联的里根总统。所以，以这一点至少可以部分理解，当其他总统不过挑出阿富汗、伊拉克这种弱小之国碾压时，只有GDP爬上老二位置的中国，才大得足够与川总的雄心相称。

如果这一点还不足说明川总为什么死杠上中国，那么别以为川总对有着五千年文明的中国一无所知，以他的名字为商标的官司，在中国一打十几年，直待他当上总统才即刻解决，传说中的这事一定会给他切身的体会。

这样举例也许降低了总统的格局，那一定是美国历史原因，也塑造了总统的"中国观"。以川总七十余岁高龄，他是经历过"韩战"和"越战"的。我也曾如很多中国人，一直不理解为什么美国历届总统在竞选时都以"黑中"为政治正确。直到多年前，我问一个白人病人，他不假思索地说"韩战""越战"呀！他才四十多岁！可见来自此二战的挫败感与对中国的敌意，已积淀而成了美国的政治文化基因。个中情感或许一如日本之于中国人？

我还曾以为，是因为川总身边聚集有诸多"鹰派"，"恨国党"，所以才使得川总如此"反中"。近日我才意识到，其实是川总自己本来就是这样，身边才会招徕一帮同仇之党。不然怎么解释茂春恨国日久，近来才得重用？彭卿今日做反华急先锋，昨日可还是竞选班子对手，背后狂骂过川总！Marco Rubio更不用说了，各种涉台法案；可当年他也站着竞选总统宝座，川总没少被他攻讦奚落。曾经的"富豪内阁"，一晃即逝；现今紧随的干将，都是政界的爬坡者，因为爬坡所以卖力。

真的也不能全怪美国朝野如此反华。除了战略层面的"修昔底德陷阱"，国庆观礼上的隐形机，无人机，世人任谁都能看出有多么形似美国机。如果做不到法国俄国那样创新求异，起码原样照搬也应稍微念蓄，只可闭门学习，不好高调示人。

如果连诸多著名"鹰派"人物在内阁都如走马灯一般难以存身，川普政府走得比"鹰派"更远就不足为奇。或许这就是"超限战"的所为何来。

为什么会这样？

美国有两项男人的运动,一项是拳击,一项是 Wrestling,川普做总统前,经常出现在这些喧嚷的比赛场。大家还记得,他在一个输掉的打赌对手的支哇乱叫中,在万众瞩目下,毫不留情地把对手剃了个阴阳头。

这里特别讲一下 Wrestling！在我们国人看来,简直是项残酷的运动,舞台上,强者对弱者的摔打,砸抛和碾压,让观众的心呀肝儿都要呛飞出胸腔。可以说是人类视觉体验的"超限战"！但其实里面大有技巧与玄机,不然岂不要如罗马斗技场般尸陈满场？川总不是奥巴马那样的"黑面书生",他从这样"残酷超限"的场所,可能学到更多。

川普吃定了中国两点：一不愿和美国脱钩；二不愿打仗。凭仗这两点,中国任他漫天要价,撳地磨擦。但是甫入政坛的川总,虽年届廉颇,却志如赵云,不仅棒打中国,还向欧美亚四处出击讨要公道,即将把自己弄成孤家寡人。

川总终于"成熟"了,悟出团结一切可以团结力量的重要。昔日欧亚美大小兄弟纷纷归队。甚至还向普京伸出了橄榄枝。川总率领美国和中国死磕,是其个人雄心使然,也是其现实选举需要。

但是要劝川总,一定要让茂春研究一下中共党史。当年业大守成的国民党蒋介石,只以利益招安各路军阀,与今日川总的美国多有相类,但事到临头,各位小兄弟都会拿出各自的小算盘；而当年创业小弟GCD,反复整党整风外援内收,终于成就大业。国民党因此一直没能进化出团结的基因,败走台湾,再败给民进党。而中共现在又是在整党整风外援内收了。

观察国际局势,还应常看动物世界。特别是看群狮围猎,或群豺围猎。环伺而围之,东咬一口,西扯一下。狮子可以不摆架子,不顾形象,哪怕站上硕大的牛背或象背,甚至咬住猎物的尾巴,任其怎么甩都不松口，最刚猛的一口咬住目标的脖项，把自己四脚离地悬吊在空中。豺狗虽然有点下作，专咬后门，但一旦咬住，生死立判。牛啊象啊，除非健壮异常，或刚好以牛角象牙捅死一个，将猎食者驱散，不然就会精疲力竭被分而食之。群狮或群豺要同类才易齐心，若狮豺混群，则其心各异。借此可反观人类的现实。

说到这里，我还没有说清所笑为何。2020的残酷现实，笑从何出！

最后特建议用川总"超限战"思维来判断局势的进展与质变。仅供参考。

领事馆可以一个月封一个，选举前三个月够用。但大使馆只有一个。

南海随便进出，航母集结几艘，乌合几国都不说明什么。人工岛是不会移动的，摧毁很容易。有人说局部战争可控，那一战二战也可控了。

台湾丢，则南海失，是美国难以承受之重，对中国更是。战略威慑终究成本比直接面对低得多吧。中国只有以实力与意志远远超过，才能让美帝无可奈何。

如果和中国断交，与台湾建交，那就是动真的啦！其他还是玩票。还有一个最重要指标：微信在美国从此玩不了！

2020.08.01

近期回国攻略

文/马儿

刚刚（7月25、26号）顺利到达国内的我，想和大家分享一下我的回国经历，包括回国前准备和回国后检测与隔离，希望可以帮助到近期想回国的朋友。鉴于形势和政策可能随时在变化，还是希望大家看完后多方了解，以当时当地具体情况为准，以免耽误行程。

回国前准备

分两种情况：正常程序和非正常程序。

一．正常程序回国

1、健康码

如果有回国的想法，不论是否买到机票，最好提前开始填写健康码，因为要至少填够14天以上才能登机，所以买机票的时候最好先算好健康码生效时间再作决定。

必须每日连续填报，如有中断，有限机会可以补填，超过48小时后失效，从下次填写日期重新计算。正常情况下健康码填够14天后，二维码图片中间会出现蓝色小飞机图案。如果机票时间超出14天，那么在第14天后依然要继续打码，直到航班起飞那天。现在健康码更新后多了一项核酸检测报告上传端口，在我回国的时候还没有正式启用，后期回国的朋友可以关注领事馆官方公众号了解最新消息。

下面是新的国际健康码，没有的朋友可以扫一扫。（填写健康码的时候里面会需要填写航班号座位号那些信息，如果没有买到机票的话，可以填写一个拟航班号，座位号可以补填，这个在回国后审核信息的时候补填）。

2、机票

现在的情况是一票难求，至少我买票的时候是这样，偶尔一两张票还是挺好出的，如果人数多的话可以选择分开出票，这样更容易一些。因为我一个成人带着两个宝宝没有办法分开，还必须在同一个舱位，买票耗费了我很多精力和时间，中间也换了两个代理，不过最终还算是顺利，最终帮我出票成功的代理很负责任，一直帮我盯着票，而且价格很公道。包括我买完票后的行程，以及我后面遇到的困境，我想如果没有她帮助我这次可能也回不了国。所以找一个靠谱的票务代理很重要，绝对不只是纯粹买票比价格那么简单，现在他们和航空公司直接对接，我们如果遇到情况还需要他们从中沟通。如果有需要，可以私信我（在此不做广告）。

如果有机票，健康码也合格的话，基本上按时去机场就不会有什么问题，正常check in 就好了。

二. 非正常程序回国：

非正常程序一般有两种情况：临时有急事需回国来不及打健康码和健康码突然失效。

其实这两种情况都一样，就是没有健康码走不了，前者怎么处理不清楚，具体要咨询领事馆，但是我在回来途中听说有人是走了，具体怎么操作不明确。后者健康码突然失效，这是我自己遇到的，在此可以和大家分享。

在我连续打码20天后，也就是第21天，距我起飞时间只有24小时，我发现我们三个的健康码全部失效，有效计时从当天开始。第二天一大早尝试打给领事馆，电话接通，然后说明我的情况，领事馆一般处理24小时以上的case没有问题，但是24小时内不敢保证，但是也没有拒绝我，告诉我把相关资料信息发至他们邮箱，他们会尽快处理。所需要的材料有：核酸检测报告(必须是核酸PCR检测，那种rapid test无效)，护照首页，最近14天健康码打卡记录截图，机票信息。然后将以上所有资料发至相关邮箱：12308la@gmail.com。接着就是等待领事馆那边消息，因为排队处理需要时间。我们需要耐心等待，也可以和领事馆联络，不过电话有点难打进去。但是工作人员很好，一旦接通，他们都会想尽办法帮你，这次我深有体会，很感激他们。

回国后检测及隔离

由于现在回国航班很少，机场人也不多，其实路上风险可控，如果大家日后都需要做核酸检测才能上飞机的话，这样会更安全。我是在韩国转机，人不多，大约等了四个小时左右(因为飞机提前到了)就上了第二段回国的航班。在韩国只需要检测体温，再安检一下，不需要出关。第二段飞机上空姐会发给我们二维码，需要手机扫描上网作海关疫情申报，等到飞机落地国内机场后，海关检验检疫人员会上飞机，在此确认我们的申报事项，他们会清楚告诉我们下飞机后需要做的事情。

离开飞机之后，外面会有工作人员指引，我们要做的就是先排队审核资料(成人以个人为单位)，主要就是审核我们在飞机上网上提交的申报资料，申报成功的话会有一个二维码，他们需要扫码确认我们资料属实。接着就是做核酸检测，主要三种(鼻腔、口腔和血液)。完成整个流程之后，我们会被安排到一个大厅集中等候，再安排大巴车送我们去取行李，紧接着统一送到隔离酒店。隔离酒店一切由政府安排，具体各城市不同，视当地情况而定。(有的城市比较严格，比如电器、外卖等一律不接受，所以整理行李的时候大家要考虑这一点，比如转换插头，充电器等要自己备好)。整个流程都会有工作人员指引，他们很辛苦，但是态度很好，如果有不清楚的随时可以咨询他们。我落地是在天津的机场，我所述的是根据我的经历总结的，不一定适用于其他城市，在此只是给大家提供一个借鉴而已。也在此祝所有需要回国的朋友一切顺利，祖国还是欢迎我们的。

2020年7月28日　余哥附记：马儿近日带着两位幼子回国，历经辛苦，排除困难，终于从美国洛杉矶搭乘航班，途经韩国，回到国内天津。目前还在14天隔离期中。在当下非常时刻，她先后得到中国驻洛杉矶领馆、机票中介及新冠检验等各环节热心人士的帮助。她分享此文，以期有助于其他近期有意回国的同胞。非常欣赏马儿这样把爱传递出去。

2020.08.04

疫情难不倒少林英雄汉

2013年我刚到橙县的橙市建立诊所,也刚开始玩微信。在尔湾附近加了微信名字都有"少林"字样的两个人,纯属好奇。他们一位是延清,另一位是晴川。

来到尔湾后,更常在各种表演场面上见到他们,身手不凡,一群弟子。他们先是在尔湾建了一所少林功夫学校,继而又在华人较少的 Placential 市建了第二所。弟子中不乏"老外"的身影。

延清是少林第34代弟子,九岁入寺习武。平和少言,除剃光头,衣僧袍,与常人无异。2018年晴川组织了一台"少林春节晚会",聚集了十数位同样光头缁衣的少林弟子前来助兴,他们散居全美各地,传武授艺,据称系奉师命弘扬少林文化。

疫情自今年二三月在全美先低锣后响鼓爆发蔓延,延清、晴川也关了学校,一面赋闲闭关在家,一面参与尔湾华人捐献抗疫。其实心里暗愁,两处学校两月余只有支出,毫无收入。我听后,建议他们,特殊时期可在线上如 Zoom 上教学收费。晴川面有难色,非面授亲传,他们似难为情开口索取。我只好把申请 PPP 的指南发给了他们。

5月底,晴川忽然联系我,说读到我的《抗疫日记30》,见我和千蔚青青把尔湾华人捐献的口罩送到 Santa Ana 警察局。日记中介绍了 Santa Ana 当时已是橙县疫情最严重的城市,该市低收入人群较多,中位收入只有尔湾居民的约一半。晴川说,"我们有一些书包，请你捐去给他们低收入家庭的孩子吧！"自己在亏损，还顾着帮助贫弱的孩子！

  送书包来我尔湾诊所时，延清开着 SUV。除了晴川的座位，整车塞得满满当当的大大小小的背包和拖包，印着迪斯尼卡通人物。一定是本来要送给自己学校习武学员的。疫情中，他们关掉了 Placential 的学校，只保留了尔湾这所，以节省开支。尔湾诊所肯定存放不下，我把他们引到橙市诊所。这边疫情相对较重，权且当作一回仓库啦！

  五六月份陆续又有铁军，Flora 花花等人捐了数箱口罩。凑到一起，准备再次捐给橙县疫情最重的 Santa Ana。和警长 Brown 联系好六月底的周六。我一车拉不下，便与晴川商量一起去。我特嘱他们带上旗帜，警长 Brown 说会在社媒发消息，正好可让他们看到尔湾就有"Shaolin Kungfu"的旗号。

  延清、晴川的"少林功夫学校"也已开教了，我看了他们的课表，为了不聚集人员，又保证教学质量，他们采取的是一对一教学。成本高了很多，收入少了更多。按晴川的话，"一半都不到"！

  因为周末并不上班，警长 Brown 带着自己的两个孩子接收了捐赠物资。并请我们参观了设在警局内的家庭公平救助中心。受家暴的妇女儿童，经过法庭程序后，会在这里短暂停留，办些手续。书包就会送给这些孩子们。

  和延清、晴川送去这批捐赠物资之后没两天，我就带家人去了黄石公园。这是一篇延迟的日记。

2020.08.10

美国（川普）对微信到底会怎么样？

——我更担心"怎么样"之后！

美国疫情日记，首先还是要记录一下美国疫情背景，尽管在美华人们的心理已进入虱子多了不怕痒的阶段。尔湾今日新增15人，总确诊1240例。

上一周，微信封禁的话题，再次在华人朋友圈掀起比上一次更大的波澜，缘起周三彭佩奥在美国务院宣布了五条要清除网络与云端及光缆等与中国的联系的决定，周四川普又颁布关于微信具威胁性的行政令。终于风传变实锤。

随之各种解读出笼，最早是一位律师，解读为只是禁用微信从事各种违法行为。接着又是似是而非，相互矛盾的各种解读，莫衷一是。

我把川普行政令原文从头到尾读了一遍，别人的解读，即二手信息，真的不可靠。

读后，感觉重点并不在于正式命令本身，而在于正式命令之前的说明，其主要意思是，在美国的微信使用者可以抓取并发送大量美国的信息，而中共也可（通过微信）获得这些信息。

说明中还特别提到澳大利亚和印度限制或禁止了微信的使用。显然，这个命令是要阻断这股信息流。

之前有很多解读多只关注正式命令中"Transaction"这个词。

在美国日常社会活动中，这个词多用于经济与金融活动，翻译为交易、买卖，比如在银行存取一笔钱，或在超市买一批物品。但是从词根组成来看，词意可能更广泛，系交互作用之意，此一广意更符合说明之意。

人们再次忙乎起来，为微信四十几天后不能使用做准备。大多数人开始下载 Line、Telegram 等并组群，或转移群员。尽管那个命令有诸多语焉不详之处，但大家都做着最坏打算。

而我有更深的忧虑。什么情况下，需要把两地之间所有的信息流阻断呢？微信为在美华人使用也有七八年了，该传什么信息也早传了。川普设限45天后，那之后会有什么信息不宜传递的呢？

说明中有"Disinformation"这个词，是虚假信息的意思，似乎与竞选有关。但说明显示更多担心是中共可以接触到微信使用者从美国摄取到的信息，这又与什么有关呢？

我在之前的日记中曾写到，除非战争，才须封禁微信。宁愿这只是我的错觉。但若真的发生呢？我们该提前做点什么？

从这几年来看，川普政府为打击遏制中国，每采取一项对中国的行动，都会有一系列相应的步骤。比如先是单方退出与伊朗的核协议，重新紧张与伊朗的关系，接着就以违反伊朗禁令为名抓捕华为孟晚舟。再如先退出与俄的中导协议，接着便发展中导，剑指中国。

所以，在美使用多年的微信若被禁止，之后将发生的事，才是我们更需要担心的。

2020.09.07

"政治疫苗"
——从疫苗,再看疫情政治

这一篇"记",与上一篇居然相隔了近一个月。一方面是对疫情数字快麻木了,但也并没有闲着。这一个月除了白天照常门诊,业余时间做了两件事,一是用了三周左右的时间,应邀阅读国内作家安隐的长篇小说《大梵宫》并写作一篇书评《我是我的王,像极了生活》;再就是用了一周的时间准备并作了ZOOM科普讲座《美国疫情下,看牙安全吗?》。时光似没有虚度,我心稍安。

言归正传。话说忽一日,读到群友发一链接,《美国CDC要求各州配合于11月1日前建新冠疫苗接种点》,未及读文,我就在其下"批示":"政治疫苗"!因11月3日系美国大选。总统川普为求连任,疫情下的各种神操作自不必再作细说,只说这在我等专业人员面前居于神位的CDC,如何也走下神坛而随政治起舞呢?

在川普和拜登选战正酣之际,CDC先是传出对未有症状的感染密切接触者不必非得进行检测;遥相呼应总统抱怨的"检测越多,阳性越多"。

继而又专门细分出现已公布的约16万新冠死亡病人中,其实只有6%约9000人系纯因新冠而亡,其余均因有其他二三基础病所致。

此番又要求各州放弃对医疗设备公司麦凯森(McKesson)的某些许可要求,以便该公司在11月1日之前建立新冠病毒疫苗接种点。

但是,负责美国疫苗研发的首席科学家 Moncef Slaoui 博士表示,十月份出疫苗"极端不可能"。如果政府非要施加压力强批疫苗,他会辞职。

CDC这一系列神配合后面,到底发生了什么情况？要知道,CDC曾一度是川普的眼中钉、肉中刺啊,二者之间曾发生过"检测权"与数字统计权的争夺。

CDC曾公开指斥总统和福奇应在公众场合佩戴口罩。经过搜索,我搜到被川总任命不久的FDA局长哈恩,在多名专家质疑证据不足的情况,加快授予了康复血浆紧急使用权。作为FDA局长,他说,如果100个人染了新冠,输入血浆,就可以少死35个人。哈哈,这话的语病就不用我去挑了。8月30日,哈恩局长说他考虑快速批准新冠疫苗。

我终于搜到,据《华盛顿邮报》19日报道,在一项即将出台的新法案中,美国疾控中心将获得100亿美元资金,用于追踪密切接触者、进行病毒检测等新冠肺炎疫情应对措施。然而,川普政府正试图阻止这笔资金的拨付。

美国的专业管理机构或许不会随政治彩带起舞而放弃专业精神;但经济命门被掐住,全身便只好随那只紧掐的手而动啦!

早在8月11日普京就高调宣布,俄罗斯已成为世界上第一个批准新冠疫苗的国家,这款疫苗9月将开始批量生产,10月将全民接种。但俄罗斯这一款被命名为"卫星-V"的新冠疫苗,彼时还没有开展三期临床试验。

这自然也是一株"政治疫苗"。内政困顿的普京需要它来稳定民心,提振士气。外交上,普京早想还俄罗斯一个"强大"。当然,还要抢"订单"!

而最早发生疫情的中国,开始疫苗研究也最早,此时却还在与巴西、巴基斯坦等国合作进行严谨的第三期实验，虽然也有针管式容器内的疫苗亮相，也还是第三期实验性的。

中国的疫苗看似最科学严谨，其实，它的安全、有效、可靠性，才成为最大的政治。因为它关系着亿万人的健康和安危，也关系着中国的声誉。

中国政治中能重视"水能载舟，亦能覆舟"之河水，江水，海水，但却不一定重视到一颗轻易就可挥发或吸收掉的水滴，更是从西方科学中才学到，水分子组成是一氧二氢，分子式为H_2O。

2020.09.13

气氛耐人寻味，川普微信封禁令生效前

一个小盹醒来，见有老爷子一个未接视频电话。老爷子上周才刚启用微信，这是他第一次视频来电。一向不屑携用手机的老爷子，终因现在国内坐公交、火车等处需扫二维码，而"被迫"接受现代生活。我打回去，没人接，老爷子大概还没养成"手不离机"的习惯。刚挂，又打过来了，屏幕上是老娘。老娘已是用微信一两年的"老司机"了，时不常往我的群和家庭群转发一点健康"鸡汤"，拨个视频电话更是轻而易举。千里万里之外的儿子们，只在指间的距离。

老娘甚是担心两件事，一是美国疫情，二是微信在美国还能不能使？按国内新闻，美国疫情水深火热，美国新闻也是；不过我们尔湾的小环境，只要注意些，还好！还好！至于微信？一言难以说清。老娘把多年不曾拨打的家人手机号、座机号发过来一遍，以备不测之需。

美国微信话题，在以居美华人为主的微信群信息流里近数月来曾起两次波澜。一次是传言微信将被封禁；另一次是川普颁令坐实。之后至今都归于几乎沉寂，好像都在静等9月20日揭谜。

旧金山有几位华人律师发起义举，以"美国微信用户联合会USWUA"之名诉讼川普政府，要求停止封禁令，并为此案募捐，但首期仅有1700余人捐款刚10万美元，尚有15万余美元律师费亏缺。我确认这一法律步骤为真后，也在群里发起小额募捐以支持，在二千余人的数个群中，也有十数人响应，但与前期抗疫募捐的情势大大不同。

在美华人最爱最多发起的白宫网站签名运动，反对微信封禁令的签名迄今只有6万余，而支持微信封禁令的签名却竟已超过了10万。

看不懂了，这是几个意思？

华人无论在美，在欧，想必还是和华人交往的多。毫无悬念地，微信是为全球华人与亲人朋友联络沟通铺就的高速坦途，更是很多商人的生意钱路。

我2013年刚玩微信时，也同时试过Line和WhatsApp，那时就已感觉微信是最方便好用的。加之精力有限，便只以玩微信t为主。

微信封号禁言的事情也时有耳闻，被封号的人心情复杂，似有某种被禁号反而是一种荣光之感，同时也有因数周甚至数月无法使用微信产生的不便而恼恨。

微信在某种程度上是不是成了一个化身？微信封禁令生效前，耐人寻味的气氛让我无法一言以蔽之，只好把三个方面摆在桌面，让时间去揭晓谜底。这三个方面是：一，封禁令的意涵；二，微信使用者的组成与态度；三，其他可替代平台和工具。

一，封禁令可能的意涵：1，全面禁用——使多少人已习惯"手不离机"的微信，将变为"烫手山芋"，在美继续使用微信将成为一种地下活动；每一次使用，都可能成为联邦控罪证据。这听上去好像很不"美国"。2，部分禁用——只禁止微信支付商业买卖；发红包也许禁也许不禁，礼物馈赠美国也是允许的。3，有限禁用——已在用的可继续使用，新机下载或App升级不可能，这也是人们谈论最多最有可能的情形。如果只是这一条，则禁令可能逐渐名存实亡，相信到时会有各种下载神法降临，只要下载能用就合法。2、3也有可能复合禁用。几天后的9月20日，或许其中意涵，便可昭然若揭；除非USWUA能赢得官司，使得川普封禁令胎死腹中。

二，微信使用者的组成与态度：微信方便捷利，但也会封号禁言；受国家机器管理，也成为舆论管理工具。因而它可能成为国家机器的某种化身。从来得益者以为理所当然，在并未危及自身生存的情况下，多半成为沉默的大多数；受抑者则怨气冲天，必欲一泻而后快。这或许能解释，为什么支持封禁令的签名比反对的更快达到十万。在此不作细分，以免不得不贴标签。意思你懂的。

三，其他可替代平台和工具。自封禁传言起，很多人便迅速下载注册了 Line，Telegram，Google Group，WhatsApp 等，也组建各种群。川普颁令后我也试用了一二。在 Line 里，有一群甫开，有些人便感觉脑后的眼睛不在了，开始各种撒欢，终至撒野。但很快又对不言语的人各种怀疑，到底基本沉寂了，而微信热闹依旧。

彼此比较珍视的朋友，常互留下电邮、电话。还有如我，要回曾经烂熟于心而今几难想起的父母家中座机电话号码，多年未拨打了，眼前不禁又浮现出那些年在异乡的黑夜中，一手持 IC 电话卡，一手持公用电话话筒的情形。

如是，和不熟悉使用微信的老爷子正好再次无缝对接！

2020.09.27

川普微信封禁令博弈中的居美华人

列下本文标题一个多星期了，因涉人事，还是想看得更清楚一些再落笔。在"英卓"这个公众号初始报道 USWUA 代表美国微信用户诉讼川普政府封禁令之时，募款资金捉襟见肘，有上顿没下顿的感觉。此阶段，我也自发参与了募捐，应者不甚踊跃，因此心中留下许多疑惑。求教于群，有群友应曰，华人不团结。我终不信。全球华人才刚刚进行的为祖国，为世界各地募捐抗疫物资，精诚团结的身姿还历历在目。随之，USWUA 初步赢得诉讼胜利，法官暂时禁止微信封禁令生效，瞬间引起在美华人圈的极大关注，我也由此观察到各种反应，听到了各种声音，心中有了初步答案。

1，**不知情** 尽管川普政府要封禁微信是华人尽知的事，但由美国东西部华人律师成立 USWUA 发起诉讼申请禁止令的情况，大多数华人，起初并不知情。这从其中一个律所的公众号，也是消息发布主源的自媒——《英卓》的阅读量可知：在9月17号开庭之前，该公众号的阅读量多则三四万，少则仅数千。而法官发布禁止令的9月20号之后，阅读量立刻窜升10万+。捐款额立达百万。现在华人颇有点"别让鹅晓得，晓得就了不得！"的气概。

2，**怕受骗** 这样的朋友不在少数。从"大林子"中国过来的华人，每遇募捐这种事警惕性都颇高。我也一样。只不过我因自身本来就有对微信禁令华人应该有所反应的想法，甫一读到"英卓"，便有一拍即合之感，于是稍作了追究调查，确认确有其事，所为真实。但事涉募捐，我也只敢在认识并熟知我的若干群中发起号召，效力有限。而当诉讼暂胜，昭告天下，捐款额火箭窜升便不足为奇了。此时，很多公号自媒也纷纷转载"英卓"的文章，连募捐信息也一并转载了。自有天下呼应之势，但更有少数宵小混水摸鱼之虞（迄今尚未听闻），应防止鱼目混珠。捐款者都应预以确认。

3，**告不赢** 可能也有部分华人缺乏"民告官"的信心。所以，这一次胜利，对居美华人是具历史意义的。在民主制度下，有理不去讲，有理也显不出来。

4，**不出头** 这不川普政府都说了微信已构成了对美国国家利益的威胁了吗？华人再"聚众闹事"，不正好给人"口实"？而且风闻海关等处，可以随意查阅手机，自"911"后，国家合法监控个人通信，在川普政府逢中必反的大背景下，任何"反美"言论，都可能撞到"枪口"上。只不过，他们应该相信，美国200年建立起来的民主制度，不是谁想就可以在两年之内变成独裁恐怖统治。

5，**不反对** 有的华人认为，既然来到美国，就应全盘遵守美国的法律规定，这样才能找到归宿感，融入美国主流社会。孰不知美国的主流社会就是由政府，议会，法庭三权分立，相互制衡而运作的。川普政府的一纸行政令并不代表社会的共识，也不代表社会利益的最大化。法庭予以禁止或支持都是一种制衡措施，给政府可能的一意孤行对民众造成的伤害，送上一片刹车皮，甚至是打转方向盘。

6，**不在乎** 大概缘于"法不责众"的思维惯性，认为几百万上千万人在用，用了这么多年的东东，不可能说禁就全禁了，顶多限制部分功能，如微信支付之类，主要的通信功能应该怎么也不会禁止。因为微信封禁令被临时禁止，最后实行效果如何尚不得而知。禁令中除了有禁止下载和资金流转这样通俗易懂的表达外，还有技术极强和含有

GRE词汇的条款，说老实话，我反复研读，中英文意思都看不懂，而可能这正是禁令核心所在。当你真有了亲身所感时，生米已成熟饭，一切为时已晚。提前狙击意义非凡。

7，**不反川** 会不会也有两个"凡是"？凡是川总反对的，一定也要反对；凡是川总支持的，一定也要支持。这一群中可能还可分两小组，一组系"川粉"，系对川总个人的认可和崇拜，怎么看怎么可爱！何以炼成？不得而知，故不作妄议。另一组系"不看僧面看佛面"，这样只是个比喻，没有任何对基督教友的不敬之意。因信仰，价值观，教育理念等实难与民主党拜登们苟同，虽然川总抗疫表现不够"完美"，但为了他身后所代表的共和党而挺川，自然不反对川普的任何行政令。

8，**逢中反** 川总政府采取了一系列反中脱钩行动，也不如这一批"逢中反"，因为他们反起中来带着咬牙切齿，而川总还能签下贸易协议。"逢中反"不仅自己反，也看不得别人不反。他们在各微信群里待着，却看不得为微信能够继续在美使用而发动的募捐行为。他们痛恨中国"不民主"，却坚信自己"反中"实在"高尚"，而"不反中"都是"失智"+"脑残"（这是他们的两个针对个人的高频词）。懂得中国历史与现实的人，很理解并同情这一群体形成的前因后果。

9，**不关心** 这一部分人不关心政治时事，只关心——我也不知道他们只关心什么。反正微信能不能再用不在其关心之列。

10，**无所谓** 无国内亲人之牵挂，无朋友非用微信沟通之需，微信非唯一，不用无所谓。

11，**得支持** 认为得支持USWUA诉讼行动的人，在思想、信念、动机、目的、条件等各方面也差异缤纷，只一个是共同的，肯掏钱。夜深人惫，不再赘述。

拉拉杂杂，拼凑了11类。个人一孔之见，盲人摸象，请勿对号入座。无意对任何人贴标签，更无不敬之意，努力客观呈现。若有异议，请发扬美国民主精神，允许异见，自行具文表达。

2020.10.04

有同得新冠之生命机体，
却无得天独厚之医药特权，咋办？

2020年，庚子年，鼠年。绝对不能说好戏连台，但绝对可以说戏码连环，扣人心弦，动人心魄。微信在美命运还未下锤定音，美国总统第一场辩论尚且余音绕梁，人们不及咂摸完滋味，天空又一声轰隆：川总及夫人得冠！

人们除了再叹一声"该病毒专治各种不服"外，是否也曾反躬自省：我等虽不及总统及夫人之贵体，但也拥有可得新冠之生命机体，却如那21万亡灵并未享有得天独厚之医药特权，病毒四伏，伺机上身，咋办啊？

今年伊始，虽身未在国内，倒也好好准备了一个春节，不想生生被彼岸冒出一个小小病毒搅乱。隔洋观其专门欺负老弱病残和各种不服，赶紧奔24hrs Fitness（24小时健身）办了一张中断多年的健身卡，以防这枚满头长刺的病毒追过大洋这边。

在夫人冷眼无言的无声监督下，每日晚间连续前往打卡。一般跑步机先热身10分钟，再各种器械挨个把身体各部位肌肉关节拉扯一遍。养眼的美女并不多，多见的是带胡须和不带胡须的各种肤色汉子咣当来咣当去，海绵把手上吸汗无痕，黑革座垫上污渍匿迹。作为医生，有心施展杀菌灭毒的专业特技，可是面对一组组的钢铁，一堆堆的肌肉，一缕缕的汗蒸，我对自己的矫情不禁不好意思。

正巧零星的病毒果然赶将过来。坚持打卡一个月后停止打卡的理由变得充分。又一个月后 24hrs Fitness 才宣布暂时关门，却继续从我的信用卡扣钱。数月后听说它总部倒闭。半年的时候，我路过这个店，看见有人进出，便也停步进去。服务台只有一个人，偌大的器械厅仅有一两人在跑跑步机，还有一两人在器械架之间时而咣当，时而逡巡。原来只是有的店关了张。我明正言顺退了卡，店里很大度地不追究我余下的年费。只打了一个月卡，却交了半年的费。

几个月前闹起了"五十肩"，"动一动"的念头又浮上脑际，且日渐重一日。Fitness 是不能去了。向夫人"申请地皮"投资跑步机。未准，一有"半弃"前科，二有占地废用之虞。又过一月再请，仍未准；再过半月又请，心切志坚，感天动地，终准！

去附近各体育用品专卖店 Big 5, Dick's, REI 转了一圈，各种跑步机价格 OK，但最小的也是个大体沉，需送货才能弄到家中，加之安装，人工费不菲。忽然想到网上订购多为免费送货。于是参照店里实物履带尺寸，网上漫步，选中一机。不日货到，安装简易，还可轻便折叠东挪西移，通电试跑，动力够足。虽面相朴实但价仅店中一半，可谓物美价廉。更所值之处，夫人儿子也跃跃一试。

有一便有二，有二便有三。随之又网上购得健身椅，拳击柱，亚铃等物事。疫情以来，已习惯每日外出归家，先除衣沐浴再做其他。从此中间增加一项：跑步仰卧起坐哑铃拳击。

小学时学校里教"生命在于运动"，于是每天清晨即起，到户外跑步锻炼。日日都遇一老者晨练，风雨无阻。忽一日，不见了老者。奇怪间见其家人臂戴黑章出现，以为应是老者的病秧老伴过世，直至见到其老伴悲泣而来，才信是老者自己溘然仙逝！高血压致脑溢血。从此不信什么"生命在于运动"！学医以后，加上几十年生命体验，更理解，生命在于健康的饮食，充足的睡眠，积极的心态，优良的基因，必要的医疗，还有适当的运动，等等等等。

  人的一生，除遭遇各种磨难挫折，也会难料各种疾病缠身，比如这种新冠病毒。人工疫苗仅能针对抵抗某一特异病原体，而上帝为我们缔造的身体所具有的免疫系统却能够以一变应万变，可以杀灭消除各种进入体内的奇菌怪毒，我们唯一要做的就是把自己的身体保持在机能良好的状态。

  为了达到这个状态，时常反省自己，有无贪图口福而进食过多垃圾食品？有无锱铢必较患得患失而令自己常怀幽怨彻夜难眠？有无虽不幸未得优良遗传却懂得扬长避短？有无信医而医无病，防病于未然？有无过图安逸，而忘记我们身体的骨骼关节肌肉需要时常屈伸绷缩来维持其原有的功能形态，并系统刺激心肺肾脑等内在器官的活力？有无……

  若有如此自省、自警、自觉，即便没有王侯将相的神医仙药特权，也该有寻常百姓远病去害的幸运！果如是，夫复何求？

美国大选篇

撕裂的美国

2020.10.09

2020美国大选中微信群华人立场的裂变状况

很久没有去仔细关注疫情数字了。上一次读数不记得是一两周左右的哪一天，那会儿全美总数700余万，死亡21万余。尔湾28万人口新冠总数1700余，近日新增病例由二位数变一位数。尔湾相对好很多。

面临大选，写下这个题目后，顿感力不从心，即便是业余选手，也至少应该言之有点物。关注美国大选，基本只是瞥一眼，听一耳朵的水准。对两党候选人的政策未予深究，因此吃瓜群众互杠彼此政纲时，无可置评。

我仅有二三百个微信群，可能样本太少，不敢说能涵盖所有华人；其中有十数个政论性较强的群，不知什么原因，支持川普和共和党的群多一些，支持拜登民主党的群少一些，所以资料占份也不一定均衡。

为免偏颇，授人以笑柄或者是恨柄，我只能从一个较为安全的切入点，来记录一下日常一瞥之所见，一耳之所闻。今年美国两个高龄总统候选人，在疫情背景下，一个个性强势充满争议，一个四平八稳乏人问津；一个如蛟龙入潭把美国和地球搅得风雨飘摇，一个则龟伏政渊四十七载而波澜未惊；两人如口叼绳索两端作一处旋转的杂技运动员，一个须牙坚身壮才能不倒，另一个则须体轻抗晕才可凤飞。

本届美国选举因充满了各种矛盾条件而令选民在抉择中争执不下，即便选票投下也恐一时难以定安。

首先，争论的华人中，有具选举权者，有不具选举权者。但微信群里声量大小，有无选举权者都有贡献。旁人无从甄别。

一，川普支持者中至少分有三类：1，因支持共和党而支持川普。这一类人中有一部分应该是心下承认干了近四年的川普总统，尽管显露出其个性有所不完美，施政特别是抗疫有所欠缺，但认为从根本上，他背后的共和党的理念还是代表着美国的核心价值，其减税等政策代表了自己的利益。其中有教会组织还普遍认为其所为所念更符合神的旨意。还有一部分人，与其说是赞成共和党理念，不如说更因恐惧而反对民主党的理念，如同性婚姻，大麻合法化，看肤色入学等。 2，支持川普本人。一部分人认为他实现了大部分竞选诺言，在不论疫情的情况下，经济搞得还不错；要论疫情，严重的也都是民主党的蓝州。并列有种种事实，错都在民主党。另一部分则因其发动貌似全面激烈的"反中"战役而支持他。其余均可不论。3，既支持川普也支持共和党。从川普本人施政到共和党理念，除了对，没有错。

二，拜登支持者中也可至少分有三类：1，因支持民主党而支持拜登，即所谓基本盘。民主党的政纲多为照顾到社会的"边缘人"，如低收入，同性恋，毒瘾者，罪犯等。不知道有多少华人属于这一类，但很多华人特别是经济基础好一些的华人不太会把自己归为"边缘人"一类，而民主党的州常常华人聚集较多，如加州、华盛顿州、纽约州等。这些华人便常处尴尬境地，赞同共和党理念却生活在民主党州；投了共和党的票，却不得不在民主党制下。2，因反对川普而支持拜登。他们不一定反对共和党，但认为尽管因为各州分治，川普不必为当下整个抗疫结果负责，但作为总统每每不戴口罩，为全民抗疫作了不好的表率；而且常把病毒名称政治化，给美国社会针对华人的种族歧视火上浇油。尽管拜登也乏善可陈，可除他也别无选择。也见有许多新冠抗疫一线医务人员，大概亲身目睹无数罹患新冠病人的痛苦与生离死别，若非如此，依他们平日里对中G种种不是的不满，大概也会归于挺川的第二类，但是终归认为他抗疫失策乏力导致全美疫情漫延拖宕，社会生活失序而坚决反对他。3，支持拜登本人。尽管也有对拜登本人从政经历的了解，但其貌似弱柔的个性与曾经的低调的副总统配角身份，使得其存在感不强。虽然第一次总统竞选辩论后，他得以摆脱川普强加于他的老年痴呆失语谵妄的人设，但仍然还是那位等着牙齿咬着绳索旋转的主动方（川普）在绳索咬不住时把自己抛飞起来的人。

三，另外还有一类，他们也许有、也许没有投票权，作为华人，他们考虑问题的出发点，中国立场占了很大的比重。尽管川普表现得激烈反中，但其效果是制敌一千自损八百，如贸易战让贸易逆差反倒扩大了；制裁华企，美企一片喊痛；而其间与传统盟友欧盟的分歧更见明显。所以他们希望川普继续当选，先把美国毁个够，以免拜登攀上高位后修复与欧盟的盟友关系，那样中国会更难受。另外，川普为选举打的台湾牌，都被中国恰到好处地顺水推舟而将计就计，为武统名正言顺，顺理成章地做足了准备。为此，微信群里他们贡献了一部分声量。如果有投票权，尽管他们不喜欢川普，却仍然会含泪（为在美国的自己）含笑（为母国）把票投给他。其实从主流媒体和自媒体所反映的在美华人之外其他美国人的民意，也有类似分化情况。爱者恒爱，不爱者恒不爱。大家都攫取或分享着自己恒信而立场截然相反的信息，哪怕是对同一件事，哪怕是同一个地区的民调，在他们各自的眼里和言里，也可以看出如外天星球与土壤微菌的区别。

吃瓜群众暂且挑瓜抢位，就等魔术师哗啦一声把黑布抖开的那一刻。

2020.10.19

美国大选白热化，华人裂痕呈断崖

犹豫了两天，要不要写这一篇，因为可能会得罪一些人。最终决定还是笔从我心如实记录。

简述疫情，全美823万，死亡22万。尔湾28万人中感染接近1800人；学校开学由学生自选到校，网课及混合；到校的10个学校有15人感染，教师6人，学生9人。

据闻大选民调拜登领先川普。但手边挺川的群多过倒川的群。而民调现在很难说是民意风向标，还是风向导引器，均不敢全信，辜枉听之。但又闻拜登募款多过川普数亿，没见有异议，真金实银大概更能称出民意的真实分量。

川普"大病"初愈后，即马不停蹄，乘着他的空军一号，奔赴各摇摆州拉票，据闻48小时内赶赴5处，够拼！而听说拜登这周六日二天都休息了，是胜卷在握？还是年老力乏？总之，大选白热化，更多是看到川普这边添柴更多，又是制造十月"惊奇"：先自染新冠，再捅拜登儿子"硬盘门"；又是连州奔袭拉款催票。周日下午还突访橙县新港豪宅，最低门票2800刀，付到15万就可以夫妻与总统合照。

挺川群或倒川群里主流民意明确，一面倒，少有争议，群主或好事者届时分享些投票指南或推荐之类供大家参考。可定位不明或希图中性的群，却吵翻了天，挺川倒川立场分裂，如断崖陡壁，呈现势不两立之态。

挺川派如我上篇日记所析，由爱川惧左及恨国党三类人构成。

恨国党就不说了。倒川派华人其实惧左爱共和者也居多。周五的时候，我试图在两派之间和稀泥，毕竟都在华人圈，应精诚团结，宜图长远。大家的共同利益多着呢，和气伤不起。

我提议请双方考虑下届总统换人，而参众二院选共和党。理由是毕竟这届总统抗疫不力，又多有辱华言论，令华人现在和今后生活动荡；而若共和党主导两院则可以避免民主党的幺蛾子法案层出不穷。为此还稍作了求证，原来果然在美国历史上，除了二战和伊拉克战争这样的战争时期，总统的党派与众院的主导党派是一致的，其他时候，多是不一致的。即民主党总统时，众院常常是共和党的。这不正好吗？

倒川派认为我这个角度有一定新意。而挺川派不置一词，对抗疫话题轻描淡写或干脆回避。倒川派在态度上较为温和，挺川派则常如川总化身。

很多人私下问我的态度。我的态度其实无所谓的，影响不了人，只可能得罪人，而我却不惮公开。

从华人的共同利益来讲，短期要走出疫情，让生活正常化；中期，要避免并反击各种不利法案；长期，要争取政治生态多怜悯小百姓，少利益集团操纵谋利。现任总统已经用了八个多月时间证明他无力领导美国走出疫情。不走出疫情，遑论其他？

挺川派转发的段子里，有川普在二月份关闭美中航线，而民主党去唐人街挺华人餐馆的内容，以此证明川普抗疫如何正确。其实川普关闭美中航线，客观上是延迟了疫情在美国爆发的时间，但其主观上却是政治抗疫，而非科学抗疫。只因他"反中"。如果是科学抗疫，他应该在美国只出现一二例零星病例的情况下，督促CDC严查各条航线的入境者。如果一定要关闭，则也应同时关闭欧洲及其他国家的航线。

八个多月的时间，川普作为总统，本应与世界各国更紧密地合作，共同抗疫，就像2008年经济危机时，奥巴马所做的那样，带领美国走出困境。可他不仅表现得束手无策，而且还对外以"甩锅"为主，对内以"China Virus""Kong Flu"来分裂族群引发种族仇恨。像这样不懂政治，却又处处以政治抗疫的总统，只会陷美国人民于疫情的沼泽地难以拔出，只会令在美华人在日渐升高的仇华社会氛围中充当替罪羔羊而牺牲于此起彼伏的暴乱，只会陷世界于动荡不安。这样的总统，竟获如许华人相挺，令其他华人百思不解。

其实，在川普最反的中国，希冀他当选的人最多，亲切称之"川建国"！尽管他造成了中国发展的重重困难，但是他给了中国更多的战略机会：他成功地陷美利坚于疫情沼国，与欧洲传统盟友日渐离析，明显地贸易战逆差更大，神配合地为中国武统台湾作足了准备。

不写了，去看投票结果去了！

2020.11.02

疫情，大选美国两高，回乡中国双检双阴

很久没有记录疫情了。11月1日，加州新冠确诊93万余人；全美超936万，死亡人数过23万。Irvine今日新增15人，总确诊1930例。

距11月3日美国大选仅1-2日之遥。两位高龄候选人，在几个战场州或摇摆州往返奔波，集会，特别是川普所到之处，人山人海，红浪翻滚，将美国选情推向高潮。美国疫情也创下单日新增九万例的新高。不知二者之间有无关联。

各群舆论呈断崖式分裂状态。挺川者，一部分基本忽略眼前疫情，而痛恨恐惧民主党之经济移民税收教育等政策，另一部分则纯粹出于反共立场。反川者，则多关注眼前疫情与生活，不满于川的抗疫表现等。其实二者，都多有共和党立场，但只因着眼点不同，仍吵骂得不可开交。

我头几日曾冒出个"和稀泥"想法：总统换人，以尽早控制疫情，眼前只有民主党的Biden可换；而参众二院选共和党，以屏民主党层出不穷的幺蛾子政策。搜索了一下信息，美国政府历史上还真的以这种党派分裂平衡的状态居多，只有在战争年代多为党派一致。反川派比较接受，挺川派不予置评。我这想法居然在一篇文章里一模一样地被提到，并被冠以"华左"之美名。难不成想美国山河一片红？

在言论自由的各个信息渠道，却难以看到立场中立的信息，无论民调预测，赌局下注，幕后黑洞，都难以透出一线真光。挺川派热情澎湃，似乎是汹涌的民意；反川挺拜的一方，气定神闲，又仿佛胜

券在握。谁也不敢冒险铁口预断。

上周末，南加骤起大风，刮落电线，在尔湾、Yorba Linda、Chino Hill等多处引燃山火，幸无人员伤亡。但浓烟侵户，九万余人紧急疏散撤离。学校停课数日。门诊预约也多有取消。好在风力未继，火势一日即基本控制。居民返家，生活恢复到疫情异常中的正常。尔湾市府也值竞选，行政抑灾举措，在舆情中也被附以政治色彩。其实于百姓，平定安稳的日常生活才是天。

再说前二日，回国登机又有新规，需有抗原和特异抗体IgM检测双阴。把当年秉烛苦读却几乎全忘的的免疫学知识，又活学活用复习了一下。"全球皆病，唯我独轻"的中国，既不能闭关锁国，便只有严防死守了。回国之路更加曲折。几位在国内的朋友，与在美妻儿离隔日久，本拟冒险来美相聚，但严规新祭，只得驻足。

鼠年，天灾人祸频仍，大家平安！

2020.11.09

美国总统大选周,最纠结的一篇日记

美国大选这一周,疫情再冲新高而选情却起伏跌宕的剧情,继续伴随着挺川派与反川派无休止论争,淹没了所有媒体,主媒与社媒。我的几个群里,对这样车轱辘来车轱辘去的论战产生了反感情绪,我只好另组一"美国大选政论",把安宁归还各群。

起初是把已知两派的数位辩将引入"政论群"作为班底,再发出群二维码开放引进各路辩才。作为群主,只要稍加注意论辩不偏题,不许互骂,不许脏字,哪怕一天一二千条信息,却倒轻松了许多。

随着拜登胜出,川普不利,"政论群"里的挺川派声音低弱,群议几乎成了一面倒的反川派声音。这与竞选日之前很多群的气氛不同,那时在气势高昂的挺川气氛中,要表达反川意见,需要一定勇气。我自己虽然不掩饰反川立场,但现在作为政论群群主,希望两派意见能在群里平衡。

D是多年的好朋友,我们是一起为抗疫募捐及其他族群事宜并肩亲密合作过的战友。他这次是挺川派,他的群也成为"挺川群",此时正号召组织第二日的全美50州挺川大游行"Stop the Steal"。我私信他希望引入一些人才,他说他们很忙,没有必要,他不支持,但也不反对。

有两篇日记的题目及构思在脑中基本成形,一篇大概是《我的疫情日记,篇篇印刻着川普退出白宫的足迹》,疫情数月,大家的记忆渐糊,感觉渐木,而日记记录了彼时彼刻的种种真切的感受。我曾说过，信息资料可以查寻，而唯感受是时过境迁，稍纵即逝的。捕捉住，固定成文字，或许还能稍许留住一二。另一篇大概是《理"拜"，不崇"拜"——从媒体信息流中感受拜登其人》。反川派，常常要向挺川派自清：我是支持共和党理念的，只是反对川普抗疫不利，并不支持拜登。此时，大多数人可能还不曾多"看"拜登一眼。

以往，有了构思和足够的写料，落笔成文并非难事。但这次，满满占据主脑的却是选前挺川派们在各群的意气高亢，各次挺川集会Rally的奔走激昂，以及选情失利时的愤懑难平。他们有我的朋友，我的病人，有相加多年彼此遥相欣赏的群友。周末两天，一篇也未写成。有某知名华文报纸记者从"政论群"加我，想要采访，也被我拒绝。

朋友D也在"政论群"中，但他却在我早建的群里连发了好几篇挺川的链接和短文，指责拜登一方作弊，偷窃等等，号召参加周六全美50州"政论群"的"Stop the Steal"挺川集会，而在"政论群"只发了一个指责民主党的链接。如是两天。我犹豫再三，还是在群里@他，提醒他去"政论群"多发，而保持原有群的安静。不想他立刻退群，并把我从他已在多年的群移出。

所以，这是我最纠结的一篇日记。美国疫情以来，点滴记录，形成立场，从未掩饰，但也从未有过与他人的任何矛盾。只有选情当前，挺反川两派矛盾才空前尖锐起来。这是在美华人社群的分裂与矛盾，也是美国社会的分裂与矛盾。我只有面对，并忠实记录这一刻"纠结"的感受，并将尽早完成我拟定的那两篇日记短文。

2020.11.18

我的疫情日记，
篇篇印刻着川普退出白宫的足迹

　　码出这样立场鲜明的题目后，又纠结，踌躇了许久。因为不少朋友、病人、微友都挺川，目前川普选情不利，被动，而他们还在苦苦力撑，意图翻盘，不肯承认拜登胜选，在朱利安尼等言之凿凿握有民主党大选作弊违宪证据的迷相中，抱持着最后一线期望。我不忍用一篇并非非写不可的文字去伤害感情，推远距离，但是我也不想我既已许诺的记录，多出一篇沉默与空白。

　　还是先记录眼下疫情吧。全美病例已逾一千多万例，日增13万余例。一度曾由法新社传出，在某个24小时内，曾新增20万例。死亡25万余例。28万人的尔湾，累积超过2000例。相对算好得多的地区。

　　尔湾华人素有好感的白人女市长Shea在这次选举中失利。但是众多华人深恶痛绝的Prop16法案也没有通过。

　　全美疫情深重至此，经济情势所迫，人们不得不与病毒并存，部分或全面开工；加上选情胶着，舆情民心撕裂，很多人对疫情已然麻木，对疫情的过往记忆已然模糊。而挺川者似也复制了川普一贯的轻视态度而忽略病毒：疫情总会过去，坚持共和党代表的美国核心价值，避免民主党极左政策卷土重来才是最重要的。

　　大家比较公认的是，如果没有疫情，川普再次当选应该毫无悬念。可见今日选情如此不利于川普，疫情起了至为关键的作用。疫情如战情，抗疫如战争。按说战时对总统是挑战，也是机遇。历年战时总统连任的很多，二战残疾总统罗斯福甚至连任三次。到川普这儿，为什么就只剩下挑战，机遇变成噩梦了呢？

我并非政治学专家，不过是业余写作者，却在写作疫情日记时，无意中记录下川普退出白宫的步步足迹。

2020年3月26日，当时我没有记录疫情数字，回查美国总病例数刚刚超过中国，为九万余例。很多挺川朋友普遍认为，抗疫都是各州的责任，总统难有作为。而作为联邦总统，其实应该争取国际合作与外援。想当年2008年金融危机时，奥巴马就亲自跑到经济形势相对较好的中国求援而得以解困。而如今因前期海外华人买空美国PPE支援国内，致使美国 PPE 极度匮乏，仅靠华人民间小量捐赠。三月底，中国疫情基本得到控制，而且在抗疫中 PPE 生产与供应得到扩大。此时中美两国领导发生了一次通话，透露出一线国际合作抗疫的曙光，可偏偏第二天，川总就签定了一个敏感的涉中涉台法案。难道在川总看来，这么一个政治法案比美国人民的生命健康福祉还重要？曙光从此暗淡。大疫当前，孰轻孰重孰急孰缓的衡量，实际在考验着一个国家领导人的战略眼光。

2020年4月18日的日记，记录了川普总统与纽约和加州州长隔空互怼状况。另外也有联邦与各州争相竞抢PPE的盛况。大疫当前，一个联邦统帅须能团结协调各州共同抗疫。而川普与州长之间的争吵甩锅似乎成其为主旋律。这一天还特别记录了，总统川普压住政府救济人民的支票，非要印上他自己的名字才发。在疫情如此紧急的时刻，商人在社交群里发条广告，文人写篇风花雪月的诗文都会引以为耻，而川大总统却看到了自己独享的竞选良机。

2020年4月27日的日记记录了川普喝消毒剂的讹传。平心而论，川普并无意误导民众服用消毒剂，但民众中偏偏有许多无脑者盲从迷信。这篇记录让我想到川普作为美国总统，从抗疫用人中显示的领导力掉了大分。首先他任命副总统彭斯来领导抗疫，可马上有人挖出彭斯当年做州长时领导抗艾滋病不利。然后见他在二三次疫情发表会上给流行病学家福奇站过台后，终于忍不住，自己和福奇调换了位置，亲自上阵，去道说那些自己并不熟悉的东西，几次三番终于惹出喝消毒剂这一出说不清道不明的腥骚戏。从此，便不再有总统疫情发布会。

2020年6月27日的日记，写道，重疫当前，川普的竞选广告铺天盖地，报纸、电视、YouTube、社媒自媒等等，主打贬损民主党拜登。

7月25日的日记写道："美国政治舞台耀眼的中心，自然是总统川普。不管你喜欢不喜欢他，也不管你认为他是真天才还是假聪明，他都不屑戴口罩地站在那里。"对于拿起口罩就戴的中国人，可能很难理解为什么还有那么多美国人跟一个口罩较劲。特别是总统川普，仿佛与口罩有仇。依我推测，可能有这样一些原因：一生理不适，二心理不服，三自我形象认知；可能还有四政治经济因素：川普很早就确立反中立场，且行动举措逾来逾烈。而口罩大规模生产供应只有中国，川普不愿有求于中国，更不愿为中国口罩做广告。但在有理性尊重科学的选民看来，川普站在了科学的对立面。

7月27日的日记记录了川普发布行政令，与中国人开发的应用软件TikTok和微信过不去。结合他一系列针对中国人在美国留学、工作、移民等的限制举措，以及时不常口无遮拦地 China Virus，Kong Flu 等，在圈了无数华川粉的同时，肯定也惹到了很多有选票的华人的自尊心和警觉心。之后民间很快筹集到一百余万美元捐款，用法律阻止了川普总统令的实行。

9月7日记录了川普政府安排了行政部门虚张声势要在11月1号前

设置疫苗接种点，结果被专业部门打脸，届时疫苗不可能出来。的确，今天已经11月17日了，疫苗尚未上市。川普并非无视疫情，他想用"政治疫苗"，为他的选情加分助力。

10月4日记录了川普总统及夫人，也不幸罹患新冠。舆情对此反应复杂，一言难尽。很多人其实在心里说：不奇怪呀！川普患病住院期间，竞选对手拜登宣布撤下所有攻击川普的广告。不料川总住院三天就"病愈"出院，投入竞选，三日五站。他的病程，颠覆或刷新了所有人对新冠病毒患者的认知。

至此所记川普总统之事，均是心有所感，随笔而记，并未刻意经心，更未拿出放大镜。

11月3日夜晚，当川普选情领先时，我唯一的感慨便是：美国人民真的（如川普）不在乎病毒啊！待至第二日之后，邮寄选数计数上来，拜登渐渐追赶，领先，我也只感慨一句，美国人民在乎病毒的还是大多数啊！

人们一票投下的考量有诸种各样，胜出者将对社会和世界在政治和利益方面有何影响还有待观察。如果没有疫情，这些都重要。有了疫情，拖宕漫延近十个月，染疫者上千万，死亡者逾二十五万，而且毫无遏制的希望。换一个领军者，给疫情一个逆转的机会，这事则比其他重要的事都更紧要。很多美国人投下这一票的心理动因或许就这么简单。

2020.11.22

理"拜",不崇"拜"

——从媒体信息流中感受拜登其人

写下这个题目,是美国大选之后即11月3日那个星期。川普落后拜登,挺川派处于极度失望与愤懑之中。他们中有相当部分是我多年的网友,社区的邻里朋友,甚至还有我的病人。偏偏在这样的情况下,心里冒出这个题目,但觉得当时推出不合时宜,不想让那么多只不过分歧一时的朋友感觉在冒犯。

美国大选前在很多群中,反川派只要流露出不挺川的片言只语,就可能遭遇一些挺川人士的围观,质问,而若有反川言论,则更是必然招致挞伐。所以很多反川人士都会在反川言论后,紧跟一句:"其实我并不支持拜登,理念上我还是支持共和党!"不"崇"拜,仿佛成了很多反川人士的本能反应。这样的现象多了,忽一日我心里突然有了一个逆反:"拜"到底是怎么一个人?不妨来"理一理"。

定心思忖,拜登给我印象最深的一幕竟是某一年他陪同来美访问的中国领导人观看NBC,常常微笑的他,观众台上陪人左右悠然闲在,让人觉得这就是美国副总统,一个闲职该有的模样。

拜登这个名字,从众多籍籍无名之辈中跳将出来,大概是当年竞选总统的奥巴马宣布他为副总统竞选搭挡之时吧?奥巴马的解释是,借助他丰富的经验以弥补自己行政经验的不足,但很多人心里可能更加关注到的是,一个白人做了一位黑人的副手。在言论自由的美国,却有很多事是不便明说的。我现在才从别人的文章中知道,其实那一年，拜登就与奥巴马同台竞争过民主党内提名。在一向以白人为主导的美国，首名黑人总统竞选者奥巴马选择白人拜登做竞选副手，以至后来做副总统，无疑加分不少。而拜登"弱"的印象，是不是在那一刻就在人们心目中定格了呢？

去年2020总统选举民主党内提名竞争之时，脱颖而出的华裔杨安泽带来的关注可能比排名第一的拜登还更引人注目，连第二次参选的桑德斯的社会主义人设也来得比拜登更加鲜明，更加令人深刻。上一届民主党候选人是希拉里，作为副总统的拜登似乎就应该是个过场配角被人遗忘。所以今年年初，几乎所有人都认为，拜登即将扮演他擅长的配角在大选中再走一次过场。

面对气势咄咄逼人的现任总统川普，垂垂老者拜登依然如堂吉诃德般拍马迎来，很多人以为，这只不过是美国大选定期演出中程式重于内容的安排。直到COVID-19让貌似气势如虹和迟暮耄耋的两位老者，时运轮替，乾坤倒颠。

但是有句哲言：运气总是留给有准备的人！在这里，本文不作探讨川普为什么没有准备好，而只想问一声，拜登是有准备的人吗？

以上便是本人大选前对拜登的粗略印象。毕竟目光平凡，无能从以上印象推导出拜登今日的成功，只能以他夕阳中的惊艳乍现去回溯他既往养光韬晦的蛛丝马迹：作为副总统，他不卑不亢不僭越，是不是能够把握分寸？两次党内竞选都甘做绿叶不强出头，甘为奥巴马下为希拉里后，是不是懂得审时度势养精蓄锐？2020年处劣势面强敌不畏缩随潮动趁势上，是不是顽强坚韧且领悟了时势造英雄的真谛？

本来《理"拜"，不崇"拜"》就写到这里为止。但很快读到几篇大同小异的公众号文章介绍拜登的生平经历，大概都源自他的自传，也是最近才看到原来他在2007年与奥巴马参选时就出了自传，该自传添加资料后于2017年再版。

我买了他2007年的初版自传但还没有读。公众号文章介绍了78岁的拜登原来30岁时就成为美国最年轻的参议员，而且早有"鸿鹄之志"，第一次见未来岳父就夸下海口要选美国总统。究其一生，他形同常人，命运多舛：早年口吃，中年丧妻，晚年丧子，自己还罹患过脑癌；但他又异于常人，意志坚定顽强，通过坚持自我训练不仅克服了口吃还练就了口才；又是通过顽强锻炼他克服了脑癌手术后的面瘫。两次天灾人祸与至爱亲人生离死别的打击也是非坚强的心理意志而不能承受。

了解到这些，拜登是不是更像是住在我们马路对过 house 里的敦厚老者，他更像我们普通人中的一员。他命运坎坷，却意志顽强坚定；虽人生迟暮，然初心如昨，雄心依然。

这里，我只把他看成堪作励志榜样的普通人，与政治无关。当代入政治时，我相信他所经历过的生离死别会让他更能悲悯于大地苍生。

疫苗篇
第一批吃螃蟹

2020.12.09

选情迷雾日渐消散，疫苗疑云淡而复浓！

日久不码字，感官被日复一日既重复无聊又花样翻新的各类信息所磨钝。

不知还有多少人会天天盯着疫情数字看。久未记录，也还是记上一笔吧。12月6日，全美累积几近1500万，死亡超过28万4千，多日日新增病例超过20万。尔湾单日新增居然达到89例，总数超3100例。加州又祭起了"居家令"。

当选总统拜登号召"百日口罩"运动，共和党州声称抵制。头二日加州州长纽森（Newson）也因三个儿子与新冠阳性者有接触而自我隔离在家。昨日川总统又推特出其私人律师选举打假急先锋朱利安尼新冠阳性。

前段时间，我所在的有些挺川微信群莫名其妙就寂静无声数周以上了，应该不会为了混入群中的个别反川者而全群暗渡陈仓另立新群去了吧？有的挺川群干脆就把反川人士直接踢出群外。而几个一向偏共和党的群里，既往的骨干分子这段时间集体沉默（据说他们纠结于一贯恪守的支持共和党立场与这次不得不反川之间的矛盾状态），而任凭三两位挺川人士（尽量不用他们不喜欢的"川粉"这个词）每日在群内不停地转发或书写各种自我陶醉其中的信息和言论。

我组建的大选政论群，在一开始就多方引进挺川和反川两派人士的情况下，挺川人士不是出走几乎殆尽就是沉默无声假装不存在。不得已，我自己时不常要把遇到的挺川人士转发的一些信息扔进群去。在我看来会话语境单一是件可怕又无趣的事。

　　挺川人士成分复杂，这里不一一赘述。正因为其复杂性，各种信息自带马达动能接踵而至。反川人士相对简单得多，多半只是因为对川不满，抗疫，种族言语等而已。挺反双方都认为己方是理性、智慧、正义的，而对方是反智的，情绪化，败坏的。似乎看不到和解的苗头。

　　而现在选情迷雾并不在川普和拜登之间，却在居处于同一微信群或相近社区的挺川者与反川者之间。我们会以何种方式捐弃前嫌，和好如初，再次走到一起？是时间会自动治愈一切？还是另待什么事件发生而造成一个契机？只要不过于狂热偏激，彼此便都给彼此留出了一片天！我和把我剔出群的D君还时有交流，坦承并坚持着己见。另有一个邻里群组织了果园摘橙活动，曾经彼此争论过的一群人，牵家带口高高兴兴聚在果园，分享摘橙秘籍和哪棵树上的金橙最甜。

　　辉瑞等公司在美大选一周后忽然陆续宣布了疫苗进展和效果以及可能的副作用。气得川普总统牙根直痒：十几亿拨款可都是我批的，功劳应算我不算拜登。话说回来，如果在选前公布，"政治疫苗"还有人敢打吗？就这，人们还疑虑重重呢。最近陆续有专业人士推出疫苗讲座。不时有人会悄声问，敢打吗？有一种人，凭借身体还行，什么疫苗都不愿主动打。我大概属于这种人。每年的流感疫苗只有儿子出生那年才打过一次。三十多年前上大学时，在转入临床实习阶段，学校北医口院安排打乙肝疫苗，就曾悄悄地躲过。来美国留学，不得不按要求去USC校医处接种乙肝疫苗，校医递给我检测报告，要我好好收着，说我是少见的先天免疫者。感谢上天恩宠，原来赐我有铁布衫金钟罩！

　　疫苗注射日程安排表早已公布，年底第一批年老体弱者，明年一月份一线及其他医务工作者，之后是全体其他民众。部分民众翘首期盼，还有部分民众心中打鼓。一定是这部分民众对疫苗的疑心疑惑疑议闻见于克林顿、布什和欧巴马三位前总统，他们齐声宣称会公开打疫苗供媒体报道，以提振人民对疫苗安全性的信心！

在人们以为这疫苗仿佛会沦作为嫁犯愁的老姑娘时，忽闻川普总统要发疫苗美国优先的行政令，先紧着美国，才能出口。背后故事似乎是这样，辉瑞六七月份时曾建议美国政府在预购一亿支基础上再增订一亿支。大概疫苗那会儿八字还没一撇呢，美国政府没理这一茬。等现在疫苗将出，欧洲定单早把辉瑞掏空。而 Modera 的疫苗还在路上。于是有总统行政令横空出世。辉瑞说并没有收到政府资助研发资金，川总统说批有十几亿美元，大概是那一亿疫苗的预购款吧？这罗生门本人未予深究，信息恐有错谬，不敢妄议。

一亿支疫苗只够管五千万人。美国三亿人中的其余二亿五千万还找不到着落。不敢打不想打疫苗的正好旁边让让，后面排队的押断脖子也可能都排不上呢！

那边中国漫不经心漏出一句，年底可出六亿支疫苗。中国内地疫情偶有星火砰叭一下，中国也早有扑灭疫情星星之火的经验和机制。大面积接种疫苗的需要并不急迫。美国会相信中国疫苗吗？会购买中国疫苗吗？按川普总统的脾气大概率不会。拜登总统呢？当年欧巴马为解金融危机可也曾亲赴中国的。

疫苗，将为世界疫情带来转机，也给美国疫情扭转带来希望。它会在2021年的中美关系中扮演角色吗？闻说以后坐飞机也必须提供新冠疫苗接种卡了。为了能回国看父母兄弟和其他亲人，为了自己、家人和其他人的安全，我大概率是会接种新冠疫苗的，如果机会能轮到的话。

2020.12.20

2020岁末在美国新冠疫情炼狱中的生活

现在是2020年12月20日凌晨,全美新冠累积病例近1800万,死亡近32万,估计今天过去,这两个"近"字将改为"超"字。自两三周前法新社首次提到某24小时美国曾达到日新增病例20万后,近两周已连日超20万。当下更敏感的数字是ICU的可用率,南加已为0,这就意味着新增重症或轻转重症患者可能将得不到及时救护,死亡率曲线很有可能由此飚升。

六月份游历过黄石公园,当时注意到周边爱达荷州(Idaho)的病例仅4千多,半年过去而今为12万9千余例;有着大提顿(Great Titon)公园的风景如画的怀俄明州(Wyomin),当时仅1千余例,现今已4万1千多例。

前不久有一个小病人的父亲为了在美国的孩子和太太,从安全的国内赴汤蹈火来美。在陪同孩子来复诊时和我聊天,他说现在从国内看,美国已是一座人间炼狱。

想起母亲两三周前微信视频,对于疫情她并不多问,只要听我们的说话语气,看我们的神情,就能判断我们的生活状态。老人家主要叮咛儿子不要深涉政治,她读到了我最近几篇政论性较强的日记。当年文革期间,父亲正是做了逍遥派,才得以晚年"安全着陆"。美国现在正处在第三波疫情中,第一波是缺乏抗疫物资PPE,第二波是警察跪毙黑人引发全美动乱,第三波大概和大选集会有关。曲线图上,前二波若是丘林,这第三波则可看作陡崖峭壁了。

美国大选尘埃甫定，仅余纤尘微扬。本还想另篇专议，听俺娘的话，就不再多说啦，让老人家安心。

在疫情至暗时刻，有人把辉瑞（Pfizer）和莫德纳（Moderna）的mRNA疫苗上市，比作隧道尽头的光亮。似乎还算恰当：看得到希望了，却还看不真切前景。两支疫苗都是先后获FDA批准紧急使用权，也就是意味着，两支疫苗的临床实验尚未最后完成，实验数据尚未完备。仅知道二者的有效率均达到95%，前者需超低温运输贮存，后者需低温贮存。在人们既翘首期盼又心存疑虑之际，不时传来有人注射后出现严重过敏反应的消息。政界既有人怕先打了有抢先插队之嫌，又有人做以身试药状昭示敢为天下先。药效副作用还未全然明了，政坛某人（是谁就不提了）又迫不及待怕失功劳。唉！

至17日，尔湾累患已达4000余例，最近多次日增超百。可问身边的人，又多回答他们没见周围有人感染。而只昨日，一位做护士的朋友提到她照顾的病人阳性了，送到Hoag医院，已没有ICU空床位，又拉回来了。另一位朋友的朋友也阳性了，所幸家人均无恙。

加州虽又祭有居家令，再次引起了很多人的警觉。但超市、邮局、餐馆、诊所、公园等处都还在运转，刚刚开始恢复塞车的马路及高速公路上车辆霎时又减少很多，超市停车场空位易找。公共场所极少有人不戴口罩，但有相当部分的人爱戴可重复使用的布质花式口罩，其实Costco的一次性口罩已从四五十刀降到十几刀一盒，华人H市的一次性口罩更低至数刀。

我的牙科诊所，自三月份停诊一个月后，复诊至今一直开诊。疫情遽重，居家令再出，使得部分病人更加谨慎就医。但因为平日华裔病人以急症而就诊者居多，特殊紧张时期，急症有增无减，故而门诊量基本无大异常。自四月份复诊以来，虽然病人多为防疫严谨的华人，诊所在平时即已严密的消毒措施基础上，又采取了增强防疫措施，其中最重要的一项，是让摘下口罩的患者，做检查或治疗前，用口腔手术专用消毒液漱口并擦拭双侧鼻孔，15秒钟最大程度杀灭口鼻内各种细菌和病毒。诊所需在保护病人与员工，开展诊治，和维持员工生活之间寻求最好的平衡。

每周去超市购物，上下午较早时，遇到几次限流排队，而傍晚时人流较少。尔湾的两个华人超市，人流比疫前少了很多，可能只有原来的四分之一左右。很多人已很久不去超市购物，而去微商那里采买，新鲜蔬果鱼肉面点熟食都有。我有好几个病人即以微商养家。

下周起，一直在家上网课的儿子就放圣诞假了。尔湾有到校上课的中小学师生新冠阳性者五十余人，学生三十，老师二十余。坚持让孩子只上网课的太太再次"伟光正"。

昨日去体育用品商店Big5，看到又增加了许多家用锻炼器械。我买了一只5磅的单手哑铃和10磅的双手哑铃给儿子练手劲。最近，又把客厅里沙发茶几移出，摆上了乒乓球桌，加上稍早置备的跑步、健身椅——家庭健身房俨成。

几个月来，太太每日让儿子在后院练习跳绳、转呼啦圈，从一个不会练到能玩上百个。周末带儿子骑车或去城堡小公园踢球、打壁球，多晒晒太阳，出出汗。

儿子喜欢去书店 Barns & Nobel 看书买书，自己安排的防护措施还贼严密。光把孩子隔离尘世，远疫去病，自然用心良苦。而若让他们也学会与疫共存之道，可能更能一生受益。

一年在家的日子对儿子还有个好处，一向不太服从的他，从不习惯到比较习惯，戴牙齿矫正导板显现了效果。

在家多的日子，对宠物也是利好。宠物最怕孤独。年初领养的

妮妮 由开始的不适到后来的不舍，家里有人，朝夕相处是它们最快乐的时候啦！

真的是文人相亲！先有王玲老师的引领得识雕龙诗社众同好，欣得大作家邱明和美英的悉心栽培指点，助我诗文见诸报刊，又幸加入洛杉矶华文作家协会。衷心感谢邱明、感谢美英和北奥会长的力荐！有子同行，疫奈我何！

大选已定，民主党与共和党妥协，终于又要向生活困难的民众发钱。年初第一波疫情时，只要申请失业救济金的，EDD抛弃了所有审核程序，闭眼就发。有好些主动辞职或离职很久不该申领的都领了。

只要大疫过去，其他事就都不是事！

2021.01.07

2021年伊始，
美国新冠疫情炼狱生活下的心情

  距离上篇日记一晃居然过去三周了，并非没有时间和精力，圣诞节和新年，休了两个长周末，而是心情漫散，懒于动笔。可再不写几句，在目前美国炼狱般疫情之下，恐怕有些关注我公众号的朋友说不定会有所担心吧！

  并非没有什么可写，有的人写有"2020回顾""2021展望"之类，回想一下自己的2020也还算有可赞可庆之处。事务上疫情期间照顾家人，照顾病人，照顾员工，还和CAMA的智海与尔湾华人一道奋战了抗疫募捐下半场，事情仿佛过去已久又仿佛就发生在昨日。写作私好方面创作性诗文大为减少，但时有见诸报刊，有幸加入了作家组织，结识了更多有梦而践行的人；纪实性疫情日记时有时无，时短时长，但每一篇都倾注了至诚心力，不知不觉攒得方块字够码一部小长篇。2020，对码字这一体力活有了切实的体验。

  有的文友退群退隐，远离疫情弥重大选缠斗等信息的嘈杂喧嚣，专注于自己的写作，奉出超越世俗的文字，有一种难得的"出世"的态度与修为。反观自己，却似乎太粘滞于"俗世"，只因30年前经历观察过一次国内的社会运动，30年后还想再经历观察国际的这一次。

  过去这一年，参加了各种组织和个人各种目的的云上聚会与讲座：有医务人士科普新冠，社区组织警局宣导安全议题，合唱团云空歌会，外太空，保险，诊所等各种科普，诗会文友分享作品，还有义工，果园采摘，微商，外卖，大选，国际形势等等。大自然面前无比卑微的人们，在全球百年难遇的疫情禁足情势下，利用各种社会，科技条件，催生各种实用形式，仍然积极顽强地生活，工作着，苟且着。

美国疫情政治化，政治疫情化，有如风借火势，火助风威，把一个曾经神武的美帝整得体无完肤，元气侧泄，百姓受殃，恰如池鱼。工作以同事为沟壑，生活停顿如涸水，移民有故乡只能隔海望，有父母兄弟朋友只能视频见梦里想。

下一段文字曾有意专文论述，但想一想还是一笔带过仅作记忆，省些气力。想说的是对华人挺川派与反川派力量构成的观察。有人把反川派归出九类人，具体不太记得了，大致有高科技、金融、主媒之类，在我看来，大类约可归一，即"厌川"，除此，其他方面可能仍各有立场。而挺川派阵营则丰富得更有意思，难以仅以"爱川"一词以蔽之，以致可能鱼目混珠，敌我同营：1，共和党的基本盘不极度"厌川"的部分；2，反中共的力量合流，所以才制造出一浪迫一浪的挺川反拜主题，其主力应含有：轮子，台港藏疆各独，郭某人，民运，有历史恩怨纠葛者，及某些为牧师所诱导的信教人士，这些牧师可能与以上各类人等有关，比如有的牧师就系民运出身。川普由最初与中国只打贸易战，到后来脱钩只斗意识形态，与这一流或有互相影响利用之效；3，恐左群众：对国内反文革极左教育记忆深刻，看民主党只小于等于极左，认识不到民主党也可以有左和左偏右，而共和党可以有右和右偏左，也可以有川总这种白人至上以及针对华人煽动种族歧视仇恨的极右派，看不到这种极右力量之火也会烧烫己身；4，利益得失算计群众：教育、股友、税利、自媒赚流量等；5，国内无间道，搞乱敌人就是有利自己。这一段文字又让我心情散漫麻木，疲态尽显起来，就此打住。

欲其灭亡，先使疯狂。一月六日美国国会山之春，使共和党须彻底弃割川总来止血止损，拜登上台后，共和党不必再向川总左顾右盼而对民主党故作不大美观的撕裂状，这或许反而会带来蓝红弥合走向团结抗疫的一个契机，尽管大难当头全美民意经过极其艰难痛苦的撕裂过程交给民主党一个 unified 的战时统管政府（众、参二院和总统都利民主党）。若果如此，疫火终得早日扑灭，一切损失痛苦挫折与代价便得所偿。国内童鞋看了这段文字可能会引致不适，唉，覆巢之下，安有完卵？理解万碎！

川总当初虽以政治素人进军政坛，但浸淫媒体多年，彼时美人苦民主党极左已久，使得他能登高一呼 MAGA (Make America Great Again) 而天下应。这次其华人追随者也无弱兵，把行政与大选充分"文革化""台湾化"，不管事实如何，对己必抢占道德高地，如"Law and Order"，把自己归于宪法与正义一边；对对手则必置于死地而后快，如指其舞弊，偷窃；对群众则制造恐怖：宣称如若民主党上台，则罪犯横行无忌，大麻遍地等。这种手法，台湾民进党运用自如大获全胜，而这次在美国却败走麦城。

有人说，川总还会卷土重来。这一要看他个人，在这次已尽洪荒之力而未能扭转乾坤，又经国会山一役，致红蓝两党人神共愤之后，他是否还能年高四年而仍能重振旗鼓？再要看其这次七千万支持者中，刨去共和党基本盘，还有多少不是为了各自一己利益而互相利用，互借声势，在其手中无权、发声无音之后，仍愿追随鞍前马后。

中美对疫情的态度真的很不同，有的高下立现，有的却利弊难辨。危（地）球之上，中国也难全身而安，现今也有数千输入与本土病例，防控阵仗摆布得比有二千多万病例的美帝要宏大而迅猛得多。但不知从何渠道泄露或公布的信息，使得一位姓史老太连同她的超级传播路径成为自媒体等舆论挞伐的靶纸。而在美国，不是身边的亲人朋友，公众一般难以获晓病人的信息。

或许出于同一文化的类似担心，在某些特定时间和氛围下，有些即便不那么紧密的关联也不便披露。在数月前，加州仅有数万病例，而人们其实心理比现在还更紧张的时候，在 LA 工作的女儿，她公司出现一位阳性病例，是打扫卫生的女清洁工，尽管女儿那时一周只去一次公司，也还是去做了检测。这个圣诞节，早早说好回家过节，临前一日，忽然说不回家了，公司又有一例阳性，是谁无从知晓，但应该不是紧身边的人。女儿又做了检测，观察了一周，新年才敢家来团聚。

2021年1月7日，全美新冠累积病例近2千2百万例，死亡近37万。据说三四月份纽约疫情最重时，每个纽约人都有认识的人得新冠。加州现在全美第一，最近听认识的人说他们认识的人中得新冠的似也愈多了。医院病床告急！ICU 告急！太平间告急！墓葬告急！同时疫苗接种也在铺开。看疫苗和死神谁跑得更快些吧！

2021.01.21

2021居美提偶记

2021伊始的居美生活，隐约感觉有几条线索，如同提偶绳索一般，在身形周遭牵扯绷展开来。可谁是那偶？谁又是那提偶之人？2021各自的命运将走向何方？

全美今日新冠病例累积近2500万，死亡超40万。尔湾累积超8300，日新增过200。新冠病毒以占领一个个人体的方式，攻城掠地，向着人群扩大而又向着个体缩小着包围圈。两个月前，人们还在问，你有身边的人感染吗？人们多半摇头。当这一提问暗含政治意味时，问与被问者心中都对那逐日数量级攀升的数字，不由得暗生狐疑。

将近一年来，疫情似乎来到我们心里更快而近，而来到我们身边却更慢而远；带着恐怖与死亡气息的膨胀数字，更快地经由眼耳踏入了我们心灵。而一堵堵人墙，在插上被病毒占领的白旗前，虚幻成一道道障眼屏壁。

近日，我却已感知到了仅一墙之隔外，汹涌的病毒正在叩墙寻路破城的喧嚣。2020年底之前，还只有空间距离较远的朋友在说他们知道的谁谁阳性了，甚至因之而去世了。而2021新年仅二周余，便有更近的人带来了不祥信息。白人 Newman（化名）八十多岁了，是十几年前我在 USC 认识的病人，后来成为我在橙县的自己诊所的第一位病人。多年来非常规律地每半年过来检查洗牙，中间有什么问题随时过来处理。每次都自己提前一日电话主动确认预约。三年前介绍女儿 Kimberly 过来植牙后，Kimberly 也定期半年过来检查洗牙。疫情初期，美国口罩市场一罩难求时，我曾送给过他们一盒口罩。这周一本来他们父女第一次约了同一天复诊。可是头一天，收到Newman的电话，却不是确认预约，而是取消预约：Kimberly的先生刚刚确诊阳性，Kimberly正在隔离当中。Newman说，他不想把病毒带到诊所，并向我保证，他会很好地保护自己。

另一位是Jean（化名），就读UCI的中国美女学生。拔牙植骨后等不及一个月拆线，跑去北加，回程无日。于是我联系了在北加开诊所的同学安排帮她拆线。但同学忽然告知我她暂时不能去拆线了，她身边有同伴确诊阳性，自己隔离了。我和美女微信联系确认了情况，安慰了一番。病毒已逼近到了我自己认识的人这一层关系之外啦！

疫情是牵动生活与工作的第一根绳索。另一根则是疫苗。美国正在接种的是辉瑞（Pfizer）和莫德纳（Moderna）的mRNA疫苗。现时围绕着这两款疫苗，充满了各种矛盾的信息。一方面是官宣95%的有效率，一方面有自媒体分析得头头是道称其实只有29%左右；一方面说mRNA是90年代就诞生了的基因技术，一方面又说用于流行病疫苗尚属首次；一方面有几百万人安全接种了，一方面又不时传出有人发生致命过敏反应的消息；先上市的辉瑞，负面消息更多，让人觉得还是Moderna更安全些，我的洗牙师就是打的Moderna，可紧接着加州却停用了33万剂Moderna，因有一批次短时内就有多人发生了过敏性休克；一方面有人着急地打听如何尽快预约上，一方面又有人因为担心而放弃了先种的权利；一方面有官员先行接种以鼓励市民信心，一方面又有消息称有插队接种的某些人被追究处理……疫情失控如此，CDC的公信力也受到叩问；防疫物资市场的乱象，FDA的权威也大打折扣。现在的美国疫苗到底是救人民于疫火的济世神药？还是迫于政治趋势于乱世的欺财安慰剂甚至可能夺命？

再有一根提偶绳索便是大选了！11月3日，往届多已底定的事，历经1月6日，再奔向1月20，本届选举把一个好端端的 USA 活生生裂解出来一个 USB！就像电影里演的，男一号二号打得昏天黑地却毫发无伤，而无数的无名走卒还没咋样就不是有人进了班房，就是有人丢了卿卿性命。白宫一个不新的面孔到来，一个不服的身影离去，这一剧烈的撕扯，牵引着的戏偶终会动出一副什么样的表情？

于老百姓最普通而至敏感的其实还是一日三餐，吃喝拉撒。当这一切正常时，岁月无论如何动荡，都还能保持静好，而如若其一项出了故障，不安首先就会从心底升腾。一两周前去 Costco 购物，忽然又发现纸巾货架上货少了限购了，去另一 Costco 则完全缺货。平时常买的一种牛奶在从不缺货的 Smart & Final 居然连缺了三天，而在99大华价格窜高！当时你不知它们只是一时供应不上，还是货物紧缺时代来临的先兆。

还有一些可能很多人不会去注意到的事，比如默克尔即将退休了。还有一些事情的联系我们还以为八杆子打不着：默克尔要走了，拜登来了。我们不知道这些事情是与己毫无关系，还是会为自己的命运悄然埋下一个伏笔。

从现实来看，作为老百姓的个人力量何其微弱渺小！是当然的戏偶佳选，在提偶线下身不由己！而在历史的潮流中，又有多少风光一时的英雄豪杰身败名裂，灰飞烟灭，甚至来不及留下一个暗淡离去的背影。但能汇成潮流的必是亿万的草根百姓，在那势不可挡的历史潮流中，到底谁分得清谁是偶？谁又是提偶人？那一根根牵动命运的提偶线又是谁攥在谁的手里？

2021.01.31

今天我打疫苗了！

写下这个题目，才意识到，这七个字并不容易，一是打疫苗的资格，二是打疫苗的勇气。有资格的很多不一定有勇气，有勇气的常常还不具备资格。COVID-19 疫情乍起之时，疫苗议题就被提出，因为没有一种特效药。将近一年的时间，人们经历过太多，很多事情搅在一起，一言难尽，难以厘清。本来纯属医学范畴的疫苗也是如此。

今日全美病例接近2650万，死亡近46万5千，日增病例13万多，较前连日20万左右新增，似有所下降。尔湾累积9000多例，日新增在100上下徘徊。

因为各种原因，全美的疫苗供应有限，施打有限，因此要先紧着最需要的人，第一是一线与 COVID-19 最有可能密切接触的医务人员、消防队员等，第二是65岁以上易感人群，第三是其他医务人员，其中牙科医生及工作人员即包含在此类。目前全美已经施打了第一剂疫苗的人员大概有两至三千万人，接近全美人口十分之一。

我因一向体质不错，常有世上本无事，何苦自扰之的想法，很少寻医问药，对各种疫苗也尽量敬而远之。在这种心理暗示下，我这次对于寻求疫苗其实并不积极，何况不时还有围绕疫苗的各种不良传闻，笃实还暗暗有所担心。

大约三周前，我的洗牙师 Dawn 忽然发来短信，告知我她那天正在排队打疫苗，不久还发来手持疫苗卡的照片，并热情地主动告诉我下载橙县预约 APP：Othena。我读出她大概对诊所其他人员也有所担心，希望大家早早都打上疫苗。说实话，起初，我对洗牙师在不同的诊所兼职也有顾虑，怕她们从别的诊所带来病毒，但看到她比我还更小心谨慎的态度，我应该更放心了。

本着先看看，了解了解情况，至于预不预约再说的想法，我下载了 Othena 并作了注册，注册中有问到我的职业信息。上班后，我把 App 也告知了其他员工，建议她们注册，她们有的很积极，有的对疫苗也有担心。

Dawn 来上班，问我打没？注册没？还建议我要打左臂，这样不影响工作操作，因为她打后手臂有点酸胀。注册后头一周，我查了几次 Othena，均没有准予预约的信息。注册约二周后，也就是上周伊始，我忽然在电邮里收到可以预约的通知。于是我再登录 Othena，果然看到开放了四天的可预约时间，两个地点供我选择，并注明当时提供的是 Pfizer 还是 Moderna 疫苗，还被告知若暂时不能预约也没关系，以后的日子对我都是开放的。

刚好头一天南加变天，突然降温，感觉身上着凉了，而且想着要打也选择周末，万一身体有个反应啥的，周末在家也好休息恢复。

又过了两天，热水泡脚后身上的寒气散尽，身体恢复。查 Othena 果然有周末两天30、31号开放预约。我犹豫了一下，暂时没约。

这时一位应复诊而很久没有复诊的病人和我联系，她月初可能疑似"中招"，有发热、嗅觉丧失，测后阳性。在家休养两周后再测两次均阴性。家人测后都是阴性，也无任何症状。估计可能是在从健身房染上的。还好，不是每个人都会去健身房。如果是从社区某处毫不知来源的地方感染上可能会更让人担心。尽管我们采取的是普遍预防原则（Universal Policy），即假定所有病人都是阳性，在诊所应用了增强型防疫措施，但这件事让我感觉到病毒的攻势又迫近一步，上一篇疫情日记记录的还只是感染波及认识的人所认识的人，而这次却是直接认识的人可能有感染了。

这件事让我下了决心。于是预约了1月30日周六上午8：30在Disney Supper Pod。

周五晚上，我一边准备身份证明：牙科执照，诊所名片和W2表，都是复印件，存在手机里方便调取的地方，把车管所DMV刚换发更新的驾照也放在皮夹里，一边心里还在担心犹豫：要不要去？去，万一呢？

在这样想着的时候，我意识到自己的担心心理稍有过度。这让我想到不久前两个预约好的病人一个在推开诊所木门时转身离去，另一位在停车场忽然给诊所打电话说感觉不舒服而离去。还有一些人很久没去超市，没有去 Costco 购物，越是少去便越是不敢去。所以很多恐惧，来源于无知。无知并不是说没有文化，而是不知道情况，不了解确切信息。这时恐惧心理易受负面信息所占据。弗洛伊德在治疗他的心理病人时，就是通过梦境让病人回忆起引起疾病症结的童年事件，帮助他们分析病症原因，从而让他们正视发生过的事实，以缓解甚至消除心理疾患。我在临床工作中，面对心怀恐惧不能自持而影响其进入治疗的病人，也会让他看清楚自己恐惧的到底是什么，再一一展示他所恐惧的事物，其实并非如他凭空想象的那样，实际情况是另一个样子，看清这一点，病人的恐惧便消除了；不能看清这一点，病人的心理就会一直被恐惧占领。当我反躬自省后，恐惧担心也减轻了好几分。

30号一早7点即醒。为了防止万一有较严重不良反应，太太决定陪我一起去，儿子一人在家似乎不太好，便也把他带上。等大家都洗漱完毕，儿子早餐后，打开车库门时已过了8点。

GPS显示 Disney Supper Pod 即在迪士尼的停车场。十几分钟便赶到，停车场从正门起排起车队，有警察和路障导引，车队在前面的十字路口左拐后继续往远处排去。

排在车队后面，车队三五秒钟就往前移动一下。等待时，摁下Othena里面的一个按钮"I have arrived"（"我已到达"），出来一个二维码，并告诉说排队要14分钟。

车队有序进入车场，由一队变成四队，经过一座小屋亭，一位戴口罩的女工作人员，挨个让司机放下车窗，讯问是否有预约，并看过刚才的二维码。我问她打针时可不可以照相，她说可以。 车队由四队并成二队又并成一队，车速很慢，有工作人员告知说，一会儿把车停进车位，下车步行去排队前往帐篷区接种。而我们一开始想象的是Drive through：坐在车上，放下车窗，伸出肢膊，来一针走人。

此时已九点多，按指挥停好车，步行向另一侧行人队伍走去。队伍已经排有一百多米，好几队。有工作人员问是几点的预约，听说是8点半，便指给我一处人少的队伍，其他队伍应是更晚一些的预约。

在队伍后面开始感觉有些晨凉，接近帐篷区后，有好些立式煤气烤炉，站在旁边就不冷了。

进第一个帐篷是 Check-in 身份确认。约有10个小桌，桌后的工作人员查看了我手机里的几份证件，其实我可能只需给她看牙科执照即可，但既有其他证件，也就一并出示了。工作人员还让出示了驾照，并告知驾照不必收起，下一站还要出示。

第二个帐篷是进行接种告知事项，与疫苗有关的病史问卷和接种同意签字。连有没怀孕和在哺乳都问了我。

第三个帐篷就是正式接种了。我被指定到9号桌，那桌有三位工作人员，我见人手多，就问其中一位能不能给我扎针时照几张像？她愉快地答应了。这时一位女士站在帐篷一头大声说话，告诉注射员如何赶出注射器里的气泡。显然她是位培训人员。加州牙科协会有通知我们牙科诊所经过培训，也可加入接种行列。女士说完话，我的三位工作人员便开始给我注射。因为天凉，穿了长袖T恤，长袖捃不到肩头，我问是不是要脱下一侧袖子，她们建议解开领口钮扣试试，于是如法解开领口两个钮扣，露出肩臂接受了注射。手法不错，她念一二三，针就扎入皮肤，少许疼痛，能感觉推药，但没有一点疼感。完毕，我得到一张小卡片，上有注射日期、疫苗名称、批号，及注射第二针的日期。她们告诉我，等到注射第二针时会得到通知。

随后，她们让我去下一个帐篷观察等待15分钟。帐篷内人们隔开坐着，出了帐篷外也有很多折椅，阳光很好，于是坐下晒太阳。在帐篷外观察等待的人更多，更以老年人居多。手机里翻看刚才接种的照片，白白的肩头露着，过于性感，不忍直视，哈哈！应该穿短袖，打针时就更方便啦！照片发给太太看，回话的是儿子，表扬我打针时像小孩，很勇敢！他是想起自己小时打针的时候啦！

正好10点，完成观察往外走。这时外面排队等候的人更多了，可能有二三百米，多个纵队。据说有时会排五六个小时。

来到现场，看到这么多人踊跃接种，程序流畅，秩序井然，人们轻松自在，没有看到一例出现严重反应而需急救的，心里格外轻松。有一丁点如释重负之感。

回到车上，驾车回到尔湾，不到11点，还能从大华买到豆浆油条当早点，顺便还买了点别的。

到家后一会儿，左手上臂注射部位开始有点胀痛。因现在每日会玩哑铃，双臂都会有点隐隐胀感，仔细感觉后，左臂胀痛感比右臂明显，确定是疫苗注射所致，看了下时间，离注射约二小时之后。

第二针接种情况，容后汇报。

2021.02.15

又过年啦，这个牛年不一般！

去年春节是2020年华人生活的一个重要拐点，接着是全美、全球人跟着拐进同一个弯。今年又到春节，不由得令人想起去年同样的时刻，那时疫情突起，没有谁能预想到中国、美国和全球一年后的今天会是这么一个模样。去年与今年相比较，当下美国的疫情比去年不知严重多少倍，而去年的春节里人们都沉浸在惊恐、慌乱与激动等各种以负面为主的情绪当中，不知除夕是何年；而今年在美的华人却一扫情绪阴霾，借着牛年的牛气，在年关上使出了牛劲，抖起了牛精神。

如今在美华人很少再谈论疫情，大选已是过眼云烟，交流的与疫情有关的话题更多的是打疫苗。目前还是一线工作人员、65岁以上人士及非抗疫一线医务人员有资格。基本已打完第一针，部分打了起反应更重的第二针。作为接受新疫苗的第一批吃螃蟹者，大部分人是在战战兢兢，忐忑不安的心情下接受（难以用"享受"这个词）了疫苗接种优先权。希望第二针的反应不要来得过重，更不要有什么不测；而打针后毫无反应的，又会在心里嘀咕，这一针该不会是安慰剂吧！

除夕那天，早早下了班。去大华买点年货，其实与日常采买并无大异。只是需多买一样鲜虾仁，和饺子馅用。平时饺子都买现成的，只在除夕全家围一起包饺子成了多年不变的过年仪式。在海鲜柜台前遇到我的一位病人同时也是老乡，她住在新港海滨市 Newport

Beach，平时多在家附近超市购物，今天专为买鱼过来华人超市。海鲜柜前排着长队，我拿到号时，前面有三十多位，她在我后面一号。我俩把其他该买的都找齐放进购物车后，还没排到，就远远对着海鲜柜站立，估计又等了半个多小时。平时不必等这么久的，大概过年，各家都会有几样"刚需"。过年期间可能物价也有所上涨。年前太太专门让我注意一下螃蟹的价格，因为和旧金山那边一位朋友在微信上聊起，那会儿朋友那边是六刀多，我看这边是九刀多。今天忽然想吃螃蟹，一看十二刀多了，买了两只共花四十四刀。

往年春节，南加华人会有几十台联欢会。像往年一样，今年年前与年节中各种联欢会广告也各群都是，有老乡群的，社区群的，团体群的，校友群的等等，只是今年的联欢会都用 Zoom 在云上举行。仅我自己就参加了洛杉矶华文作家协会、雕龙诗社和雅歌合唱团的三台联欢会。

作协的联欢会在年前举行，更重要的是领导换届。规格较高，有领事馆的文化参赞出席。我有幸作为新会员发言。诗社的活动准备时间长制作精美，朗诵我的诗作《春履》似也贴时应景。我在合唱团唱歌纯属滥竽充数，这次朗诵《春履》就算是扬长避短。团长麦穗和几位金嗓则根据疫情思乡想父母的情节改编了《一封家书》，整得团长自己和团员听众一个个热泪盈眶。其他没有时间参与的几台联欢会，听说也都取得圆满成功。

今年美国拜登政府也与川普政府对庆祝农历年的态度大不相同。年前颁令给病毒正名，年三十领导通话，初一又中国风背景视频拜年。

经历百年不遇的疫情年，人们在学会并从容与病毒共存的过程中，可能不得不佩服中华文化的博大精深。仅以年的属相就浓缩了中华文化的千年经验智慧的精华。历次庚子年，多有灾难疫祸，故有庚子多事之秋的说法。虽然不能称为绝对，但人们也很难否认其有相当的道理。中国文化中年的属相，虽然仍在流传，但今人其实可能不再深究其每一属相的内涵，以及前后顺列的内在逻辑及深意。我们的老祖宗们在科技发展有限的条件下，可能更仰赖各年属相的特性来预测来年的光景，给生活与社会活动以预警作未雨绸缪。而依仗科学技术强大的现代人，可能对此再也不以为意，甚至视之为迷信，有人顶多把它当作个人算命与性格评估的消遣玩艺。

但是属相与顺列的意义与规律似乎仍在人类的社会活动中起着作用。为什么在一年之后疫情更严峻的时候，人们反而更乐观，情绪更激昂向上？表面看似乎只是"牛"年的牛形象带给人们一些简单暗示。其实正是人类在生存发展中有着盛极而骄，骄则祸至，祸致败衰，败而省思，省又盛强这么一些辩证规律。我们的先人将这些规律用人们最熟悉的十二动物形象，以最简明的方式组合到民族文化基因中，只有这样才能长久流传。仅以我们刚刚经历的这一个鼠年和接下来的牛年来讲。我们可能还没来得及总结到底是我们人类的哪些骄横纵放行为导致了鼠年的疫灾肆虐，但我们已深切地感受到了以往我们曾经以为的那么多理所当然轻而易举的事情，中间却有了千阻万隔；我们曾经视若空气而忽视的很多人与事失而难再，我们才明白了它们原来如同呼吸的空气那么重要；我们曾经为之劲逐而耗尽生命与精力的事情却在不得不放下之时，我们才恍然意识到生命中还有比他们更重要更值得的人与事；我们常常以为生命的意义只在于忙碌，而当不得不闲在下来时才发现可以定睛把自己看得更清楚……当我们看到、想到、做到，我们便不会沉沦堕落自怨自艾，我们从此会知道珍惜、取舍、拿起和放下。此其时，一个牛气哄哄的新年恰恰好来到！而它的属相——牛年，则是由我们的祖先早已排序好的！

但是人类是健忘的！我们的祖宗知道健忘的周期很短，可能短到只有十二年。

2021.02.22

与儿子探讨：应该给马路上的乞讨者钱吗？

疫情期间的房地产市场异常活跃，房价不降反升。因素固然多，其中或许与史上最低房贷利率有关。微信上认识的Frank经常会把最新利率发给我，这一次终于击到了鼓点上：最新利率只相当于原利率一半左右。我们启动了重贷。经过两三个月，我们把银行资料来回翻了个底掉，终于贷款得批，和Escrow（贷款资金托管公司）彭女士约定今天下午1点整去 Diamond Bar 签最后的贷款文件。本来也可上门签，但想着周末反正有空，不妨出门到别处转转、看看，权当透透气。

太太是共同借款方，也须前往签字。于是也载上儿子，只好把小狗妮妮留在家里，汪汪地发泄不满。

驱车出57号高速，来到 Grand（格兰德）和 Gold Springs（金泉）路口时，看见一位貌似白墨的年轻妈妈抱出两位小男孩坐在路边草地上，其中一位小男孩坐在儿童手推车里。一位年约三十岁左右的男子从手推车下层拿出一个纸箱板做的纸牌，上面有用 Marker 标记笔书写的字，没看清写的什么，但一看就知道他们是在干什么：乞讨。时常看到有单个流浪汉在街口趁车辆等红绿灯时乞讨，但像这样拖家带口的一家乞讨的情况还是第一次遇见。

在附近写字楼里办完事出来，原路返回，又在那个路口停留。那乞讨的一家人，衣着很干净，女士长相可谓貌美，身材窈窕，衣裙虽稍旧，却也入时；神情安然坐在街边草地里，怀里抱一小男孩，身边手推车里坐着另一个更小的;男子身材壮实,一身干净的白衣白裤,举着纸牌对着减速停下等灯的车流来回走动。我因更多注意路况,难以看清其纸牌上的字迹,只依稀读到最后一句是"God bless you!"——"上帝保佑你!"

十岁的儿子在车上也看到这一幕。我们没有停车作任何举动,一路驶上来时的57号高速,他似乎有想法:"他们应该得到帮助呀!"太太问他,"怎么帮助?""给他们一点钱?"儿子从小和我们逛街时,若遇到街头艺人,通常会给点钱给儿子,让他放进艺人跟前的小钱箱里。太太说,那位男子那么年轻,应该去找工作,不应该乞讨。儿子说,LA(洛杉矶)那边工作都雇满啦!

儿子反复说着这句话,大概在哪儿读到过这方面的什么消息了吧?一向对乐高和游戏里坦克、战船和太空梭兴趣浓厚的儿子,时不常嘴里也能冒出一些对社会议题关注的话语,比如川普落选了吗?拜登当上总统啦?问他希望谁当选,他居然也能说出个一两点理由。

妈妈的意见一向受到儿子重视的,这次却也没有说服力,他还嘀咕着,我还是觉得他们应该得到帮助的。我们一方面为儿子的善良感到欣慰,一方面又希望儿子不要过于单纯。

一路议论到尔湾。妈妈要去商场买双便鞋,我们把车开进停车场,我和儿子在车里等。儿子通常这时总希望能玩玩我手机里的游戏。我说,你先查查网上对这事有什么看法吧?儿子在 Google 谷歌上输入"should we help the poor?"(我们应该帮助穷人吗?)我建议他改输"should we give money to beggars on the street?"(我们应该给钱给马路上的乞讨者吗?)以更接近我们讨论的话题。

儿子认真地读着搜寻出的内容。然后和我谈论起shelter(庇护所),并纠正我的发音。我又建议他查查 homeless(无家可归者)在

shelter 会得到哪些帮助。儿子最后说,"我知道了!"接着便在谷歌地图上找到了附近的几所 shelters, 他说,

"下次我会告诉他们 shelter 在哪里,他们可以去那里得到食物!他们没有电脑,会查不到的!"

我问儿子,"刚才我没注意,他们戴口罩了没有?"

儿子说,"没有。"

"那应该怎么办?"

"注意安全!"儿子说。

平日里我忙于工作,儿子跟妈妈时间多。希望在有限宝贵的周末时间里,我能带给儿子一点理性思维的影响。

2021.03.15

家中半边天体验疫苗第一针

在政府换届之后，美国疫情曲线从惊涛拍岸浪遏飞舟走向大江东去一泻千里；日新增病例从大选前后二三十万遽降至如今五万上下；同时疫苗接种紧锣密鼓地进行，接种数量已过一亿一千余万剂，第一剂有七八千万人接种，完成二剂俱种者约三千万人许。虽然又有德州州长（共和党）迫不及待宣布取消口罩强制令，受到拜登总统严厉而低调的责备，但并未把人们的注意力从疫苗接种过度引向政治层面。从本周起，接种人员条件进一步有限扩大至65岁以下。继强生疫苗加入紧急使用，又有Novavax在场外跃跃欲试。

这一高一低两条曲线交互相向运行，人们心理上真正看到曙光已现，正常生活的太阳正冉冉升向当空。上上周末久违数月后再游南加海滩，人们有节制地保持着距离在沙滩散步，人群密度增加区域，也都各有口罩护面，也有很多人并不戴口罩，但心理上并不像从前那样紧张而急迫逃离。

因为疫情囚困，在家支起球台，拣起只在上小学时才玩的乒乓球，每日和太太拍球出汗。因此也进了两个乒球群，遇到尔湾的人工辅孕叶练医生，我俩都已打过疫苗，昨日相约在他家热汗挥拍一小时。和叶医生在微信上相知多时，从未谋面，若非疫情，真不知还将神交到何年。

距我接种第二针疫苗竟已近二周！太太忽然说，她也想打了。我俩没有同时接种，是因为对新疫苗的未知反应有所顾虑，家里需要一个正常人应对可能的异常情况。在 Othena.com 注册后，一两天就可以预约了。一方面对新事物有着紧张与疑虑，另一方面又充满好奇与挑战心理。我建议她选用 Pfizer（我用的是 Moderna）并选在另一个不同的大型接种地点 Soka University 叟卡大学（我去的是迪斯尼和会展中心）。她同意了。上周末又赶上从冬令时调整到夏令时。于我从没有任何障碍，而太太每年这两次时令调整时总是忧心忡忡，不少怨言，对她的生物钟调适又是一个巨大挑战。大概很多人也像她这样，甚至多年来就有议员提议废除夏令时。太太把预约选在了上周日，也就是昨天上午8：45。头晚，她对时令调整让她少睡一小时还念叨计较着，往年她也这样，但这次似乎还夹杂着新型疫苗接种前的紧张。第二天闹钟也没把我叫醒，起床时，预计时间刚够准时到达接种地点。

Soka University 坐落在尔湾南边的山丘地带中，沿途还有点高低错落的山丘风景。比去 Disney 稍远，但也很快就到了。山丘之间一片精致的建筑群落就是。这座名不见经传的大学，光凭她那群有一定规模的精致建筑也值得打量一番。

循着标记，我们驱车开进了大学停车场，几顶白色帐篷，一群穿醒目标识服的志愿者，让人们马上进入特定场景。

因为场地较为局促，停车场少部分用于志愿者的车辆停放外，其余部分就是疫苗接种区，整个入场登记，问卷签字，注射及候观过程都在自己车内流动进行。只有众多志愿者各就其位，来回奔走，秩序井然。和我前次在迪斯尼和会展中心，停车步行前往注射区排队不同。太太对这次不同的经验也甚为满意。

太太注射后二三小时，臂膀稍有胀痛，至第二日，即今日，并无其他不适。本来以为第二针时间可以临时调整为一个周六，便于整个周末度过可能的反应期。但注射第一针后,第二针的时间便在电脑中自动生成,无法更改了,一般周日打了第一针,则第二针也是三四周后的一个周日。

反仇视亚裔运动

被压抑的亚裔终于爆发

2021.03.22

全美"停止仇恨亚裔"运动：
是一次选举余波还是将永不消失？

上周四包括我自己，估计很多人都在密切关注中美2+2阿拉斯加（Alaska）高层会唔，虽然也注意到头一天佐治亚州亚特兰大（Atlanta, Goergia）涉及6名亚裔女性的的一小时8死枪击事件，事态严重；也注意到有数字说在过去一年中，全美针对亚裔的攻击事件多达4000余起；但没有预想到，亚特兰大枪杀事件会引燃全美"停止仇恨亚裔（Stop Asian Hate）"运动！

周四晚上在沉寂了数日的"美国政论群"里收到Violet转发的一则号召大家周五正午12点去尔湾市政府门前集会，声援"停止仇恨亚裔"运动。和Violet认识始自抗疫募捐，凭直觉我确认消息的真实性，于是向所有尔湾群作了转发。马上得到 CAMA 总裁智海邀请进入她新组的"尔湾反对亚裔歧视和仇恨群"。原来那个帖子就是从智海那里发出的。尔湾市政府反应够快！CAMA 反应够快！

周五上午早在上周就约了治疗病人，而且项目很综合，一直忙过下午2点，连午饭都误了。虽然我一大早就去 OfficeMax 买了一叠较大张厚纸和最大号的粗字笔放在车上备用，但是很遗憾没能亲身赶去参加尔湾市府前的集会，不过在群里看到很多现场照片和议论，了解了基本情况。

很快我被拉到了好几个有关群组里，有洛杉矶的，最远有在多伦多的，连加拿大华人也加入到美国的这场运动中来了！群里看到全美多个州发起了抗议集会或游行活动。新任总统拜登也很快发表了讲话，有理智上的意见保留，暗示枪杀事件个案不一定是种族仇恨事件，但感性上做了共情，他表示，虽然罪嫌犯罪动机待定，但他知道亚裔社区正沉浸在悲痛之中。美国政府从18日起下半旗致哀，直至22日。拜登亲身赶往亚特兰大登机时在舷梯上连摔三次跤也成为热议话题。

周六下午一点，我根据信息来到尔湾大公园寻找集会人群，但在停车场，抬头四望，也没见到任何旗帜标识和看上去像集会的人群，便离开，待三点钟来到富勒顿市政厅（Fullerton City Hall）。

晚了几分钟，市政厅前已聚集有约二百人左右。一二十名戴有胸牌的人应该是政府工作人员，面向听众站立在建筑门前一个有麦克风的讲台后面。正在讲话的人我看着面熟，想起几年前尔湾抗议橙县县府计划把流浪汉帐篷设立在大公园的运动中见过，他的衣服后背上写有"橙县律师"（Orange County Attorney）的字样。人群中有对着讲台架着摄像机的电视台媒体，印有台标的车辆停在不远的街道上。有举着标语牌的诉求人士，从文字来看，他们有的来自日裔教堂，也有韩裔人士。人数虽然不多，但族裔比较混合，白人、黑人、西裔、亚裔都有，亚裔稍多，华人却并不多。

讲台话筒前不断地有不同的讲话者轮替上台，有市议员，有不同团体代表。有的讲话者会报出自己的族裔，有韩裔、越南裔、菲律宾裔等，都用非常流利的英语发言，但没有华裔，可能与这个城市华人相对更少有关。他们大多讲述自己和周围人从小或现今亲身遭遇歧视的经历，政府官员也大多比较宽泛地讲到不容忍对任何种族的歧视、仇恨和犯罪行为等。我心有所感，走回自己车里，用粗字笔在硬板纸上写了两个标语，一个是用中英文写的，表示华人，另一个写的是"Stop Hate Language from Politicians"（停止政客们的仇恨语言）。

我拿着标语牌回到人群，专门站在讲话者身后，轮替出示两个标语，有人专门对着照了相，摄了影，希望通过媒体人们能看到并意识到，个案的犯罪事件伤害的是个体，有一定偶然性，而政客的种族仇恨语言则必然影响到某些个体，伤害的是整个国家和社会。

　　所有的发言人讲完后，人群还不肯散去，媒体分散在人群里做个别采访，有两个老派记者模样的男性白人引起我注意，两人都戴着礼帽，一个用一架老式相机，不知是不是需要冲印胶片的，另一个拿着纸笔，用着最原始的记录方式。我把举着有韩文标语和日本教堂的人请到一处，一起照相，以示各族裔团结，但因为有人群，用我手机照相者只能距离很近，没能拍照到全景，很遗憾，意图没有实现。在日裔教堂的几个人里有位白人女性很认真地盯着我的标语牌，指着中文"停止"说，这是"Stop"，我很惊讶："你认识中文！"她说："这是日文！"

　　本世纪，美国与亚洲多国发生过战争：日本，朝鲜半岛，越南等，直接间接地都有中国介入；在美国的教育、文化与媒体舆论中都有与亚洲冲突的历史。历年选举中，政客们都不约而同以中国为反面目标争取选票。制造仇恨、培厚仇恨土壤成为成本最低的实用工具，成为可以周而复始不断收割的策略，以致政客们自己再想换种别的种子也难；尤以去年今岁新冠疫情中之总统选举为甚。在广袤的历史产生与人为培养的仇恨土壤里，分不清亚裔面孔的极端分子，让亚洲各族裔人都有受害者。宏观群体社会学的从众效应又使这种趋势愈演愈裂，就像亚裔族群并不一定纠结于某些具体个案的犯案动机一样，受到仇恨影响的暴力模仿者专注的也只会是特定族裔特定人群，这正是全体亚裔人所担忧恐惧的。一年来全美迅猛增加的歧视与仇恨亚裔事件，绝不仅仅是一次姿势难看的选举后的余波，而是仇恨土壤得到恶补后的植物疯长！"停止仇恨亚裔"的不仅仅要停止具体刑案的暴力攻击，更加要停止政客们不断地往仇恨土壤里丢粪！所以，"停止仇恨亚裔"不能仅仅成为一过性的运动，而应该成为永远不断敲打政客们的打狗棍！否则星火可以燎原，燎原之后，唯剩焦土！没有哪些人、哪个族裔可以幸免！

2021.04.9

疫苗成老生常谈推新又出乱，
反亚裔仇恨终有成果仍存歧见

本来上周日记写了一多半，却又放弃了。一是个人化体验少了，再记可能对大家不容易有新鲜与独特感；还有可能自己也对这一系列的记录有了心理疲劳，有点热情低落。这种情况下的文字似乎不宜示人。本周又把题目和内容重作梳理、重新书写。没有特殊情况，本篇也许是《疫情美国2020系列》的终篇。以后有可能会开始作其他文字的练习与尝试。

对疫情数字早就不再字字记较，需要注意的是，在全美已注射二亿多剂疫苗的情况下，四月份全美日新增病例数仍盘桓在六万上下，多时七八万，少时也有四五万。

现时人们见面，对话多围绕疫苗开始，"打过疫苗了吗？""打的哪种？""第几针呀？身体反应怎样？"成为时代特色问候语，就像饥饿时代问候"吃了吗"，革命时代对诵两句伟大领袖语录。当时毫无违和感，时过境迁，偶然再被提起，或者需要加注时代背景才能被理解，或者还可能透出某种黑色或红色幽默也说不定。人类是健忘的，若干年后从造成全球三百多万、全美近六十万人死亡的新冠病毒疫情中如还能导出某种幽默的话，不知是金色的还是黑色的。

全美新冠疫苗计划在有条不紊地推进中，辉瑞与莫德纳两种疫苗的接种，已鲜有负面新闻，大多数人已经没有了当初的疑虑，或稍急促或也从容地顺次登记接种中。这种情况下，太太接种辉瑞第二针的情况也就不必详述了，大致是在预约日前往同一地点接种了，在两天内有所反应，主要是低热，没有超过38℃，安然度过，波澜不惊。其间在LA上班的女儿也自行接种了第一针，虽然主要还在家里上班。

其他朋友有注射后发生轻重不同反应的，有多人在症状发生时都来问我要不要紧，俨然把我当成了这方面专家，其实大家都是第一批吃螃蟹的人，我不过早吃了三两个月而已。

不过的确，早晚数月甚至数日，风险还是有所不同，甚至有大不同。被市场寄予厚望，只需打一针的强生腺病毒疫苗，推出不久，就因发生多起血栓病例，如同牛津阿斯利康一样被停用。停用之前，上周一我的一个病人看病时告诉我她终于约上了周三打疫苗，给我看了预约信息，疫苗显示为J&J。我含蓄地告诉她，辉瑞和莫德纳已打了近二亿剂，相对安全，而强生初来乍到，尚需与人们"磨合"，已有数起不良情况报告。但见她接种心切，我的话似未入耳，便只好鼓励道：不管哪种，打了对群体就是好的。第二日，就见到报道，强生被停用。把文字转给她，她很平静：已收到取消预约通知了。

这几日好些餐厅已开始了堂食，我路过一家，看见食客已然是座位挨座位，与疫情前无异了。不知是二者均无可忍耐了，还是疫情真的就此走向平安大道了！今日看到有家影院着着实实关闭一年后，也有限制地开放了！美国日增病例曾达二三十万，而今降至五至八万，就像从超高烧降到高烧的人，身体的感觉也比从不烧而至低烧的人来得更轻松些。这或许能解释，为什么疫情之初，病例数尚且不多时，人们却非常紧张；而今病例数仍不少，人们反倒更放松了。一则是习惯了，二则可能是松懈了。就有同行的助手，一向挺老实规矩的，一年来都挺注意。最近新交了异性朋友，游玩增多，又拒绝打疫苗，忽一日便中了招。好在同行的诊所防护严密，工作中有各种加强措施，员工私下交谈也多佩戴口罩，从不在一处午饭；助手一家四人皆染，而同行诊所的其他人却全部幸免。可见，把防护保持在常态，关键时刻便显作用了！

这一段，美国疫情似乎没太沾政治的边。当科学的归于科学，政治就自有其轨运行了。

反亚裔仇恨运动，在本周末都还在开展，但远不如前两三周如火如荼。这些日子里，几乎每日都有各种暴力枪击事件被报道、转发。有一位老人，每天都会给我发此类信息，能感觉到他深深的忧虑和累积中的负能量。好在这事在美国国家层面有了一个结果，美国参议院除六票外，几乎在两党全员中通过了《反亚裔仇恨犯罪法案》。反对的那六票有几个共性：共和党，川总拥趸，种族主义者，死硬反华等。作个不科学的简单类比：这六票约占共和党参议员人数八分之一，约代表选举中挺川的7300万选民中的约1000万人吧。的确遇到过社区也有部分人对反对亚裔仇恨活动表达不满的，有的情绪还蛮激烈，其中至少部分认识的人中具有以上的部分共性。另外这个法案，不知有没有禁止或打击政治人物公开发表仇恨亚裔的言论的行为。

曾经撕裂的伤口，居然会在这个问题上在同为亚洲人的群体中隐隐再现裂痕。

新上台的拜登，尽管已明说过，他（对抗中国上）与川并无不同，只是他更会争取盟友支持；另外，我也知道中美之间存在西方人历史观中的修昔底德陷阱；而且从拜初期合纵连横的实际行动上也看到其与中国对抗的真实力度。拜所做的这一切，在相当程度上也部分沿袭着川政，但是不知为什么，我个人还是会天真地以为，拜这样做或许只是暂时需要弥合前期选民中几乎对等撕裂的伤口，一旦伤口愈合,或许会有对抗减少合作增加的政策和做法。毕竟对抗等于损耗,合作才能增益。大概这只是本人内心愿望一厢情愿的投射罢。

不管怎么说,于我们普通草根,最关切的还是疫情尽早结束,生活尽早正常,才可以正常工作正常生意,正常旅行正常回国探亲;世界争霸不争霸,自有国家力量去博弈。

美国后疫情时代

全球疫情此起彼伏

2021.05.02

病毒是毒，不是病！政治是个什么鬼？

好些朋友鼓励我继续做疫情记录，因为疫情还远没有完。我们一路走来，不管疫情有多长久，我们一起走过的心路会比疫情更远。

美国1.5亿多人，也就是将近一半人已打第一剂疫苗，一亿多人已打第二剂疫苗，强生疫苗暂停后又复打；16岁以上成人敞开打疫苗已半月有余；数日来新病例日增稳定降至三万左右，住院病例增加呈现负数。迪斯尼公园重开，许多餐厅已限座开放堂食。所知的几家华人餐厅依然小心谨慎，仍就只开外卖；我们诊所的病人也大幅增加，病人提前一周多排满，人们打了疫苗更放心来看病。国内的家人朋友也会问起：什么时候回国？明显感受到，居美的人们从心理到行为都轻松了很多。

但是印度的严峻疫情形势忽然成为了地球上的热点。其官报的数字，也已连续一周以上日增三十余万例，达到四十余万；我们也曾亲身经历过美国连续数日日增超二十余万，一度达到三十万的情形；但据专家说，印度的真实情形可能要比官报数字高出数倍乃至一二十倍。2021年的印度，疫气氤氲的城乡旷地上堆堆焚尸柴火，成列成行的画面，想必在人们晦暗已久的心理上，又炽燃起许多伤痛，沮丧，无奈，无望和愤懑。

我们看到2020和2021年初在美国上演过的疫情乱剧，又活活地在印度重演，而且更加疯狂，固然因有大壶节700万信徒的宗教狂热，人们更是看到大疫当前，政客们如巫师般操弄政治的魔影。

我没有去过印度，也没有研究过印度，仅从日常信息流所呈现出的印度，以及自己的常识去理解眼前的这个国度。在对内政治方面，莫迪政府正面临选举（又是选举！）。在前一阶段控疫初成但并未完胜的情况下，莫迪政府大概是为了"顺应民意"，更是为了昭示自己治下的"歌舞升平"，不仅放开了对宗教节日"大壶节"规模、方式等方面的把控，而且还召集大型选举集会。现今经过疫情洗礼，即便普罗大众也能冷眼看清，疫情当前，这样的宗教与政治集聚是多么的疯狂，但是只因选举，本应站在更高高度的政客，却蒙蔽了双眼，只看到自己愿意看到的结果，只相信自己在选举的胡萝卜面前虚幻出的一种现实。而且他要他的人民也要进入到同一个幻境里，作为一个民主国家，却像皇帝新装里的皇帝，大肆施压封禁说出疫情真相者的推特，说他们制造"虚假消息"。为了把谎圆满，还婉拒联合国伸出的援助之手。

　　在对外政治方面，主要是对中国的敌意和傲慢，让众多鄙视阿三的中国人觉得既可气又可笑，还有些好心被当驴肝肺的委屈。很多国人可能认为：印度参与美日澳围堵中国，放着自己十三亿人民在疫情前裸奔，也要与中国竞争"疫苗外交"；在中国人伸出援助橄榄枝时却祭起反倾销税；宁要国内"焚尸柴堆火上烟"也不要"中国援助在眼前"的"骨气"——这一切似乎都是因为中印边境冲突和上世纪六十年代那场中印战争，但可能很多人不知道，1840年那场让中国的历史蒙羞并开启雪耻历程至今的鸦片战争，"英法联军"里其实印度军队人数超过了英国部队。看中国问题与国际关系，常常要至少回溯到1840年才能更为理解。而莫迪为了不违这样一股所谓"仇中倨傲民意"，而在任何时候都摆出一副"抗中"的架式，他不会不是一个聪明人，不会不知道如何救人民的生命于水火，但是他彻底地明白"民意不可违"，违了他不可能当选，不然他不会对民间向中国企业的求助，睁一只眼闭一只眼，装聋作哑。

这一通对内对外的套路，看着怎么这么眼熟，川普黯然离去不久的背影仿佛还在眼前。据说莫迪也岌岌危矣。

病毒只是毒，并不是病，只有被带入人类，才使人类染病。这于一般老百姓都已是常识，何况还有成千上万号称救死扶伤的专业医务人员。可是从不久到眼前，从科学昌明的美国到公共卫生落后的印度，为什么都发生了令人不可思议死亡几十万人可能上百万人的公共卫生灾难？人们仅从表面上看，莫迪和川普就是两个何其相似的政客：为了再次当选的一己之私利，可以悯顾科学。这样的政治，是个什么鬼？其实政治只不过是一匹马，驾驭它的如果是魔，政治便成为一个鬼；驾驭它的如果是心怀慈悲的圣，政治便是一匹为众生谋福的骏乘良驹。

拜登上位百日在内政方面赢得不错的民调，疫苗战和纾困战取胜得益于他对卫生科学和社会科学起码的尊重。在帮助印度方面他却陷于利益与政治的两难。5月4日前的阶段，为了利益他对印度断供疫苗原料，只象征性支援一点抗疫物资，而为了政治，他没有与印度断航；5月4日后，为了利益，他采取了断航措施，但为了政治，他向印度送去美欧不用的AZ疫苗和其他物资。在中国边境严防死守下，一个航班尚且有11例病例输入，其中有10例来自印度。而美印航班比中国更多，美国边境防控几近虚设，美国社会又在开放。拜老爷子一蹒跚间，会不会给美国刚刚弱下但远未熄灭的疫火，漏进一股携着三重基因变异的圣塔安娜客人风（Santa Ana Guest Wind），致使美国疫火复炽？尽管已有近一半人已经接种。

中国很多医务人员已经接种疫苗，绝大多数民众则只登记还没接种。中国是研制出疫苗较早的国家，大概也是出口疫苗多过本国接种的国家。刚查数字，过去一年，中国的病例总数不觉由八万多上到了十万多，一年中不知不觉也增添了一二万例，还有不少新增病例。据从国内回美的病人讲，国内各处管控甚严。但是疫魔环伺，若万一有点纰漏呢？即便相关人等撤职，于事何补？疫苗要快打！

  为政者，若让政治成为造福民众的良马，则民众必敬之以为尧舜。而在西方，无以表达，唯有选票。

2021.05.09

COVID-19将去还复来：防疫的边界在哪里？

今天给女儿补过生日，又赶上母亲节，于是同庆。女儿生日本在上周末，可是她因注射第二针莫德纳疫苗，两天的发热、酸痛反应使她上周末不能从上班地洛杉矶回到尔湾的家。

两年前和女儿吃过一家日本烤肉，女儿超爱，她想哪天一定请母亲共享，不觉随后疫情一年有余。近来加州有限开放餐馆堂食，她终于有机会来了却心愿。可是到那家餐厅时比开门晚了半小时，就被告知需排队等三个小时。于是只好改选另一家中餐厅。

载着一家人，我问女儿，"一定要堂食吗？"自疫情以来，我倒经常买外卖，却还没有过一次堂食。在疫情未完全消失的情况下，每个堂食客都在除去口罩进食，交谈，一般都达一个小时左右，在我看来，疫情传播风险还是蛮大的，甚至大于来我诊所看病，因为诊所人少，病人进门都用手术消毒液漱口、拭鼻，最大限度杀灭了口鼻病毒，检查治疗过程也只有病人自己口鼻暴露，其余人等都全程戴着口罩。女儿的态度还是蛮坚持的。我说，"是不是你已经堂食过？"她不置可否。不过她独自经历过比尔湾更严重的洛杉矶疫情，自己安排了疫苗注射，从日常言谈来看，防护措施也基本对路。女儿防护意识与效果基本是可靠的。

数月来，加州推进民众疫苗接种最为得力，目前疫情控制在全美已属先进，以5月7日为例，全州日新增病例已降至2000余例，橙县新增仅30例，而尔湾只有2例。给我注射疫苗的接种中心迪斯尼停车场和会展中心，因为各居民区附近药店等众多分散接种点开工，使得大中型接种中心的存在不再有必要而于4月30日撤除。疫苗接种的有力推进对疫情的控制效果已然显而易见。我也很欣慰，早在一月份，当辉瑞和莫德纳刚推出不久，还不时有不良反应传闻时，自己就下决心打了疫苗，我的日记记录也鼓舞很多人勇敢地尽早得以接种；太太、女儿和诊所员工也陆续施打。

回想自己和家人在疫情中从困守家中到外出募捐，从只在家门口打转到去别的城市，从诊所关门到重新开诊，从去超市购物到去餐馆外卖，去果园去旅游去打乒乓球……每一次"越界"尝试都伴随着巨量感性和理性的心理活动。尤其作为华人，有祖国超严格疫情控制信息作参照和对比，更加无法达到无知者无畏的超然。

中餐厅的工作人员都戴着口罩服务客人，食客进门都戴着口罩，餐厅部分桌椅被撤除移走，邻桌较近的座位有塑料布隔断。食客落座后有的就摘下了口罩，有的上菜后才摘。吃完又都戴上口罩再离座出门。 晚餐气氛正酣，堂食者几乎坐满，门口还有人排队； 沿后厨隔墙一排方桌，一张张上面也摆满了装着外卖食盒的塑料口袋。那一排方桌就是人们的一道界线，堂食者在界线外，外卖者在界线里。

服务生说，根据橙县有关部门的指导，他们开堂食已一个来月了，开始只许开25%容积，现在是50%，过一段没准可以更多。

疫情防控是目前全世界每个国家每个人的头等大事，但它是人类不得已牺牲正常生活形态而采取的守势，随着疫情反复、时间延宕，社会经济与人际关系、人类身体与心理健康、儿童青少年教育与成长等等方面都会产生各种不利或不良影响。如何尽可能减轻这些不利不良影响？在疫情防控与生活正常之间取得较好平衡就显得尤为重要。依据疫情程度的轻重，在前往正常生活的标杆前，可能有好些道无形的界线，在何时何种情形下可以且应该越过哪道界线，不同的人可能有不同的想法、依据和行动。

在我看来，应从大中小环境中的形势与情势，作出个人的判断。所谓大环境，是全球及所处国家的总体环境，目前印度等国的疫情状况需格外注意。所谓中环境在美国来讲指的是州县市；这是小环境最直接相关的外围环境。而小环境，则是立身之处周围的几个人，或十几、几十个人。对我们个人最直接、最紧要的是小环境，而大中小环境是相互关联并影响的。

疫情初期形势不明和疫情中期形势严峻，指的都是我们的大中环境而言；当大中环境不利，但如果我们能很好地在小环境里保护自己：注意社交距离，个人卫生习惯，环境卫生等，也就能很好地保护好自己和家人。这是我们在恶劣环境下保持身体安全与心理健康的信心来源。

大中环境疫情转好而并未彻底根绝的形势下，个人小环境受到感染的几率也大为降低，但一旦个人感染，几率就变成100%。所以这是我们仍要警惕，尽量继续采取防护措施的理由。尽管当下全美、加州乃至橙县及尔湾，因为疫苗的功效和绝大多数人持续采取防护措施，疫情得以有效控制，但是疫情逆转仍大有可能。美国去年自身及今年印度等国的疫情逆转反复的情况充分演示了这个病毒不会自然而然消失，任何群体违反防护要求，都是在邀请它重返家园，肆虐到底。

说几个不利消息：今天去理发，理发师说，据她一位做生意的客人讲，在5月4日美国与印度断航前，美印之间每天约有50个航班，其中有些是从其他没有与其断航的国家或地区转道而来。我上网查了一下，断航前，美印直航的航班约有10个，转道而来的应该有，但多少就不得而知了。据说其中有不少印度人持假阴性检测证明逃离印度。另外有消息证实，印度变异病毒已在美国登陆。再一个，即便已打疫苗者，仍有一定比例被病毒突破；虽然辉瑞说其疫苗对变异病毒也有90%功效，但可能仍需更长时间观察。还有就是政治因素：有零星信息散布政府隐瞒疫苗致高意外死亡率。我不愿去指出是什么人还在散布这种消息，也不评论其真假，但由此估计可能会有相当数量的人在抵制疫苗。希望12-15岁疫苗试验能尽快完成并成功，尽早达到70%以上人接种而群体免疫。

所有以上不利信息，都可能变现成我们身边的新增病例甚至死亡的实际数字。大家在探寻正常生活的边界时，仍要把口罩系紧，保持六尺社交距离，勤洗双手。

2021.05.19

CDC口罩建议引混乱
全球疫情此起彼伏悉因政治有地缘
全球组成抗疫统一战线迫在眉睫

上周全美疫苗接种一亿六千余万人（其中有一亿一千六百多万人已接种过第二剂），将近一半人口；连续日新增病例三万以下，显示疫情得到稳步控制。美国CDC（疾病控制与预防中心）宣布了它的最新建议，大致是：凡接种过完整疫苗者，可恢复疫前的正常活动，在公共场所可不必戴口罩，也可不必保持社交距离。美国总统拜登在白宫摘下了口罩，更具象征意义。

但是美国CDC的这一建议和总统拜登摘口罩的举动，在刚刚养成戴口罩习惯的美国人中引起了一定程度的混乱，他们将将看到疫情受控下降，偏偏世界其他多地如印度、巴西、日本、台湾等步美国半年前的后尘，用政治的干柴使疫情死灰复燃，并且大有向世界各国包括中美蔓延之势；尤其美国迟至5月4日才与印度断航，可能已有成千上万印度人逃入美国，其中变种病毒携带者可能大有人在！很多居美人士对于前朝政府的各种神论、神操作多有领教，吃足苦头，仍记忆犹新，心惊胆颤；在某种程度上已建立起了自己对流行病的朴素而客观的认识，有了一定批判精神，在对权威的期望与怀疑的矛盾中，产生了迷惑。有人甚至认为拜登此举意在宣示自己的抗疫政绩。

CDC网站和白宫疫情顾问福奇对此都以科学数据作出回应，并指出此举意在鼓励更多的人接种疫苗。似乎接种已以亿计的疫苗鲜再有负面消息（包括再度复用的强生疫苗）而体现的安全性，以及疫苗接种数量上升和新增病例及死亡数据下降而显示出的相关性都过于抽象，需要一张张裸露的脸去各个社区提醒尚未打疫苗的人们：要想摘口罩，快来打疫苗！却又担心这些人不理会这一套而走了捷径，便祭出提示：要诚实哟，没打就是没打，没打还要戴口罩哟！这种行为指导的逻辑在理性上虽然也能部分理解；但没有在美国社会文化中从小浸淫过，很难从感性上去真正体会这一逻辑的底层结构到底如何搭建而成。

但是现实状况还好，我这几天外出去到各种商场，超市，人们都一如既往习惯性地几乎无一例外地戴着口罩，尽管戴各种花色的布口罩为多。周日去 Costco 购物，有个别整理陈列衣物的工作人员远远看去没戴口罩，但当意识到有人接近或注意自己时，便很快就把退在下巴上的口罩又拉上来遮住口鼻（作为医生提醒一下，这种做法可能让口罩接触口鼻的内面被下巴或颈部可能附着的病菌污染到）。

我对美国CDC的各项流行病学建议的权威性还是比较认可的。早在美国疫情爆发前，美国刚刚开始对来自早期疫区的飞机乘客有一定简单的筛检，却并未采取任何隔离措施，比如当时从武汉撤离的美领馆人员，本来要在东洛杉矶的安大略（Ontario）机场降落，但因周边居民，特别是早知早觉的华人的抗议而改降北加旧金山。虽然中美已早早断航，但是欧美航行毫无影响，后来又有飞机降落南加圣地牙哥（San Diego）军用机场。不久该二地率先出现多起病例。记得那时不久 CDC 就有先见之明地发布警告说疫情将会在全美大爆发。是的，CDC 真的说的是大爆发！当时我还半信半疑，但想 CDC 一定掌握有大数据，才会那样警告。美国后来的真实情形至少在我这里为 CDC 作了背书，只是当时做梦的想象力也没有后来发展出的剧情更狗血：几千万病例，几十万人死亡！

全球疫情此起彼伏，摁下葫芦起来瓢。疫情复活的几处地儿都有几个共性，都是二次以上发作，要不有选举，要不始终放不下你死我活般的地缘政治博弈；都会甩锅，都有一个或一堆操作如鬼神般的首领。

在疫情控制最严最好的中国，输入病例日增也已二百多例。防控措施更趋严格，入境隔离由两周延长至三到四周。

作为平头百姓，一个个心里跟明镜似的：面对共同的敌人——新冠病毒，一年有余，全球却还没有建立起一个统一战线；眼见着世界各地只有疫火，怒火与战火，一片交织混乱……如果我们能带着家人假日到处游走，如果我们能像从前不与家乡父母兄弟阻隔，如果我们的子女能如常回到学校课桌，如果兄弟姐妹们能再共临神堂祈祷齐唱赞歌——我们便不在乎隔岸观火，哪怕亲身演绎人间悲欢离合！我们忍了你们很久了，全球一帮少数的政客！你们以无知、贪婪、自私主宰了我们，主宰了这个世界！一年太久！该由我们平头百姓发出愤怒的吼声：全地球的政治人物们，放下你们手中的一切，无论是矛还是盾，必须一齐来到同一张桌前，好好讨论决定如何共同抵御人类共同的病毒之敌，来洗刷你们的无能与羞耻，然后不管你们要互相决斗还是自戕，悉遵自便！

美国参众两院都已通过反亚裔歧视法案，这是全美亚裔数月来走上街头努力抗争取得的胜利！我建议并号召全美华人再从自身做起，显示我们强大的力量！把所有原有的抗议示威游行组织群组： 一，马上更改群组名称 —— 如《促进全球政府联合抗击病毒群组》； 二，制定口号：——"Unite The Globe！"（"全球联合起来！"）"Virus Is The only Enemy to The World！"（"病毒是全世界唯一的敌人！"）"All World Governments Sit Around The Same Table！"（"全世界政府围坐同一桌！"…… …… 把我们的口号喊响全美！喊响全网！全球！

喊醒全球各国的平头百姓！共同行动起来！ 三，让我们再次走上街头，向病毒要行动自由！向政府要行动自由！迫使全世界各国政府停止一切内外争斗！必须组成抗击新冠病毒统一战线！不如此，任何单独一国取得疫情控制胜利，对我们都毫无意义！

不如此，地球永无宁日！

2021.05.31

爱乒才会赢：

深度体验美国疫情余波中的南加高校联盟第一届乒球赛

题目用"深度体验"这样的词，是因为我原本压根儿就没想到自己与乒乓球有多大的关联，而这次却以参赛者的身份，全程深入到这一届乒赛中，认识结交了一批热爱并擅玩乒乓球的人。他们或许可以被称为"精英"，但更是一群普通人，然而因为一枚小小的乒球，他们却又让自己那样与众不同。

这次之所以走近乒球，还是在去年十月初，前总统染上新冠那会儿，我等草民自知唯有强身健体或可逃过此劫，别无他径。遂腾出废用经年的客厅，置办了各种健身器具；至十二月份，又突发奇想，摆上了乒桌。自此每晚与妻小挥拍出汗，欢声笑语。《余哥唱晚》曾有记叙。一月中上旬记不得是哪位热心阅读者拉我进到"高校联盟乒乓俱乐部"群。原来高校联盟正在"密谋"筹备创办乒球大赛。称其"密谋"自是戏谑之语，但值其时，美国初施疫苗，疫情尚紧，后势难料，虽赛期初定为数月后的5月29日，但谁也不敢肯定能否如期举行。这一悬念吸引我时常关注群议，围观各种纸上谈兵。待我作为医务人员率先打完第二针疫苗，意外受到也在群里的尔湾著名试管助孕专家叶练医生的邀约，去他家中打球。引球小试，他便主动让我五个球，我输；又让七个，八个，仍输！叶医生球技煞是了得！

我球技输人如此，大概得怪我兄。我和我兄仅差一个年级。上小学时个头差不多，穿同样的衣裤，宛如一对双胞胎，每日上学同出同进，课后我常常也是与他的而不是我自己的同学在一起群聚玩耍。学校乒乓球队招人，我欲前去，因为这是每日与同学课间十分钟都要勤奋切磋的游戏，我还算是个中翘楚，可偏偏个性更强的我兄不准我去，因为他被选中，不想我处处做他的影子。我转而想去足球队，却遭父亲否决，他怕被谁一脚大力了踢中要害（唉！否则中国足球也不至于今天这个样子！——玩笑一下！）；又两次去考从没摸过的排球，都被教练老师一眼识破不是天才胚子。从此与球类运动绝缘。可惜他们不知道其实我还是很有运动员的刻苦精神和韧劲的：中学时，我曾经无一日间断地自我锻练三个月，把引体向上成绩从八个提升到二十九。如果有谁肯尝试一下这个过程，就能体会到什么是"突破瓶颈"！

数年前曾有人拉我进过一个乒乓球群，群里很多乒友，经常安排去 Laguna Woods（拉古娜伍德市）老人活动中心练球。我从未介入过，后来感觉乒球离自己很遥远，便退群了。

年初美国换了总统，加强戴口罩宣传，并迅速推进疫苗接种。至四月底，不仅专业人员，众多普通民众也开始或已经接种了疫苗，疫情明显受控。联盟乒乓群里已在议论五月份，凡打过疫苗的球友相约球馆练球。我也决定参加，完全出于好奇。一是好奇球友的球技到底什么水平，二是好奇美国疫情余波下球馆是怎样的经营状态，三是好奇热爱乒球的都是一些什么样的人。

5月1日，是个星期六，一早就有十几位球友迫不及待按约聚在了 Fountain Valley（喷泉谷）的橙县乒乓球俱乐部（OCTTA）。这是一家越南老板创办并经营的乒球学校和俱乐部，位于一排商铺中间。进门设有一道电控铁栅栏门，一位越南裔美女收银员接待兼售卖一些乒球相关用品，门票10刀，月票50刀。接待柜台后面墙上挂着老板所获各种全美乒赛佳绩和荣誉证书。大厅里摆放着十几张乒桌，有围挡一张张隔开。进到里面的桌子需要抬腿迈过一道道围挡，感觉比较拥挤和稍有不便。理解本来并不宽敞的狭长商铺开间，老板自然要最大化利用空间。

我到达时，约有一半多的球桌已被占用。凭读脸认出其中正在三四张球桌上打球的应是群中球友。没多久，全场基本就没有空余的桌子了，有的桌子打起了双打。另一些亚洲面孔应是越南人，有不少中东人、黑人就更好认了。还有不少苗条精干的美女乒球爱好者。看他们一招一式，应该都受过训练。

打乒球的人球桌上相遇一般，一上手就是一番推挡，继而可能一番扣球，并不会死扣，能不能相持，立刻便能判断是否受过训练及水平高下。如果说他们大多处于高中或初中水平，则我应该是幼儿园阶段。

肖敏是联盟乒乓俱乐部主席，职业牧师。他从不把牧师身份带到球场，但他对弱势人群的关注和保护欲应是一以贯之的。他大概从旁一看我就是乒球弱者，竟邀请我和他配对双打。对手不弱，作势也很认真，我们居然赢了，可见肖牧师的球技何等了得。有人说他是2100分，也有说是2200分。打乒球的人都懂。

一位不认识的越南人落了单，见我闲着就过来邀我打球，有张球桌刚空出来。我赶紧申明我是新手。他表示不介意，大概以为我只不过是谦虚。球一磕板，他就了解到我的底细。一边就着我的水平慢慢推挡，一边诧异且并不无失望地说，"中国人不是乒乓球厉害的吗？听说你们都从小学就开始教打球！"最后他还热心地指向远处一人介绍说，"那有一位中国教练，学费好像一小时50刀！"又指向邻桌正训练着一位中东小美女的中东男子："他是伊朗冠军，学费35刀一小时！"我则为失去一次为国争脸的机会而惭愧！我进门时还戴着口罩，进来后，见全场除个别人外，其余打球人基本都没戴口罩，便也摘下来，不好意思再戴。不过从内心讲，并没有多强的不安全感。彼时加州的日新增病例只有几百例，橙县仅有几十例。经过过去一年多的疫情"大风大浪"，又有疫苗"护体"，俱乐部里房顶很高，大开间里一看虽然满眼是人，但每张球桌周围仅有二三人至五六人不等，人员密度还不算很高，大家说话时也会有意隔开距离。所以从内心感受来讲，还真的不太有不安全感。

晚上回家，腰酸腿疼起来，这是久不剧烈运动的人活动后必然的身体反应。可见平日在家打球，虽然出汗很多，腿脚运动却并不剧烈。

下一个周六又去打了一次，之后便移师 Pomona（波莫拿）的一个球馆。大概是 OCTTA 的业务较为繁忙，不准提前预订，不便安排比赛。Pomona 这个球馆更宽敞，最后定为比赛场地。

球技不行，先武装自己。本来群里有位赵教练除了教球，还帮大家购置乒球用具。但心里连几天时间都等不得，加上其他原因，便在网上购得一拍，仅二天就到手。迫不及待试用神器，却发现弹性太足，球技如我难以驾驭。副主席武旭强曾试用过我这拍子。比赛那天，他对我说，你的拍子可是全场最好的！或许是真的，有两位好手都说他们买拍子花费不过百来刀，肖主席的拍子看上去更是极为简陋，他说只值几十块。赵教练一看我的拍子就知道值多少，另一位教练看过也说是块好拍，但不贵。果然艺高不在拍好，若是武林高手，一片树叶也能置人死地呀！

临近比赛日，大家纷纷报名。这事本与我无关。忽然看见群里议论说有的组人数太少，若轮空自动就败了。我随口来了一句，与其不战自败，还不如让我也上场玩一把。于是我被拉进了南湾队。我说若有好手加入，我可随时退出，他们说不用退，乒球之乐重在参与！

南湾队队名大概来自 Torance（托伦斯）南湾乒球俱乐部。队里有两位台湾人，一是队长 Mike Lin，他的微信个性签名是曹植的《七步诗》；本篇文章题目系借用自他创建的南湾乒球队小群群名："爱乒才会赢"，他是原创，版权所有。另一位 Michael Chen 和我住得比较近，陪我打球最多，娶的是学数学的西安人太太。两人球技都很不错，我不懂球，不好总结他们的风格。

5月29日，华山论剑时。各路乒乓英豪十几组约百十号人马齐聚 Pomona 球馆。有的练球时见过，大多数没有见过。组委会对防疫有几点要求，比如都打过疫苗，当天测体温，打球者可不戴口罩，看球者要戴口罩等。大小环境内外形势总体上让大家感觉还是比较安全。虽然是第一届赛事，组委会却成竹在胸，进行得非常有经验。比赛在十几位队长填写的成绩表格的传递中有条不紊地进行着，气氛热烈。具体组织者武副主席在场内来回巡视。肖主席则悠哉从容信步全场，时而与人笑语，时而与人闲桌对拍几板，时而和来关怀视察的联盟领导合照留念。新闻科班出身的联盟宣传部长陈森一边观看比赛，一边宣传稿就在手机里成形完篇。

运动员们可以用男女老少来形容，少的看上去二三十岁，老的有多位年过七十，但看上去却要年轻十岁还多。身着"阳光桌球"队服的一位大姐在球桌前挥拍争胜，活蹦乱跳的，有赢有输，赢时兴高采烈，输时撇嘴皱眉，表情丰富如女孩。下场休息时，她站处距我很近，我便和她聊了几句。她告诉我，她53岁才开始打球。我心里暗暗赞叹："才打两三年就打这么好啊，真不简单！"有点难以置信，便问她："您现在多大岁数啦？"她说：我都七十多啦！

下午，轮到和新源队对阵，队长 Mike Lin 终于安排我上场单打，要面对的是他队里最强的一位老爷子，他的黑色战袍上胸前扑出一头黄色雄狮。Mike 说，反正我们谁也打不赢他，你就去玩一下！还不无担心地问我：没事吧？我千恩万谢，说好了不怕丢人的！我拖着闲了半天的拍子就上去了。打到10：0时，轮到老爷子发球，老爷子顿了一下脚，就"失手"把球发下网了，没有把光头送给我。第二局，老爷子又"失手"一二次，便早早结束收拍休息了。这么一位心慈手软的老爷子，我却见他在肖主席面前像个小孩子似地抱怨着一位裁判：我十二岁开始打球，是北大乒球队长，打球打到七十来岁，他居然还来教我发球要抛起来！老爷子认真生气的样子，令人不禁哑然一笑！老爷子所在的"新源测漏"队，是家水电维修公司，老板也是乒乓好手，姓赵，故他的队也叫赵馆队。让我不禁怀疑这老板雇人的唯一条件可能不是懂水懂电，而是要打得一手好乒乓。他们最后夺得了亚军。

午饭时在球馆对面的快餐厅遇到 Laguna Woods 队的一行人也来吃饭。他们的队长 Frank 傅居然认得我，并记得我原来在他的群里，还表扬鼓励我的文笔和做过的一点公益。真是一位心细如发的老者！他看上去也就六十出头，他说他七十四岁了。他还给我介绍他队里另外两位年过七十的队员。最后 Laguna Woods 球队也取得了不错的名次。Frank 傅赛后还专门在联盟乒乓群里周到地发表了感言：

"我们来自退休老人社区 Laguna woods，做为参加比赛最年长的一队，有幸参加高校联盟组织的乒乓球比赛，和众多的高手同场竞技，我们非常高兴。同年轻选手对阵让我们也仿佛年轻了三四十岁。不仅让我们欣赏了高手们的表演，又让我们感受了重在参与和友谊第一的快乐。谢谢组委会，谢谢大家。我们村乒乓 Club 是南加州最好的乒乓球 Club，有十张球台，开放后欢迎大家来打球，体会"爱乒才会赢"的快乐乒乓。

几个月的"乒球生涯"，带给我不少的启迪。比如，打乒乓球者，要想打好球，从来都是检讨自己，改变自己，提升自己，从不会去怪罪球有什么不对。还会雇请教练，帮助自己了解球性，以利更快提高球技。非如此，只有离球而去。当我们自以为可以玩转一切时，总会有高手来把我们打得一败涂地。打乒乓是一种修行，做什么不是修行？我们若能以打乒乓的谦虚态度，对待身边所有的人、物与事，我们的生活是不是会更加和谐，世界是不是会更加美好！无论打乒乓也好或者不打，只要我们与人与物与事建立起关系，种种的启示便俯拾即是。只不过乒乓球以它绝对的中心地位，导引我们，若想也处中心位置，便要努力去实现人球合一，天人合一，人与物合一，人与事合一，人与人合一。

2021.06.25

娇宠吉娃娃：从妞妞到妮妮

孩子放假了。自去年黄石之行，一晃几近一年未曾再次出远门，疫情发展虽然仍有变数，但总体已经控制，于是计划了这次假期和旅行。

旅行前第一件事是安顿妮妮。妮妮是2岁的吉娃娃，2019年11月18日与我家结缘。

那天我刚有空进群，就见Journey在我的群里发了个广告，一张吉娃娃的照片，一段寻求领养文字，她的朋友因租住房屋不允许养宠物，只好转让或请人代养三个月，即三个月后若不喜欢也可退还。

在这之前二三个月，太太说朋友小放想请人为她家三岁的泰迪狗寻找男朋友，若生下泰迪宝宝可以给我们一只。我很卖力地在各群张罗起广告，有意向的倒有几位，但都未中"婆婆"的意。"红娘"生涯很快结束，但也想养只宠物狗的心愿从此许下。平心而论，我自己倾向于养大狗，而太太钟情于小狗。

当一见到Journey发的吉娃娃照片，蹲坐着的小家伙两条前腿直立着，两只耳朵支楞着，眼睛里有一股特别的精气神儿把我吸引住了，马上私信Journey请她帮我先留着，同时把照片和广告文字转给太太。太太很快回信：去看看。

当天傍晚，就和太太应约见到了吉娃娃和她的女主人。吉娃娃名叫妞妞，是八个月大的女孩儿，女主人自称为妞妞的"妈妈"，两个月大时，妞妞被"妈妈"从宠物收容所领养，已经6个月。

我从小到大，家里从没有养过宠物，只很小时去乡下，见外公家养着一只白色的大狗，村里有各家野养的狗只，从来是狗玩狗的，人做人事，只在各家开饭时，狗们会蹿到饭桌下拣寻人们吃剩而故意扔下的肉骨头，或者有哪家还不会上厕所的小小孩拉了"粑粑"，随时随地，不用清扫，只要大人唱喏一声，就会有好几条大小狗，闻声从几个屋场外飞冲过来，跃到跟前，转眼舔个一干二净。对"狗改不了吃shi"这句话，把狗当宠物养的城里人大概是难以有感性了解的吧！同样，太太的宠物经验也是比白纸更白。

我们首先向妞妞的"妈妈"学习了一下抱姿。朦胧的路灯下其实并看不太清楚什么，但我们之所以毫无经验却敢毫不犹豫就把妞妞抱回家，主要还是有若不行三个月后还可以退还这一条退路解除了我们的后顾之忧。看得出妞妞的妈妈非常舍不得，临别把妞妞用的碗盆窝垫和没吃完的狗粮及没用完的狗尿纸垫等都一并送给了我们，要不然我们都不知从何入手。

和太太早就商量好家里安置妞妞的地方：楼梯下方原本不好做什么用的空间对妞妞正好！来到新家，妞妞对这样的安排似乎也没有什么意见，钻进窝里就睡趴下了。我像往常一样睡在楼上，通常都会一觉到天亮。不料，半夜被一阵急促而近乎疯狂的陌生狗叫声惊醒，愣了好几秒钟，才想起昨晚家里新增加的成员。急下楼来，只见妞妞在厅里地砖上，屎尿一地，（好在我们有先见之明，提前把毛毯卷起堆放在一旁，才免遭涂鸦！）正昂着头嗷嗷地狂吠不止。我才想靠近她，她就扭头冲我连连噬咬；太太惊醒下楼，也不得靠近。我把垫子轻轻抛到她身边，她闪身躲开。想着只有小窝是她熟悉的，或许能给她点安全感吧？妞妞却只管昂头吠叫，不肯进窝。我们没辙，只好任由她发疯般狂啸，但愿不要让邻居听到而觉打扰；只把水盆和食盆放到小窝门口，便上楼了。不知过了多久，妞妞叫声渐弱，我悄悄轻步下楼偷觑了一眼，见她趴进了小窝，大概叫累了，黑暗中正半睁着圆眼往外看。

我回到楼上，太太坐床头眼神发愣，说了句，"我明天想给她送回去！"我说，"大概到了陌生环境还没有安全感才会这样吧？熟悉后应该会好！"果然，妞妞从第二夜开始就一夜比一夜安静。可是突然有一夜又半夜狂吠起来，我惊醒之后便再难入眠，一早我就对太太说，"还是送回去了吧！这么多天了还这么吵可影响我白天上班！"太太马上找出了原因："天气冷了，我给小窝加个垫子！"过了几天，太太又说，还是得把她送走！我问又怎么啦？太太说，你看到我发的照片没有？养了这么久了，她还到处乱拉便便！我劝解道，再多训练训练也许就好啦！又有一天我坐在厅里沙发上，闻到一股隐隐的狗骚味。一整夜我鼻子里一直是这味儿，心里又起意不要她了，我不能带着这一身狗味去上班吧？太太又劝说，给她洗干净应该是没味的，若还有，你想送走就送走吧！有一天忽然悟到，小狗也是会放p的……就这样，当一方想放弃时另一方就坚持着，当一方想得到另一方放弃的赞同支持时，另一方就把难题踢回去让其自作决定，可是放弃的决定一个人太难独自做出啦……就这样一两个月下来，竟已与妞妞建立起了一定感情。大概第三个月左右，太太说，我想给她改个名字，以后叫她"妮妮"吧！从此，我们就谁也没再动过不要妮妮的歪心思。

妮妮嘴很刁，从来不爱好好吃狗粮，每次吃饭时间，都在面前扬着小头一双眼睛勾勾地执着地看着，弄得人不好意思吃独食，只好喂她一点。网上说不能给狗吃盐，吃糖，可发现她还就爱吃咸的和甜的。不敢多喂，就想着法儿让她吃狗粮。起初用黄油裹狗粮，一粒一粒用手捏着裹，果然她爱吃，可吃了没几顿，又不好好吃了。想着她爱喝牛奶，便把狗粮泡上牛奶，果真又爱吃，可没吃几顿，又不灵了。只有每回家人围桌吃饭，她都一直执着地扬头来回转着磨儿地看着你，而且常常你扔给她东西，她并不吃，可同样的东西，得见到你在嘴里咬过，带着口水喂她，才吃，好像有股子不吃嗟来之食，追求平等权利的意思哩。

我们也不惯着她，要趁机让她锻炼，不给吃白食。每次喂她爱吃的，都逗着她后腿直立全身站起来够，快够着又让她直立着走，起初只能走一块地砖就立不住了，渐渐地为了她爱吃的食物，可以走八九块地砖那么远，几乎横跨厨房了。

有一天太太发了一张照片，说是妮妮不知吃坏了什么吐了，甚是着急。吐后妮妮各种状态还都挺正常的，可没多久又吐了，这回发现原来她是偷吃了生黄豆。

妮妮生性活泼。有一天下班回家，见儿子正用一个空的塑料小水瓶逗她玩，水瓶里放几粒黄豆，一抖水瓶，就突努努地响，妮妮就在跟前随着声响前扑后蹿，儿子把水瓶往远处一扔，妮妮就跑过去把水瓶咬出一个凹，再叼回来放下；再扔又再叼，直到把一个圆柱形瓶子在几个方向都咬得扁到不能再扁，似乎对她不再有挑战性，她就用牙拧瓶盖，直到把瓶盖拧下，瓶嘴咬变形让盖子再也拧不上，然后便弃掷一旁，得换新瓶才肯再玩。换瓶时，嘴馋又好奇心重，偷吃了掉出来的生黄豆，引起呕吐。吐了两回她也学会了生黄豆不能吃。

妮妮刚来家时，我还订了两副好看的折叠木栅栏，准备在家中没人时把她圈起，一边放着她的盆碗睡垫，另一边放着她的纸尿垫。结果引起了她的强烈抗议。最终只好弃栅栏不用。太太也时常向人学习到一些"养狗经"：它们从不在自己住的地方方便：一般都在户外草地上，出不了门时，紧急情况下才在纸垫上解决，但是纸垫要放在远离它的窝的地方。果然妮妮也是这样。熟悉妮妮之后注意到，她 peepee（音屁屁，意撒尿）时总是不停地往前走，poopoo（音扑扑，意大便）时则是后退着，如果在后院草坪上干这两件事，总是在同一头peepee，另一头poopoo。所以我们从厨房后窗看见她的动作和在草坪哪头干事，就知道她干了啥。如果是poopoo就会叫儿子去用小铲铲去埋在花树旁的土里。自从有了妮妮，儿子也多了几样任务，这是其中一项。

妮妮来家不久就发生全美大疫情。疫情对宠物既是利好又是利空。平时，一家人一早上班的上班，上学的上学，办事的也外出，宠物通常要独守空房半天一天的。而疫情期间，孩子在家上网课，大人也跟着留守家中，粘人的宠物在家得到无数美好时光。养了妮妮后才明白蹓狗和铲屎官是什么意思，不仅仅是和宠物在外散步，也是让它在外 peepee 和 poopoo，白话：屙屎撒尿。蹓妮妮这个任务一般由我带着完成，看着她在草叶树丛间左嗅右闻，仿佛要用吸入的泥土气息去寻找沉睡已久始自蛮荒年代的祖先基因。开始时还牵根绳子，后来逐渐发现她并不乱跑，便弃绳不用，只要叫一声，或击一下掌，她就会颠颠地跑过来；疫情期间，与人为壑，见到生人迎面走来，我还没回避，她就已经扭头往回跑了。到家免不了来一番全身消毒，轻则用酒精喷纸擦拭，重则酒精壶嘴直喷。网上说，酒精也是狗犬之大忌，可有什么别的更好的消毒办法吗？处理完，妞妞便一身嫌弃，奔向地毯，抻着脖颈，在地毯上左摩右擦，给自己再作"消毒"。观察这样消毒似乎也并没有给妮妮留下什么不良后遗症，便保留着节目，只是尽量把酒精量控制到最低，并尽量不直接让她的口鼻接触到。谁让病毒无处不在呢！

逐渐地发现妮妮虽无人言，但察言观色，见人打卦的功夫，简直啦！不知是因为我负责每天蹓她还是她看出我在家中处在什么样一个地位，加上每次吃饭，我总能喂她一点爱吃的"违禁"食品，所以她把我当作了家中主要追随人物。我们"私交甚笃"，只要我在她面前出现，她就弃一切不顾，鞍前马后不离左右。可能知道我对她痛爱有加，便有点恃宠而骄，但凡有些许要求不能及时满足，就会对我引颈狂吠，直至得到关注。而儿子对她从来招之即抓来，弃之即抛去，想让她舔脚丫就摁坐在沙发上，吃饭时想让她陪，就把她装在背袋里挎在饭桌旁的椅背上……受此"虐待"，她却对儿子永远逆来顺受，不敢稍有微"词"。每见此，我都会"来气"地对太太说，明白了吧？为什么说狗都是"贱骨头"！而太太每天除了为妮妮准备狗粮，也预备各种其他吃食，妮妮有时还会和"妈妈"撒点娇，喂她才吃不喂不吃。所以每次若主动去找"妈妈"，那就是饿了。我们也早就以妮妮的"爸爸""妈妈"自居。大女儿，也就是妮妮的"姐姐"第一次回家来，还没见过妮妮。她每次回家都把车停在街上，人走正门。妮妮的耳朵灵，听见开门声，先身冲到门口，给姐姐的第一次"见面礼"就是一阵排山倒海般的狂吠，气势不输来家第一晚给爸爸妈妈的那顿"下马威"。很快她就知道了姐姐是谁，任抱任摸，以后每次回家，迎接时都是前蹦后跳，摇头摆尾。每次我们出远门，妮妮就去跟随姐姐，这次也是，姐姐甚至还带着她去上班，宠爱无以复加！

　　妮妮在和家人建立安全信任后，就会随遇而安，甚至很快会把原主人遗忘。妮妮不把新家人当外人。想吃就吃，没有就叫。想拉就拉，有草地就给你施肥，不能去草地就在纸垫上涂鸦，若什么也不给她，那就逮哪就哪，别怪啦！可贵的是妮妮很快就有了主人的身份感，不仅陌生人进家入院，她会吠叫报警，有个小松鼠打院墙上路过，她也一定要追着叫着把人家吓跑才肯罢休。大约半年后，妮妮原来的妈妈和太太有点事要见个面，而且也想"妞妞"了。于是安排了在一个公园碰头。抱着妮妮（原来的"妞妞"），"妞妞"妈妈都眼圈泛红了，可妮妮似乎无动于衷，好像不怎么记得和认识原来的妈妈了。看了还真让人有点小伤感呢！

妮妮不仅是被照顾者，也会主动照顾家里人。我每天下班回家，开了车库门，这时耳灵的妮妮早就会听到。等我刚推开厅门，妮妮就已经贴在门边在那等着啦，一见我就摇头摆尾，前呼后拥，然后做我几乎一晚上的"小跟班"！哄得我不能说受宠若惊，心里也是暖暖的。另外有一次，我家四口人带着妮妮去海滨看夕阳。夕阳西下后，我们折返往停车场走去。我和儿子带着妮妮快快走在前面，太太和女儿母女俩边走边聊，慢慢走在后面。快到停车处时，妮妮突然就怎么也不肯往前走了，绷着脖后的牵绳硬要往妈妈和姐姐那厢去。我让儿子拽着她按她的意思走，妮妮四条小腿不停往回捣腾，去接了妈妈和姐姐同来，才肯上车。还有就是，我们有时全家外出不便带妮妮同行，便把她独自留在家中，起初她会在关上的门后嗷嗷吠叫抗议，有了几次后，她知道不会带她同往，尽管也不情愿，但会很知趣地远远停坐在屋子中央，有点失落地看着家人出门。我们回家开门时，妮妮冲出来一般会首先迎着我，然后是其他家人。有一次我和太太先进门，故意让儿子落在后面，由此看看妮妮会有什么反应，因为这位小男孩平时对待这个宠物妹妹有点动作粗暴，手法粗糙；结果，妮妮发现少了哥哥，便专门再跑到车库在车门前打转，寻找着哥哥。原来妮妮并不记仇，在她心里，家人是一个都不能少的。

聪明的妮妮就这样，能区分并接受每个家人对她不同方式的爱，并且会用不同的行为来区别对待不同的家人，在我们人类看来，她似乎是以适应或满足每一位家人对爱的不同需要和要求的行动，来达到她自己生存安全与取得快乐的目的；在这一点上，其实人类中的很多个体都还没有达到这个境界呢！但真的，妮妮是真的把我们当作她全身心的依赖，她自己也用全部小小的身心爱护着一家人哪！

2021年6月25日完成于旅途中

2021.07.01

Mission Santa Barbara 圣芭芭拉教堂
后疫情时代再次跨州旅行（1）

  自去年六月疫情早期黄石公园之游，一晃一年过去，美国如坐疫情过山车，经历三上三下，一路发生社会动乱、种族冲突、大选风波等等动荡，终于一剂疫苗定乾坤，美国日新增病例从曾经的二三十万例，一路下降至几万、几千；加州从日新增病例数万也相应下降至今仅数百例；人们所担心的印度变异病毒，仅闻有零散输入，尚未见有大规模流行。后势会否再次反复，虽无人敢铁口断言，但人们暗下已松了口气，也松了点劲；中小学开始了长达三个月的暑假，有的华人家长带着一年余未回国的孩子，踏上了回国团圆的归途，哪怕有14+7甚至更长的隔离期；与以往回国见到亲人只需要十几小时相比，现在的十几二十天，大概相当于人类提前移民到火星或其他宜居星球，回地球省亲一趟的距离。留守的家长带着孩子们也开始展开各种旅行，我们这次的主要目的地是 Crater Lake（火山湖）国家公园。

  火山湖国家公园，位于加州北方邻居 Oregon（俄勒冈）州中南部，距尔湾最快车程约十二小时。我们最早听说这个地方，缘于从幼时即对火山、地震等神奇地质现象充满好奇的儿子的发现；作为成人，可能难以想象一座火山喷发后塌陷成湖这样的事情在一个孩子的精神世界所能引发的震动与波澜，但是在忙于自己的日常与爱好时，孩子的兴趣常常掌握了我们成年人出行的方向盘；我们自以为是带着孩子去见世面，其实可能正是孩子们的需要反过来帮助拓展了我们成人几乎为习惯所框住了的视野。

像以往一样，我们只是确定了目的地和总体的时间，大致初步规划了一下路径和行程，没有硬性规定自己每一站必须走出多远，并由此预订好每一天需住的旅馆。如果是这样，就感觉自己不是在休假，而是在完成另一系列的工作任务，特别是出门在外，尤其疫情期间，不知道所经过、所到往的地方会是什么情形，也不好预期车辆，特别是人员的状况会发生哪些不期的变故，如累劳不适，甚至生病体痛等。我个人的这种旅行习惯，给自己一个最放松的心情，一个随时视实际情形方便改变旅行中的一切的可能和机动，有时甚至常常还会有些不期而遇的意外惊喜。那会不会发生到时订不上旅馆住处而露宿街头的可能呢？当然会有，但是我还从来没有遇到过。只是这样的习惯和安排，特别需要同行者也能乐于说走就走，随遇而安。

6月21日是周一，因为有早已安排好的门诊工作，假期便安排为周二至周日。周一晚本来计划只去送小狗妮妮到洛城女儿处，很多旅店和地方是不能带宠物的。如果之后再回家，一来一往，再第二天出发，等于走了二三小时还在原地踏步，于是决定，装上行李，把妮妮送到后，我们就继续往前走，度时择地而憩，给旅程提前了几个小时的时间。

如果按照地图上最快路线走，是纵行加州一路北上的山路，大部分是我们以前走过并非常熟悉的5号高速。因为时间较宽裕，我们计划绕道走沿海公路，或许更有意思，说一定还会别有一番风景。于是在洛杉矶女儿那里放下妮妮，查了一下路程，选定约两小时车程远的海滨小城 Santa Barbara（圣芭芭拉）作为第一夜落脚地。

最早知道圣芭芭拉，是九十年代初，在卫星电视上看过一个美国连续剧，剧名就叫《圣芭芭拉》，讲述这里葡萄庄园主家庭成员之间爱恨情仇的故事。刚来美国后早几年为其他公司工作期间，曾被指派到该城行医一两次，但都是早到晚离，行色匆匆的一路人，对这里的城貌风土一无所知。在南加住得久了，与该城有关的事件种种，便时有所闻。

这几年出行都用 Expedia app，通过它安排出行包括订机票，租车，订宿等都较方便。250刀订下了一个名叫 La Playa Inn 的旅馆最后一个房间。地图上看很近海边，来到实地，其实目力是看不到海的。闲下时网上看到真正滨海的旅馆，一晚将近2000刀。晚上值班接待的是两名男性，早上就换成了两位女性，都戴着口罩接待客人，进门、前台、电梯口各处也都仍然张贴有对客人口罩的要求。防疫方面，我们这次比去年黄石游还准备得更充分，带了三瓶消毒喷壶，两瓶是诊所专业消毒液，一瓶酒精喷液，近人处用。进屋后，我各处狂喷，连被子里外面都喷到，枕头翻着个儿喷一遍；太太则像个敬业的熟练清洁工，用消毒纸巾各处抹拭。尽管与人接触时，心情不像疫情初期和盛时那么紧张，但是消毒方面仍不敢有分毫怠懈。儿子最擅长的工作是从前台拿到当地旅游点介绍图，找到最吸引他去玩的地方。他选定了海上游船、航海博物馆和 Mission。Mission 是早年（十八世纪）建立的教堂建筑群，全加州共有21座；儿子在学校的社会学课本上学到。之前我们带他参观了离家不远，位于 San Juan Capistraro 的那座。我们打算在圣芭芭拉只待半天，于是说服儿子放弃海上游船，只参观教堂和博物馆。

一早，海滨小城，空气润湿，吃过早餐，退了房，驱车来到 Mission 圣芭芭拉教堂。似乎每个 Mission 都保留了一些最原初的历史遗迹。圣芭芭拉这座，在教堂外，有一个硕大的石砌水槽，介绍文字说这是早期教堂人员浣洗衣物之处，它的粗砾表面和暗晦色泽表明着它的年代比周遭建筑都更久远。十八世纪一批神职人员，带着欧洲宗教文化和文明，来到加州向印地安人传播，从这个意义上讲，Mission 不是单纯的教堂，而是以教堂为中心，以传教为目的的生活建筑群落。传教与受教人员来此在上帝面前相遇，相识，最终同行。入口在礼品店，太太照例买了冰箱贴，儿子要了一盒 21 missions 的拼图，然后买门票进入，大人12刀，小孩6刀。

这座 mission，也是围绕一个花草园子的四围建筑群，西班牙土坯墙风格，朴素实用。各个房间陈列着各种历史物件，图片和音像，当然，其中一定有一间教堂。据图文资料介绍，考古人员发掘，鼎盛时期这里曾建有数条街道，数百户教民，一度多达一千八百余人。主建筑群后有个墓园，据说有四千多个墓位。从规模来看，似乎不足以容纳许多。但这里的人过世后便很快入葬，为了节省土地，过若干时后，尸骨会再被挖出，然后集中存放。做法显得相当理性。这一做法似乎与我国民间的"拣骨""迁坟"风俗有相似相通之处。但据我理解，中国这一风俗倒不一定为节省土地的目的，而是年久一般棺木都会朽塌，雨水流漏，中国的风俗应该是为了更好地保存亲人的遗骨，体现一个"情"字。墓园内有的是只有一个人的名碑在单独的一个墓屋前，有的是几个人名共一个墓屋，有的是仅在平地上有一块墓碑，有的是在一个窄窄长长的屋内，像骨灰间那样一个挨一个排了几层。这样的不同是否意味着地位有尊卑轻重？墓园里一块墓碑上记录着一位姐妹，去世时年仅二十岁。轻步陵园，不敢惊扰，如果能把每块墓碑上的文字细细读过，想必会走进200年前那束时光隧道，走近那些心怀使命的虔诚使徒，和已信、半信或未信的教徒们身边，端详他们被上帝召唤和时光雕刻而形成皱纹深浅不一的脸庞，注视他们不相同的眼神：或早已漾着神圣景仰之光，或依然泛着市俗的混沌迷惘；除了对上帝的理智与情感，他们互相附着的肉身和心灵，是否也会彼此在爱与不爱，恨与不恨之间进行着选择与挣扎？

我们从 mission 出来时，原本很空的停车场居然已经满满当当。查了一下准备要去的航海博物馆竟然要一小时后才开门。于是和孩子商量决定不等了，继续北上。

沿着101驾车前行，这才注意到，一路上，每行一段便竖着一个 mission 的标志：一根上端弯曲的立杆上吊挂的教堂铃铛。

2021.07.05

加州铁路博物馆中记录的华人：
后疫情时代再次跨州旅行（2）

6月22日，周二。离开圣巴巴拉教堂，导航以路途最近原则，又再次把我们引向了154高速公路，而不是前往我们最想走的一段沿海而行的101公路；上一次也是从这个方向去旧金山，也因遵从导航，而与这一段101高速擦肩而过，想必错过了一个路段的滨海美景。好在只是错过一段路，哪天可以再来，可是如果错过的是一些重要的人或事，便绝大可能再也没有重逢或重来的机会。

穿山而行走了捷径的154终于与101汇合并变成了101，但此时的101已远离海滨。我们来到一个小乡镇Guadalupa（夸塔鲁帕），沿途经过一些树林和农田，还有大棚。不时见有农民们把汽车在田头停了一排，一般还会有一两个活动厕所。以前也曾经路过有人干活的农田，但很少见到人数这么密集的。网上看到附近沿途有不少的酒窖农庄，想必当地栽种的农作物以葡萄为主吧。。

在我和太太饶有兴趣地浏览沿途风物之时，儿子却不喜欢这样绕来绕去，尽看些他不感兴趣的事物，他嘀咕了几次，希望尽快赶到火山湖。于是我把车开进小镇，找了个车场的阴凉处停下来。最初一路走沿海城镇的打算受到挑战，我们没有预订任何旅店，改变旅行路线非常容易。我们把目的地直接改设为火山湖，导航自然而然把路线导向5号公路，途经加州首府Sacramento（沙加缅度），儿子表示他想重游两岁时去过的火车博物馆。确定好新的路线，动身前，虽然车上备有面包和茶鸡蛋，我们看见有家披萨店，便想弄点新鲜而快捷的食物，并想方便一下，免得没多久又得停下来。这里应该是小镇的商业中心，十来个商铺约一半门市系各种餐厅，其中有一家名为"Panda Stick"的中餐馆，翻译过来大概可以叫"熊猫筷餐"吧？此时各家都门庭冷落，马路上汽车倒不断，但路边只有稀稀拉拉的三两行人。我去到那家披萨店，已是中午了居然还没开门。绕到建筑那边，有家理发店在营业，生意还不错，有三个理发椅上坐了人，理发师都戴着口罩在工作。我问靠近门口的一位：外墙上写有"越战纪念"的地方是哪里。他说，楼角拐过去路边上那根旗杆就是了。找到旗杆，原来就对着中餐馆，在停车场入口处。旗杆底座制作很精致，刻有捐献者越战老兵的名字和曾驻部队番号。他们应该是出生或生长在当地，应征入伍参加越战。透过精简的文字，也能感受到那场战争在一些美国士兵人生中的影响和在他们内心中的重要位置。我转身走进了中餐厅，系"熊猫快餐"式，玻璃柜里也有六七种差不多的热食，美国人最爱的 Orange Chicken（咕咾鸡肉）自然是少不了的，只是外观有点不一样；收银员是一位西裔女士，厅里只有一张客人桌，墙上挂有地道的中国风木板画，老板应该是中国人，居然跑这么偏远的地方来开店。我自己不想吃什么，给儿子买了份炒面，借用了一下厕所，要经过后厨，一位西裔男子正在准备一大钢盆鸡肉。别看这会儿客人少，从他们准备饭食的情况来看，生意还是有的，大概要等地里干活的农民下班后来。我回到车上告知太太情况，她带着儿子又去买了一份炸春卷，也借用了一下洗手间。回到车上后，儿子看了一眼炒面，没有吃；我则一边吃着西裔男子做的炸春卷，一路驾车直奔沙加缅度。

　　从 Yelp 上搜到在沙加缅度的火车博物馆有加州铁路博物馆（California State Railroad Museum）。八年前我来参加一个学术活动，一个人的旅程一个人的旅馆会很无聊，便把太太和儿子捎上，也不增加任何费用，我白天去开会，她们母子步行或坐有轨火车自己找地方玩，于是有轨火车把她俩拉到了儿子所称的火车博物馆。那时我家住处附近就有一个火车站，太太推着孩子去站台看火车是每天必修的功课。不知从哪而来，也不知开向何处去的火车，对儿子有无穷魅力，启发了他好刨根问底追溯源头的思维。八年过去，儿子说他只记得有经常念叨的这么个去处，其他全不记得了，而网上的图片也不能让太太确认是不是以前那个地方，只记得所有火车与铁轨都在室内。我们天晚时分到达，还有时间，便先去探了一下路，免得明早寻来寻去耽搁行程。当车行至一座立交桥下时，太太认出了当年的路况，确定就是这里。但我还是路不熟，走错到另一条岔路上。绕了一圈又回来才走对。车停在早已关门的博物馆门前马路上。她娘俩有点故地重游的亲切与兴奋感，跑去门口，了解开门时间等信息。我则在车里订下了旅馆，车程约十分钟的 Hampton Inn & Suites。去年去黄石，来回也住了几次这家的连锁饭店，价位适中，干净舒服；住宿条件各方面可以预期。

来到住处，前台人员和进出客人，基本都戴着口罩，便有不戴的，彼此也注意保持距离。心情还是比较放松的。我们自己带有去年游黄石前买的最小码的煮饭锅，可以给儿子炒土豆丝和煮面条，还可以一次煮10个茶鸡蛋。开水壶也是自带的。其他消毒都成为常规。煮食洗漱，一夜无话。

6月23日，周三。一早起床洗漱早餐，收拾停当，儿子负责往冰盒里装满冰，放进自己每天要喝的牛奶和我的饮料，退房出门。

加州铁路博物馆门前停车位全满，设在立交桥下的停车场入口的标志不甚明显，错过。我们把车停在了两三条街以外的商业街上。博物馆内的工作人员都穿着统一制服。太太拉着儿子寻找当年拍照留念过的地方。那时，二岁的儿子站着也没有蹲下的妈妈高，而今妈妈再蹲下时，已够不到儿子的肩头了。

这个博物馆于我是第一次参观。我则惊讶于该博物馆居然对于华人在美国铁路建设历史中的重要性着墨不可谓不多，在展厅起始位置就设置有一个三面展墙的区域，用历史图片和文字介绍了华人如何参与到美国的铁路建设；紧邻展墙区还有一个相当规模的模型区，形象地展示华裔铁路工人如何在崎岖的山坡上一筐土一筐石，以人工传递的方式平整出铁路地基。在1865年当第一位华工来到美国铁路工地之前，每年约有6000名华人来到美国；美国那时即有很多歧视华人的立法，比如华人必须每个月多交3美元的税法；在用工上更是多方歧视。美国铁路建设之初华工本来是被完全排除在外的。但由于白人工人工作吊儿郎当，酗酒，令资方完不成艰巨的山区铁路地基平整任务，铁路建设进度迟缓。在这种不得已的情况下，他们把目光转向身形相对瘦小而且备受各种歧视的华人。在充满疑虑的眼光下，50位华工得到试用。华工们吃苦耐劳的工作态度和健康的生活习惯，给资方留下了极为正面的印象，以后陆续有上万名华工被中部太平洋铁路公司 Central Pacific Railroad 雇用。即便这样，美国政府与社会也并没有从此而改变对华人的歧视与排斥，1882年美国排华法案 Chinese Exclusion Act 出台。当时有一幅漫画描述了这种情形，一位拖着长辫的"支那人"被挡在美国的金色自由之门外面一筹莫展，门外墙上张贴着告示，大意是：（即便）共产主义者，社会主义者各种人等（来美）都欢迎，唯有"支那人"除外！那时美国有的政客把进入美国的中国人称作"渣滓"。当我们回顾以1840年为标记的中国历史上的耻辱年代，大概不难理解国弱民贱的道理。1900年美国加入八国联军入侵中国，1943年因为二战抗日需要，才废除排华法案。百余年来，在美国生活的华人，以亲身的所见所闻，耳濡目染，能时常看到，尽管时过境迁，美国的政界挑动民意对华敌视与歧视美国华人的态度与方式，其实都一直在换汤不换药地不断循环，重演着历史。这是需要警惕的。

　　游人中各族裔人都有，以白人居多，我注意到来三面墙展区稍为仔细浏览阅读有关华人内容的人很少。在展厅深处还有一座华工奋力挥锤插钎的组像雕塑，从雕塑对华人形象神态极为熟悉并融入了深厚的情感来看，作者应该是中国人。但在雕塑前流连拍照的其他族裔人士也极少。而在展厅一个主要位置展示的加州铁路工作人员群像中，我把目光在每一位头像脸上扫过，也没有发现哪怕一张华人或亚洲人的面孔。也许在美国人的意识中，华人对美国铁路的建设是重要的，但决不是主要的。不管正确与否，这是我对展览内容的所见与理解。还有一个饶有意味的现象，在二楼展区，有一幅半浮雕展板，展示美国与世界各国现代高速铁路的建设近况，在亚洲地区，韩国、日本都标注了国名，而有世界最长高铁总里程的中国，却只被标注非中国人不会熟悉的各个省市的名字，没有出现"中国"或"China"字眼。这是不是一种把主观理念有机融入客观展示的高超手法？是不是可以达到让美国人对"中国"这么个国家的正面成就"视"而不见的效果？参观至此，是不是细思极恐！这样的博物馆应该是个小众博物馆，游人有限，但也不容小觑，常常"心大"粗线条的美国人，若表现出"心细如发"的一面，那一定会滴水不露。不知道美国是否也有显性或隐性的政治审查机关，若没有，则设展部门如此高度的政治敏感度和政治自觉性真是让人佩服得五体投地。

　　太太与儿子故地重游显得相当兴奋，一定要去把当年走过的河畔和桥头都再走一遍。我则利用这一个小时在车里放倒的椅子上打了个盹，不做疲劳驾驶的司机。

2021.07.10

上帝偏爱美国西岸而馈赠的明珠：
火山湖（Crater Lake）

后疫情时代再次跨州旅行（3）

北加和 Oregon 的防疫措施与南加大体差不多，而似乎更严格一点，但也有宽严不一之处。以快餐店接待客人的方式为例，有的可以入堂点餐，有的只开小窗外卖，有的则只有汽车窗 c口外卖(drive through）。而此时南加与北加，也有宽严不一致之处，南加宽的地方已开有堂食。

6月24日，周四。在去往火山湖（Crater Lake）的路上。从5号高速拐出，上了97号公路。考虑到火山湖在深山中，周围住宿可能稀少，需要在前站有住宿地的地方停下留宿，以免直达目的地时找不到宾馆。于是第一次提前作了预订。预订的原则是在离火山湖半到一小时内车程为好。因为一早要利用宾馆的条件给儿子炒点土豆丝或煮面条等相对正餐的食物，等上路后只能喝牛奶和啃面包；还要给自己煮点咸口又顶饿的茶叶蛋之类，所以出门不会太早。住近点，不至于赶到火山湖时太晚，不能游看尽兴。网上显示只零点几英里处有两个宾馆，应是在景区内的，全部订满。离湖五十几英里有几个宾馆还有空房，觉得稍有点远。有一个只有十几英里叫火山湖鹰庐（Eagle Crater Lake Inn）的显示仅有十几英里，尚有一空房，但价钱较低，其他更远一点的普遍都标价二三百美元，而这家近的反而只要一百五十多。怕住宿条件不好，迅速查看旅馆图片，外观类似乡间旅馆，室内也就是看到床铺家俱之类。担心犹豫间这仅剩的一房也无，便不考虑太多订了下来。地点近才是最重要的。于是把鹰庐设为GPS目的地，怕进山后手机没有信号抓瞎。一路森林小道，来到一个距火山湖约两小时叫多瑞斯（Dorris）的小镇加油小解，还买了一打生鸡蛋，一看购物收据，居然还是在地域广阔的加州。上路再行，路过一片水系，路标牌上显示有一个叫克拉马特瀑布（Kalamath Falls）的地方，时间虽然已是傍晚七点多钟，可夕阳未下，天色尚早，很想去看看到底有什么样的瀑布。可小镇路口在一迟疑间错过，不想折返，只好看回程时找机会了。

沿着一个很大的湖走了竟有个把小时，这个湖叫上克拉马特湖，走到不同的路段还有不同的湖名。一辈子好像也没见过这么大的湖。大湖水面很高，甚至让人担心会不会涨水而漫上公路。偌大湖面几乎空空荡荡，沿岸似乎难见有打鱼的船只或游船。

车行至火山湖鹰庐旅馆，才大致弄明白，火山湖国家公园分南门北门。从加州北上，自然走南门进入公园较近。在拐上去南门的62号山路前，只有在97号公路旁的小镇奇偌昆（Chinoquin）有旅馆住处，此处离火山湖公园尚有五十几英里。我们所定的旅馆则需经从此地继续沿97号公路北行至小镇克慕特（Chemult），再回头一点走138号公路去火山湖公园北门，距离火山湖国家公园只有十几英里。我们若走南门进则向北门游览须再回南门出，而走北门进则向南门游览可直出南门。这样一算，虽然我们晚上去旅馆多绕了点路，但在公园里却不必走回头路，路程上基本平衡。另外走北门入还有一绝大好处，只有游览完毕之后才会知道的，后叙。

鹰庐旅馆果然是乡村级的旅店，住宿条件和那些连锁旅店有一定差距。从停车场往房间门进出要防着地面上会踩着忙碌的大蚂蚁；房间狭小，卫浴也不那么宽敞整齐，因而还发生了一件有点小紧张的插曲。洗澡时，淋浴开关紧涩，以至拧开后再难以关上，感觉如果强行关上，会把开关拧断。我去接待室找管理人员报告一下情况，请他们处置。半夜里接待室的门紧闭，摁了两遍门铃，等了半天，终于出来一位中年偏老的女人，和接待我们时戴老花眼镜的女人不是同一人。看样子刚从床上起来，披着长头发，长相有点像印地安裔。我和她说话时，又出来一位高个女子。中年女人听后，表示她不知怎么处理，和老板联系不上，只能让水流着，或者把总闸关了，那一晚就都得停水，要到明早才有。我跟她讲让水这么哗哗流一夜，会影响睡眠；关了也不行，我们晚来早起随时要用水。她显得无能为力，很不耐烦，伸手就要当面把我关在门外，好像不打算理睬了。我有点生气，一把推开面前将要关上的门，重申要求。她便说要报警，因为我对她吼叫。我心想，她若真要报了警，虽然咱有理，但临了未必说得清，警察来了也未必听咱的，若上来不三七二十一，只听她一面之词，上手铐带局里，这一晚就怕不得安生了，甚至可能有更严重的后果。于是对她来了个义正词严：我作为顾客遇到客房有问题，向你报告沟通，解不解决，看着办吧！说完就马上离开。身后她们两位反倒有点不知所措，声音追过来说会给老板打电话。回来后，太太责备我不该去惹这麻烦。我们只好自己试着解决，左试右弄居然把淋浴开关又关上了。可要刷牙时，发现水笼头的水没了。果然水总阀被关了。我又去接待室，想让她把总阀打开。摁门铃等了好一会儿也不见人，只好回屋。过了一会儿，中年女人过来敲门，让进。她解释说前段时间腿受伤刚好，关总阀要上下地下室楼梯，很不容易，语气较前大有缓和。我告诉她新情况，请她能否把总阀再打开。她推开了我们房间一扇通向后院的门，示意我跟着她。她在黑暗中打开了一间像杂物间的房门。我打开手机电筒，警觉地跟在后面，帮她照着。杂物间里一个能搬动的木头竖梯通向地面下一层没有天花板的地下室，下面的管线机器等一览无余。她小心翼翼地从那儿下去，我有戒心没有去碰她的竖梯和其他地方；她下去后旋开一堆管道的阀门，又慢慢扶着梯子爬上来。脸上的神情似乎在向我说：看到我有多难了吧！我表示理解。我想她此时一定也和我一样，心里应该有一种释解误会，消除紧张关系的轻松感。第二天早晨，儿子打开后院的门，发现几座新建的三角形度假屋还没有人住，一列长长的火车从林间铁轨驶来，他跑近，直看到火车车厢一节节从身边掠过，最终消失在森林深处。这是他从小便最喜欢的场景。至此，我打消了在Yelp网上给这家旅店差评的念头。

第二天一早，准备停当，我往车上搬行李时碰见戴眼镜的女人，问了她制冰机在哪里，没有提昨晚的事。出乎意外，这个乡镇旅馆居然五脏俱全，不然我们还得去加油站买冰。

走138公路十几分钟便拐向通往火山湖北门的直路。路上车不多，看到一个木石结构的朴拙的北门标志都会停下来照相留念，遇有几个从北方州过来的游客。到了收费处，门票30美元，我们去年游黄石买的国家公园年票还管用，只有几天过期，这才是第二次使用，还算没亏。车行接近山顶时，山坡上有残雪，远处的山峰也有积雪。两周前有校友来游，刚好赶上那场大雪，他在校友群里说，什么景也看不见。其实巧遇火山湖雪景才是更难得一见的妙事啊！

车辆都停在山坡下的停车场，车位不够，有人把车停在了路边。往上爬的人们消失在山坡顶上。裸露的山坡像一张巨大的舞台帷幔，不知把什么样的山川美景挡在了后面。只听来过火山湖的人都会说，风景很美！但听在耳里，美只是个抽象的词汇。我们找到车位，停稳车，在家时设想过在山顶可能会凉，每人都备有一件厚衣。虽然见从容走下山坡的人们有的仅短衣短裤，而且晴空万里，阳光普照，我们还是按预想把厚衣系在腰间。到了山顶才知道是没有必要的，成了小小累赘。山坡只有几十米高，爬到一半时，山坡顶上现出一排木栏杆，点点游人沿栏杆站立一排，像琴谱上的赞美音符，当我可以走到木栏杆前时，果真自己也成了其中的一个赞美符号。眼前惊艳了，心里一个震撼，能与这一种心底的触动相比的只有十几年前第一眼看到克罗拉多大峡谷的那一刻。跃入眼帘的是一幅仿佛不真实的风景画，曲弯有致的垂直湖岸，包镶着一块碧蓝宝石，让人难以想起那是一湖碧水，湖面镜像对称般倒映着蓝天上的白云，一朵一朵，一笔不差。如果她是一幅出自某位画家之手的风景画，还可能让人怀疑其真实性，但她确确实实如此这般呈现在眼前，美得如此纯真，质朴，明澈，不必虚幻，不必升华，不带一丝半点矫揉做作。湖岸有树林，有石砾，有峭崖，也有半融的残雪。一座小岛坐落于湖心的一侧。湖水之所以这么蓝，是因为她的深度约有六百米。

前文提到从北门入园的一绝大好处，就在这里，可以先从北岸看湖，第一眼就把全湖景色尽收眼底，仿佛口干舌燥之时，满呷一口冰镇啤酒，冰爽透彻，心旷神怡。后来我们驱车转到南门。大概南门为主门，接待游客的设施都在南面，停车场等空间都地势开阔而平坦，停好车后，随着游人向湖边走去。南岸树木高低错落，护栏连续不断，游客人头攒动，湖光水色，如翡翠散珠般从各个间隙之处溅入视野；直至依岸凭眺，才尽收全景。此时，湖面漾波，不再平滑如镜，而把天上云朵的图案荡漾得迷迷离离。从南岸观湖则似茗茶，一小口一小口地品，直到品出全味。角度不同，一步一景，各获其美。爱冰爽豪迈者可行北门；喜细茗品味的，南门大开。

火山湖是由曾高达12000英尺高的玛扎玛火山（Mazama），于约7700年前经历一次大的喷发后，地底中空塌陷蓄雨积雪而成。世界各地的各种地质景观，从来并非巧夺天工的产物，而只是最基本的物理力学作用，有时加上化学反应，再加上各种机缘巧合，再加上非渺小的人类所能想象的规模，以及人类历史所未能经历的亿万岁月，等等，各种因素相互作用打磨而成，缺一不可。更多的是随遇而安，自然天成。

火山湖还是多年前因儿子学会读书，信息探索来源多了以后，对地震、火山的兴趣引领他进入较深入的阅读和探索时而发现的一处名胜，他的原初兴趣点并不在于风景，而在于其形成的科学原理。作为家长，除了充当司机，也顺便开阔了一下眼界，欣赏到美轮美奂的风景。孩子其实常常充当了父母的老师。新一代在知与行、书本知识与现实世界的融通等方面，可能条件更优渥，更得天独厚，早已远超我们这一代。不知他们由此形成的世界观会如何超越前一辈。

从南门出，沿山路下山，沿途有涧水哗啦。错过了一个观览站点，便不愿再折返，继续前行。遇一支叉路口，显示有观览景点。前行见很多车辆停在路边。目光搜寻间，见一条三叠银链般的瀑布在林后闪烁在夕阳余辉中，吸引了不少游人。路边找了个空地停好后，看到路牌，原来这就是地图上标注的Vidae Falls，姑且翻译成怀德瀑布好啦！游人纷纷拍照留念，聆听水声。一个小土坡上有一对约七十上下的老年白人夫妇在安稳地忙着自己的事，老太太照顾着一只全身棕色的吉娃娃，儿子好奇想去爱抚一下，引来一阵狂吠。老太太挡住儿子不让靠近，说小狗试图在保护主人，她不想让人被咬着。老先生则架着一副老式木制像机，对着瀑布一会儿看镜头，一会儿在一个小纸本上记录着什么，会不会是记录不同的光圈速度焦距下所拍下像片的不同效果？这不会是老先生从年轻时就有的吧？其实三脚支架下还放着几只不同时代的相机。老先生说，像机式样是老的，可像机并不老，怪不得，木制相机的油漆还那么新呢！有人玩高科机全自动的现代极简主义，大概就会有人玩原始的全手动的繁复复古主义吧！

火山湖四周有很多条岩隙沟，湖水高涨时，就会漫出岩隙沟，流向山脚。位置浅表的可能就成了瀑布，像这条怀德瀑布；位置深在峡谷的，就成了涧溪，人们常常只能远眺，静闻其声；应该一定还有更深的位于地表以内的水流，由着热能，兀自流向山下。

继续前行的道被拦隔住，天气不早，我们决定下山开始走向返家路程，顺道探究一下来时错过的克拉马特瀑布市，到底有没有瀑布，是什么样子？

2021.07.22

克劳利湖（Crowley Lake）探险
后疫情时代再次跨州旅行（4）

因为去程中途改变了走海滨的初步计划，所以游览完火山湖后，多出一天时间。太太提议能不能去克劳利湖（Crowley Lake）看看？多日前有朋友晒游历照片，引起了她的兴趣，本来打算以后专程前往游览的，GPS上查了一下，如果沿着加州东侧南行，该湖基本在回程的路上。

25日晚经过多半日远奔，我们投宿在猛犸湖（Mammoth Lake）景区的 Empairie High Sierra Hotel。星夜到达时，见这家树林掩映的酒店内，装饰陈设颇有艺术观赏性。接待台后的小伙子，见客人到，隔着透明板把拉到嘴边的口罩又戴上。登记程序的最后，小伙子向我介绍二三十元的豪华美式早餐，此时定券五元即得，让人无法抗拒。26日一早，我和儿子拿着三张"饭票"在餐厅门口被一位白胖大姐拦住去路，按照菜单上最豪华阵容点了三份外卖。等待时，见餐厅内有不少食客，合家一桌，边用边聊。此时虽然全美疫情大缓，与人相遇时的心情大为放松，但对于习惯了感受社交距离的我，委实难以融入。早饭装在精致的纸餐盒内，无非是煎土豆丁，烤培根，烤香肠，煎鸡蛋之类典型美式早餐式样，油性较大。此后半日山地探险，只觉渴，没有饿，全部仰赖这一顿结结实实的饱餐。房内餐毕便收拾行李向不远处的克劳利湖进发。

起初我在汽车导航上输入 Crowley Lake，结果被导引到一个铁门关闭，旁边有一个仅容一辆车像进迷宫样拐进的奇怪入口。门口张贴有告示：不许拖车进入。这样的入口拖车是绝无可能进入的。一条土路，在一片荒芜的缓坡间向前蜿蜒，通向一个水体。这里不像一个通常的游览地。没有网络信号，太太只能通过记忆，把朋友的描绘与眼前的现实进行匹对，结论居然是相似度很高。但是周围空无一人，那个水体是一个大湖，湖上有游船游弋；湖的一侧有汽车停靠；可是却有栏杆挡住去路。眼前的湖岸，尽管石砾还算平整，可是杂草丛生，蚊虫飞蹿，儿子腿上很快就被叮了几个大疱，逃回车里。我们观察后得出结论：去往湖边另有他途。

克劳利湖其实是个水库。最有名、我们最想看的是其东岸的石柱林或石柱窟。我们原路返回退到395公路上，往南行一段后，来到一处旅游点入口处。他们这里只出租游船，但不许船靠岸。听了我们的描述，看了我们出示的照片，他告诉我们要去看的地方，他们叫作 Columns，柱子的意思。跟我们说要绕一大圈路，会路过一个大坝，还要上一个陡坡才能到达。趁着有网络信号，在手机 GPS 里输入 Crowley Lake Columns，GPS 果然给了一条路线，指向克劳利湖东岸，似乎是预想的地点。顺着导航，果然绕了一个大圈，又果然经过了一个大坝，大坝两边都没有水，只有杂乱的石砾。

不久我们就来到一条土路的拐口，见两辆轿车停在路边。我们以为前路可能不适合轿车行驶，人家步行走路进去了，目的地应该不远。我们开的是 SUV，于是信心满满驶进土路。所谓土路就是两边有树，没有树的土地就是路。开始我们很新鲜，平时习惯了开车在柏油路上和屋群间，忽然汽车的背景里只有山树、土路和突兀的红色高石断岩，别有一种趣味，我们不时下车左拍右照。不知不觉迷路了，GPS导航上的路线成了一团乱麻。凭视觉记忆回到来时走过的一段路上，此时那条路双向各驶来一辆车。我把车拐到支路上让出道，下车拦下从前方回来的紫色小SUV问情况，司机说，前方有个陡坡，

279

他的车过不去，便退下来了。他看到我们的SUV比较大，说，你的车也许能行。另一辆往前走的车则拐靠在支路上，两辆车才错身而过，各自继续往前开。等我把车倒回"主路"调正车头，它们已走远消失于无路中。沿着汽车碾压自然而成的土路前行不多久，遇到一群人把几辆车泊在路旁一个小山窝处，正围站聊天。我下车问路。一位从圣地亚哥来的老兄说，他们在这里露营好几天了。前面是个陡坡，他劝我们别再往前走了，有人曾卡在那里，跑来向他们求援，被用车拉出才解困。他告诉我们掉头走铺有柏油的那条小路再转到一条大路上也能到达Columns。我们来时的确看到过一条铺着柏油但裂得七零八落的旧路。于是掉头找到那条路往回开，出了来时的土路拐口，那停着的两辆车还在。左拐上了一条宽一点的路，再顺着这条路七拐八绕，终于来到了一道大坡前，坡下停着两辆轿车，其中一辆正是刚才路上遇到，问过路的那辆紫色小SUV。

横亘面前的这道坡约有40度角，三四十米长，把一条道断成上下相错的两个能量平面。坡面上布满了坑坑洼洼和车辙印，只有在视频里看见过有人驾着SUV爬上这样的陡坡。按说我开的SUV上这样的坡应该没问题，但因为没有任何经验，担心会有意想不到的事情发生，给旅途节外生枝，我们决定还是把车停在坡下，步行上去前往石柱林（Columns）。

这时一个四五辆车的小车队行至坡前，他们稍停了一小会儿，最前面开一辆大吉普的是位白人小伙儿，他一加油门就冲上了山坡，但在半坡上的深坑里迟滞住了，然后在一阵更响的轰鸣声与更多的轮下卷尘中，车身扭了几扭就爬上坡去。第二辆SUV司机是位英姿飒爽的年轻女子，她也紧跟着冲了上去。最后一辆是皮卡，更长的车身和更宽的车轮，让它爬上陡坡时，显得更从容不迫，游刃有余。

我见每辆车都是经过半坡上那个深坑奋力爬上去的，靠近坡沿的那一侧坡面较平，看上去阻力不会那么大，但没有一辆车走，是不是深坑在半坡其实也可托住车身下滑，而走坡沿，弄不好，车辆可能冲过去翻到山坡另一侧去呢？太太大概见我看得入神，便说你想开上去就开吧，我带孩子走上去。我忍住心底可能兴起的冲动，决定还是不作此冒险，除非别无选择，不得不爬。一会儿从坡上走下一男一女两个年轻人，应该是从 Columns 回来。我问小伙子 Columns 还有多远，他说约有二三迈，与我之前听到的十多迈有较大差距，让我对三个人步行前往更有信心，如果是十多迈可能太远，我们的准备会不充足。我把冰盒里尽量放多一些饮料和瓶装水。把两个大茶水壶也背在肩上。在炎热天气中跋涉，准备充足的水是最重要的。

我们三个人在烈日下，沿着土路前行，偶尔有汽车从身后超过。平日我们从没在这么相对严酷的环境中走这么多路。我和太太一瓶接一瓶从冰盒里拿出冰镇饮料喝，儿子只喝水。太太远远走在前面，我带着儿子走在后面，本来来这儿就不是他的兴趣点，这会儿开始觉热觉远觉累。在平坦路段我还能一边背他走一段，一边激励他：前面几天妈妈陪你去了火山湖，达成了你的心愿；现在你陪妈妈来看石柱，帮助妈妈达成心愿吧！走了三四十分钟，我们终于来到山边停车场，俯看到克劳利湖，远远看见山下湖岸边的石柱林。这时，我已把所带饮料全部喝完，只剩不到两大杯茶水，而儿子也把他的饮用水喝了一多半。

我们从山顶下到山下湖滩上，沿岸是一排排奇异的石柱林，据说有五千余根；竖立排列成阵，上有岩盖，貌似窟状。猛一看，以为是岸边岩石成分不一被湖水冲刷，部分溶解部分坚实而成形如此；其实经科学家研究，这种地貌的形成，盖因几十万前火山喷发的岩浆盖在雪堆上，岩浆冷却，雪堆蒸发所致。湖滩上响着音乐，有些游船停靠岸边；如海滩一般，一些着泳装的年轻男女或照相嬉戏，或躺卧晒着太阳。一个全身刺青的小伙帮我们照了以石柱林为背景的全家福。我请求和他合个影，他爽快地答应了，我们并肩站在一起，来不及戴上口罩，他说，我已打过疫苗了！我说我也打过了。

我们尽兴而归，沿来路爬坡回到停车场。三人都显疲态，便在别人的车身下的蔽荫处休息一会儿，喝水。茶水所剩不多。我用空水瓶灌了点冰水给儿子淋湿手臂降降温，他却接过去，一口喝了个光。他的饮用水只剩一小瓶了。按这种饮用量，回去的饮用水应该是不够的。我心想，如果实在不行，冰盒里化开的冰水也得喝了。歇息良久，大家也没有要走的意思，尤其儿子喊累。的确从各方面来讲，高温，步行距离，上下爬坡，别说他，我们两个大人都从没经历过这么多，应该是达到了极限。太太问能不能请他们开车的搭我们一段回去的路，我说可以试着问一下。等到有一对中年男女回到他们的皮卡时，太太便去问。他们表示车座上堆满了东西，不能再坐人。太太表示不介意坐在后面车厢里，但他们觉得不安全。我远远看着，不知他们是不是故意推辞。但当一小队人回来开车时，他们和其中两个小伙说了情况，两个小伙低声商议了一下，说那过后还在这里碰头，便请我们上车。儿子在另一边也用一张小嘴和自己身边一位男子一番述说，最后只听儿子叫道，这位叔叔同意载我们啦！我们谢了那位叔叔，三人一起上了先答应我们的那两个人的吉普车。车上，我们三人把口罩戴起来，并告诉他们我们两位大人都打了疫苗。他们二位没戴口罩。他们一位来自洛杉矶，一位来自温图拉（Ventura）。几个人结伴自驾游，类似于驴友。回程路若用脚走肯定得上一小时，驾车则不一会儿就到了那个大坡上面。我们在坡上下车，谢过，他们掉头开去。我本来想酬谢一点钱给他们买啤酒，可兜内空空，钱夹证件等物都留在车里。太太私下说，疫情时刻，愿意搭载几个陌生人，车里空间又那么狭小，人真不错！我则反思，我是不是也应时不常玩点小冒险，比如这次把车开上陡坡？另外自己对路途上艰难程度估计得在大人方面基本还算合适，对孩子的耐受力却高估许多。饮用水的数量也估计得不足，尽管冰盒里的冰水必要时也不得不饮用。这算是一次羽量级的类似沙漠探险，让我们体验到了，如果真的在茫茫沙漠中工作或探险，该是多么困难和危险，不知得多做多少准备。

儿子上车后，显得很激动，一再要求我把手机给他，说不是要玩游戏，而是要写东西，我教他可以用 Notes 应用。这大概是他第一次有了自发的写作冲动与激情，如鲠在喉不吐不快吧。我一边开车，一边从后视镜见他抱着手机不顾汽车的晃动不停地在写。过了约二十分钟左右，他说写完了，如释重负般放下了手机。后来我在手机里读到他写的东西，居然写了挺长一段，描述了今天的经历，用英文写的，可以用激情澎湃一气呵成形容。疫情网课他几乎每天写日记，开始是老师布置作业，逐渐成了习惯。这次出游后回到家里，儿子让我帮他把这篇日记截屏影印出来，竟然印了两张才印全。不知他又写了一篇什么，把影印截屏作了插图。此为后话。

我们两个成人从当天下午开始即马不停蹄轮流多开了一点路程，途经内达华州的雷诺市（Reno）和太浩湖（Lake Tahoe），三人当晚赶回洛杉矶；十一点多路过女儿家，接上妮妮，半夜回到尔湾。结束了疫情中的再次旅行。

2021.07.26

从美国看河南雨灾

7月20日，周二，在群里看到有人发视频并文字，说河南郑州发大水，政府宣布遭遇特大自然灾害，进入一级战备，派了解放军上阵救灾。视频是一长列军绿武警车辆，有篷的可能搭载有战士，无篷的载着冲锋舟，在水没半车轮的街道上行进。有数目不多的行人撑着雨伞，沿着马路隔离栏杆前行；这样行走，大概是为了避开平常人行道上可能的坑洼塌陷。不熟悉郑州的街道，不辨消息真假，便把文字与视频发给我一位在郑州的病人，她是位企业家，曾两次利用来美探亲的两个月植了四颗牙。虽然时间是国内半夜，但很快就得到回应，证实郑州下大雨24小时不停，挺严重的，解放军来了，在守黄河、水库等；他们都在家，上班的人则大部分都不回家了。

因一时没找到微信，过了两天直到7月22日周四我才给另外两位在郑州的朋友发了信询问。一位是牙科同行，在郑州那家亚州最大的医院工作；另一位是民办学校校长。虽然都是从未谋面的微友，但已相知六七年了，无事不聊，一聊即如故友。

在等待回信时，又在各群看到有关各种信息，其中有大量视频：地下车库，地铁，京广隧道……大部分视频显示的是群众自救、互救场面，偶见有遇难者。海外各群信息侧重不同，有的群郑州雨灾占据了主要话题，大部分则仍然各种信息与话题杂陈：美国疫情，河南灾情，东京奥运会，广告……等等，但搞笑取乐之类的段子及视频等信息几乎看不到。

大约在国内的早晨，医院同行给我回了信，称她个人一切安好！城市的水一天就退了，但是各处的积水清除还有待时日，停水停电停网的区域在慢慢恢复，医院门诊地下共三层灌满了，大型检查设备信息设备目前还在水中，老院区的1万多患者已经安全转移到新院区和兄弟医院，医院损失惨重，因为老院区在旧城的低洼处。我问超市情况如何，她说超市物品会有抢购现象，但能很快补充上，人心还稳。我又问他们开诊了吗？她说在低洼处的老院区没有开诊，新院区开诊了。当天她有三个预约号，但病人都没有出现。灾情当前，人们有比看牙更急迫的事，而且城市交通也还没有恢复。我又担心地问，Mary（化名）一直没回我信，应该没事吧？你们有联系吗？她说，平时都有联系，只这两天没有。Mary 的家在低洼区的旧院那边，停水停电停网了。她问我美国这边怎么报道？我把我看到的告诉了她。又问她，人在现场如何看待，她说大部分还是天灾吧。

直到国内周五上午，才收到校长 Mary 的语音回信报了平安。她家那边果然水电网俱停。京广隧道口就在她家门口。她的流量还很不稳定，加上时差，可能还有事要忙，每次要隔几个小时才回我的信。我和她陆续交流和印证了一些数字和其他信息。其中她特别提到在解放军来后，贾鲁河泄洪，周口扶沟人民用万亩良田，39万人背井离乡，换取了今天郑州的平安。要不然郑州市区平均水位将达5米。如果在有生之年，遇到周口扶沟的人民，一定要谢谢救命之恩！是啊，大城市周边的城郊地区，在遇特大水灾这样的自然灾害时，往往在两害相权取其轻的原则下，为了减少人口密集，基础设施集中的大城市相对更严重的损失，而选择暂时牺牲人口相对稀疏，基础设施投入较少的城郊区域部分或全部利益。希望灾后重建中，他们能得到足够的弥补。

像每次灾害发生后一样，美国华人社区信息流里都会泥沙俱下，各种立场，各种思维，各种观点，各种目的的言论都会汹涌而至。有客观报道者，有理性反思者，有刨根问底者，也有各种歪曲渲染者。不管为何，作为舆情的接收者，在把自己的观点看法情绪和思考加入新的舆情之前，务必多分辨，多分析，多思考，多角度，多方面，不妨让子弹多飞一会儿，看看落地的是颗山药蛋儿，还是颗金刚钻。而为政者，不管如何，损失是硬摆着的，工作中必有可检讨追责之处。历史上，河南为水所克，已发生重大灾害无数次。说起来，国家发展了，富强了，手头宽裕了，应该有个百年大计，以展现国家的强大和决心，否则，再现代的地面建设，也抵挡不住最原始的蛮荒之力；被摧毁损坏的绝不止价值可计的一些硬件设施，更可能是民心和信心。不止郑州，也不止上海，北京，是时候了，如果还有下次，请可以自豪地宣称，无论哪里，在千年难遇的豪雨侵袭下，我们的人民依然毫发无伤！人民对祖国强大的感受，对国家的忠诚，对民族的自豪感的产生，是由各种深在看不见的软性硬性建设作强力支撑，也可能是从天上落在身上的一滴雨开始。

2021.08.03.

关于数字的评判：再从美国看河南雨灾

美国疫情又有第四波之势，从我六月底外出旅行时日新增一万余例，到现在日新增又有数万甚至十余万例不等，Delta（德尔塔）变异株成了全世界高频词。

人们几乎已经疲怠下来的警觉性又再次被刺醒。今天去玩乒乓球，三张球桌十个人，全部全程戴口罩。我刚到时忘了戴，一见全场这架式，还没进球场门，就赶紧退回停车场，去车上取了一只新口罩戴上。

在警惕身边疫情的同时，国内河南水灾话题还没有退尽，数省数城市围剿复炽疫情火苗的情况，也在吸引人们的注意力。

在郑州的朋友一早发来河南这次水灾的死亡失踪人员数字，虽是手写帖，但标明是官方统计。我百度了一下，确定与官方公布数字一致。

我把这个手写帖转到我的几个群里，引起部分群友双手合十的祈祷，并未有更多的议论。在几个政论性较强群，见到一点零星质疑的声音，质疑的唯一依据竟然就是因为它是官方公布的。

还在水灾初期，这个数字就是挂在人们心中的一个秤砣，和一些人嘴上的刀。有一个关于京广隧道里会有多少车因而会有多少人的推测可能是流传最广的。根据这个推测，数字是揪人心的；推测的语气则不像是在推测，而是比真实更煞有介事。有一二个朋友转给我看，转帖本身可能就是一种比较有倾向性的行为。

随后我又看到油管Youtube上有几个视频介绍进入京广隧道前的街道在下雨后积水，使得街道上车辆减少，因而进入隧道的车辆也减少的情况，似乎在针对类似上面的推测或传言而制作的。多年前我在北京雨中积水很深的街道上开过车，辗转反复根据前车涉水情况而选择避开深水路面寻找浅水路面，不知深浅宁可不过的情形依然历历在目。因而感觉视频介绍的情况有一定合理性，本想转给朋友，以提醒他多一个角度看问题；但又一想，视频在时间与空间上也都是可以剪辑的，自己又从没去过郑州，无法判断视频的真实性，也就作罢了。

如何评判这样一些数据？

以是否官方发布为标准判断如何？曾经有些官方发布过的数据被证实为虚，但我也看到过某些重大官方数据被很多人认为不实，而我以个人亲身经历可推测其为真的情形，所谓假作真时真亦假。

多数情况下我们绝大多数人都不可能有第一手资料去复核而确定一些数据的真伪，因而我们对数据本身的任何评判或推测都不可能为真，但是我们可以对数据的合理性作出一定的评判，可以有三种：合理，不合理，暂无定论。

合理或不合理性到底应如何评判？我们大多数人都不是专家，又缺乏现场资料，而又想有个自己的评判，不被任何有心人带风向，该怎么办？

如果是我自己，首先尽量获取可信的现场资料，其次不预设立场，预设立场就等于戴上有色眼镜；然后用常识和直觉，常识是我们多年所学知识，社会经验，人生阅历等积累之大成，直觉是在常识基础上对外界人与事作出快速整体判断的能力。当然理智严谨型人格可能另外行有所轨。

以大雨中的郑州京广隧道为例，虽然我们没有去过京广隧道，但我们应该对隧道有一定了解,同时思维中也应留一定余地:京广隧道可能在结构等方面有一定特殊性;虽然我们没有经历过郑州那样的大雨,但或大或小的雨我们也淋过或遇过,在雨中坐过或开过车,见过雨中积水或不积水的中国街道;可能没有见过,至少也大概听说过雨水会淹没隧道这回事,即便没有听说过,也一定有水往低处积的常识,但也请在思维中留一定空间,我们没有遇到过的大雨可能会带来一些超出我们想象的事情;我们大雨当时虽然不在现场,无法完全了解彼时彼地的人们确切的想法和心情,但是我们都有一定的察己推人的能力,都能在一定程度上设身处地想象一下人们面对天上的大雨,地上的积水在走路或行车时的合理反应,当然我们也要知道人各有不同,有的更敏感,有的更迟钝……

  我们大多数人,就是这样凭常识和直觉平安度过一生。要被带风向,也不是一件容易的事情!

2021.08.20.

儿子开学了！

在疫情中，最需要心理承受韧性的可能得属旅外华人，他们要在中国和中国以外的两种完全不同的疫情状况，两种完全不同的应对环境、方法与氛围中，既不断地互为矛盾地参照，又不断地在两个完全不同的世界中进行着身体空间或心理模式的转换与代入。在病毒环伺的中国终于出现日新增一至二位数的病例而经历着紧张感的国人，恕难理解又在另一轮高峰中的美国面对日新增数万乃至一二十万病例，人们生活工作学习我行我素，分不清是麻木、无奈还是自然形成的泰然自若。

在这种情形下，儿子开学了！

首先感受到学校开学的气氛，是昨天周三傍晚6点钟，去接在一个小学足球场上足球课的儿子时，学校的停车棚和周边的街道上都停满了车，足球场与学校建筑之间的空地，摆着桌子，支着帐篷，家长、学生和老师乌泱乌泱的，不知为什么这么晚还聚集了这么多人。

儿子并不在这个小学上学，他只是在这里上课外足球课。拜这一年多疫情所赐，太太坚决不同意他去上堂课，儿子一直上着网课。文化知识学了多少我难以了解，更无从掌控，但看到儿子每天习惯了晚睡晚起，除了宅在家里还是宅在家里，于是想着起码应该有个好的身体底子。网上买来跳绳，太太教他在后院练习。孩子本来是不会跳绳的，教也教不会，太太只好一味让他跳，每天跳，跳着跳着，从一个不会跳，渐渐能轻松跳一二百个。呼啦圈也是。儿子还自创了三十三计划，即每天在跑步机上跑三分三十三秒，在练功凳上仰卧起坐三十三个，双手哑铃三十三下，从2磅换到5磅。尽管每天要和他斗智斗勇，各种折扣，虚以委蛇，好歹让他动一动就比不动要强。又想着每天宅家白白胖胖不如赶到外面晒晒太阳，补钙长身体。为了增加孩子内驱力，太太周末带他在草地上和小狗赛跑，又邀玩得来的小朋友一起绕操场跑大圈。感觉孩子只是推一下动一下，与其说在练孩子，不如说在练大人的持久力和恒心。

儿子喜欢和大半岁的Tiger玩，两位母亲相邀一起玩了两回。太太得知Tiger在上课外足球课，问儿子想不想，居然痛快答应！他可是在五六岁时讨厌放弃过足球课的。这回都是因为有Tiger在。起初只周三下午5点去，踢到6点，再和Tiger各种玩，到7点还不肯回家。

儿子有多喜欢Tiger？教练把他和Tiger分在了两个不同队踢比赛，儿子不乐意了，他想和Tiger在同一队。教练起初不知道小孩子还有这份小心思，忽略了。这一天练球不久的儿子生平就第一次踢进了球门——他故意踢了个乌龙球！气得教练罚他站。私下儿子对妈妈说，他想帮Tiger赢！

太阳下一直晒，操场上追着球各种跑，马上又增加了周五训练。儿子黝黑的脸庞和四肢，初具小男子汉模样。周六的游泳教练有了感觉：体力增强啦！太太有一天说，游泳课上游一千米轻轻松松，她数着的。孩子的点滴进步，喜悦都会在为娘的心头涌动。

快开学了，太太带孩子去做了个体检，不高不矮，不胖不瘦，刚刚好站在他这个年龄的标准线上。但眼睛视力有所下降。终于有理由减电脑，减iPad，减手机了！

太太曾经是那么坚决果断不想儿子在疫情期间去学校上学的，现在怎么又那么断然要送他去学校，现在又赶上新一波高峰了！"还那样待家里行吗？"当妈的心中只有无奈和担心吧！从来不会感觉和小神兽朝夕相处会腻歪的。

周三晚上，不知是踢球累了，还是明白明天要开学了，儿子很乖地早睡了。第二天7点就起床。一边吃着早餐一边和妈妈商量着准备好午餐和书包，准时出了家门，步行去学校。他的行动说明了对到校上学的期盼！

我也刚好遛一下妮妮，送哥哥上学到半路。

下班后，晚上在家，听太太说儿子的新老师好像叫Johnson，听上去像男老师，其实是女的。这点需要核实。太太还说，儿子回来对她讲，中午吃饭时他专门找了个没人的地方（独自吃完的）。

现在出门只要说要戴口罩，儿子就可以从头戴到尾，不会擅自摘下来。从外面回家第一件事就会自己去洗澡。我今天在社区打完乒乓球回家要洗澡，被太太拦住：让儿子先洗吧，好早睡！等我洗完下楼，太太道歉说忘了儿子回家就洗了！儿子学会数落他妈了，意思是他从来回家就会先洗澡的，以后都不用问，也就无所谓忘不忘了。

2021.08.24

"五筒"的靴子何时会落地?

近一二年,网上"五筒"(武统)的声浪一声高过一声。大约基于以下几方面原因:一,台湾蔡政府与当时川普主政的美政府,"切香肠"的块有点大,刀法稍嫌急躁;二,大陆日益增强的经济和军事实力;三,大陆针对"切香肠"的厚薄疾徐而精心设计了各种绕台军演;四,中外官民线下网上对"五筒"的议论较任何时候都更为热络;五,即便白宫主人换成拜登,美台"切香肠"的刀片也停不下来!

再不懂军事的人,也会有一点军事常识。世界人都能看到的几个"五筒"好时机,靴子却都没落下来。特别是在美欧都被新冠病毒打得人仰马翻,美国航母几乎失去战斗力时。那时不知从哪放出风声:美国故意让出口子让你打呢,不能上当。其实可能演的是一出空城计。

等到美国一剂疫苗定乾坤,新冠得到控制,拜登腾出工夫来在中国周边拉帮结伙搞事情,日本、印度、澳大利亚,甚至土耳其,甚至一直忙着从中国捞好处的菲律宾杜特尔特也让国防部长跟着起了一大哄;在川普时期和中国走得近乎的英法,也跟着拜登开着舰船南海来走了几步。连我这个外行都能看出这是美帝玩的"围魏救赵"伎俩,更显其对台湾海峡的重视和忧心,可能还掩饰着心虚。让人不禁想到,意欲中国周边风平浪静,必先有东南平定。

很多自媒体都鼓噪"五筒"久矣,且谓要快,越晚越不利。是不是有点看热闹不嫌事大?待到"五筒"的靴子在看似大好的机会还迟迟不掉下来,便揣测领导定是有自己的节奏。

有什么样的节奏呢？我也冒昧揣测一下。

首先统一是中华复兴的手段？还是结果？我猜测应是结果。也就是中华复兴强大了，统一自然水到渠成，否则，即便到手也会得而复失。台湾在历史上就曾在荷兰、日本和中国明清朝之间几易其手。那手段是什么？是中国与世界的联接，尤其是与西方发达国家的联接，保证了先进技术的交流，和货币与生产产品的流通，这其中又以与美国的联接关系为纲。这就是为什么，在川普为政的美国千方百计要与中国脱钩，而中国在世界疫情最严重和川政府打压中国最凶时，也要履行和美国的第一阶段数百亿贸易协议的原因。很有点日本相扑的意思：越是摔得狠，越要抓得紧。但更有中华文化的太极智慧：进非进，退非退！尽管几十年的发展，使得两国间的政经货贸金融生活，已经发生了物理性系联，不是某些主观愿望可以轻易割断的，但若有什么烈度更大的事情发生，那就说不定啦。

台湾是什么？尽管法理上台湾是中国不可分割的一部分，这是对中国最有利的抓手，但是历史与现实的原因，台湾实则成了中美之间政治脸面上的一只耳朵，就像台湾岛本身的形状那样，它并非庞大身躯的主要部分，失去它对双方的身躯主干都并非致命，但会很难看；听力功能不致彻底丧失，但多少会受点影响。所以非到不得已，双方都不会为了图揪一只耳朵的一时之快，而引起两只庞大身躯的冲突。

比喻到这里，不难看出，只要那只本来属于自己的耳朵还没有出现明确要与自己身体分离的状况，就该等着身体发育与强健起来，等到与竞争者一样强壮甚至还要更强壮一点，那该是谁的东西自然就归谁；本来就不是自己的东西，自然也就会放手，谁也不想输起来更难看。

所以，对中国来讲，"五筒"就是在躯体尚弱小时，为防"耳朵"丢失而作出的"拼命三郎"的姿态，为了一只耳朵，让身体未强壮先受伤，那是划不来的。而对美国来讲，怂的怕横的，横的怕不要命的，为了一件本来并不属于自己的东西，让人和自己拼命，也不是件划算的买卖。

美国有中国发展强大所需要的技术和资金，中国也为美国提供生活便利而难被其他国家所替代的条件。斗而不破是现阶段两国矛盾和利益关系的平衡点，只有维护好这个平衡点，弱小的一方终有变得差不多强大的一天。所以，只要美国不强行要将台湾这只耳朵从中国身上揪下来，或者这只耳朵自己要强行从身上脱落，在真正强大之前，中国自己断不会主动用"五筒"，去打破中美之间的关系平衡点。"广积粮，缓称王"。中国自古王者就有王者的隐忍策略。

由此去猜"五筒"的靴子何时会掉下来，大概不难！

2021.08.30

我的阿富汗病人

大约一个月前，诊所来了一位身穿黑袍、头发盖著黑巾的女病人。厎的是政府福利保险，这也就是为什么她能找到我这裡。照了X光，做了检查，为她做了治疗计划，她的一些治疗项目需要等待保险公司预批才能决定能不能做。

一边讨论治疗，一边和她闲聊几句家常。这是我的工作方式，聊聊病人的生活，甚至走近病人的内心世界，会让一些病人感觉亲近、产生信任，松弛紧张的神经。

听说她来自阿富汗，来美已经五年了，她先生为美军做翻译，这就是为什么她能来美国。她有四个孩子，这几年她回过阿富汗几次，看望父母和姐妹。我对从未涉足的阿富汗的印象，可能和大多数人一样，战乱，山地，贫瘠，蒙面妇女，极端宗教，美军，塔利班等等词语，会成为那一块神奇而苦难的土地模糊画面上的密集弹幕。结束检查后，隔著前台，我用中国人思维问她："和平稳定的生活和民主自由，哪一样对你更重要？""自由啊！这就是为什么我在这儿！"她的回答不假思索。

近一两周以来，阿富汗随着美军撤离而出现的乱象，从被质疑的美国总统拜登，到拥兵三十万却放弃抵抗，传闻卷款出逃的阿富汗总统，到塔利班的卷土重来，再到从空中美军飞机收起的起落架盖上掉下的阿富汗平民，等等等等，都成了全世界热议话题。令我又想起我的阿富汗病人，不知她是否还会回到我这里来就诊。

前天，又看见一个黑袍女人躺在牙椅上，果然又是她。很不幸，治疗项目被保险公司拒绝了。她让前台 Doris 报了自费价格。Doris 过来对我说，她想和我谈谈。她安静地在等在椅位上，很平和但直接地请我给她一个折扣。我和她一起复习了治疗计划和价单，给了她一个特惠价，虽然对她仍是个不小的数目，看样子她还能承担。其实她无意中叩开了一扇门：如果见到报价单起身就走的病人，我们从来不会挽留；而表现得确实需要帮助的，我们总会和病人一起想办法。

我又和她一起复习了 X 光片，谈到了可能的治疗风险。这也是我们作为医生的常规工作程序，把最坏的可能性交待给病人，治疗上往最好方向努力，这样一旦有什么不好结果发生，病人不至于感觉意外，毕竟很多医疗结果不是医生可以完全掌控的，并且是不可逆的。很遗憾，她感觉与其承担那样的风险，不如把有限的资金用在口腔其他更急需修复而治疗风险相对小一点的部位。于是她决定改日来拔除那颗牙齿。顺畅的沟通过程，她表现得明智而果断。

没想到第二天她就来了，陪同有一位男子，看上去很年轻。除非年龄过长或过幼会影响到整体健康状况，我一般不会特别留意病人的准确年龄。可能她的牙齿"苍老"状况，让我高估了她的年龄。我居然会试探性地问那位男子："你是她儿子吗？还是什么关系？"男子起初还幽默了一下："我是她儿子！"让我差点信以为真。穆斯林妇女可能结婚早，子女较大应是很常见的。随后他如实相告："我是她丈夫！"他说话时始终微笑著。

他开始陪坐在诊室里，时而和躺在牙椅上的妻子聊几句，像是在商讨事情，很有担当的样子，最后去付完款，便安静地等在候诊区。

我在前台准备文件、后台布置器械的空隙和病人丈夫东一句西一句地闲聊了几回。

他四十二岁,在阿富汗签合同为美军担任翻译三年后,带着妻子和四个孩子移民美国。他的直接上司是位上校,很干净利落地帮他在文件上签了字,让他全家很顺利地移民。但是父母和兄弟还都在阿富汗,很令他担心。他和妻子的英语都很流利,他说就在家乡学的。

我试着和他谈得稍深入一些:你觉得塔利班怎样?听说好像和以前不一样?他平静地评说了一番,用了一些负面词汇,最后意思好像是"本性难移"。从他的经历,他的立场很容易被理解。而作为局外人,要真正了解阿富汗,了解塔利班,也许还需要更多的时间和更多的参照。

抽空我又问他:"你认为美军到你们国家,到底带去了什么?是好还是不好?"这个问题,可能只有阿富汗人自己才有资格回答。听了这个问题,他从候诊室的皮沙发上站了起来,问我:"我能先问一声,您是哪国人吗?"我如实以告:中国!他说,阿富汗和中国是邻居。我回应:是的,通过瓦罕走廊。他又提到俄国、伊朗、巴基斯坦和印度,却并不直接回答我的问题,让我意识到,这个问题对他较敏感。我试着用可能是他的立场角度来看待阿富汗:听说在美国帮助下的政府,是允许妇女上学和工作的?他却对评价美军和政府,显得小心翼翼。这种谨慎的个性或许说明着他曾经经历过的复杂的过往,也可能正是他能得到美军上校赏识的原因。

我给病人拔了牙,植了骨,手术顺利,助手在为她拍一张植骨后X光片。我则来到前台一边开处方,一边和病人丈夫又聊了几句。

他现在在一家货运公司工作,妻子没有工作,在家照顾四个孩子。妻子在阿富汗时是位医生,什么都看的那种。怪不得在我和她讨论治疗方案和风险时,她显得那么从容淡定。我问,你妻子有没有计划考美国医生执照呢？他犹豫了一下，附合道，是啊，有计划。我自己考美国行医执照的过程告诉我，一个带著四个孩子的母亲要考行医执照该有多么艰难。尽管我相信像他们这样的家庭，在美国会有免费医疗保险，孩子会有资金和食物补助，但生活的压力在他们身上看起来还是满明显的。我说的话可能有打动他的地方，让他不禁发出感慨：来到新的国家一切从头开始，生活很不容易啊！我说我们都是从零开始的，生活一定会好起来。尽管这样不容易，他还是在努力给家庭最好的照顾，从他愿意为妻子自费作植骨，预备今后植牙就能看出来，当然我们也会尽最大可能帮助他们。

妻子照完X光，也走出来，站在丈夫的身边，这时看他们在一起，丈夫还是蛮彪悍的，妻子在宽松的黑袍里显得娇小了，很般配的一对。

2021.09.11

二十年前9.11后我的第一次访美经历

二十年来，每逢9.11，各样心情的人们都会回顾重温一下纽约世贸中心双子座先后被恐怖分子劫持的两架客机拦腰撞击后火光崩射的震撼画面，对逝者或哀悼，或缅怀，或悲叹……年年有此日！而2021的9·11，因为美军从阿富汗撤军，而又给人们带来了不一样的想法和思考。

2001年我还住在北京朝阳区的一个小区里，那天晚上好像是在楼下理发店理发，忽然听见身边人发出惊叹声，电视里一架客机撞到了位于美国纽约的一幢大厦，那时对美国的种种并不熟悉。和大多数人想的一样：这可能是一个严重的悲剧性事故！我匆忙结束理发，赶回家打开电视，这么重大的新闻一定会有回放，可以了解详情。

谁知刚打开电视，画面上就出现另一架飞机撞在另一幢大厦的不同高度，因为与在理发店电视上看到的画面不同，所以知道不是回放，心里也和很多人在这种情况下的想法差不多：这就不是事故啦，一定是人为的！联想到不久前美国有港口轮船还有世贸大厦底层都曾遭受过恐怖分子的炸弹袭击，所以美国有什么地方再次被恐怖袭击并不令人奇怪，只是想象力水平远远未及现实中正在发生着的事件。

这一天是美国的九月十一日。从遥远的中国看过去，美国俨然可以称为"危邦"。

而此前不久，我刚刚拿到了第一次去美国的签证，并在网上预订了十月初访美的机票和宾馆。此后，网上查看美国境内各种动向，成为每日工作之余的必修课，脑中两个念头天天打架：取消访美？再看看！最后，一个分析结论阻止了我取消行程：其实，美国人这时比较警觉，机场等处各项检查更为严格，反倒是更加安全。但我还是到临行前一日才下最后的决心：动身前往！

第一次只有10天的访美行程，我自己选择了两个城市：拉斯维加斯和纽约。当我的病人，一位混在北京的美国白人听说后，皱起了眉头问，谁帮你安排的？我微笑不语，心想，你一个美国人怎么会理解，在很多中国人对美国文化的了解里，拉斯维加斯可能代表着美国资产阶级的腐朽生活，而纽约可能有着美国最现代最发达的社会元素。这一趟，我就要把你美国看透！

自从9.11事件后，对机场宽衣解带脱鞋的检查方式便见怪不怪了。

拉斯维加斯当时的宾馆可能只有十几座，分布在"Strippers"大道两旁。"Strippers"是脱衣舞女郎的意思，现今显然已不合时宜，这条大道已改名为"Las Vegas"即拉斯维拉斯大道，周边新建的宾馆业已成百上千。我第一晚住在"Sahara（撒哈拉）宾馆"，一家热带风情的宾馆。旅途劳顿，我前半宿倒床即睡了，谁知半夜睡眠正酣，突然警铃惊梦，响声大作，随着有人挨门敲击，轰赶客人起身下楼。慌忙间不知是火警，还是恐怖袭击。从十几层楼走步梯到底层，只见客人集中在空场安全处，有人还穿着短内衣裤，披着毛毯，状甚狼狈。若是火警，却并未见楼层里有火焰升腾，人们不知所以然，不安地议论纷纷。终于有警官到场解释：是火警，一对男女客人，不知在客房做了什么，触发火灾警报器。等警察们处理完一切，允准回房，天已大亮。从此，时差反应伴随我整个行程，白天发困，夜里失眠。

第二天搭旅游车前往大峡谷参观。在中途休息的一个饭店桌上，我看到一叠卡片，比扑克牌稍大，我拿了一张，原来是捉拿本·拉登的通辑卡。卡片的颜色带给我的内心震撼感至今印象深刻。整体用了黑色和红色，黑色极为肃重，红色是血色的红，合在一起从深处透出一股杀气。我把卡片带回了家，它至今应还在我国内家中书房的某个角落里躺着。当时我心想，本·拉登不是在阿富汗的山里吗？在美国国内发通辑卡是不是有点隔山打牛的味道？其实是我当时对美国人拥枪的彪悍民风还了解不深。多年后看到一部纪录片，真有退伍军人拿着通辑令，端着枪就自己向阿富汗的深山里找去了。

美国一般人的生活并非从此便同仇敌忾了，而是基本照常。傍晚从大峡谷回到宾馆，看到桌上有张套餐广告，包括自助晚餐，超级巨星演出和登拉斯维加斯最高塔，仅40美元。吃过晚餐，赶到剧院，超级巨星居然有迈克尔·杰克逊，麦当娜，还有在巴黎唱世足赛主题歌的那位，共四五位！无论到世界哪里演出，都堪称豪华阵容，而在拉斯，却不过是普通一个夜场。MJ竟然跳下舞台，在我身前二三米处持麦歌唱！轮到麦当娜，她婀娜扭转在舞台中央的白色袭皮上，模仿脱衣舞女郎的解衣动作，性感无比。原来她的表演也是来源于生活而高于生活的咧！

拉斯维加斯的无关话题不提，第二站一番周折来到纽约。网上订的宾馆是在曼哈顿岛上哈德逊河边的"纽约人！纽约人！宾馆"，离梅西Macy's超级百货大楼不远。我让前台给了我一间可以望得见哈德逊河的房间，该河因美洲大陆殖民先驱哈德逊循河而发现入海口而命名。前几年，一架客机刚起飞就出现事故，经验丰富的老机长就是把飞机安全迫降在这条河上，救了一机人的生命而被奉为英雄。

曾在纽约大学读了二年博士后，后得到基金去华盛顿大学自立门户的朋友告诫我，在曼哈顿去有的地方要兜里装二三十美金，以充作被劫时的保命钱。第二天一早，我却把装有护照、机票及美钞等的腰包缠在腰间，便走上了百老汇 Broadway 大道，一路南下，从中城往下城步行。

按图索骥，我第一要找的就是世贸中心。当地图上显示到达时，相关的街道，远远地便被警戒线路障挡住去路，隔过约一到二个路口，望见一片废墟间，仍耸立着两排黝黑的排柱，上部略成三角架形，仿佛在不甘地描绘着二十多天前还高耸入云，身姿飘逸的世贸大厦的形状。街间静默的废墟便是巨人受袭倒伏在地的遗骨，美国的人们似乎尚不及细想，是应先匣骨入葬，还是应寻仇雪恨；唯有张眼顾望，四海苍茫。

经过纽约大学、印度人街头小店，可能无意间还路过了艺术家村，沿途不时有保存完好的曼哈顿早期殖民者的遗迹，比如炮垒。

终于来到下城游轮码头。自由女神像在对岸岛上高高站立。游人站满码头，被编成组，有序登船或等待。但是9.11后，游船便只能在女神脚下神游一圈便转回，不再能到岛上停留，让游人可以进到自由女神的体内，登上女神高举的火炬。直到2008年，我带家人再游曼哈顿，自由女神像也还未向公众开放。

之后我又坐公交车北上游了中国城、中央公园、MoMA，赶到大都会博物馆时，只有十分钟在中国馆走马观花遛了一小圈。总之游人如织。

此时布什总统宣布开战。一战二十年。

9·11事件对美国，对美国人民乃至世界和世界人民在政治、经济、军事、社会和心理等方面的影响，要留待专家学者们去研究。作为在美生活的普通人，单从曾经再平常不过的三个数字就已感受到很多很多。

今天路过街边公园，石刻名牌上新覆了一幅白布，上书"牢记

9·11"！

明天有大枣采摘活动，邀朋友参加，她说要先问问先生。朋友先生是非常顾家的纯美国白人。问过先生后回话说，很想去，但不能去，明天是911！

2021.09.19.

中秋时节，月与月饼忆事

中华文化的浸染与中华文化基因的传承，不仅有书文来承载，由识文断字的士大夫来承担，也有一年中固定的传统节日，由寻常百姓，借着人间烟火，横播千家万户，纵传千秋万代。

中国的传统节日，似乎都有一个虚化的内涵和思想，是基因，和一个实在的具体形式和载体，是表达。比如过年，风俗传说有多种，但流传最广者为，最早人们为了驱逐一个恶魔"年"，而燃放爆竹，继而购置"年货"欢喜庆祝胜利。全民象征性的行为，无形中"表达"了中国人民向往的和平与祥和的生活，系由斗争取得，只有胜利后才能安享自己的劳动果实。

中国传统节日中非常强调家人团圆，比如春节，元宵节；如果暂时不能团圆，家人要互相思念，如中秋节：一轮明月夜空照，最是亲人相念时；一口月饼一酩茶，亲情照心如月辉。由此强化家人的情感和凝聚力。而家庭是社会和国家的基本单位。

想来，今年的中秋又与往年不同：疫情之下，交通阻滞，国界蔽隔，很多人已两年有余不能如往年回归故里与父母兄弟姐妹团聚，甚至有的夫妻也如牛郎织女，聚少，离多。因而今年的月辉当更为清远，思念之情会更为浓烈一些吧！

于我，种种与中秋节相关的月与月饼的往事忽然在脑际汇聚，挥之不去。

最早的记忆是儿时和都是住在二楼的邻居家的孩子们趴在窗台

上望月，大概缘起于大人们可能提醒那可是中秋之夜，月亮最圆。大家轮流转到各家的窗台去看。每家窗外的树影不同，看到的屋角各异，可月亮上影影绰绰的曲线却总是一模一样的。

后来有机会跟着大人走夜路，无论走了多久，走了多远，月亮总是在头顶上相同位置，以一样的角度，照着脚下模糊的渣土路。

记得小时候月饼是孩子们的每年一盼，但我好像从来没有一个人独享过一整块。七十年代，只要知道父母是工人还是干部，基本就能算出家庭收入。我常帮母亲提菜篮陪她上早市买菜，她总是要货比三家，在市场里转几个来回，才肯出手买下质价比最好的那家的菜。即便如此精打细算，有时月头月尾衔接也很勉强。中秋节，购买月饼这种额外的消费品，会给她计划家庭财政带来特别的困难。我们在学校听到有的同学津津有味地聊着什么样的月饼好吃，回家都不会对母亲讲，尽管心里有所期盼。有邻居家孩子，啃着一小块月饼到家门口找我玩，让母亲看见，第二天早餐桌上便多了一块月饼，记忆里似乎比现在的月饼稍大一点，但要薄，上覆一层诱人的黑芝麻，硬硬地包裹着香甜的味道。母亲用切菜刀，把月饼均等切成几牙，每人一牙月饼一碗粥，就算是了却了大人和孩子们各自的心愿。

我小学四年级时，有个要好的同学名叫张玉贤，每天同上下学、同玩的。一天课间时他顽皮扔碎瓦，不小心擦到我的头皮，虽然不至血流如注，但也把衣肩浸染了。班主任李老师把我送到校医处包扎上药，用传达室电话把上着班的他爸从厂里叫来。张爸当我面打了张玉贤一巴掌；下了班，又提了一斤月饼到我家向我母亲道歉。还有一星期就是中秋节，我和同学放学路过商店看过售货员在柜台上用蜡纸和纸绳包扎月饼，这么一斤月饼有四块呢。母亲很客气地和张爸屋里坐下说话，等他临走母亲很坚定地把月饼摁在张爸手里。张爸拧着包扎月饼的纸绳站在那里，转身离去时眼里有泪光。张爸年岁较大，是工厂的八级钳工，工资较高，但张玉贤的母亲是农村的，没有户口，没有工作。母亲坚定退还月饼的态度和行动，让我知道物有所不受，所以一点没有觉得可惜。发生了这件事，我和张玉贤有一段时间没好意思说话，但很快我们就又和好如初了。

我有三兄弟，七八岁以前，父母上班，都是由祖母在家做饭照顾带大。祖母很早守寡，在极端贫寒的家庭条件下，独自一人拉扯大包括我父亲的四个儿女。随后又轮流辗转农村和城里帮助带大每一位孙子孙女。每一位子孙后辈都与祖母感情深厚。

祖母来城里帮带我们兄弟三人时，小姑还小却远在数百里以外的乡下，为了减轻祖母的挂念，我父母恳请在派出所工作的邻居想办法把小姑户口办到了城里。我们稍大后，小姑也成家有子，祖母又去帮忙。有一段时间我学习特别紧张，有数月没有去看望祖母，一直想着中秋节去，却也在节后一二个月才稍微得空前往。

祖母特别高兴，从储物铁桶里拿出一个油纸包递给我，让我快吃。我打开油纸包一看，是小姑中秋节给她买的一块月饼，祖母一直舍不得吃，留到现在。我张口咬时，忽然看到月饼上挂着棉絮一样的虫丝，还有一串串的虫卵，祖母从没打开过纸包，竟不知留到生了虫子。那块月饼我悄悄藏进衣兜里没有吃。以后每次想起，心里都有隐隐的酸楚在涌动。

我现在也已过了祖母当年的年纪，依然有着各种欲望，可以想见，祖母是怎样地克制着自己的欲望，把爱全部留给了晚辈。

我同辈的兄弟姊妹们情商都很高，没有一个自私自利的，大概是在无论如何饥渴的情况下，都得到过如母亲和祖母这般无私的爱的浸润。

中国文化里，月亮有着至高无上的地位。童年时，我们就曾被告诫,夜晚不能用手指指月亮,否则梦里耳根就会被切割。孩子们耳根溃疡是时有发生的事,我当年就信以为真的。当然这是某种戏语,但也无形中教育了孩子,用手指指点是不应该有的不敬行为。

在中国诗词歌赋里,月亮有着很多别称,最有名的是"婵娟",其他还有冰轮、玉蟾、玉轮等等,个个音形优美,富有诗意,被巧妙地应用于不同的诗境语意中。

中国的传统节日,周期性地提醒我们暂时放下日常的忙碌,回到一个时空,回到生活的根本,让沉睡的基因甦醒,再作一次复制,一次传承。

当我值此佳节,思亲念旧,心绪不书不足以平复之时,想你也定有许多至亲的故事,在心头涌动。

2021.09.25

"晚舟归航"前因与后果的猜想

本文纯系从日常信息流中流淌而过的各样信息以及个人形成的观察习惯与角度,而进行的猜想和预测,未经任何途径的消息或信息来证实,纯属个人消遣,切勿过于较真。若今后证实凑巧对了,也没什么,因非专家之言;若错了,也请勿拍砖作无谓引申,以为一错即百错。

"晚舟归航"来得似乎有点意外,却在情理之中。同时加国二人也从北京启身归加,似乎是相互交换。但是三年了,费了多少口舌,损了多少国耗,要换早换了,何必等到今日。

寻读各方言论,最接近核心的言论也只笼统提到国家与人民。其余外围议论则无一论及,故此斗胆猜想,权当自娱。

阿富汗撤军的狼狈,拜登民调跌底;塔利班卷土重来,声称已选特定日子就职;这个日子对美国有特殊意味,让人情何以堪:退而受尽辱,再进又何难。果如是,拜登势必何止再上风口浪尖,简直有烤炉在等!

此日之前二三日,拜登在时隔数月后又一个电话,世人以为中美从此可再修好,可盎-撒联盟又新成立,令人甚是疑惑:中美关系到底何去何从?

通话后一日,作为无关方者塔利班即声称,从没选定过哪个日子!二十年战火洗礼,今日塔利班似与昔日者不同矣。

拜登从此解围,国内情势稍安。

不意今日，国家专机早有预备，"晚舟归航"！

本来就不是中加的问题，既已归航，顺势解结。

此乃我猜之前因，后果又是什么？这是预测，便更难了，专家都要同时准备两个答案，还是权且娱乐至死吧，尽管并非娱乐话题。

其实我在前写拙文《"五筒"的靴子何时落地》一篇中，不慎遗漏了"晚舟归不归与五筒有关"，尽管是个极重要观点，还是遗漏了。后来无意中看到有的专家竟也有持此观点的，不敢说英雄所见略同，但凭空添了点底气还是有的。

仍然打个比喻吧，中家和美家有争执，可不巧闺女留滞在美家隔壁的加家，而加家和美家关系好到可以把中家闺女转送去美家。此时中家会与美家撕破脸在外大动干戈吗？中家肯定不会主动送这么个"王炸"给美家吧？

现在闺女回家了，动干戈也好，不动也罢，没有后顾之忧了。

"五筒"的靴子会何时落地呢？

2021.10.18

中美关系真的不能回到从前了吗?

这么大的题目把我自己都吓坏了,写下类似的标题后一月余未敢移笔。不如写点《一个半月之内体重减持10磅运行》来得更实际和实用。但想着只要给自己贴上"业余写手"的标签,即可享有更多知无不言,言无不尽的言论自由,便也无所畏惧了!

"中美关系可能再也回不到从前",好像是"中国人民的老朋友",美国著名战略家,前国务卿基辛格博士说的。他是尼克松总统时代,秘密访华打破中美关系坚冰的第一人。尽管是为了美国国家利益,但至少他是知华,即便不是亲华,也并不一味从意识形态上反华的。

这样一位专业、资深,知美又知华的超级权威人士都把话说到这个份上了,一个业余写手还能有什么可说的呢?

但是坊间也有传闻,专业媒体是否有报道不知道,据说前总统川普甫一当选之时,曾经密访过基辛格博士,博士献策为"联俄抗中"。但这一合纵连横雄策似被前总统冷掷一旁,却被现总统拜登奉为圭臬。现总统曾亲自专门拜访过俄罗斯总统普京,以中俄领土纷争历史来分化瓦解中俄目前"历史最好"的关系,结果似乎被普京抹了一脸灰。

可见博士雄策也有难以施展的时候。

"中美关系再也回不到从前",与其当作对中美关系前景所下的一个结论,不如看作其对中美关系在某一阶段形势的判断和分析。

媒体上常说,世界形势风云变幻,所谓风云变幻就是像每天天气预报的那样:不是今天刮东风,就是明天刮西风,一会儿南方有高压气流，一会儿又转北方有低压空气。阴阳晴雨，在地球各个角落不时变换，有时可以预测些个，有时又让人措手不及。

"中美关系的从前"是什么呢？是一九七三年以前的"从前"，还是七三年以后的"从前"呢？不难理解，博士的意思应该是七三年以后的"从前"：尼克松的与中国大陆建交，与中华民国断交以应对苏联的冷战；布什的反恐与中国的深度合作，以及奥巴马为走出金融危机对中国配合支持的倚重。

但七三年以前的越战、韩战全面经济政治封锁，不也是中美关系的"从前"吗？不仅是，而且是如长津湖摄氏零下四十度的"从前"。从那样冰封的"从前"，尚且可以走到"夫妻关系"一样的"从前"；如今扯不断理还乱的中美现状，恰似半冰半水的状态，温度岂不要高出几十度来？

世界地缘政治专家可能会说，在美国的眼中，老二永远是老大的敌人。这也就是中美关系回不到从前的主要原因：中国成老二了！

作为老大，老二是生生不息的，消灭一个老二又会有另一个老二出现，老大在消灭老二的过程中，可能会越来越强大，也可能会越来越衰弱。就像狮群中的狮王，有由幼而盛的一天，必有由盛而衰的那一日。

同样，老二也是在与老大斗争当中，或湮灭或愈强大的。美国一定要重视中国现任领导政党的红色基因，它是有过在中国由老二变老大的经历的。以下叙述直书针对常见问题，以省篇幅：该政党从无到有，从小到大，从弱变强，在中国土地上历经风霜雨打，是物竞天择的产物；从该政党成立始就不缺贪腐与叛徒，说明该政党有相当自我排毒能力；该政党几度濒临生死边缘而终复活，说明其有相当的免疫自愈力；该政党善于在不同势力之间周旋，形成最利己之形势；

该政党不必拥有最多军队，最优武器，最多资源就已能掌握最多主动权；该政党很善于从实践中学习、反省、提高。

现在的中国像不像走到了世界的西柏坡？以前中国的老大是国民党，现在世界的老大是美国。以前国民党围追堵截该政党，现在美国围追堵截该政党领导的中国。所谓知己知彼，美国若不测出该政党的基因序列，来知道其制造出的蛋白，进而预判其行为，就可能重蹈国民党当年的覆辙。

看样子中国还是想回到从前中美的"夫妻关系"的，因为无论美国虐华多少遍，中国都始终给美国留一面儿。其中我认为最主要表现在于缓取台湾。强取，美国可能最终也无可奈何，但脸会伤得很重，中美之间的内伤会在韩战越战之上又多一道难以拂平的疤痕。中国似乎在等待中争取更完美的结局。

中国可能在主动被动地等待或推动一个战略契机，一个战略形势，以压待变。后疫情时代美国高通胀等矛盾对社会经济的影响还需要更充分显现。拜登总统似乎一直做有两手准备与中国打交道：自己始终保持与中国领导人的友善沟通关系；而起初让手下"该竞争的竞争"，在中国抵触下，便更多走向"该合作的合作"。

人们看到，不知有何更深层原因，拜登上台以来，除了初期抗疫成效尚可，对内对外政策了无新意，多有沿袭前任痕迹，如此，成则反证前任英明，败则全责在己。怪不得民调史低，令下台前任场外摩拳擦掌，跃跃欲试。

亲中的德国总理默克尔卸任一分钟的讲演，赢得十分钟的掌声，在于其务实的精神为德国的经济取得傲人的成就。不反中的菲律宾总统杜特尔特也为其国争取到最大实惠而赢得其人民拥戴，其女有望承继其位。

拜登如不尽早走出属于自己的施政道路，民主党与其本人的后续选举，似乎已隐约楚歌声起。

于美国，于拜登本人，似乎都另有一个形势在酝酿。

2021.10.24

我是如何在一个半月之内让体重减持10磅而运行的?

果然,有朋友对本人上篇拙作"雄文"论中美关系并不在意,却对体重减持10磅之戏语兴趣浓厚,请求我:若真,请分享之!

是真的,这是我最近一个半月内干的一件"大事"!但为什么不简单说"减肥10磅"就得了?非得故作高深论"运行"呢?的确,"运行自己的身体"是我最近体悟最深的一件事情。因为,身体体重,并非静态的,而是如潮水忽来忽去一样,忽轻忽重的,所以,"运行"一词比较准确地描述了这种动态过程。建立这个观念,是成功管理好自己身体的关键,也是"减肥成功"的要诀。

为写本篇,我不得不"出卖色相",公布自己的一些隐私数字,但为了朋友也就拼了!我身高约5英尺10英寸(1米79),近三四年来体重一直在185磅(约84公斤,1:2.2的关系)到190磅之间徘徊。为什么会徘徊?因为当体重达到190磅时,我会感觉自己惨不忍睹了,就会控制一下饮食,而一旦体重回落到185磅附近,饮食上便又恣意妄为,虽然也意识到小肚挺衣依旧,但也欣然忽视啦!所以,过去几年我都是在这个体重水平上"运行"自己的身体的。

我的体重计本可以称 BMI 值,可是当初设置时,不知为何嫌麻烦,直接跳过了,只显示体重而已。所以需要计算来得到 BMI 值。大家可以在网上查到标准值等相关知识和计算公式,我不予赘述。

其实即便自己不公布这些数字,见过我本人甚至只是照片的人目测也能猜个大概。多年前，就有微友在我发布朋友圈有参加社会活动的照片时，留言：也有肚子啦！

那是什么原由让我忽然会动念发起这次减重运动呢？

打乒球认识了姚先生（化名），智商极高，阅历丰富，健谈，喜议论政治，愿意毫无功利地帮人"纠偏"。但朋友之间议论政治是有诸多不妥的，我尽力回避。一个半月前有一天，打球人多，等桌排队之时，与我前后的姚先生忽然毫无功利地说道，你有肚子啦！接着拟从学者角度，论人为何会有肚子！说者无心，听者有意！我单方面认为此事倒是可与姚先生"合作"，心里暗自邀请他做了我的体重"督察员"：每次打球，一定要让姚先生看到自己身形有减无增。

得遇姚先生这样的诤友素谓难得。家里人对亲人的凡夫俗行从来照盘全收的，何况些许体重超标；一般人大多数对别人也是用高情商的语言交流尽量营造令人愉快氛围，轻易不会用又胖了这类言语叨扰别人内心平静；自己对自己则常常不是善于藏拙，就是善作鸵鸟。所以，珍惜诤友，诤友为镜！

正如很多人戏谑：减肥这事太容易了，我一年减好几回！这事于我却是千真万确，我的体重一年之中，会在185-190磅之间，来回往返几次。所以，半个月之内，我就把体重降到了180磅，显得轻而易举。

怎么做到的？第一件事，上班时即带上一大罐茶水。以前上班忙一上午也不见得喝一口水。等到中午，便觉又饥又渴，于是会直奔快餐店，一个大汉堡加一大杯可乐就是人生最享受的畅快淋漓。这一顿午饭摄入热量起码一千到一千五百大卡，换算成长膘值可能在一磅左右。所以随身带一大罐茶水，渴了随时喝一口，够一天喝的。午饭时便不再有非一大杯可乐不能解的焦渴感。再加上有意识要减肥，饥饿感也并不如平常那么强烈。早上一杯牛奶，一颗鸡蛋和一片面包，加上身体脂肪燃烧的热量，便足够支持到晚餐啦！因为离家一整日，与家人的一顿晚餐无论如何是不能省的。下班后去打二小时乒球前，吃一个豆馅面包，基本足以防止运动中低血糖。这样一天下来，体重可降一磅左右。如此这般，五天就可以降五磅。但中间也有午餐时或下班时特别有饿感而放肚一吃的时候，周末与家人一日三餐不少，也会抵消部分节食成果。所以用了约两周时间取得阶段性成果来到180磅。于是临时把下步目标订为175磅。

而从180磅减到175磅却用了一个月。如前所述，减轻体重的方法其实是简单而明确的，通过适当补水，减餐一顿，再加一定量的运动，一天即可减重一磅左右。真正具有挑战性的是心理的调适和身体的调整。

反思起来，最初心理上有大致目标，即比以前身体运行水平要更低，但未设明确具体指标，后续目标为见机行事，要逐步取得，小台阶具可行性。这样既有目标，又不至于有过于紧迫的压力。

不急于求成，健康状态为先。尊重身体发出的信号，减餐减食都是在身体几乎没有饿感之时，当身体有饿感，特别是饿感强烈时，不勉强减食。

了解心理暗示与身体信号之间可能会有互动。比如减肥意愿弱时，身体饥饿信号可能增强，而减肥意愿强时，身体的饿感可能减弱。

当体重减持出现拉锯甚至有少许反复时，也并不焦急。耐心等待和利用身体无饿感时，再实施减餐减食。

家庭用餐时，尽量多蔬菜和海鲜肉类而少含脂肪高的猪牛羊。以减少成果抵消。

可能身体长期在185-190磅之间达到某种平衡，当体重减到180磅时，再往下减，身体会有某种抗拒，所以出现了三周左右的拉锯。直到这周一，通过以上减食减餐和运动方法，体重又减轻了一磅许，而周二午餐时仍然保有无明显饥饿感，于是在这两日明显的减重效果鼓舞下，又连续三天午餐时饥饿感不强而进行减餐，等于来了一个冲刺周。从180减到175磅，真正发生是这一个月的最后一周。

周五晚，看到体重计显示174点几（约79公斤）的数字，甚有身轻如燕的成就感。从冰箱里拎出一瓶青岛啤酒，就着太太从社区微商朋友处买的凉拌香辣肚丝、樟茶鸭、卤猪蹄小小庆祝了一下，犒劳自己。看到过一个视频，是位博主街上偶遇香港影星刘嘉玲和一位朋友，各捧一盒汉堡和冰淇淋，坐在街边餐桌上享用。博主问刘嘉玲，你不是主张健身减肥的吗？刘嘉玲说，是呀，健身减肥的目的就在于能够享用这些美食呀！所言甚合我意。

低头看，衣服仍稍显肚形。设想身上曾经多出的那10余磅，挺在肚上到处行走，该是何等的油腻，尽管手中没有高举枸杞杯。

由此设定下一个小目标：还是在170-175磅间运行来得更安全。

2021.11.08

我如何看中美两地"与新冠病毒共存"？

半年以来，除了六月底全家去火山湖（Crater Lake）旅游一周，便没再外出。

我每工作日白天如常到诊所上班，绝大部分时间与病人与同事面对面时都佩戴密贴式口罩，偶有未戴；助手坚持在病人进入治疗室落座前，给予通常用于口腔手术消毒用的碘氟漱口，未严格要求碘棉拭鼻；病人仍大部分以华人为多，其他族裔就诊与疫前也几无差别了。

下班后，去社区中心打乒球不到二小时，门上告示要求佩戴口罩，进门小桌上有常用口罩和酒精净液供免费随用。三张球桌，绝大多数时候是每桌四人双打，仍有多人在旁等候，最多时，候者超过在打人员。大家均戴口罩，少数戴N95，少数也有不戴，可能因为有时会有通气不畅，或戴眼镜者有哈气。

去超市，门上仍贴有要求口罩的告示，大部分人仍戴各式各色口罩，少部分人不戴，似乎以白人居多。超市也并不予以干涉。超市车场常常几乎停满，但总能不用等即找到车位。

高速入口限流灯上下班高峰常规都亮，周末也有堵车的时候。

餐馆基本都正常开放堂食，与疫前几无差别。我一般仍是外卖不作停留，只有一次与家人终于进到那家日本和牛烧烤店堂食近二小时。服务人员与进店点餐外卖人员，仍是口罩遮面。

儿子恢复到校上课数月，出门时会戴一只口罩。周末去泳池学游泳及练习，教练与家长在岸边戴不戴口罩随意。交谈时，或稍远距或把口罩戴上，都不会太紧张。

有朋友外出旅行，也有疫情中来去中国多次的朋友或病人。

心态是轻松的，这几个月才偶尔打开疫情报告看一下，一次是美国新增病例再次十七万时，后来又看到只三四万了。今天为写本文，又稍仔细看一下，才意识到，美国在过去近半年的时光，又刚经历了一个不小的疫情波峰，差不多是疫情以来的第二高峰。但各大城市死亡率多在1.5%左右，几乎没有上2%的，很多小城市，死亡率在1%多一点，也有不到1%的。

拜登强制一般公司人员打第三针疫苗的法令被法院暂时驳回。

美国政府赔偿华人为微信打官司而花费的律师费，并未引起太多波澜。

我在去年5月份的一篇日记中就提到可能会在相当时间与新冠病毒共存，但好像也没期望会拖这么久的时间。

我的意思大概是在美国这样的政治、社会与医疗环境下，我们作为支配力有限的普通人该如何作与新冠病毒打持久战的心理准备，及采取适当的行为，以使自己和家人保有健康的身体和乐观的心态。我们无法掌控大环境，但还是可以积极地调整好自己的小环境。

这两年来，因为经常书写观察记录和思考。有时会进入一种逻辑推断，见微知著，察近预远的状态，预见到一些事情。今年五月初的一篇日记就是这种状况，当时中国的疫情控制得非常好，估计很少有人会想到中国的今天也会是到处星星疫火了。但我那时就感觉到了，被世界疫情包围下的中国难免也会有捉襟见肘的时候。

"零容忍"也是一种与新冠病毒共存的态度。正因为新冠病毒存在，才需要去"容忍"，只是容忍的程度为"零"。

中国的政治，社会与医疗环境与美国大不同，不需要我来作进一步解说。

我只说一件事情：曾和我的一位叙利亚的病人聊天。我问他："中国高压防控政策和美国宽松防疫策略，你要哪个？"他说，"我要美国的！"然后我告诉他中国式抗疫的结果，并和他复习了美国疫情的现状，问他，"你要哪个？"他毫不迟疑地说："我要中国的！"

这可能是我们很多人会有的心理逻辑悖论。

本篇可能是我坚持近二年来疫情日记的最后一篇。所有日记正结集出版中，相信会记录有我们很多人这一段历史时期的一些共同记忆，特别是在美国生活的华人，又更特别是生活在南加尔湾的华人。历史会有终章有序篇。我们的生活终能翻过这一页，太阳照样升起来！我也会开启自己笔下的新章并继续分享自己的社会生活观察与心得。

2021.11.15

疫情仍在迁延，初涉南加"乒乓江湖"

自今年6月份开始学球打球，耳闻目睹，才意识到，南加早已有一个"乒乓江湖"存在。

最近几个月我才常去玩球的球场，有的球友说他在那里已经玩了十几年。

眼见球友相遇，他们似曾相识，忆起多年前球场会见，意外重逢言谈甚欢。

我刚认识的一些球友，住在南加的不同城市，东西南北，相去甚远，可是他们相识已有二三十年，不仅以球会友，还知道彼此的爹记得彼此的妈。

住得近的更是日日相会，与球为伴，或社区球场，或家庭后院。

在这乒乓江湖，不仅有业余大侠，更有退役国手。不仅能看到中国人才辈出，其他国家竟也人才济济。不仅有商业经营，也有私塾教练。天生我才，应有尽有。

乒乓江湖这一潭静水，被2021年年初忽然冒出的高校乒乓联盟搅动起风云。自5月底，瞅准疫苗后全美疫情受控下行的间隙，成功举办第一届乒乓球竞赛后，于11月13、14两日再次举办第二次竞赛。这一次华山论剑，不仅团体赛由上一次的十支球队增加到十六支球队，而且增加了个人单打及双打项目，甚至还设有拔擢后进的擂主擂台赛，让任何人都有机会和球技高超的副擂主过招学习；佐以与擂主对板的诱惑，激励乒友精进球艺。

这一次乒乓论剑，一拍在手，白面书生便可英气逼人；一球飞纵，耄耋老翁亦能健步轻盈；四尺球桌，弱女子正好指点江山！让南加乒乓球爱好者大呼过瘾。

风起云涌的幕后推手正是乒球高手，副擂主，自称肖牧师；还有另一乒球好手，人称伍主席。一个布局策划，一个得力实施。相得宜彰，绝佳组合。更有一位厦大美女Sophie，疯狂赞助乒乓联盟活动。英雄伍主席和美女Sophie双双获得"联盟乒乓球俱乐部2021年特别贡献奖"，真乃实至名归！

我在记述五月份联盟首次乒赛的文章中曾经记录过，因为我的球技苍白，第一眼就被肖牧师选中玩双打搭档。数月过去，于昨天居然有幸跟随Willie在球桌上与肖牧师和他的搭档清华美女Weiqun切磋上。两位个中高手率领两位"扶助对象"，正可谓球逢对手，在赛场一角还成了一个小热点。"你进步很大！"牧师一如既往地帮扶并鼓励着我和Weiqun这样的"弱势群体"，同时也不忘把我们归为乒乓联盟的一分子："你们的进步也是联盟取得的成绩嘛！"

"你进步很大呀！"这是最近我从乒友嘴里听到最多的话。我听后总是说，"进步是有，和你们的差距仍然巨大！多谢你们这么多高手不嫌不弃，愿意经常陪着我这新手玩，而且还时常给予鼓励！"人贵有自知之明、感恩之心不是！

所谓"小进步自己知道，明显进步别人会知道"。自从今年五月底开始走出家门找球友玩起乒球，每天下班后去社区中心玩一到两小时，每打一次，球"上桌率"都提高一点，从只能被动防御性回球到有主动进攻性回球，从偶尔打出一次有一定质量的球，到有一定重复性。日积跬步，兴趣盎然。

"只要伸伸手，就知有没有！"初期，球友一眼就能看出我从小没有受过专门训练，又由于桌少人多，玩球绝大多数时候都是双打，跑动之中更是手忙脚乱，有的球友就说，"你应该找个教练呀！"有一位台湾籍长者干脆亲自挽袖下场抓我练了一晚上推球基本功，放弃自己玩双打的乐趣；后来在另一社区中心又碰到，再次被抓练起基本功。大概他见到如我等这般没有基本功的"无根之木"，火热心肠里会有"如芒扎刺"之感吧！

进步的取得，最主要更应归功于我的教练 Gina。第一次乒乓联盟盛会，结下师生之缘。手拙脚笨的我早时不好意思向别的球友报上师傅大名，恐怕有损师名。点滴进步都是师傅的教诲得到努力应用，巨大差距皆因还远没有把师傅的真传练成自己的本事。

好在本人内心还比较强大，敢打敢玩。联盟这次比赛有单双打，我很早就报名参加了初学者D组。教练建议我改参加B组，这样打得更轻松学到更多。我心暗想：这找虐的节奏，是我的亲教练吗？我不好意思自己找双打搭档，怕给人拖后腿，教练又帮找了高手Willie 带我双打。

Willie，台湾人氏，高大威猛，手快腿长，经常打对手一个措手不及。前天团体赛上他在和擂主郭大侠对阵时，还打出了一个乒板右手换左手的神球。不仅球打得好，为人也极为热心仗义，有人请他帮忙团体赛，他从不拒绝；Gina 请他带我这只还菜的鸟双打，也是没有二话。

我平时穿休闲服打球，Gina 还推荐我找赵教练置备专业运动衫。参加这次球赛，本人虽还是菜鸟一只，可也是得到了两位教练的内外加持的哟！

单打间隙，一边观球一边和身边一球友聊天。他说他每天去赵馆打球，一年来赵老板每次都是五星级招待；直到最近大家实在过意不去，一定要每个月交二元买球钱，才肯在赵馆连吃喝带玩球，心安理得。

有幸我和赵老板分到一组，不打球时我们挨坐闲聊。说起打球，他说也就是疫情一年多来才打，对自家如何提供五星级服务绝口不提，却多次专门谈起 Harry Wang 汪海涛上家里免费教他们打球。汪老爷子就是上次比赛我捞到唯一一次上场机会，被他将要剃光头时不忘放水的北大校队高手。汪老爷子是国内掰着手指头数得上的大收藏家，事后居然主动加我为好友，每次见面都邀请我去他家打球。

在周末的家庭时间和服务乒乓联盟之间，我只犹豫了一秒钟，就接受了伍主席和Nancy的邀请，加入了13号乒球赛义工组。事实证明这是我做的最正确的决定。在组群里，我们不光议论比赛，也谈论包子。伍主席不光布置任务，也带风向，首先说起了包子。大概是包子引出了我的思乡之情，下意识地浸润在言谈里，一下击中了女性温柔深处的恻隐之心，JS（我至今还不知道这位美女的姓名）当即表示要给我做包子带到球场，酱香味，口稍重的。顿时群里口水流了一地！伍主席竟异想天开要把包子做他维护赛场秩序的武器：如有吵架的，（教唆）由我负责拔牙（超范围行医，违法！），然后大家吃着包子让他瞧着看！弄得我搞不清他姓"伍"还是"武"！

大家可能注意到团体决赛的仪式感，和上次一样，有一位黄头发的小伙子坐在主裁判席上，他叫 Michael，是中国国家级乒乓球裁判员。13号下午他才出现在赛场，首先视察了比分墙，和承担比分汇总重责的美女义工杨晓惠对评分流程作了修正，使得下午的半决赛，决赛得以顺利进行。其实他还是一位乒乓霹雳杀手，他的球技一般不轻意示人，但我的教练曾请他帮我见识发球。乒乓联盟凭着什么挣出这么大的面子，请得动这一干牛人？！

这就是疫情中我初涉的南加"乒乓江湖"！江湖是人，人就是江湖。都说江湖水深，南加的"乒乓江湖"，情和义深！

2021.11.27

中美防疫的边界在哪里？

本篇的题目有点大，严格讲应由专家去做出学术性探讨与研究。但本人在此仍只从日常信息流去感受，不严谨与偏颇之处都在所难免，只作一家之言，不值一争。

自2020年初世界疫情以来，形势有了不小的变化。最近华人对中美两国防疫做法的评价也发生了陡变。对美国，由开始对疫情的放任与无策的批评，甚至前总统川普都被选下台去，到现在日增仍有数万病例的情势下，日常工作生活，经济活动完全恢复自由如常的情况，得到一般民众的认可。反而华人对中国一贯严厉甚至更加严厉的防疫政策，由最初的肯定与表扬，而开始发出怨言。

对国内情况的了解与对民情的感受主要有三个来源：一是熟知的家人朋友，二是往来过中美两地的朋友和病人，三是社群与自媒体。

熟知的家人朋友一般日常居家或上班，很少外出旅行。疫苗都按政策随大溜该打的打，可以不打的也就不打，比如高龄年长者。有一次小区里有个密接者，瞬时就弄得有点紧张。如果密接者检测出阳性，整个小区都会立刻被隔离，任何工作安排都立马休克。好在密接者呈阴性，虚惊一场。

来往两地的朋友，对回国隔离的经历都更有话说。有一个图表显示，隔离时间最短的如上海等城市，也要14+7天，其余城市都是宁长勿短。隔离的费用内外有别，国内的免费，国外回去的自费，吃住多在日费四五百元不等。住宿条件一般还说得过去，甚至有海景房，但也有不如人意的；送餐伙食有不错的，也有难以下咽的，好在可以叫外卖，但也有的宾馆不允许。

自媒体的信息量更大，感觉还可信的信息中，包含有国人各处旅行中遭遇的种种不便：长时等待，检测，隔离，甚至直接被拒接待，等等。

在各地传来的不断被清零的信息中，也伴随人们越来越多的怨言。

相比较美国就要自由得多，尽管美国日增仍有数万例。下飞机从来就不隔离，自觉点的或许会在家自我隔离一周，但是想去任何地方，戴不戴口罩，全凭自愿。饭馆堂食全开，饭点常常满员，打包外卖也很多；我常去的华人超市，收银员基本都戴口罩，而其他超市，收银员戴口罩与不戴的都有，顾客也是。停车场虽然不至于一位难求，但常常要停远才更容易找到车位。各种群聚性的社会活动，参加的人数也越来越多，而人们少了紧张情绪和心理，比如我们业余乒球爱好者平日的玩耍和几度的比赛，专业的世乒赛也正在休斯敦进行。邮箱里也收到专业展会的邀请。

两年下来，两相比较之下，在美国自由自在也未必就染疫；在国内刚刚挨近病毒的影子，很多人的生活就受到巨大的干扰，而且被世界包围的疫情还看不到头，在国内生活工作的不便却可能随时随地发生，而且也看不到何时会有结束的一天。怨言顿生。

美国经历过缺少口罩，没有疫苗，总统竞选，社会骚乱，染疫几千万，疫死迄今近八十万，在医疗体系，社会管理与政治体制等各方面都已经历过疫情的极限压力测试，因而有着极为宽广的防疫边界。尽管仍然日有数万新增病例，但相比至暗时刻，早已是小巫见大巫了。

中美两国的防疫策略一个极严，一个极松，构成了这次地球人类防疫的最宽边界。

两国的医疗系统与条件，社会基础与环境，政治氛围，以及国际关系与历史关系都有极大不同。

中国的医疗资源以公有制为主，分布较为不平衡，最优为北上广深等大都会，其次为各省会，再往基层市县则次第趋弱。即便在有上百万人口的市县，医疗资源从人员到设备都有可能力量单薄。这就是为什么基层群众只要一得稍为重大点的疾病就往北京上海跑的原因。以首先发现疫情的城市武汉为例，作为九省通衢的千万人口的大都市，都需全国各省及军队支援，才得以平息疫情，如若疫情像美国这样扩散，各省必自顾不暇，局面将一发不可控制。

而美国的医疗资源以私有制为主，分布较为均匀，我曾在加州中部的五万和十万人口的小城市工作过，就经常能遇到从全美知名医学院毕业的医生；在约十五万至二十万人口的城市，就会有像 Kaiser Permanente（凯撒）这样著名的高档连锁医院；有综合性大学的城市，通常也会有附属教学医院，往往是当地最有实力的医院。

因而中国宁愿采取大规模围堵检测的做法，对技术设备与医务人员等级要求最低，护士、技术员即可操作。而一旦疫重住院，则需住院医甚至主任医师才能应付；而不断变异的病毒，可能令主任医师也束手无策。对于人口稠密，医疗资源有限且分布不匀的中国，一旦失守，灾难性后果，或从印度所受的重创可见一斑。

疫情所呈现的世界政治，更具有丛林世界的特点。相对西方的虎狼攻击性，中国更像只有受到攻击才勉强笨拙地竖起犄角的水牛。当虎狼染疫虚弱，水牛无非食草更悠闲安全点，而当水牛染疫虚弱，则可能成为虎狼的爪下餐食。印度，日本，还有迫近眉梢的台湾议题都容不得中国稍有疏忽闪失。曾经不绝于耳的"索赔"之声，固然是西方政客围魏救赵的政治操弄，但也是在用唤醒八国阵营对1840年后数次强迫中国割地赔款的血腥兴奋，重温其加诸中国百年耻辱的旧梦，来召集虎狼之群。于中国却是绝不可再有的恶梦。

有限责任的美国政府，任何过错，终归于选民自己的选票错投，咎由自取，四年重来一次；而无限责任的中国政府若有差池，则可能内外交困，在民意的汪洋上载浮载沉。

疫情迁延，攻守易势，毁誉互掺，不得不思。面对的从来不止有疫情，还有民心、舆论。

近期，不仅应专注于防堵国内疫情，更要放眼世界；不仅仅满足"优等生"的胜迹，也要注意研究"劣等生"的边界；疫苗既要"政治化"，因其关乎苍生祸福，政权稳固，但又不能"政治化"，因其关乎科学。不妨考虑并研究疫苗混打，大量引进mRNA疫苗的可能性、可行性，和利与弊。同时，让国内的防疫措施，必要时为民众提供尽可能好的隔离条件，探索最大的边界，以使更加人性化，民怨最小化。

中期，中国疫苗研发应以此疫为契机，突破传统思维，鼓励创新并容忍失败。

长期，更加合理分配医疗教育资源，医疗软硬件资源；比如，借鉴三湾改编的经验，令富集于北上广深的医疗精英，能够经常下放基层因地制宜传帮带；地方财政，不仅要专注发展的速度，也要关注提高人民生活的质量，等等，等等……

父母官，人民公仆，（不管什么称谓）请谋之。或者这样，无论今后再有什么遭遇战，也不会措手不及，而能从容以对，做到最大边界，最少限制；人性最大化，民怨最小化。

2021.12.10

当"欧米克狼"(Omicron)遇到烤全羊

朋友待优秀女儿从全美数一数二的私立高中考取东岸的大学后，就把所有高档家具打包用集装箱运回国内，带着两只泰迪犬回国与先生团聚了。我有的病人家长也是这样，陪孩子读到上大学，把美国的车、房一卖，又回国内去照顾国内的老人和在国内挣钱养家的先生。但也有的家庭不幸出现了变故，不再完整。这位女儿圣诞假期，不便回国（假期没有隔离期时间长），就回到位于近比佛利山庄暂时没有卖出、几乎空无一物的家中度假，朋友也从国内赶来，母女二人周日同一天到达洛杉矶机场 LAX，约好我傍晚去接机。

周日上午发现错过了肖牧师的电话，他微信留言，说赵馆不知什么重要的日子聚会，烤了一只全羊，餐后打球，或边餐边玩：下午开始，还有全美乒乓老年组金银牌得主现身。赵老板和他说了好几天请我也去，他事忙忘了，临了赵馆又问，于是才告诉我。早几日就听教练 Gina 说过赵馆烤全羊之事，没敢把口水流淌在练球桌上，意外自己也在被邀之列。大概前面两篇记叙联盟乒球赛事的小文，无意中流露了对赵馆三不五日聚会玩球和五星级服务的艳羡，被赵老板有心记下。

估算了一下接机和聚会的时间，享用完烤全羊应还可玩一小时的球，再去机场，真是两全其美。

上午给家里尽了点义务后，就心安理得（一周每天上班，下班玩球，周末还外跑！心理不会没有一点负担的！）按时赴会。

赵馆位于一片民宅之中。南加的十二月，气温宜人，我短袖七分裤出行。聚餐布置在后院，入场细心备有口罩，净手液等防疫标配供客人使用。食桌上已林林总总摆满各种蔬果点心等食物。旁边一具硕大移动式不锈钢圆柱形烤炉，炭火滚热，摇把自转，掀起穹盖，一只整羊，在烤架上肉色金黄。赵老板亲自迎出，口诵欢迎之词，并介绍全羊鲜宰腌渍上架过程。好几位面熟面生的客人早到了，教练Gina也已到了。客人陆续端食携酒而至，络绎不绝。但一旁二三十软座却几乎无人就位，大家都面戴口罩立身聚谈甚欢。我一眼认出那座在视频中见过多次，绿网四围的球台，已有客人在挥拍对练。离地高起，上有篷盖，场地大小接近国际比赛规格，但四周放满椅凳，供球手等待和观战。

赵老板请我食用自家院栽的柑橘。我才看到食台上客人送的红酒瓶颈上系有贺他七十大寿的祝帖。他说：不言，因不想给自己压力。

大概众人为了这顿烤全羊，空腹以待多时，等不及全羊够火候，当彼特端来还热得冒汽的包子，画家惠君第一个冲了上去，连吃两个。看来彼得家的包子享有历史盛誉。我一尝，果然馅味足，面香够掀又弹牙，也连吃两只。彼特做的凉拌黄瓜腐竹看着就撩食欲，大家纷纷问他为什么不开饭馆。一位白胡老者操刀给大家从架上一片片分切羊肉，我因喜往烤肉上撒盐，而进厨房去寻盐，遇到贤惠的赵太太悄没声息地在厨房为大家忙这忙那，她把整个盐瓶都给了我。我往盘中新切的羊腿肉上撒上几粒盐巴，急切入口，果然鲜香无比。

白胡老者的刀痕已遍布羊架全身，客人还在纷至沓来，Gina教练告诉我哪位是代表美国队参加过北京奥赛的国手，哪位是美国球赛金银牌得主。我看除了我，每一个人都是熟门熟路，来了端碗就吃，放碗拿起球拍就玩。我赶紧追星抓住美女国手合影，国手说怕照出来显胖，非要侧身站立，于是照出了小鸟依人的效果。

肖牧师有事晚到了一会儿，他也是一心多用，分身有术。随后四点半钟他还须准时赶回他的教堂主持弥撒仪式。我问了他教堂地址，希望哪天去观摩他布道，他表示欢迎。

趁着太阳刚刚西移，照完合影，肖牧师匆匆离去。球台周围已聚起了观众，大多又戴回了口罩，观战叫好。球桌上两对男女球手已经开打。这时我收到了朋友已到机场发的微信，并告知我，她女儿将提前一小时到达。看了一会儿球赛，寿星和美女国手搭档应是早有安排，果然精彩。据说后来他俩取得当晚冠军。我不得不先行悄然离开，好在进门时已先和寿星赵老板打过招呼。

驱车机场约需一小时。近一二周，从非洲传出新冠病毒一个新的变异毒株Omicron，音译听上去是不是有点像"欧米克狼"？全球已尝到上一个变异毒株Delta德尔塔的厉害，所以各国对这一新的变异动向非常警惕，多国再次关闭了国门，连美国已在多州诊断发现这一新的毒株，也关闭了与非洲的通航。但是就像当初一样，从非洲或许仍可绕行其他国家来美。美国也将乘客72小时内核酸检测的要求改为24小时。我注意了一下，朋友上机的时间刚好在这一新政实施前一日。

偶一关注美国疫情数字，发现近来日新增病例又在十万上下，死亡已八十万人。记得拜登上台时死亡为将近六十万，一年来，又死亡二十万人，算少了很多。但现在美国商场全开，餐馆堂食全开，我们平时玩球的社区中心也早正式开放，反而因场地经常外租他用，而不能打球的时间增多。各公共场所仍贴有要求戴口罩的告示，但有戴有不戴的，没有人强求。群体心理上似乎也不如当初紧张。不过我经常去为儿子买面包棍的披萨店Papa John，工作人员一度摘过口罩的，近次去又见他们都戴上了。上午去缺德舅Trader Joe's买东西，一个口罩滑到鼻下的收银员，见我宁愿排长一点的队去等好好戴着口罩的收银员,就也把口罩戴好了。我买回家的东西,仍是放在车库门口地上,太太一件一件用消毒巾擦拭一遍才拿进屋;信件取出扔车库地上,两面喷洒消毒液,第二天才拆看。

两年没来机场了,不知什么情形。

我上路前,查好GPS,告诉朋友我将到的时间。朋友说她已出关,正在等待做核酸检查,是自愿的,"这样大家都放心!"又说等女儿到了,让她也做一下,"这样大家都放心!"她不同时间这句话打了两次,让我不由得暗忖,是不是我最好也做一个检查?

抵达机场环形道,确定了朋友的方位。靠边停车时,远远看见她面戴N95口罩和与帽子一体的透明面罩,推着行李车,正四处张望。把行李搬上车,她说女儿已到了,正办出关。刚才她已把核酸检测结果发给了我,我能感觉到,阴性的结果让她很放心和高兴。但她说,检测站可能要下班了,女儿出来时应该检测不上了。

朋友出关还遭遇一番盘查,追究她为什么离美将近半年。直到她拿出文件,证明回美证申请迟迟得不到回复,才终于脱身出关。她听别人说,有人申请回美证,有一年余都还没批下来的。

朋友说她自己进站等女儿就行了,我说我跟着给你们照个母女重逢的相片吧!于是把车开进停车楼,步行出来。

我们在出站口的咖啡厅旁边电动楼梯后僻静处边等边聊。咖啡厅的桌子约一半有客人,来回走动的旅客和别处一样,有戴口罩有不戴的。朋友可能也觉得装备太隆重了,早已摘下了面罩,只戴着N95口罩。我则戴着我一贯戴的外科口罩。我说还不如早先隆重,还没有穿防疫服呢。她笑说,在飞机上大家吃东西都是掀开面罩、口罩,马上往嘴里一塞便赶紧关上。这情形也比我之前一个朋友回国时,在机上要见别人没在吃东西时,自己赶紧往嘴里塞点食物的紧张程度好一些。

她还和我聊起中美抗疫情势的异同，与久居国内的家人的意见相左甚至冲突，从不习惯到习惯；来到美国后又要再次从不习惯到习惯，尽管两边她都是多半待在家里。

女儿终于出关了，在另一个门等。我们赶过去。母女俩相向而行数千公里，在异乡一个旅人过客熙来攘往的陌生驿站，见面相拥，互相仍戴着口罩的情形留在了我的手机里。这是女儿第一次独立离开妈妈这么久，妈妈得到她朋友的忠告却是：你也要适应调整。

回家路上女儿说从纽约来的飞机满座，中间只发了一点坚果之类的零食。说起来就饿了。没回家就先找餐馆吃点东西，以免餐馆关门。在离家不远的街上，找了一家她们觉得不错的意大利小餐馆。女儿先下车点餐，我和朋友停好车走进餐厅。餐厅的客位相隔很近，虽然只有不到一半的上座率，但彼此的防疫距离加上用餐进食聊天，脱口罩时间会较长，我们还是决定打包回家吃。

朋友将和女儿一起度过圣诞假期，同时还要重新打理一下房子再上市出售。对女儿在东岸独立学习生活的环境也有诸般好奇和不放心，在回国之前还要过去住个十天半个月看看。

此时赵馆一定是热火朝天，激战正酣。

2021.12.20

春江水暖谁先知？
—— 疫情过去在即吗？

两年的疫情，一波未平一波又起。从各国流行病学家到世卫官员，谁也无法预测是否还有下一波，谁也不知道新来的这一波是凶还是险！

11月份，从南非首先发现的 COVID 变异毒株欧米克戎（Omicron），转眼已漫延至世界各地。美国已有多州发现该毒株病例。虽然有资料或信息显示，该毒株尽管感染性更强出几倍，已经完整接种疫苗者都屡被突破，但致死率却较低。这本来已不是什么新闻了，但夹杂其中有英国出现感染该毒株的的病例死亡的消息，有的国家又关闭了国门，美国有的州再次祭起了口罩令。我见有未经核实的视频显示世卫专家宣称疫情将于2022年结束，但马上又见一副忧国忧民表情的谭德赛在另一视频中，警告世人不要掉以轻心。作为普通民众，陷在这些彼此矛盾的信息漩涡之中，既心有所盼，又心有余悸。

现实情况是，现在美国日增病例十万上下，尔湾日增十几例至三十几例，我自己除了采取一如既往的防疫措施进行正常门诊，班后乒球聚玩，超市购物，餐馆外卖（尽管堂食已全开），还参加过一次尔湾市政厅的议政会议：市府主议官员并不戴口罩，只隔位环围而坐；旁听市民们都戴口罩，有申请发言者轮到时便离座站到话筒前，把口罩摘下来。这周末还有自己认识及熟悉的朋友举行各类大中小型餐会。数月以来，并无耳闻身边有谁感染。

拜登政府动员民众施打加强针，尽管有宣传各种好处，但响应者应该不如前二针踊跃。我上周机场接的朋友，倒是回美即打过。十一月份身边有朋友也已打过，说前二针没有反应，第三针反应转重，听上去像我第二针的状况。看到消息说，有多例强生加强针引起严重血栓反应的，从二十几岁到五六十岁的都有，但他们一般都有身体状况。辉瑞和莫得纳似乎没有听说有那么严重的情况，但在一个群里，也有人表示自己有较强烈的反应，再也不想打了。

有病人和朋友问我打没打，有没打算打。我早说过一向自恃身体素质好，对任何疫苗都心存顾忌的，早年还在北医作学生时，就躲过上临床实习前学校安排施打的乙肝疫苗。今年一和三月份，在人们对新冠疫苗安全性还有种种疑虑的情况下，出于一定的社会责任感，怀着忐忑不安的心情，和太太冒险比绝大多数人都早去打了疫苗，并带动了很多读过我文章的人接受了疫苗接种。但是全美始终有约三分之一的人不肯打，甚至有的人连口罩都不愿意戴，政府也是一个口罩令发了撤，撤了又发。疫情迁延至今不去，很难说没有这方面原因。疫苗的安全性，总体上目前为止看来应该是风险很低，但散在的状况还是偶有发生，落在谁的身上都是难以承受的家庭悲剧。这样的风险还值不值得去冒？可能心中有这样的疑问，是很多人对加强针不甚踊跃的部分原因吧？

上周，多个群里出现一则消息：仓库里有大量滞销面罩和净手液免费赠送。我去一个朋友那里，就有人领了一大箱面罩给他，有好几百只。群里还有人在低价售卖净手液，2升装的6瓶只售5刀。我问有没小瓶的，果然有64小瓶一箱的也是5刀。美国的物价正吊在通货膨胀的箭头上蹿升，唯独一度奇货可居的防疫物资价格一路下跌。我十月份以8刀多一盒（一百只）的价格买了一万只一度曾高达二十刀左右的一次性医用手套，十一月份就有人卖6刀多，当然比疫前200刀可买4000只仍然高出不少。

市场往往是感受水寒水暖最早的那只鸭。尽管面罩使用不像口罩那样普遍，但疫情初起之时，人们用塑料水桶、卡通面具、购物袋等制作成面罩的搞笑图片一度刷屏。一瓶净手液也经使一阵子的。这两种产品固然因产品特点而可能需求动能有限，也可能有产大于需的因素，但也有可能，这样的产品对市场最敏感。

早在数月前通胀初起之时，我常去给儿子买的面包棍从6.2刀涨到7刀；常去饭馆买的凉菜三拼从10刀一下涨到12刀；因为每次只买一件，所以比较清楚。而去Costco买牛肉时，对价格一向不敏感的我，那天忽然觉得下不了手，因为每次去Costco都要买好多样物品，并不注意和记得单一物品价格；后来有朋友说，牛肉价格涨了一倍。怪不得！立马感觉到美国狂印美钞后的通胀时代终于如期来临！但当时的社会氛围，让我觉得不宜渲染这种消极信息，不然我的文章可能成为最早昭示美国通胀来临的一篇。

不管疫情2022年能否结束，今天感受到的信息，至少寄托了一种期望。

2021.12.25

王明星没有守住的两条底线

从来没有粉过谁。王力宏这个名字的确耳熟能详，但论他唱过什么代表作，却毫无头绪，也懒得去查。我有时会不自量力地以为，歌曲能流行到我耳朵里的，说明真正流行开了，因为我这种人属于流行文化的"边远山区"。

吃瓜看戏向来是普通民众和各种媒体的一大乐事，瓜越大乐趣越多，从茶余饭后外溢。只是于2021年之特出之处，更有苦中作乐意味。在疫情深重的苦海，还有这份"作乐"之心？但也许正因突然掉下这么一个大"瓜"，让看客难得看到，还有比自己所处之"苦海"而更"苦"之人，况且主角曾几何时还被视作"人上人"的。

这个瓜其实并不容易吃，吃不好，要不就会显出"卫道士"不合时宜的一本正经，而令人不齿；要不就一不小心暴露出"三观不正"的反公俗良序，而成众矢之的。

从成龙开始"犯全天下男人都会犯的错误"开始，全天下男人躺枪者，全天下男人各自心知肚明。故这次铺天盖地媒体舆论只在"卫道士"和"三观不正"之间游移摇摆，而偏向"卫道士"这头似乎更为安全，不失道德高地。不几日，这个瓜便没有什么大的看头，唯有引颈翘盼更多撕逼，来填充新的内容，丰富更多谈资。

瓜熟蒂落，都是日复一日种下的因。主要的信息源是和王力宏生有三个孩子的发妻李靓蕾发在微博的五千字文，以及王父的回应，和王力宏的回应。连媒体在内的看客边看戏，边评头论足，边口诛笔伐。重点多在抨击名艺人昭然已揭的各种"渣"上，道德视角为主，很快就让看客产生视听疲劳。

而我之所以还有动机来书写本文，是觉得，名艺人作为"全天下男人"之一员，被曾经的枕边人打落神坛，在于其即便作为任何一位普遍男人都应守住的两道底线，失守了。

第一道底线：如果相识之初认为对方并非对的人（可携手白头那种），则不应过深相处，说俗点，能不睡尽量别睡，能不要孩子一定不要孩子。这样彼此或可避开孽缘，船轻好掉头。

清官难断家务事。奉子成婚或许可以是现代社会足以包容的年青人相爱后的结果，但也可能成为观念保守家庭从此不和的起因。

吃瓜观众无从判断王李二人当时的情感状况，面对的是公说公有理，媳说媳有理的乱局。但作为当事人，包括"全天下男人"，尤其是尚且"少不更事"的男人，如能认识到有这第一道底线在，守住，或许便从源头掐灭了一段孽缘，少了无尽的烦忧。

第二道底线：不能始乱终弃。大概率来讲人世间没有一个婚姻是完美的，放弃一个不完美的婚姻去追求另一个自以为完美的婚姻，最后一定还会失望。这一点对于男女都一样。婚外情和性常常是婚姻的破坏力，但也有社会学专家抛开道德因素，观察到，尤其是男人的婚外情和性有时也可以弥补消除某些婚姻之不足，成为婚姻的稳定剂。或许这就是为什么人们在当今社会常常看到有的男人外面彩旗飘飘，家里红旗不倒吧？很多中国男人有着"娶日本女人"的臆想，据说日本女人可以早晨在丈夫外出时往公文包里细心放进套套，然后坦然欣然在家等候丈夫晚归。王力宏可以说有"福气"娶到了这样的女人（无论她有没有日本血统）。李靓蕾心知肚明王力宏处处留情，而仍甘愿只守着一个名份和三个孩子。但是这道底线，王力宏也没守住。否则他的演艺事业和生活方式或者还可继续。

这两道底线，或许是女人对男人最初和最后的放纵。"全天下男人"务必尊重，谨以王明星为诫。

2021.12.31

冰火两重天的圣诞2021

圣诞节前两天，下班时，助手 Doris 忽然说，她圣诞节不会去芝加哥啦！提前两天放假可是她一个月前哭着喊着争取来的，那时她说，疫情两年了哪里也去不了，圣诞节再不多放两天，人都要疯掉啰！她只差没说，是被谁逼疯的。她说和芝加哥的同学约好了去那边。可这时她又说："Omicron 变厉害啦，加之前段时间芝加哥连连治安出事，太不安全啦！"所以圣诞节准备待在家里，为此她还专门买了个 VR 游戏机。

其实我比她还想多放几天假。疫情以来，中文洗牙师赶上"好时候"：新婚生子，政府补助，千载难逢。年初就明确说今年都不打算上班。犯了个错误同意椅旁助手辞职，花钱发了无数个招聘广告却一直补充不上新人。电邮里美国牙科协会 ADA 也说，"用人荒"和手套口罩等防护用品开销倍涨是全美牙科诊所共同面临的挑战。

往年都有很正式的圣诞晚餐，因人员剧减，便以午餐外卖代替。我心里想着龙虾牛排，Doris 却只叫了她很久没吃的门丁肉饼。

这几天太太念叨起羚羊谷，我说那就去羚羊谷，有四天假，不远不近，足够，正好。只是怕出游人多，旅馆吃紧。太太却说，女儿圣诞节会回来，时间卡在假期中间；再一个她想带儿子趁着季节去看雪，玩雪。太太还说谁谁谁想全家游轮几日游，被她劝退。果然节后有消息称疫情蔓延到89艘游轮，游轮再成病毒"培养皿"。

假期第一天，没有安排，全家睡个懒觉，近午方起。其实是睡到自然醒，躺平刷刷手机，不必匆忙作上班上学准备。起后早餐当午餐，再出门购物，一晃一天过去了。

第二天平安夜。女儿要回来，她想吃火锅。她的小学同学也会来。我们二老现在玩以儿子为主，想去哪玩，司机保姆；吃以女儿为主，家里或餐馆，女儿指哪就奔哪。还有客人来，冰箱里的羊肉片和百叶怕不够，冒着小雨我又去火锅店补充了一些肥牛和毛肚。

近晚女儿和同学进了门。女儿给每人都带了礼物。给弟弟的是盒乐高，给我的是一条围裙，上面是中国盆景梅花树图案，树上开的花却是一只只粉色的小青蛙：这是要我在家多做饭的意思吗？怎么会有这想法？原来这是她给公司设计的，飞凤花蝶藤蔓，图案都是一针针绣织上去的，满满的中国元素，女儿说美国人很喜欢，亚马逊上九十多刀一条呢，但卖得很好，秒杀家里那两条2刀从杂货店来的便宜货。给她妈妈的是一双和风图案人字拖，也是公司产品，倒不是她的设计，正好她妈妈前两天买了一双拖鞋，母女想到一块儿去啦。我和太太给女儿的礼物是星巴克百元卡；给儿子的是悄悄从亚马逊加急邮购的两本书，是他暗暗想要很久的；太太临时给同学一瓶浴油作为她小饼干盒礼物的回赠。我和太太互相都免了，老夫老妻，默契是最好的礼物。

女儿北京小学五年的同学，妈妈在联合国工作，爸爸早早退了休，陪太太作起世界公民，地球上各个国家免费旅游，轮番住，异常滋润。同学来美国上大学，本科时，交了个美国白人小伙男朋友。不知是不是因为她，白人小伙去北京实习一年，好像最后留在了北京；而同学继续在美，在俄亥俄读研。她说在来的飞机上客全满了，都戴口罩，还是蛮安全的。她来加州是要去太浩湖滑雪，一般在蓝带区滑。不记得她是说先已去过还是要去。今天看到消息，太浩湖大雪把山上木屋、车子甚至交通指路牌都埋住了。

太太本来和朋友约好圣诞节这天带孩子去玩雪，可朋友刚刚回国尚在隔离中的先生，耽心她雪地开车不安全，去不去她还正犹豫中。国内不时散见新冠病例，最近以西安兀现180多例而陡然紧张起来，全国严阵以待。不时听闻封城封小区的信息。而美国这边日增十万例以上，尤以近几周新的变种 Omicron 吉凶尚难辨明，却已播散全美多州，而全美人民欢度圣诞不误，四处旅游的热情高涨。节后日新增五十万余例，七日平均上到25万例，大概与人们欢腾度过这节假日有关吧！

我其实也是不爱冒无谓之险的人，很理解远在千里之外朋友的先生那种耽心。一般也不喜欢只为了滑滑雪就给车上雪链，在结冰打滑的山路上排几小时的长队。太太说这次不去高高的 Mountain High 高山，而是只去不那么高但有雪的地方。临了，她高兴地说朋友最后还是决定和我们一起去玩雪！

加州怀特伍得（Wrightwood）海拔二千四百多英尺处有几座山林，覆盖着皑皑白雪，山脚开阔处辟有小型滑雪场，但更多的家长带着孩子们在山脚下任何一处能滑出十几二十米的小雪坡上，坐着各式各样的雪撬板，溜来滑去，自得其乐。我和太太带着儿子，朋友带着两个儿子，还有另一位朋友带着女儿，都属于这一类既想让孩子见识雪，却又不想冒任何风险的人。山路在山间穿行，平坦没有盘绕。最让太太称心的是，到下午时，天上飘下纷纷扬扬的飞雪，一会儿就把头上的帽子、衣肩和鞋面都铺了白白厚厚一层。儿子不怕冷，连衣帽翻在身后，在雪地树林间玩耍，上车离开时，太太不得不拉他下车，把连衣帽子里兜住的满满的雪团全抖倒出来。

不由得想起三四年前写过的一首小诗：

> 洛杉矶的雪
> 没有落在街上，屋上
> 都落在一座Mountain High山上
> Mountain High山上的雪
> 没有落在树上，石上
> 都落在你的眉上
> 你眉上的雪
> 没有落在你的肩上，脚上
> 全部落在我吻你的唇上

在这里Mountain High可以改为Wrightwood，而且曾经臆想的"情"趣，比起眼前真真切切的童趣，显得比茫茫白雪更苍白了几许。

本来朋友她们若不来看雪，便约了第二天去海滨看夕阳。既来看过雪，太太们仍然决定还要一起去看夕阳。为了孩子们不宅在家里，妈妈们也是拼了！

圣诞节后的周日，三家妈妈和孩子们，还有我，驱车来到San Clemente海滩。孩子们在海滩上挖沙堆堤，而栈桥更像是大人们搭建的玩具，海边小道牵引宠物狗步行的人很多。还没等到夕阳最好的时候，凉爽的海风就在孩子们裸露的手臂和胫腿上刮出了鸡皮疙瘩。妈妈们便把欣赏夕阳由沙滩上改为回车场的海边小道上，相机拍不停。

四天的圣诞假期很快过去。感觉一会儿在火里，一会儿在冰里：今天穿着短袖在海滨欣赏火红的夕阳，昨天还裹成个熊在冰冷的雪地上摸爬摔滚；那边国内全民冷峻应对星星点点疫情不使燎原，这里全美民众在Omicron的狼奔豕突中火热庆祝圣诞佳节；又过去的一年，地球村民们经历了新冠病毒的种种冷酷考验，面对来年，人们的斗志，希望和对新生活的热情依然持久不衰，份量不减。好一个冰火两重天的圣诞2021！

2022.01.01

是疫情凄风苦雨的继续？
还是彩虹当空之前的最后雨季？

我在前几天写的一篇的疫情观察笔记中，从某些抗疫物资的滞销去推测今年疫情的进展，理智上自己彻底明白其根据是远远不充分的，结论与推断是完全不足为凭的。但是该文却比其他文章获得了多得多的点赞和在看，我心里理解，那篇文章更多的是代表了很多读者表达出希望疫情早日终结的愿景。

但是疫情的发展至今仍然是扑朔迷离。过去这两年，无意中开始书写疫情日记，后来成观察笔记，对疫情的观察与发展，犹如追剧一般，尽管个别剧情也有猜中或预测到的时候，但剧情的整体发展趋势，在病毒变种、疫苗接种、社会事件发生、政治操作介入，以及仅仅单纯的时间延宕等等层出不穷的戏剧因素意料之中或之外的出现，致使疫情如剧情，一波三折，跌荡起伏，波谲云诡，扣人心弦，伤人心神；赚足了人的眼球，和眼球里流出的情感泪水。

当人们领教了新冠病毒初登舞台的厉害，又熟悉了Delta变种毒株的戏路，换了身马甲登场的Omicron又让剧情与台风陡然一变，地球村的人还没有哪一位能知道下面的戏码又将上演哪一出，尽管它的出现和到来已经有了一个多月。

诚如一部戏剧常会渲染的那样，当一位不速之客到来之前，一定会有种种与之相关的骇人传说，接着传说就伴随不速之客的趋近而一一得到验证，而现实往往还会有比传说更骇人的意外。Omicron的传说，就是它来自非洲，有远超Delta德尔塔的感染力，但致死率却不高，半个多月前英国才死一例，刚不久美国也有了第一例，而且死者都是没有打过疫苗者。但是专家们警告：Omicron 的真正面目尚且不清，大家不得掉以轻心。人们既有屡次"狼来了"之后的松懈，又有见过"尸骨成堆"后的心有余悸。

圣诞节刚过，全美人民四处出游的高涨热情果然就转换成了疫情新增病例数字，达到日增50万，随后连日时而到45万时而到56万，超越了特朗普时代冲击国会事件之后的40万；也印证了新毒株感染能力超强的传说。美国官方也公布，在短短二三周时间内，新冠新增病例就有约百分之七八十为 Omicron 感染者。但昨天才听报道，全美目前仅有一例死于该毒株。不过有专家说，这并不能说明该新冠变种毒性不强，而可能在于疫苗发挥了抵抗作用，降低了重病和死亡率，由此鼓励人们去打加强针。于是有人疑虑专家与疫苗之间是否有利益关系。据传前总统特朗普一反既往的抗疫消极态度，也鼓励起人们去打疫苗，让曾经追随他的一些死忠粉伤心失望至极，意欲弃之而去。

我前文还曾议，数月来未再闻身边有人感染，话音未落，就有疫情扑面而来。昨天为2021年最后一日上班，前台 Doris 告诉我有病人取消预约，因其家人参加聚会，中招了。症状不重，像感冒，去测试才呈阳性。因此他也暂时不来诊所啦！

前晚国内好友和我联系，说他在美国留学的孩子随后会向我咨询，其舍友和同学朋友多有感染，让我给些建议。昨天好友的孩子主动和我联系，他说他的朋友们中至少有一半已经确认阳性了。他的舍友，床铺只隔一米半开外，已经确诊。头天他们还开乘同一辆车外出办事，那时舍友已有症状，只是测试结果还没出来。好友的孩子说自己也有了症状，大概率为阳性，只是还没有去检测。他说基本是感冒的症状，这次普遍没有味、嗅觉的丧失或异常。自五月份从国内返回美国校园，就正常到课堂上课，在校园均戴口罩，但中国朋友，同学和舍友在一起都不戴口罩。他在国内打了两针，在美还没有打加强针。

近来，人们在公共场合心理放松，防疫举动懈怠的情况也是比较普遍。连我自己居然有一天，跑进 Costco 商场之后，才发现忘了戴口罩。这是这两年来唯一一次。好在我见其他人基本都戴着口罩，人员密度也不大，便"裸奔"着，迅速找到要买的两样物品，自动付款台付款后快速出来，没有其他人干涉。这天看到不戴口罩的人极少，应该是和政府刚又重申口罩令有关。美国有很多人，尤其是白人，是很听政府的话的，政府让戴就马上戴，让摘就立刻摘。

回家后，我用碘伏漱了一下口，并用棉签沾着拭擦鼻孔。碘伏的英文为 Betadine，是我们作口腔手术时给病人消毒口腔用的，可15秒钟杀灭口腔内的病毒和细菌。因为疫情开诊才和很多同行不谋而合将其用于病人检查治疗前常规口腔消毒。但不宜多用滥用，否则可能会造成口腔内菌群失衡。我把它也介绍给过好友的孩子和我的很多病人。

至于是否应该打加强针，我读到一篇一线医生写的文章。她因在临床见到完全没打过疫苗的新冠患者与打过疫苗的患者病情有极大不同，所以她建议没打过疫苗的人一定要打。而已打过疫苗的人，即便体内抗体不多了，但因有记忆细胞潜伏，发生感染时，也能比没有打过疫苗的人更快地唤醒和组织起免疫力量，所以在身体较好，但对疫苗有疑虑时，也可暂缓施打。听上去颇有道理，可作参考。

福奇前几天表示，全美可能会发生全民感染。是不是意味着全民免疫的到来？谁也不敢讲。我常对病人说，医学上的事，往往只能事后做解释，难以事前做预测的。

这一波 Omicron 带来的"汹涌的"圣诞疫情高峰，随后将推泻出怎样的结局？究竟会是两年来疫情凄风苦雨的续集？还会是彩虹在前的绵绵细雨？每人可以预排自己的剧情版本，但最后的公演也许只能是唯一！

2022.01.09

从三大纪律八项注意，也谈西安抗疫及其他

公元新年前后，西安抗疫不仅成为全中国人民关注的中心，也牵动了无数海外华人的心。

从各方面的信息来源进行拼图，有着芸芸一千三百万人众的七朝古都，貌似因为一架来自巴基斯坦的航班带入的病毒，由同时在国际与国内机场工作的清洁工，无意中经由数条平行线索扩散开来，一度达到连日日新增百余例，最高达到一百八十余例。如果这样的拼图为真，可见西安重大疫情的发生有一定突然性，控制其漫延有相当的艰巨性。

西安继武汉之后，成为中国第二个因为疫情而封城的千万人级别城市。与上海基本不动声色排查迪士尼疫情，外松内紧扑灭疫情星火受到沪内外网民表扬不同，也与内蒙疫情关注度不多有异，更与早先东北疫情时，网民对使疫情扩散的老太太"同仇敌忾"有别，这次西安数起对抗疫组织者和服务者的吐槽上了热搜。

最早一个吐槽视频是一对年轻夫妇向上门执行抗疫公务的人员抱怨家里面临食品短缺危机，并发生了一定的言语冲突；随之是一名封闭小区的居民自行爬墙溜出小区买馒头回来时被小区保安殴打；接着有孕妇在拒收的医院外流产；再有一位女儿因某医院拒收心脏病发作的父亲导致父亲去世，而在情绪激动地述说与交涉；还有"大姨妈"女士与保安关于购买卫生巾的对话。也有文字吐槽：一位意识到自己阳性的居民如何向抗疫部门自求赴医及隔离而不成，致使全家六口染

疫；以及十分温和的日记……等等。

看到这些，当时心中有很多感慨，会联想起貌似不相干的种种：刚刚热点过去的平度女县长貌似黑社会的言行，既往在国内时生活与经营中与公务人员打交道的种种经历，比如市容检查动辄拆没、罚款；灯箱审批走关系与没关系结果大相径庭；四五环举行的某会，从二环外或者周围方圆多少公里所有饭馆、诊所等经营场所一律关门达数周之久，道路禁行等等。中国发展这么多年，公务部门服务意识与管理态度在可见的形式上有很大改进。但是不远前的2019年，有朋友经营二十年的诊所被从来没有过的水检部门突检，不予通知警告改正等机会就罚巨款，还是走了关系才摆平，似乎又在说国内有些事，其实二十年来并没有变。

一不"正能量"了，会不会关"小黑屋"？同时写了一年"公众号"，认识或不认识的读者群体的价值观与"火眼金睛"是让我敬畏的。身处境外、事外，对时事的观察与评判，对作者来说其实是很考验人的。加上多年行医养成的"务求客观"的思维方式，我决定再多等等，多看看，多听听，不宜过早评判，尤其是在有点起情绪的时候。

这段时间，Omicron在美国大有一显神威之势，占领了新冠感染90-95%以上的地盘，连日新增百万余例，八十几万例属于回落；连尔湾日新增都达三位数。有数字显示住院和死亡病例有一定增加，但有地方新闻报道，住院病例中很多是因其他病情住院时，查出新冠阳性，并非单纯因新冠重症而入院。死亡病例中有些什么样的细节就不得而知了。

总体上社会非常平静，圣诞与新年过后，高速路上车辆渐多，高峰时有轻度拥堵。昨天去大华超市，头一次转了两条车道都没有车位，转到最远的建筑物后才有。但上周有几位病人取消了预约，延后来诊，有两三位是阳了，有一二位是年纪稍长比较谨慎，国内子女耽心。其他如常，基本下周已约满，下下周已有约。我常介绍病人去的华人药店，周日都专门开门做核酸检测。据说药店泰诺一类止痛退热药被购空，与这一届"轮值"变异病毒常会引起的咽痛、肌肉痛及发热等症状吻合；也有部分不想打第三针的人又转念要打了。

记录这一段，可能与本文主题无关，主要是作一个记载。但若要说有关，想想也是有。这次中美抗疫成就高下在中国人中是几无争议的，但二者对于抗疫与民生关系的思维不同。

经过一周余的等待与观察，没有更多更不同的吐槽出现。放在一千三百万人在一周左右"社会清零"基本达到目标的大背景下，值得群体吐槽的事不足十件，似乎总体还是应该肯定的；只是对于失去了亲人的家庭留下了难以弥补的遗憾和心理阴影。应了"灰尘"与"大山"的说法。有关领导有被阵前撤职的，有向民众诚恳鞠躬认错道歉的。民意稍抚。

真是一波未平一波又起。话说天津又突然出现了18个病例。看到视频，有天津领导作抗疫讲话以安定民心：物资供应会充足，医疗会有保障。显然已取得前车之鉴。

但真正的前车之鉴是什么？就事论事没有错，这次是物资供应医疗保障问题，但根本的殷鉴在哪里？这次是从抗疫到抗疫，下次如发生了其他突发事变或重大群体性事件呢？甚至比如战争！这次是物资供应、医疗等问题，下次不会在其他方面吗？这次是她和他，下次能保证不会是我和你吗？

让我们再深入一步来看。所有吐槽事件中面对的主体其实都是"小人物"：普通工作人员——保安，志愿者，医务人员等。他们在平时都无权无势，不参与任何决策，随时可能转换身份为"吐槽者"；只在特殊情势下，有了"现官不如现管"的权力，反而比手握重权鞠躬道歉的官员，更能决定当下眼前其他"小人物"的个人与家庭命运。这当然是因为他们是整部行政管理机器上的一颗颗螺丝钉。但这样的"螺丝钉"是由一个个普通的人组成，有着人的种种优点，也有着人的种种局限和缺点。作为执政管理者，要做的不正是如何把种种的部件，包括一颗颗小小的螺丝钉都完美地组合在一起发挥作用吗？有人可能会说，瑕不掩瑜，不能因一颗哪怕几颗螺丝钉有点问题而否定整台机器！诚然，尽管有千里之堤溃于蚁穴的古训，也有过仅因微小的失误便致航天器机毁人亡的惨剧，大多时候，个别螺丝钉的小缺损不致影响整部机器，但若长年不检修，不重视一个又一个"螺丝钉"的毁损、失灵，用更新更好的螺丝替代之，那就很难讲机器会不会因此而彻底瘫痪啦！

反思与再理解中共党史和新中国建国史，其实最擅长把一颗颗"螺丝钉"组装成强有力的"机器"的就是中国共产党，所用重要工具之一就有《三大纪律八项注意》。网上查阅到《三大纪律八项注意》从红军时期到建国前期，有着不同的版本，体现着与时俱进的精神。不同时期敌我力量形势及社会环境都不同；对军队、对政工也因人而异，有不同的版本。那时的军队士兵可能大多为农民，文化程度很低，而且成份也复杂，而政工干部相对文化程度高。就是这样一首《三大纪律八项注意》，把一群本可能是乌合之众的个体，整合成了得到广泛社会民众支持的开国力量。

仔细阅读《三大纪律八项注意》，其语言：简单通俗明确，具可操作性，不会产生歧义；其内容：切合实际，涵盖全面，没有重要遗漏；其意义：约束自身队伍中可能的不良行为，重视社会民众利益和关切，争取民心。并谱以简单上口的曲调，队伍在行军、休息等任何条件许可的情况下都可以反复教学与复习，队伍中人人耳熟能详，深植于心。

如果说在红军与解放战争时期，因为羽翼未丰而面对强敌国民党政权和军队，争取民心和民众力量显得至为重要，那么，在现阶段政权稳固，力量强大的情况下，民心民力就无关轻重了吗？中国为政者都知道"水能载舟亦能覆舟"的道理，但知易行难呀！

国家管理，行政管理之管理，在于既管又理。"管"是管束，负责；理是条分缕析，分门别类，区别对待。作为国内民众百姓，从日常生活到特殊事件发生，常常能感受到，为了中央下达的战略目标，有一众干部"一刀切"粗暴管束，对上负责多，对下负责少；对民众合理合法利益关切少，对群众利益轻重缓急不体察共情，对遵纪守法的广大民众和偷奸耍滑的少数民众区别对待少。毛泽东在年轻时所著《中国农民运动考察报告》和《中国社会各阶级分析》（本人上小学阅读时不甚了了）所体现出的条分缕析、分门别类、区别对待的思维与工作方法贯穿了其建党建军建国与治国的一生。这一众干部有没有继承呢？他们的所做所为，看似在执行维护，实则是在拆墙脚哇。近年来有目共睹，他们中间终因贪腐锒铛入监者甚多。这中间又有什么关系吗？当然有，为公者为党为国惜民护本，而为私者则压下迎上，因为压下其利不损，迎上其利增盈，故贪念时时，贪行处处。

信为政者，时怀公念，惜民固本，无论平常时期和任何非常时刻，都能在雄韬大局与悲念苍生之间取得适当平衡与终极统一。若如此，即便少有缺失，也能得到民众理解与支持。但如何才能上下一致，亿众齐心？或许，在中华复兴之前，还需要一版新的《三大纪律八项注意》，能在公务人员中传唱更好；内容与时俱进，唯不变者，简明扼要，朗朗上口，具可操作性。公务人员上上下下烂熟于心，时时刻刻身体力行；届时百姓民众必定再次到处箪食壶浆以迎。

2022.01.15

黑云漫卷又压城，不惧是雨还是晴！

过去这一周，感受到疫情两年以来强度从未有过的疫风疠雨。

从南加大 USC 传来消息后，仅好友的孩子一人就知其周围认识的中国同学多达三十多人"阳了"，很多有发热症状。接着一位来就诊的女学生带来 UCI 加大尔湾分校的信息：很多中国学生"阳了"！大抵与圣诞寒假和新年聚会有关。

预约的病人中有出现感冒症状或者明确密接者都会马上取消预约，或者去做核酸，或者在家自我隔离。这样给在保持着普遍预防措施的情况下开诊的诊所降低了风险。和病人闲聊几句，几乎每一个人都能说出有朋友或朋友的谁谁阳性了。他们只有在确保自己没有阳性后才会来就诊。为他们点赞！

前一年多因为网课而一直较为平静的小学，全面堂课后，这一周也疫报频传：有牙床肿疼约了好几天的小孩临时取消了，因为密接其他阳性学生，暂时自我隔离一下，好在疼痛基本消失了。太太上上周告诉我，儿子学校"终于"也有孩子阳性了！但不是儿子班里的；没收到学校的指示，就不是密接者，可照常到校学习。头二天我上着班收到太太微信，一句老套话："一个好消息，一个坏消息，你想先听哪个？"我回道，"一块儿招呼吧！"太太发过儿子的成绩单："这是好消息！"又发过一封儿子学校的信："这是坏消息，儿子班上有阳性了！学校建议检测一下。"信里指示学校有免费检测工具提供。

据报，迄今尔湾学区有一二百老师中招，二三百学生阳性，加起来四五百。全美有六七万学生确诊。有家长不让自己孩子上学了，学校也不置可否，如常教学，多数孩子如常到校。微信群里家长们似乎还比较平静，一边议论着自己孩子学校新增了多少例阳性，一边相约着游泳课水球课迪士尼及海滩等各种活动。很多孩子已打过疫苗。

耳闻周遭人们对这次"阳"的症状，大多一带而过，很少有令人感觉恐怖的渲染。但有一位好友的女儿，在医院做护士的，三针都打过，也阳了，症状很重，持续十天方缓。好友说可能与她系早产儿，一向体弱有关。刚恢复一点，就又被医院急招回去工作，因人手不够。有媒体报道，医院因人手紧张，不得不缩短阳性医护的隔离时间，从10天缩短至5天；让阳性医护照顾阳性病人。但一位私企的朋友讲，有同事"阳"后，在家隔了10天转阴，申请回去工作，老板也还是让他在家歇过一个月再回来。这种情况，政府还是有经济补贴的。

也见有自媒体说，有人症状不重，但一拍片，发现已白肺了！不辨真假。另一自媒体说有人因阳性而致截肢的；群里有人佐证，说那人是自己的同学云云。这样难辨真伪的信息，让人还得继续小心翼翼，尽量别被"全民免疫"啦！

不过有专家说，症状轻也可能因为打过疫苗。国内张文宏也讲，若不是因为有疫苗，这一段疫情的主角 Omicron 病毒也一样咬人。

全美疫情在日增百万例上下波动。微信群里有零星批评拜登而为川普鸣不平的声音，但好像风向没带动。人们似乎已不知现在还应对什么感兴趣，对什么抱希望，对什么感愤怒，对任何更糟糕的情形只有以平静去覆盖无奈。

目前的滔天疫浪，固然是与 Omicron 的高传染性有关，加之可能由于圣诞前后人们的一派轻松情绪，以及这次染疫者多数症状不重，人们尽管仍心存"一朝被蛇咬十年怕井绳"的惧意，但二年疫情下来形成的疲沓心理，以及工作生活生存的需要，以至工作购物娱乐运动各方面，各人顺着生活的惯性该怎么着还怎么着。不然呢？

社区乒乓球室这周二开始就关闭了，不知何时再开，理由是人手不足和疫情加重。很久没去过的熊猫快餐又关闭了堂食，等等。但这些现象带来的紧张气氛似乎都还远不如从国内传来各地此起彼伏的疫情气氛以及次生的种种状况来得更令华人心情紧绷。

有一些信息飘过，称美国供应链断裂，纽约超市货架被抢空。人不在纽约，不知真假。自儿子开学到校学习后，太太恢复采购之职，我去各超市少了，因此专门让太太购物时顺便报道一下我们生活区超市供应的情况。她说基本如常。Costco的抽纸甚至降价，一次限购六匣。去年最紧张的某时曾限购一匣的。家里与诊所都要用，我让买了四匣。再多买，似有抢购之嫌，会有不好意思之感。从过去两年担任家庭采买而形成想法：若社区物资供应发生持续短缺，则居民也许就会发生真正的恐慌。

群里各种核酸检测和售卖家用检测工具的广告比以往都多了起来。家用检测从才不久前的25刀一套，普遍降到了10刀以下。有很多人把我当成了万事通，每天都有认识或不认识的人向我打听哪里可检测，哪里有检测工具卖。我就顺手分享一下信息。随后看到美国政府即将有几个亿美元的家用检测工具免费向公众发放，便转发了一些群，在众多感谢声中，也有一个售卖这类物品的群主，将我踢出。太太说，断人财路，虽属无意，踢得其所！

我们已经经历了几波疫情，没有谁早早就能预知预告其发展和结局，等稍稍能看清一点，新一波狗血剧情又出人意外地上演。有人从Omicron的高传染性和低死亡率，预测疫情终结者的到来，甚至年、月都已算清。但自然科学与人类愿望可能从来没有像今天这样，稀里糊涂地在一口锅里急焰慢火地蒸煮煎熬着。

多时以前就曾人微言轻地疾呼，唯有各国放下政治，齐心协力，才有可能尽早控制全球疫情。但是，世界持续这么乱着，是不是对某些人更有利呢？

2022.02.04

疫情中这样度过第三个春节

自从2020年春节前后疫情首发，度过了一个惊恐紧张的2020年春节，又经历了一个满怀希望的2021年春节而跨入牛年，现在正在第三个春节，进入虎年。此时此刻的感受，不知是已进入心理麻木状态，还是无畏或无所畏，拟或是无所谓，总之，生活还得继续，太阳照样升起。

春节临近的信息，首先是前台 Doris 在两三周前还极忙的时候，就提前告诉我，一月三十一日预约洗牙的病人有好几位取消的。我们目前每周只有一个洗牙日，病人都得提前一个多月才安排得上。Doris 说三十一日是春节大年初一。怪不得！于是我说，把这天其余病人尽可能另行安排，放假休息。洗牙师也早早得到通知。临近春节前一周，病人明显减少，除非病人要求，我们也尽量不做拔牙、根管治疗等非急症而又多发术后反应的治疗。

Omicron 的各种信息，仍然呈现不一致性，好像两只相对而立的喇叭，把人们喊向不同的方向。比较一致的似乎是，打了疫苗而染疫的人症状明显轻，否则可能重。一位自称一线医务人员的金姓医生发的视频号带来好消息：他所在的门诊，新冠病人大为减少，有时一天五六个小时也未接诊一位。

还有一个迹象似乎也昭示着春节来临，那就是美股大跌。一位曾在美国股市中斩获颇丰的朋友忽然说，美股大跌了，全部套牢！有文章说它和乌克兰局势有关。我早在几十年前，还在北京，装个股市行情接收器比实时晚几分钟的年代玩过几个月股票，对中国股市略有一点感性认识。观察到国内股市不管平日如何波动，多年来，在春节前都会大跌，庄家收割完韭菜，歇工过年，来春再入场，又拉起一大波行情。如今国内大户资金雄厚，互联网应用又发达，说不定已能在美股市场呼风唤雨了。我把这看法和猜测告知朋友，朋友说，大跌之前确有香港朋友告诉立即抛出股票，没听，果然……似乎也印证了我毫无根据的感觉：美国股市曾几何时是不是有了中国股市的特征？历史是任人打扮的小姑娘，股市莫非也是可以被扯上各种关系的？

国内北京冬奥会的各种消息也不时传来。有国际政治的，美国如何，俄国与乌克兰局势等等；还有科技的，与日本纸床迥异的床，魔幻自动归位的垃圾桶，无人餐厅之类；当然少不了与疫情有关的，闭环管理什么的。还听说每位运动员都会收到价值上千美元的手机及附件等豪礼。之前有西方各国刚警示运动员手机的事。从没听说过西方国家对外国运动员会这么大方。不知运动员们对中国的礼物会怎么想。其他国家的人的思维有可能会不同。从前我在给一家公司工作时，遇到过一位白墨助手，和男朋友有了小孩，快出生了。我把儿子用过已不太需要的手推车送给她，因为感觉她工作配合不错。她欣然接受，但谁知之后却没法再叫她干什么事了，她说：不要以为送了我一个手推车就可以指使我干这干那。和手推车配套的婴儿安全车座本来也准备不用了也送她的，就此作罢。

国内疫情防控措施一如既往地严格。但自从西安封城之后，其他各城市无论封与不封，都少有对百姓缺乏人文关怀的信息传出。多的是对上海精准疾控到一个奶茶店的表扬。在一个微信群里，还看到有人晒某市向被隔离市民发放精美的"关怀包"。希望国内施政人员对百姓的人文关怀要形成下意识的常态，视为"守民心者守天下"的最高政治，而不只是因为上面警告过：对百姓的疫控管理不可"层层加码"。

否则，这样的"关怀包"还不是真心对百姓的关怀，而又沦为有意识做给上级看的"面子工程"。

周六，应一美女邀约，去尔湾邻近城市她的医疗美容院参加一个商务集会。她和家人是我多年的病人。入场登记时，她从一堆美女中扭头认出了戴着口罩的我，手举着手机直播架笑迎过来。在不同的场合，了解自己病人的不同方面是很有意思的事。她领着我参观了她的美容院，短短二三年的时间，这样高大上的美容院她建了三个，不仅于此，她似乎还在构建一个商业平台，同时入驻抖音、小红书。从前都是欧美商业模式单向引入中国，现在中国的商业潮流也被带到了世界各地，但仍返流回主场，作为华人，中国有主场优势。

周日上午10点，联盟乒协主席肖敏牧师来到尔湾一华人教堂布道。不用舍近求远去他的帕莎迪那本堂听他讲道啦！因为乒乓球和他认识，作为业余乒球高手，他个人对打乒乓球的胜负输赢还是有一定好胜心的，否则不可能达到他现在的程度。但在遇到实力弱小者时，却又能放下胜负心，伸出扶助之手，他因而自有一种内在的感召力。作为非信教者，好奇于他这种内在力量的来源，我觉得有必要接触一下他的牧师职业。肖牧师非常熟悉圣经中的历史，很会联系社会生活中的实际，深入浅出地阐释圣经。令我印象深刻的是他曾经一语道出宗教与科学的关系，很令人信服。他在布道时，情绪饱满激昂，抑扬顿挫，而且话语音色也比平时说话更为浑厚，感觉做过很好的专业培训和自我修炼。敬拜场地在室外搭建的布帐篷下，教堂的兄弟姐妹们始终戴着口罩，有的立柱上张贴着保持六英尺距离的告示。听着肖牧师的宣道，不禁有一种一洗了之的冲动。多年前为行将接受洗礼的朋友写过一首小诗《洗礼》：

如果不经受洗礼
我如何让桎梏的身体
摆脱那层密实，溜滑的青苔
俊俏骄健的海鸥将不能在我身边停留
带来你用一条小鱼折叠的信息
我的身体即会僵硬
直到灵魂窒息

如果不经受洗礼
我如何让窒息的灵魂
拍击，崩裂那坚固的礁壳
丑陋而拙重的岩石
将沉入没有光线透进的海沟
永远听不到你
用召唤推送的忽远忽近的潮汐

如果不经受洗礼
我如何让这躯体渺小的沙泥
走出芸芸人众，重塑再生
在朝阳刚刚浮起之时
溶在你深沉执着的祈祷里
浪潮滚滚，奔涌彼岸
彼岸花开，繁花似锦

我整理好自己的姿势
效仿着姐妹兄弟
放出从岩壳里挣脱的灵魂
在把阳光反射回去之时
等待你的潮水涌来
涌来……
将我带去给你

只不过在我的意念里，洗礼可以是宗教的，也可以是经历生活的各种磨炼后的彻悟。这次疫年经历，又何尝不是！

周一，一月三十一日，大年三十，因为闰年，只有二十九，今夜除夕。不上班，真好！

下午儿子放学，我去接。步行前去太太告知的地点等着。孩子们背着书包陆续走出校园，有的提着小提琴盒，有的背着大提琴盒。儿子出现时，没有寻到他熟悉的妈妈的身影，忽然看见了我，书包在他身后，小提琴盒提在手上，和稍为瘦削的身子分别在三个不同的振幅频道上，晃晃悠悠地跑过来。我们父子俩应该都有惊喜。沿着马路向家走去，头戴安全帽骑自行车的肖恩（Shawn）从身边驰过，儿子友好地跟他打招呼。肖恩只大几个月，却成熟很多，每天独自骑着自行车上下学。走到一幢房前，一辆SUV要倒出，儿子跑到驾驶座这边跟司机说Hi并问话。车子倒车灯熄了，窗户摇下，是位中年白人妇女，笑对儿子说，谁谁现在很健康！我们继续往家走。我问儿子，是你同学的妈妈吗？儿子边走边说，"不是，是她家的狗上次病了！现在好啦！"儿子这学期的学习成绩与心志成熟度都有很大进步。甚慰。对孩子更多的是需要耐心和等待成长。

儿子回家吃点东西还要上网上绘画课。我开了太太的车去加完油，来到大华超市再采购些东西。海鲜柜前拿号等号已有四五十人以上，又像去年春节前一样。转了一圈拿齐其他生活所需，又等了一会儿，终于轮到，买了一只龙虾，约1.5磅，二十多刀，一只肉蟹，2磅多，三十多刀。后来见微信群有人议论起若一大早去渔人码头买货，挺大一只螃蟹只要五刀。真是早起的鸟儿有虫吃。

除夕夜，太太要的仪式感主要是自己拌馅和面擀皮包饺子。女儿今天回不来，说好下周。今天饺子仍要包的，两种馅：白菜肉馅和韭菜肉馅。儿子没有太学会，却在一旁把面皮划成一道一道地搞"创新"。二老包完饺子冻在冰箱里。

有朋友组织孩子搞一些中国年活动，疫情关系，家长不参加以降低人员密度。问太太要不要让儿子参加。儿子大概并不了解是什么样的活动，就说不参加。之后看见分享的照片里孩子们穿着以红色为主的汉服在学画年画，拣红包，学包饺子和馄饨。利用节日让孩子们受到一些中华文化的熏陶，挺不错的想法。今年南加最隆重的当属各族裔肤色的人都会去购物的南岸商城 South Coast Plaza 一楼大厅布置的阴历新年贺展，腾跃的斑虎，天上的灯笼地上的木桥，从天到地的中国红。但在美国，这样的场合，官方从来以亚洲或阴历等字眼涵盖，尽量避免用到中国二字。无论在美国日新增仍几十万病例和中国疫情严控的不同社会氛围下，微信群里都不约而同地晒着很多与朋友们一起聚餐言欢的像片。而不少老家在外地的北京朋友，因为疫情管控的关系，虽然没有硬性禁止的规定，但也选择不回老家，而与三二朋友齐家一起热闹过年。

饭后，有一朋友发来信息：新年问候和谈论近况。他于1月8号一早八点从旧金山登机回国，隔离到除夕即31号方得绿码终与家人团聚。这二十多天只是为了完成了隔离，而在之前的同样二十多天里，他在疫情严重的美国加州甚至完成了卖房卖车送孩子到东岸上学这些壮举。诗人木心说：从前慢，车、马、邮件都慢……想来在车马慢的年代，漂泊在外的人们为了回家过年团聚，可能须提前数周甚至数月就起程往家乡赶路。我有一个在洛杉矶警局给马钉马蹄铁的病人，他说若骑马从洛杉矶去拉斯维加斯，四百多公里约需一个月。在21世纪新冠疫情的第三个年关，又有多少游子泊客，为了回到十几小时飞行即达的千里之外的家人身旁，早早便起程，跋涉在车马不慢而路漫漫的回家途中。

2022.02.05

美国疫情如此惨烈，为何民众还安之若素

—— 深入美国社会的较全方位视野

截至2022年2月5日，官方数字全美新冠阳性病例7651万余例，新冠死亡91万余人，位冠全球。新冠疫情起伏跌宕，历时两年余，惨烈若此，除了在从川普政府向拜登政府更迭之前，发生过数次社会动荡，且都并非直接因疫情为由，美国社会总体上呈现比较安定，民众安之若素的状态，这是为何？对此，尤其国内的民众可能难以理解。有少数自媒体也曾就此问题作过文章，但仅局限于美国政府为有限责任政府这样极窄的视野，有隔靴搔痒之感。

在美国工作、生活十余载的本文作者，从两年来对美国疫情所作观察、记录及评论中（可查阅《Dr.Yu的美篇》及微信公众号《余哥唱晚》），已可管窥此一现象及可能的原因。而本文，在于从个人视角，较为系统地论述观察所感。无论褒贬，都不带政治立场，力求客观陈述个人的判断。本文一如既往，不刻意作考据引证，纯属表达个人社会观感之作，故非学术论著，仅向读者提供一些个人视角与观察窗口，供有缘有心之人作参考，请在高、深、广度等方面勿作苛求。

本文大致从以下几方面进行论述：政治影响，经济支持，法律管理，医疗支撑，及社会民情等。

一）政治影响：美国国内及国际政治。即便社会政治专家可能也一时研究不清个中的方方面面，我在此只表述自己所能理解的某几个点。

1，美国国内政治：美国的选举政治成为消释社会压力的一个阀门。在疫情骤起不到一年的时间，正赶上美国总统大选，川普前总统的落选应该为释放民怨、承担政府抗疫不利的责任起了不小的作用。另外民众习惯的言论自由使得民间各种批评政府的声音反而并不突兀，难以形成具有共同方向的反政府潮流。

2，国际政治：制造国际关系紧张可缓解国内矛盾与压力，是政治门外汉都知道的常识。这是不是川普政府与拜登政府都前赴后继贯之以抗俄制华毫不松懈的原因之一呢。同时，美国作为世界唯一霸主所拥有的话语权，使得任何其他国家的批评都无足轻重。

二）经济支持：这是美国政府下大力的地方，做得好未必一定得到选民拥护，而做得不好，则一定会遭到选民的唾弃的。

1，物资供应：美国只在疫情初期出现过短暂的民众恐慌性抢购，中间偶有少数物资的限购，但总体上，市场供应充分稳定。我曾充当家庭采购一年余，充分体会到"家有余粮，心中不慌"的重要性。尽管美国的超市均为私营，但相信政府的支持或阻碍对市场是会有至关重要的影响。比如在疫情初期美国市场无一口罩可寻的情况下，加州州长纽森和中国比亚迪签定了10亿美元的防疫物资合同，但被议会以审核为名压下，迟至数月后才通过。从正面来讲，市场供应的充足稳定也应有政府的积极作用在发挥。

2，救济金：2021年3月份，美国各州纷纷发布居家令，社会停止运作。为此，美国联邦政府大印美钞，大肆发钱，各种救济金名目繁多。但是救济金的发放有一定的滞后性，在此空窗期间，民怨四起，因为美国中产及以下阶层，有较多储蓄的极少，绝大多数都是月光族，所以一旦正常收入中断，车贷房贷及各种日常必须费用则难以为继。最先到达民众手中的是按家庭人口发放的救济支票，但川普总统为印上自己的签名而推迟发放,数额从每家数百至数千元不等,可以应急购买生活必需品。

任何曾经工作过,有交纳过失业保险金纪录的人,只要申请失业救济金,全部不经审核,一律尽速发放。我公司有二十几名曾经的员工,多数为自己主动辞职,平时不符合申领要求的,也都得到了失业救济金。大有宁可错发一万,也不少救一位之势。同时失业者还可收到联邦和州政府的额外补助,以致于待业在家的收入甚至远高于上班时的收入。不过也有规定,若雇主要求而无故不回去上班,所有补助也会取消。好在我的员工们一经召唤,马上全部到岗。

随后名目纷繁的各种救济金或低息贷款向小企业一波又一波袭来:有EIDL,PP,CARES等等,有帮助小企业(500员工以下)留住员工的,有补偿小企业疫情损失的;各个行业也有补偿,比如诊所、餐厅等;也有针对农村、郊区等低收入地区企业的补偿。笔者的诊所就收到两次PPP,两次CARES及其他补偿金,电子邮箱里还经常收到邮件不厌其烦地提醒:也许你符合条件申请什么什么救济,请尽快去申请!

为什么美国政府这么"关怀"小企业?这是因为一方面小企业因为规模小及行业的原因,通常收入有限,资金底子薄,抗意外灾害能力弱;另一方面,每年的报税制度,强行将小企业营收归于个人收入而予以征税(S Corporation及个人公司等),使得小企业哪怕经营多年也难留下多少现金家底,以应付意外灾害。在政府救济金到位前,我不得不用个人资金去偿付诊所租金、贷款、水电、网络等各项每月的硬性支出。

如果因为患染新冠而休假,除所有检查与治疗免费外,也将得到政府的资金救济。患者可以申请,也可由雇主先行发放,政府之后再补偿雇主。据说因新冠去世者，家庭可申请丧葬费补偿。读者可以上网查询。

据传，为了得到新冠补偿，有医院收治患者及有去世患者会尽量与新冠挂上钩。这一点无法证实，涉及人性的阴暗面，也亵渎医疗行业，不敢妄言。但也并非毫不可能。暂且挂在这里，或许将来会有业内人士证实或证伪。

3，经济重启：据我的观察，政府经济重启，是滞后于自发重启的。"居家令"后一个月左右，不少小企业自发地悄然恢复了工作。但是在几波疫情的下降期，政府都似乎过早地宣布了经济重启或解除口罩令。经济重启可能比任何政府救济对民生都来得更可靠和有财务保证。

4，一个不便启齿而又心照不宣的结果：新冠疫情带走的大多是有基础病的人，其中更多的是老人。因此，为今后"节省"了退休金和医药费。议论这一条显得很冷血，但的确也有不少人在谈论着。多少年后，只有完全褪去同时代人感情色彩的研究者，或许可以毫无顾忌地谈论这方面的影响。我在书写这一条时，心中也充满了复杂的感受。

以上经济措施或结果，从正面或负面，不同程度地缓解了民众因新冠疫情带来的经济或心理压力，并且在相当程度上消解了民众对政府的部分不满。

三）法律管理

1，在"居家令"颁布实施的同时，保持生活必要机构如医院、诊所、药店、超市等的正常运转。医院诊所接诊各科急症患者，可以防止接诊新冠病人的医疗资源被挤兑。超市曾一度开放老年顾客专有时间段购物。

疫情初期"居家令"也曾被严格执行，地方媒体上曾经披露：加州有在海滩边冲浪的小伙子被警察以违反"居家令"为由而被捕。我曾领着居家近一个月的家人前往果园散心，但听说第二天就有警察以路边停放车辆密度高为由，禁止果园路边停车。随着疫情延宕，执法机构放松了对人们外出活动的限制，虽然可能增加了疫情传播机会，但也让民众有机会释放因守家居产生的心理压力，避免了与民众发生正面冲突。

2，联邦政府颁布的"口罩令"，一般只要求进入联邦建筑才佩戴口罩。各州县市的"口罩令"尽管要求进入超市等公共场所需戴口罩，但我时常见到不戴者也未被强制干涉。虽然一定程度增加了疫情传播风险，但也避免了与无口罩者或不愿戴口罩者发生正面冲突。网上也流传出一些地方发生此种冲突的视频。但我所见，一般较为宽容。

3，议会临时立法禁止房东驱逐因受疫情直接或间接影响而暂时交不起房租的房客。银行允许延缓交纳按揭，不影响信用分数，从而使在疫情中受困的民众得到压力缓解。商业租房方面，有的被免交，有的可以缓交，比如我诊所所租大楼就可以缓交，我的理发师就免交关门数月的租金，至于业主是否得到补偿，因我未经手这一块，未知其详。

有的房东也因收不到房租陷入困境。但毕竟有房出租的房东，比无家可归的租户经济状况和抗压能力要好得多吧！

虽然可以延交银行按揭并被承诺不会影响信用，但在以后的贷款中，也会被问到是否有延交的情况，可能会影响到贷款的审批。

4，各行各业都有相应变通法规出台：比如闭门不办公的车管所DMV对驾照更新可以延迟，之后只需在网上办理。我们的医师执照更新也可豁免继续教育学分，等等。

5，市政厅与社区也有紧密互动：比如警局会用Zoom会议，向社区科普安全知识，包括枪支拥有及使用法规。设置有免费核酸检测点并免费口罩发放。

四）医疗支撑

1，医疗网：自疫情以来，医疗院所没有一天被要求关门，只在最初疫情气氛最紧张时期被建议只看急症患者。以牙科来说，大部分诊所为了谨慎，停诊了一至数月。我的诊所停诊约一个月。期间，有数十名牙痛患者通过微信找到我要求帮助。医生为了用药安全和自我保护，一般在未见过患者情况下是不予开处方的。但在疫情下，只须拍一张病患处照片发给我看，就开出处方，刚好有我北医药学系师弟在尔湾开有药房，我把处方照片发过去，病人就可直接前往取药。相信其他各科各专业的每一位医生都会有适宜的方式去帮助患者，从而避免了他们不必要地前往急诊室或其他可能接诊新冠病人的医疗机构，挤占宝贵的医疗资源，及增加染疫机会。一个月后，在病人要求下我恢复了门诊，由只看急诊到完全正常门诊。有在重灾区纽约某大学工作的师兄，他们的门诊没有停过一天，每天要看400多位牙科患者。全美这么多患者若得不到及时医治，将会在社区民众中累积多大的身心压力呀！

2，家庭医生检测出新冠病人并筛选出重症去医院，轻症在家隔离。这样做的结果，使得医院专注收治重症患者，也让轻症患者不必染病即恐慌，社区民众也由此知道，并非染疫就是多么不得了的事，对新冠有相对客观的认识和态度。

3，疫苗：在川普时期即已开始开发的疫苗，在更有执政经验的拜登上台后即得到特批投入接种，推进三个月后，全美约有三分之二即二亿多人接种，疫情明显下降的事实，也极大地降低了民众的绝望与焦虑心情。

4，死亡率：随着新冠治疗经验的增加，新冠死亡率约在0.9%-1.5%，远低于2%！据专家说高于2%后就会引起人们的恐慌。这或许也部分解释了，疫情初期，因为对新冠了解少及死亡率高，人们较为恐慌；而旷日持久后，反倒处之更加泰然。有一种说法：得新冠，死亡率百分之一；不工作，死亡率就是百分之百了。

五）社会民情

1，为自由买单：在对新冠防护知识已经很普及的情况下，大多数新冠患者心知肚明，自己染疫多半与一时的防疫措施松懈，"放飞自我"有关；或与家庭成员有关。不好怪罪别人。

2，从众心理：全球除了一二个国家"特例"，其他国家都在同样的"水深火热"之中。从众总会带来安全感、踏实感。

3，不歧视的观念：美国社会"反对歧视"这个词组出现的频率很高，一方面说明现实中有各种"歧视"现象，但也说明"不歧视"的观念深入人心。我们曾在加州疫情最严重时，游览和途经了疫情极低的黄石公园周围的数个州，无论是住旅店、购物、参观等，均与平时无异，没有一人一处因为我们从重灾区加州来而侧目相对。对此，我的疫情日记曾有记载。同时对身边染疫及康复者，在做好自身防护的情况下，他们应该也感受不到任何歧视的区别对待。在这里新冠阳性不是错，更不是罪。

4，隐私保护：政府或医疗机构不会向不必要的群体，提供不必要的染疫者个人信息。在向社会发出必要警告的同时，个人隐私暴露最小化。如果公司人数多一点，其他人会得到警告通知，但都不会知道是谁。同在一个学校，只要不是同班同学或老师阳性，其他班的人就不会知道是谁，甚至同班的也不知道。我儿子同班有过一例阳性，至今不知道是谁，也没有知道的必要。

5，顺天从命心理：我治疗过的很多非华人病人，也具有顺天从命心理，该来的就来吧，该走的就走吧。在别人无错无关的情况下，不会去无端怪罪其他人，该承受的自己承受。

我在两年来对美国疫情观察、记录及评论中，对美国政府有诸多批评。本文也不是一篇表扬稿，只想尽量客观地陈述美国社会是如何运作，来承受与消解极其巨大的社会压力的。因为仍有很多社会层面、职业、地域等不在作者视野之内，挂一漏万，以偏概全，一叶障目之处有所难免。

如果全球都能携手团结，协同对付疫情及其他灾害，像中国那样采取集中"围剿"、"清零"策略，其代价是最低的，对民众生活影响时长可能是最短的。但若疫情旷日持久，则如何安抚焦虑民心，消解社会压力，解决民众生活生计问题就可能是头等大事啦！

2022.02.27.

……州……县，马后炮！

大约数周前，我的一位病人前来复诊。我们面对面闲聊有好一会儿，他说在国内做生意，哪有不送礼的，赚了钱也没有安全感，能跑的都跑出来了。有个哥们，几个亿的身家，没跑被查……他说一直关注我的文章，"正是读到你的文章还比较中立、客观，今天才会和你说这么多！""唉！最近徐州丰县铁链女事件，你不写点啥吗？"我说：我一般不赶热点，真有话说才说。主要对事件无法去了解真相！总不能人云亦云吧！"

本来北京冬奥会刚刚闪亮登场，运动员中心的各种黑科技，中美混血儿代表中国队高难动作夺金，记者会国籍雄辩等话题正热起来，可是一个据称拍自徐州丰县的八孩贫困家庭的视频突然引燃了网络，最后聚焦在生育八孩而颈锁铁链的母亲身上：身世经历；拐卖虐待强奸……网络话题仿佛游移的电影镜头——从亮丽的雪国赛道，突然切换到颜色灰暗，场景压抑的闭塞山村，再次揭开了一个在人们身旁伺伏已久的黑洞的洞口，令引颈窥探者无不心惊胆战。

日常运动后，大家也会坐下歇息，对社会热点闲扯一会儿：敏感的时机，不容置疑的道德制高点，链锁弱女与生八孩所需强健身体的反差……有在高科技公司的高级打工仔说，拐卖之事现今会少多了，至少会很难，到处是摄像头，人脸识别，人贩子寸步难行……这些只能私聊，在群必被拍砖。

还是要接近真相。周末与众家长领着孩子海滩游。家长中恰有两位江苏的，一位还是徐州，说话口音，气质都令我想起大学的一位徐州同学。孩子们在玩沙戏水，我们坐在阳伞下闲聊。徐州家长说，丰县地处四省交汇处，较为偏僻，穷山恶水出刁民嘛，民风剽悍，还曾出过造反起家的皇帝哩。之后上网查了一下，的确有这种说法。出乎意外的是，若查询"徐州丰县"《图片》，首入眼帘的是一排排整齐的楼房，和售楼广告，与其他现代城市无异；需专门输入"徐州丰县农村"，才会出现少许砖墙陋房，像我小时候那个年代常见的房子。但那时也并没有听说在身边发生过拐卖妇女的情况呵！我试图通过这样的笨办法，去了解和体察在丰县那种地方如何会发生这样的事。

我还记得四五岁时，父亲讲过的故事：从前有两姐妹，不幸妹妹不小心被人贩子拐走了，被变成了一只乌龟，带在火车上；遇到姐姐和妈妈也坐火车回老家，满脸伤心的样子。被变成乌龟的妹妹认出了姐姐和妈妈，可是不能说话，只能眼巴巴地看着，眼泪不住地流。姐姐看见乌龟流泪，不知道是自己的妹妹，问人贩子，为什么乌龟流眼泪呀？不记得人贩子是怎么解释的了。但是这个故事让我从小就知道千万不能被人贩子把自己从家人身边拐跑，因为一想到被变成乌龟，明明就在家人眼前却不会说话只能流眼泪的妹妹，心里就酸楚得不行。我从小同情心就较强，大概就是被这个故事激发的。这件往事也说明，人贩子由来已久。

在我近半世纪的人生生涯中，曾遇到过几次诈骗，但都几乎在第一时间就被我识破，免害，应该是得益于从小就受到父亲这种教育。父亲从小经历过非常艰困的生活环境，所以生存避害意识很强。

很多年前就有报道大学女研究生受骗被拐卖的事。这次我本想把我以上经历写写分享给大家，可当下网络对徐州丰县八孩锁链女议论的舆论环境，让我感受到的是一种政治氛围，把叙事定位于受骗上当，似乎格局不够哇。后来读到作协邱明大姐一篇文章，记叙的正是她经历过的骗局种种,我告诉她我差点写了与她同样题目的文章。邱明大姐教导说,想写什么就写什么吧,不必受政治的影响。我此前因言得罪过不少人了,政治真跳脱得开吗?

铺天盖地的网络舆论首先是同情受害妇女,激愤买卖人贩,谴责政府掩盖欺骗;继而是要求沉默者表态站队;再而斥责某些声称这事有带节奏带风向的人;后来出了个省级调查报告,各种质疑,揶揄图文紧跟其后……果然能人在民间。冬奥会不是没人再提起,而是放在了丰县事件的对比、对立位置。

我和国内任某报主编的老同学对上了话——

> 我:国内怎么看?
>
> 主编:历来凡事都有两派。
>
> 我:有人推动吗?
>
> 主编:有没有不知道。若国内有,必被抓!
>
> 我:微信国外群很活跃。
>
> 主编:传不到国内。

搭讪国内群主——

> 我:国内群议论多吗?
>
> 群主:不多!有多的群,要入吗?
>
> 我:入!入!!入!!!

群内混迹有时,结论:国外群多从道德层面作情绪诗文;国内群更多逻辑推理魔鬼细节。更多的群:沉默或言他。

原因和解法。什么?——拐卖现象还是舆论现象?

——拐卖现象:贫困,贪婪,无知轻信。需要经济发展和教育。

——舆论现象：利益得失。

中共总结中国革命三大法宝：武装革命，统一战线，党的建设。单说这统一战线，归根结底是利益的统一，把不同的利益诉求者统一到共同行动目标上。当年为夺取天下，苦心经营统一战线，团结一切可以团结的力量。而今，天下在握，初心是否还在？除了得罪不得不得罪的人，是否还在用心团结一切可以团结的人？一个视频中，一个小伙说：冬奥和他有什么关系？让我想起〇八年在北京四五环举行的奥运，令二环以外多少被迫关门歇业的小商小铺，对本应傲骄的北京奥运想爱却不容易。这次冬奥周边小商铺命运如何不得而知。仅从国外可感知的，期间回国航班又多"熔断"了几许？据说，前时某都会城市拟取消有境外绿卡者的国籍，若成，不知竟会凭空制造出多少本来依然爱着国的"恨国党"。其他各种利益诉求者，一则成爱国者，一则成"恨国者"——全看为政者"初心"是否坚守依然。

2022. 04. 20.

抗疫做法要基于人文精神，悲天悯人情怀

——不得不说的一些话

自从发上一篇公众号文章，已空窗将近两个月，这是两年来停更最长的一段时间。本来有自己想写的东西，工作之余有限的精力不想完全被时事内容牵绊；何况现在人们对时评的分裂几乎到了撕心裂肺，势不两立，甚至三立（没有立场都会被攻击）的地步——这与我一向相对温和的秉性，平和的态度和中立的立场严重不符。与其争吵，不如沉默；再有就是虽不敢说呕心沥血，但篇篇都是夜深人静之时披星戴月之作，不知会触碰到哪根肉眼看不见的红外线，而不得见天日。

美国疫情从新冠病毒演进为欧米克戎的日新增病例几十万甚至过百万，已降到几万之时，中国疫情从星点之火，终于在某些大区成了燎原火势。若单纯看数字，美国日新增病例仍有数万例，但这就如高烧42ºC降到了38ºC；而国内如上海日增数千无症状感染者，则如从常温36.5ºC上升到低热37.2ºC。形势与感受大有不同。如果有心之人愿意回读查阅我的文章，在印度疫情最烈之时，我就对国内可能出现的今日之状况作了预警与提示，不想竟然一语成谶。我的中学同学群里，国内一同学言谓："美国已推出第四针疫苗，三针扛不住。估计国内也会有第四针。"言外之意，似乎是美国现在疫情仍然严重，第三针疫苗都控制不住，所以推出第四针疫苗。而我回复他道："（美国）打第三针的人已不多，我第三针就没打。推出第四针可能是因为

他们（CDC）认为每半年就应打一针。"我写这段情节的意思是，国内同学对美国疫情的了解和评论有"隔靴搔痒"之感，似是而非，而我们在海外，对国内疫情的观察与判断，可能会犯同样的问题。因此本来不想置喙妄议，尽管哪怕看到网传曾以"精准抗疫"而受民众表扬的沪上也重演了哮喘病人被医院拒收，而且是自己工作的医院，也没有触动我渐已麻木的手指运动神经。直至我看到一个一个视频，和一组群对话截屏：一个二岁孩子被从父母身边带走隔离，死去，母亲也随之自杀。我对网络谣言是非常厌恶，辨识是非常敏感的，我的内心让我相信此事的真实性。

我这篇文章可能又难见天日，但我一定要写出来，试着发出去，哪怕没法发公众号，只以笔记的形式，只为平复自己的内心。

2020年而兴獗的新冠疫情，仿佛是一块试金石，但凡不讲科学，一味钻营政治的都受到了这枚病毒躲在人们肉眼不见之处的嘲弄，而倒霉的都是平常百姓。美国如此，印度如此，而在疫情度过两年后，国内所及之地，亦处处可见那个长着嘲笑面容的幽灵。政治本不是坏事物，按照理想主义的初衷，是人们为了更好地生活而以某种方式组织起来。今日之事实常常偏离了这一初衷。那种偏离了理想主义初衷的政治，我们不妨称之为"伪"政治。"伪"政治，害死人。

新冠疫情在全球肆虐已逾两年，各洲各国不同或相同的抗疫方式方法取得了不同的效果，呈现了不同的态势。各国包括中国都应该针对各国的不同抗疫情况进行认真细致的科学与社会学研究，除了派出专业科学家和社会学家进行专项研究，也应组织专业人员筛选严肃、认真、可信性强的图文自媒体所记录与报道的内容，进行仔细研究，因为其中往往包含了作者所处社会深层的第一手最鲜活的原始资料和信息，而不应首先戴上"伪"政治的有色眼镜，以"政治正确"为先，而不以科学与事实为要，在美国就不屑于研究中国，在中国就不屑于研究美国，等等。

2022.05.15

人类面对大灾难时，小而如我等应如何应对？

忽然写出这么大一个题目，是要弥补一下公众号三个月没有更新的空窗期么？

三个月前，我的上一篇文章《……疫情如此惨烈，为何民众还安之若素……》眼瞅着大有奔10万+之势，却被一个紧接一个的社会热点议题令屁民（屁股决定脑袋之网民）彼此车裂（并非原在同一阵营的分裂，而系势不两立，恨不得对方死无全尸的那种）的骂战转移了热点，平台更是频频祭出史上最严苛封禁的棍棒……

每每欲言难辩，每每欲言又止，每每顾左右而言他！

有读者在后台留言：请写写美国现在的疫情状况怎样啦；在乒球训练的间隙，教练 Gina 曾提示我：想没想过写写像赵馆这一类的民间乒乓球俱乐部呀？……刚刚于5月7号举行的南加高校联盟乒乓球赛开赛前，主席肖敏牧师漫不经心从我身旁球桌经过："赛后请再写一篇联盟赛事文章呀！"我说，联盟不是有御用笔杆吗！"也有人更喜欢民间的声音哟！"牧师哈哈飘然而去。下午双打对阵，牧师带着他的清华美女徒弟维群报了高手威力领着我半年前赢他们的"一箭之仇"，赛后又笑咪咪地说，希望不要因此影响你写出精彩文章哟！

三合一，憋着，终于放出大招：开始放眼人类了！

先说说疫情。迄今美国经历了四大波疫情：第一波，美国毫无准备，无从准备，市场上防护物资成为战略资源，全被"高华"（部分国人对国外部分华人的讽称，讥谓高等华人）们买光空运往或贩往中国，美国市场一罩难求。情况和2020年2月份的武汉类似而更严峻。武汉是毫无预警和准备，防疫物资严重缺乏；而美国除了华人留存有部分口罩手套等，其余的人几乎都在新冠病毒前裸奔。武汉采取封城隔离的策略取得了成功。可惜当时美国没有，不愿或不能采取同样的策略。从中国传来的信息都是，一般口罩根本不行，医用口罩也不行，必须N95，甚至也不行，要防护服，眼罩……所以美国人还没想到可以用布做口罩，干脆躺平。第二波，美国疫情延宕中，发生白人警察跪杀使用20美元假钞黑人的事件，激起民愤，全美多地发生暴乱。第三波，美国大选，选民撕裂，川普总统反对口罩（可能和此时世界绝大部分口罩都系中国生产有关），拥川选民大规模集会，抗议，冲击国会等。第四波，疫情两年，抗疫疲劳与松懈，赶在2021年圣诞节前后节日季，家庭聚会，朋友聚会，连放假不能回国的中国留学生也节日欢聚，成为重灾区，加之又是感染力强的病毒新变种欧米克戎Omicron。

美国人面对疫情，除了第一波是三亿人无可奈何地"躺平"，其余几波，数千百万人则是自愿或被动地"倒挂"！——完全放弃或没有任何个人防疫措施，群集群聚。与美国疫情数字呈正相关。

疫情两年余，三亿半的美国人，可统计染疫者约一亿，死亡者过百万，川普任内近一年，死约60万，拜登接任，虽施打疫苗后，近一年半，仍亡430万。在美国哪个州哪个市数字高了不但没有政治人物下台，据说所有与疫情有关的病或亡者本人或家庭还有各种福利补助，病休、治疗、死亡丧葬等费用全部由政府买单，这可省了医院对很多无钱或少钱治疗其他病患者追费的麻烦。曾有一些关于医疗机构作假逐利的谣言，当时我没信或半信半疑。但时过境迁现在不知为何竟无缘无故就多信了一些（请读者切勿轻信于我毫无根据的感觉，仍以证据为取信与否的依据）。

但在"人间炼狱"般的美国,如自由电子一般来去自由的美国民众,为什么仍有二亿半的大多数人得以逃过疫劫,免于染疫?别人家不知道,作为二亿半之四的四口之家,我们所做的无非是二米社交距离,近人处全程口罩(仅医用口罩,从没戴过N95或KN95),勤洗手,基本无餐馆堂食,基本无朋友餐会,超市购物消毒,邮件包裹消毒。我们还至少两次出远门一星期左右自驾旅游,但入住酒店时都会再次酒精消毒房间,并注意各种人员物品接触。在一般人认为的高危区口腔诊所内工作,除了各种常规消毒外,会让每位病人摘下口罩即用漱口水漱口(以碘伏为主,也有一般漱口水备选);内部人员对谈时均戴口罩,从不聚餐;并没有负压诊室(疫情初期,据国内来的信息,大学牙科校友群里部分同学们讨论出结论为需负压诊室方保安全,但现实却不可实现),没有改装中央空调(同样不可实现,也曾受到个别病人质疑),也从没穿过防护服(现俗称大白,得国内朋友及亲人捐送邮寄几套,但只试穿过一次,面罩上的雾气和全身笼罩的憋闷使我不敢在病人的病牙上稍为长久一点动用钻机)。不好确定哪个措施是多余或不足,可能有人比我们做得更多或更少,但至少两年多下来,我们迄今为止安然无恙。

反思起来,国内有关信息的发布与传播可能没有区别医院等可能的病毒高密度区与一般民众所处生活区多为病毒低密度区大有不同,从而造成了民众认识的误区与恐慌。我自己后来在生活与诊疗工作中,始终运用感染可能性大小和病毒浓度的概念来指导自己、家人、员工和病人应对疫情。比如在超市,遇有戴口罩和不戴口罩的收银员,我去戴口罩的那儿;有戴医用口罩和布口罩的,我不去戴布口罩的那里。从不去参加人员较多的餐会,也几乎很少去餐馆堂食,因为所有人都会摘下口罩,并进行咀嚼或说话等口腔活动,在同一空间停留几十分钟至数小时不等,累积病毒浓度会高,感染机会会大大增加。遇有参加人员较多的集会之后，或咽喉不适，我都会自己或建议相关人员用碘伏或其他漱口水漱口、拭鼻，以减少口鼻病毒浓度，降低感染发病机会。多年的行医经验和医学常识让我相信，接触到病毒细菌，需达到一定数量或浓度，其致病力超过身体基本抵抗力，才会致病。当这样思考和应对，就会坦然接受身体周遭可以存在有一定数量的病毒，从从容容，没有恐慌。

　　所知道的身边染疫者，最早一位是我的病人，不到二十岁的高球运动员，据他妈妈说，是去健身房之后出现症状的。而处同屋护理儿子的伟大妈妈可能不想儿子有任何心理不适，自始至终自己都未戴口罩及作其他任何防护，所幸也未染上。他们都是自觉地在测试都为阴性后才来我这里复诊；因为此病例，我才下定决心自己并率家人早期即去冒险施打副作用尚不完全明了的新冠疫苗。离我最近的阳性染疫者，是我诊所现已离职的贴身护士助手，墨西哥裔。墨裔人喜欢家庭聚会和去酒吧是有名的。疫情初期，我于周末及长假前均会叮嘱助手们回家度假注意事项，并发放口罩、漱口水、手套等任其使用。但几次过后，便觉得不再有叮嘱的必要，以免有啰嗦之嫌。偏偏墨裔助手就有了症状，检测结果出来之前还上了一天班。最终墨裔助手全家老少七八口人全染，而诊所却无一人中招。想来后怕，但也考验出诊所内部防护措施足够且过硬！大部分认识的染阳人，是在欧米克戎之后，有两个家庭都是我的病人，两家全部染阳都因男主人或女主人参加朋友餐聚带病毒归家；另外好几位大学生也都是因为圣诞聚会。这个阶段，大家都对疫情出现了心理疲怠，一向小心谨慎的华人，这次在华人留学生中成为重灾区。往年多数中国学生都会回国度假，而彼时各省市入关需一月上下的隔离期，这使他们全部原地留校度假，节日聚会成为传播的最快契机。最新近染阳的是几位是三年没出门旅游的朋友，终于没能抵挡住豪华游轮广告的诱惑，登上了甲板；一对夫妇中的先生先有了症状，太太害怕便躲去朋友的船舱同住二日；下船回家三人还同车一二小时……所有这些熟知的人，症状都不重。唯一让男士们最为暗自耽心的并发症，恐怕只有传说中的阴茎变小吧。果如真，病毒这玩笑开得对男士们可有点"小"损！

再说说我们在疫情这两年除了失去的，更有哪些收获和成长。

先说说我们自己。失去最多的是三年没能回国。我自己既往每年都会回国一到二次，每次一个月，看望父母亲人朋友，会借用以前在北京创立的诊所给父母护理一下牙齿。儿子暑假较长，往年太太都会带他回国，插班幼儿园或课外班学习中文，游览中国名胜古迹，熏陶中华文化，并与爷爷奶奶姥姥姥爷等一众亲戚家人同住数日，还去过我小时候生活过的老家乡下农村（现也早已城镇化）。但疫情的前二年多，一个月左右的隔离期已经让我望而却步，儿子在美出生未领中国身份及现在更严的管控措施让我们的回国心愿更加无望。很多人都读到过一篇10万+的文章：有一位华人从加拿大回国，辗转三个月，各种隔离后，也没能进得家门，最终返程到期又折回了加拿大。而我的一位病人家长四月底来诊时也说了一个类似的故事：和她先生3月12号一同回国的一位朋友，一个多月了还没能回到家，途中细节无从知晓，眼看5月12日就两个月了。但愿此刻他已经在他温暖的家中。

至于收获，首先因为疫情早期，趁着出游人少，我和家人游历了黄石公园这种平时人满为患，平常时间工作忙，住宿难约不敢企及的旅游胜地，无意中还邂逅了美艳绝世的大提顿连绵雪峰，也专程前往火山湖蓝宝石般美仑美奂的风景地标，使自己和家人压抑已久的心情不时得以放飞。而儿子因上网课一年不能到校，有机会在后院练跳绳，从一个不会到能够连跳上百，加上踢足球，学游泳，眼看着朝健康小帅哥黑壮模样的成长道路上快速飞奔；习惯了网课，跟国内的网课学校学绘画，一幅幅色彩鲜艳的美图从儿子笔下由稚嫩到熟练地成形，比起实体课来，惊艳之余不必怀疑有没有被老师"画龙点睛"。疫情也造就了一名居家农妇，西红柿吃不完，葡萄藤初缀翠串，还有萝卜樱子，嫩豆苗……都是太太的功劳，让我忆起小时候家父种的两块自留地的味道。疫情中网购火爆，女儿为她的公司设计的产品在网路上销得不错，也让她在社会上站稳了脚根；还歪打正着，拣漏一个机会，女儿为我的书做了颇有设计感和思想意味的封面和封底，这是比我自己疫情两年无意中积攒二十几万字出书还令人欣慰的。

"与病毒共存"，在国内的舆情环境中现在被硬性赋予了政治立场，贴上了靶签。而关注我美国疫情文章的朋友，或许能注意到：在美国疫情仅两月余，即2020年6月前后，我就在文章中提出了"与病毒共存"，那是在美国新冠病毒无法"清零"，大环境个人无法掌控的情况下，自己对生存与生活的感悟：我们渺小的个人甚至强大的人类，应该不得不学会与病毒共存：太近了，为其所害；太远了，则丢了生活。至于适用范围，各人自框。而对于一个国家来讲，该如何领导与组织人民与病毒以什么方式相处呢？

疫情两年余，另一大收获，或者是严重改变了我的生活内容的事物，非乒乓球运动莫属啦！这项运动侵占了我很多读书码字的时间，但是它让人血脉贲张，热汗肆流，神清气爽，一时难以停下。首先得因于2020年底川普总统染上新冠，让我等小民对自己和家人身体免疫力重要性的意识发生倍增效应，于是在家里支上桌子玩起了乒乓球，依然是小时候的由性野玩。那时连Costco超市和各体育用品店都卖起了乒球桌。出于偶然，进入了南加高校联盟应运而生的的乒乓球群，才知道身边早已有一个乒乓江湖在，见到一众乒乓高手好汉挥拍跳跃的身姿，有肖敏、伍旭强、郭大侠、赵教练、Mike，Jason，赵馆……还有我的美女教练吉娜Gina。

自从在自家支上球台后，最早注意到社区里有户人家在家门口露天也支着球台，玩耍的是几个白人父子。后来同群的尔湾叶医生热情请我上他家豪宅设在后花园庭院的球场，水平悬殊但热汗淋漓地打了一回。一年前的6月份我开始跟 Gina 教练在她家的车库球馆正式学球。Gina 教练对乒球应是有特殊的感情，常想着推广而少善经营，有时我和她在社区球馆打球，见有其他族裔孩子与老人在推拍，她都会主动去指导一番；她在南加乒乓江湖有着极好的人缘；近来她生病休假在家，闲着就把车库改装成了豪华球馆，由能摆一张球桌到能摆两张，亲自油刷了墙面，还铺了木地板，安装了空调；她在犹豫要不要接受朋友赞助时，被我说服：让更多的人付出、关注，就会更爱，这就是最好的推广！Gina 球馆必将迎来高朋满座、高手云集和欢声笑语，而与赵馆相映成辉，相对成趣！

　　在赵馆馆主生日那天，假借吃烤全羊之机，终于见识到传说中他家搭建在后院中央，四围挡网的球馆。自疫情以来，社会球馆关闭，赵馆搭建起来，约有十数球友日日聚首，悄悄切磋球技。中国八大收藏家之一汪先生，原是北京大学乒球校队队长，因疫情回国受阻，也混迹于赵馆充当教头。他有几十块球拍，对每一块都了如指掌，如数家珍；针对不同的对手，他能拿出相应克而制之的球拍，并立刻应用自如。根据每位球友的打球特点，他还推荐给每个人使用不同的胶皮和球拍，瞬间提升球技。球友中有二三位年过七旬的老者，赵馆馆主也七十有余了，然而球技都不可轻觑。最近我还在一个社区群因乒球而认识了一位张女士，得以去到她家的车库球馆，和她那打了二十几年乒球的先生（也姓张）和老友戴先生学习并切磋球艺；每周二、四还有一位学球不久的中医郭医生也来打球，每次打球前都会先给张先生认真扎针灸作治疗。除了家庭球场，很多爱球的公司老板也会在自己公司设立球桌，时常邀友挥拍洒汗。Gina 教练就曾带我去见识过两个。南加这边还有好几座商业球馆，最早去过的是越南人李医生Dr. Lee办的橙县乒球俱乐部OCTTA，疫情期间他的球馆几乎没有停，据说他太太就是染疫去世，很快他又迎娶了一位新人。中国人乍听会可能会觉得有点没心没肝，但未辨真假，不解细节。该发生的总会发生，逝者已矣，来者长久，生活还得继续不是？在OCTTA打球的人种较混合，有白人，黑人，亚洲人和欧洲人等，中国人可能反而相对显少。另外至少还有三四座中国人多的球馆，其中最有名的是世界冠军、美国队主教练高军的俱乐部。最远的一家俱乐部在河滨市（Riverside）。这些球馆，都是租用仓库用房，条件比较基本，其商业性决定球桌要尽量多摆而使得空间较逼仄，装修成本尽量低而显简陋。各家条件都差不多，球友们也就不挑。但这些俱乐部的教练，个个可能都在国内有过曾经或辉煌或曲折的球艺生涯。比较特别的是在富勒顿（Fullerton）的一个乒球俱乐部，它本身是非商业性的，似乎靠球友乐捐来维持，进门收费的是总场馆的管理者，与乒乓球俱乐部无关，场馆内不止乒球还有其他运动项目。每天有人练球，每周六会把水平不同的人分三四组进行比赛，只单打不双打，凭成绩升级，很有一门心思提高球艺的认真劲儿；但多年下来，有的人随着年龄增长，体力与反应力减弱，反而从高分组降格至低分组。很多城市也有官办免费或每次一二美元极廉收费的球馆。比如我们尔湾就有两三家免费球馆，其中以在著名豪宅区附近的龟岩社区中心（Turtle Rock Community Center）条件最好，宽敞的大厅只有三张球桌，屋顶高，木板地。但这个大厅是个多功能厅，乒乓球开放只有部分时段；疫情最紧张时也关闭了一段时间，在我一年前开始学打球那会儿恰好重新开放，而其他活动都还没重开，每天下班及周末都很规律地有乒球时段安排；球友多时可达二十几人，三张桌只能双打，于是大家很快就制定出有序排队轮流挥拍的规则。水平参差却不分彼此，最有利于像我这样初学乒球的菜鸟见识与学习其他高手的各类球路风格和打球中施展的种种"刁钻伎俩";加之努力把教练训练的球技运用上,所以几个月下来,给球友的印象是进步还蛮明显的。等到今年初疫情虽然还没结束,各项社会活动重新展开,多功能厅忙起来,反而常常挤占了乒球时间。不知是不是和此有关,最近来此打球的人大大减少。有些老人公寓社区都有条件很棒的球馆,可能还有其他我所不知道的更好所在,或者重新开放,或者新设,分散了球友吧?

就是在这样的社会基础和条件下,由乒球高手肖敏牧师任主席,伍旭强任副主席的南加高校联盟乒乓俱乐部,在高校联盟时任主席陈峥的倡议下,即便在疫情形势最严峻时,登高一呼,竟也得百应。在对疫情审时度势中,连连成功举办南加高校联盟乒球大赛。肖、伍二主席不仅配合默契越办越有经验,而且还身先士卒,亲自挥拍上阵。肖敏牧师在上周刚刚成功举行的单双打比赛中,取得水平最高的A组冠军,难得高调炫技一次;而在双打中却又一次显示他的提携新人扶助弱势的情怀,又搭挡和我差不多时间新学球的乒球小白兔清华美女维群,再次和我与带我玩的高手威力对阵。上次比赛对阵时,我和威力侥幸险胜;这次牧师显然有备而来,不仅可能利用了职务之便,安排了我们同组再逢伺机报仇,而且在平时遇我练球时还引而不发有所保留,待到比赛时狭路相向,才真正使出大力上下旋球从我这里打出缺口,美女维群也球技有涨,瞎猫碰死耗子一般鬼使神差地撞回威力两计必杀之球;虽然我们之前刚刚把后来取得双打第五名的林医生和温妮组合差点拉下马,却让牧师和美女得逞,报了一箭之仇。赛后牧师还和我半玩笑半耽心地说,"希望不要影响写出精彩美文哟!"其实,孰不知在任何比赛中,被对手心机如此,狡猾地算计,正是获得真正尊重的最好仪式!

在国内疫情此起彼伏,各种声音都有的情况下,或许出于麻木，或者为了避免比较，谈论美国疫情的很少。因此有读者希望从我笔下读到美国疫情现状。在本文一周前起笔时，美国因疫而亡的数字接近一百万，现在已绝对超过一百万，拜登总统为此还在白宫发表了言论，下了半旗，但民间几乎没有议论。去超市，华人超市从顾客到收银员仍然基本都戴口罩；而白人超市，有时收银员都不戴口罩，有时有的戴有的不戴；顾客也是，不戴口罩的白人居多，亚裔戴的多，不戴的少。白人似乎对政府的服从性或信任感较多，政府要求戴则戴，政府取消口罩令，就立马不戴。我去修车时，注意到对戴口罩的要求与打疫苗挂钩，但只限于告示，没有人实查谁的疫苗证明。去餐馆，家家餐馆几乎座座客满，有的餐馆连供顾客使用的酒精消毒液都不再提供了。美国人或政府聪明的地方，是我从没见过在任何场合有人因为戴不戴口罩，打没打疫苗而起冲突，他们不会把人们从自然界所承受下来的灾难，愚蠢地人为转换成人与人、人与社会或者人民与政府之间的灾难。至今我有时还会感觉自己是这场疫情的"边缘人"：除了自愿打过两针疫苗，做过两次自测，从没有正式被捅过鼻子（那是我最怕的），也没有正式捅过嗓子；本想去测一下抗体的，终因疏懒而觉无必要；从没因为密接而隔离过（28万的尔湾人已有超过十分之一以上的人染阳，知道或不知道的密接肯定有的），从没去过医院，更不知ICU长什么模样，从没坐过飞机，更没因为回国而住旅馆隔离……谈到国内的种种，我和太太的意见都会是鸡同鸭讲：我更耽忧私人权利是否被尊重的同时，太太则放心国内政策下父母更安全，我们双方的父母都已八九十岁了，所幸都健康平安！托福！身边朋友和病人中仍不时听到有染阳的，但症状多数较轻，基本上一周内就会消失，然后自我隔离二周或一个月，全凭自愿。

当渺小的我们与人类一道面对大灾难时，平时建立的灾难意识就会产生作用和效果，积累的物质、精神与知识储备就被调动，无论处在什么样的自然与社会环境中,既随遇而安又积极面对,或许灾难会转变为某种机遇或契机也说不定。从我们个人的经历、经验,从身边朋友熟人或成功或失败的行为起止,小而如我等可以去观察,学习和感悟。而大如国家是否也应深入而不肤浅地,科学性而非政治性地去总结本国与他国的经验与教训(没有哪个国家只有经验,也没有哪个国家只有教训!同意吗?)去精准研究社会群体行为与结果的关系,去制定莫以善小而不为、莫以恶小而为之的政策措施呢?

2022.05.31.

在美国加州第一次买枪的经历

在美国发生的每一次令人痛心的枪击案，尤其受害者为学生或孩子时，都会在民间激起禁枪控枪的愤怒呼声，一般情况下总统及某些公众人物都会站出来，谴责暴力，对受害者家属抚慰一番。但每次都是大而小之，急而缓之，最后不了了之。而枪击事件仍周而复始。

上周二发生在德州小镇乌瓦尔德(Uvalde)一小学内的枪击惨案：一名刚满十八岁的高中生枪杀十八名小学生和三名成人（有说十九名小学生和二名老师）。总统拜登亲往当地抚慰受害者家属。但这也可能只是在美国枪击案史上又添血腥的一笔而已，不必寄希望这会是改变美国历史的一次。

我曾经在一个微信群里和一帮群友辩论，更准确地说是议论过控枪禁枪的事。对方是坚决的禁枪者，我也是同意禁枪至少是控枪的支持者，但美国的历史与现实，让禁枪之期望几无可能。试想，近几十年来，尽管屡屡挫败，国力耗费，但几乎历届美国政府还不是每每以各种理由或形式主动发起战争，数以百万计的平民和士兵流的鲜血，和无数难民所受的苦难，可曾唤起过利益集团少许怜悯之心？更何况"区区"数人十数人的偶发枪案？现实生活当中也能举出无数个因枪枝泛滥而起的恶性枪杀案件，但同时也有很多居民拥枪自卫得以幸存的事件。

我刚来美国时，同是北医和南加大校友，早来美国数年的学弟就告诉我，若遇地震、火灾等大规模灾难时，会有舍己救人的英雄出现，但也必然会有打砸抢事件发生。在食物饮水等短缺时，视自己的生存高于一切为天经地义的人，就会把劫掠视为理所应当，杀人越货必然发生，手无寸铁就会任人宰杀。

有此想法的人，竟不约而同，大有人在。还在2020年3月美国疫情之初，加州封城之前，社会空气异常紧张，民众普遍缺乏安全感，购枪自保的议论在微信群里异常热烈，促使来美十几年都没摸过枪的我，也强烈地感到有购枪的必要，家中与警局相联的警报系统都不能给予足够的安全感。

从常识知道，买枪需有持枪证。而如何考取持枪证？我想信息获取有三个途径：一是互联网；二是上枪店询问；三是问万能的微信群。我采取了第三，因为微信群在弹指之遥而又可互动，实在是综合了一和二的好处。

果然我很快就在微信群里找到相关信息和中英文学习资料。浏览学习了两遍，就踌躇满志地开始寻找考证与购枪的枪店。首先掠过脑际的是华人枪店，但距离较远，且估计这时候华人购枪者可能众多。于是从Yelp上找了一家离家最近的枪店，位于森林湖(Lake Forest)。

我来到这家枪店，伙计有三四位，个个腰里都别着手枪，而顾客还不多。我向其中一位说明来意，他给了我一张有20道题目的试卷，让我在柜台一角不碍事处做题。约5分钟答完，又花二分钟检查无误，便交卷了。枪店伙计眼睛从上往下扫过，说错了一题：加州法律允许购枪年龄是21岁以上。我告诉他，我看到的学习资料上写的是18岁。他表示理解，说新法为21岁（此处仅凭记忆书写，不记得原话，可能意思不准确）。但我仍然通过了考试。给了一张表填写，供他制作持枪证用。约莫半小时许，我就拿到了持枪证，全称应该是《枪械安全证（Firearm Safety Certificate）》。后来我网上查了一下，有说加州购置手枪为21岁以上，18岁以上仍可以购买长枪。但也有说购长短枪均需满21岁的。

而德州似乎18岁即到合法购枪年龄；所以有此次18岁高中生用打工所得购得两支长枪杀害21人的惨案发生。有些青少年18岁心智尚未完全成熟，可能血气方刚，易于冲动。这是控枪论的一个争论点。看来加州在控枪方面，至少年龄上更为严格。

枪店伙计耐心地让我任意从货架上或玻璃柜台里自选中意的枪型。每次我指要哪支枪，他便取来，小心拉开枪栓，仔细察看枪膛，并每次都细心地把小手指伸进枪管进口处，以确保没有子弹意外存留在枪膛，然后才交给我。接过枪以后，试试手感、准星，听听拉栓击发的声音。其实，这时考试还在继续，伙计会暗中观察购枪者如何操作试枪，对于新手，如果手指一直扣在扳机上或用空枪对着人，或许他一开始会原谅这样的错误并给你指出来；在试另一把枪时，他会继续观察你是否已改正。

原则上我可以选购一支长或短枪，30天后可以买第二支。我选定了枪型，交了费用，但他说要先对我作背景调查后，没有问题，才能把枪取走。背景调查约10天时间，若买新枪，则需再加上从制造商那里邮寄过来的时间才能拿到所购枪枝；若所购为店里二手货，则省去了邮寄时间。

背景调查包括购枪者是否有犯罪记录及精神病史记录。这种调查，可能只对有既往史者有效，对无既往史，而却有犯罪计划者，或由于后来生活中的各种原因而生念者，及潜在精神病人或之后精神发生异常者则不可能有先见之明，无从预判。

得知隔壁门店可以塑封持枪证。离开枪店便去花了三刀把持枪证纸质卡片作了塑封。小店里只有一位男伙计，腰里也高调地别着一把小左轮。不知是这一片区域安全堪忧，看店都需佩枪，还是因为傍着枪店容易成为潜在被攻击目标。

10天后我得到通知，背景调查通过，可以取枪了。但被警告，现在人多，去后会排长队。我选择了一早的时间，希望不要等待过久，耽误了上班时间。这天我早早起床，穿够保暖衣物，驱车来到枪店。长长的队伍从枪店门口向门廊远处延伸；从枪店出来几位顾客，才有几位被允许进入。排队的人，亚裔不多，华人也不多，很多不懂英文的华人可能更愿意舍近求远，去华人枪店购枪吧！疫情当前，看来不止是华人购枪意愿激增，其他族裔也一样啊。

轮到我进入枪店，伙计把售我的枪又仔细检查了一遍才交给我。这时我才发现，按照原本设计，这支枪的弹匣是可以装15颗子弹的，这也是我没有选择教练建议初学者选左轮手枪的原因，左轮一次最多只能装6颗；而实际上，我的弹匣最多只可以装9颗子弹！我问伙计怎么回事，他说加州法律规定，私人枪枝，手枪弹匣最多不能超过9颗。之后我在网上也查过，果然如是。前不久，在尔湾教堂发生的枪击案，枪手就是在换枪匣时被制服的。任何事物都具有两面，购枪者想的是在与可能的坏人对抗中处于更有利位置时，但也被法律限制在不当使用时处在过于有利的位置。

我买了些子弹，上次订枪时才5角一粒的，这会儿已涨至1刀一粒了。作本文时，网上查了一下，现仅需一角多就可购得一粒子弹。这都不是重点，重点是，私人枪支对子弹的类型也有一定的限制，比如不能使用能穿透金属或防弹衣的子弹，但一般在生产和销售环节就已限制住了。

枪店伙计还告诉我，不可私下转让枪支，转让必须经过枪店。

拿到枪后，马上约教练去靶场进行了训练。取枪的第二天就是加州《居家令》颁布日。之后靶场都陆续关闭了。

疫情数月后发生明尼苏达州警察跪杀黑人事件，引发全美多地暴乱。在尔湾突然新出现了好几个枪群，号称要组织起来，彼此呼应，保卫家园和家人。此举很快被尔湾警局知晓，通过公告等途径，告知民众此行为可能涉嫌违法。枪群便冷却下来至今。警局还多次举办Zoom讲座，宣传居家如何安全用枪。

通过个人买枪经历可知，在加州买枪用枪并非如网上所传，毫无控制，从而造成民众恐慌。但也存有难以避免的漏洞。一旦被错误使用，其迅捷发生的巨大的破坏力，一时难以阻挡。

各州对枪支管制的法律也各有不同。据说德州人可以自由携枪趴趴走，而在加州，据说一般民众除非某些特殊情况，一般是难以拿到隐蔽携枪证的。各州相关法律林林总总在网上都可以查得到。

本文系个人经验回忆之作，故错误记忆及遗忘之处难免。本人也非这方面专家，故无法正确、详细、准确及系统地阐述或回答相关问题。

2022.06.20

小时候我差一点混进了流氓团伙
——那时还没有黑社会

6月10日国内一小烧烤店发生数名彪形大汉群殴四名弱小女子事件。面对素不相识的年轻女性，其出手之毫无犹豫，下手之狠毒，数人纠集不问缘由，所作所为，绝非一时性激，更非一日之寒所能事，可想而知，街头里巷这些人平时该有何等嚣张跋扈；如此无法无天，到底身后有什么底根作依靠？由此再次引发民众对于黑社会的关注。黑社会这个名词这些年成为社媒中的高频词，大概缘起于国内某地的打黑唱红，以及其后时不常发动的打黑运动。黑之所以能成为社会，一定是有一个生态系统存在，有不同的群体彼此互生互杀互存，互相依赖，在某些时候互为敌友。据有人分析，现今或过往的黑社会，构成复杂，涉域广泛，常常黑白难辨。

不像我小时候，没有黑社会，只有流氓团伙，生物品种单一，分类清晰明确，针对措施简单果决。由小成长到大，谁没见身边周遭出过几个小流氓呢？而一向挂着好学生好孩子标签的我，差一点就混进了流氓团伙。

七十年代，我小学二三年级，有个哥哥高一级。那时每周二下午，学校老师集中学习，学生不上课。父母要上班，家里若无其他大人，孩子们基本就被放羊。好孩子知道在家自己学习写作业看各种能到手的书，和邻里其他孩子作有益的游戏。而"坏"孩子做什么呢？我们不是坏孩子，自然不知道。

有一天，母亲领了一个同事黄阿姨到家来，至今我记得那位教姨看着我们的艳羡眼神，她对母亲说："你这两个孩子多好啊！我们家智坚哪怕有一半就够啦！"话后的眼神里有隐隐的忧伤。黄阿姨走后，母亲对我们说：以后每周二黄阿姨的儿子智坚会来家里和你们一起学习。"似另有交代，却欲言又止，想了想还是告诉我们：他进过少管所。我们虽然年少，也不确切了解"进过少管所"到底意味着什么，但知道，有问题的孩子才会去。

这样的同龄人从来没遇到过，我和哥哥心里充满了好奇和期待。这个周二下午，黄阿姨用自行车把儿子智坚送到家里来，满意地看了看我们，就和母亲一起同行上班去了。

一眼看去，智坚肯定比我们大一些，长得像那时一部电影《侦察兵》里狡猾的国民党团长，眼神里自带一种茫然的笑意。我们很欢迎他，他带来了一摞小人书也叫连环画或图书，却奇怪地没有带书包和作业本。我们写完作业，就迫不及待地拿过那些连环画来看，好几本是从没看过的。智坚显然已看过，在我们哥俩的兴趣盎然面前，他显得在耐着性子，无所事事。

又一个星期二下午，比上次迟了些，黄阿姨把智坚从自行车上放下，就匆匆上班去了，母亲也没有在家等她。智坚带了一个书包，却没有如我们希冀的那样又拿出一摞小人书。我们也给他搬了一个饭桌凳和一把小竹椅，并排在屋门口放着。他却并没有解开书包拿出作业来做，而是有点神不守舍的样子。不知啥时候，人不见了，我们去屋头找到他，见他正探头探脑地向远处张望。刚把他找回来，不一会儿，有两个人出现，年龄和他差不多大，三个人围成圈，小声嘀咕了一阵，智坚拎起书包就要和他们走。我哥俩仿佛是受了黄阿姨之托，对智坚负有责任似的，叫住智坚，问他去哪里，他说不出所以然。"我们能跟你一起去吗？"其实我们也搞不清是责任还是好奇。智坚似乎轻声问过那两位少年，他俩应该是用余光打量过我们，对智坚点了点头，但是又很认真地对我们说：我们也做不了主，要问一下，如果不行，你们还是要自己离开。我们理解他们问一下的意思，是请示他们"上面"的人。

我们哥俩跟在他们三人后面，往刘家集方向走去，这里是我们有5万工人的大厂区的边缘地带，不知他们去干什么。我们一边走一边心情忐忑着，既有对未知事物的好奇心，又有点希望被一个群体认可接纳的从属愿望，同时更有一旦被裹挟去打群架做什么坏事不知如何脱身的惶恐不安。有时我们紧赶几步和他们走在并排，他们便故意停住口不说话。他们不时遇到三两个在路边等候着的人，说话时都围成小圈，眼神警惕地四下瞄闪，这样的眼神每次都会在我们身上晃过。

后来又遇到一个人，年长很多，表情严肃很有威严的样子。智坚从兜里掏出一小卷东西给他，从颜色和大小看，像是卷起的钞票。从第一次智坚带那么一大摞图书来家里，又听说他是独子，就知道他能花的钱比我们家里有几个孩子的要多得多。现在想来这是不是就是他对于那个团伙的价值？智坚可能对他说起了我们，那人目光犀利地从我们脸一扫。智坚走向我们有点歉意：你们回去吧！看来眼神和气质都没有对接上！

母亲下班后，我们告诉她，今天下午有人来家把智坚叫走了。母亲仿佛知道似的："你们也跟去啦？"我们点点头，母亲凝重的脸色让我们觉得需要解释一下：我们跟了不远，就不让跟了！

下一个周二下午，我们以为智坚还会再来的，却终究没有再见过他。多年后，和母亲又聊起过这事，母亲说，当时智坚没跟好样，进了少管所，黄阿姨想让他跟你们学点好，谁知差点反把你们也带坏！我都后悔同意让他来家里。黄阿姨是同事嘛，平时关系蛮好，一开始不好意思拒绝，后来我就不客气了。智坚后来又进了少管所几次，长大后还关过监狱。真是上了那条道，只能一路走到黑！黄阿姨经常气得吐血，退休后就没有联系了，大概是觉得有儿不争气，羞于见人罢！

反思起来，以我们当时的幼小年纪和尚且薄弱的意志，如果团伙头目，利用我们当时的好奇心和寻求认同心理，诱使或迫使我们加入团伙，那我们哥俩又会走一种什么样的人生道路和如何结局呢？当然，从我们与这种团伙极短暂的接触，他们对安全感的要求是第一位的，接纳或招惹了不对的人，也可能会给他们带来无谓的麻烦，有的麻烦对他们团伙或个人甚至是致命的。

那时我们厂区有两个出名的流氓团伙，其中的一个大头目叫刘国保，智坚好像就在他手下。平常并不容易见到他们的身影。听说他们经常为了一些外人不明确的地盘利益之类打群架斗殴；有时也有外人容易理解的原因，比如团伙头目一般都是很早辍学而年龄超过高中生的人，他们会为了"雀子"，即跟随团伙的失足少女们（应也可以叫作女流氓）争风吃醋。有一次半夜我在家里从睡梦中惊醒，亲耳听到窗外空地上突然跑过一阵杂乱的脚步声，有跑有追，跑远又跑回来，接着有木棍铁器碰撞声，有粗重的喘气声；不记得有过哀嚎声，那样的殊死搏斗时刻，应该是顾不上叫或者受伤也感觉不到的吧？并没有逗留几分钟，声音便远去了。当天夜里谁家都没敢开门，第二天一早街坊邻居齐聚门前议论了很久。有说警察出动抓人了，有说刘国保把人捅伤了，也有说刘国保被人捅伤了。

不管怎样，那时寻常百姓都不敢招惹流氓团伙，但流氓团伙也不会轻易露面，不敢无缘无故侵扰普通百姓。百姓流传的都是若谁不小心惹到，就会被流氓团伙的人偷袭或暗害，让派出所查不出谁来。但派出所总是能抓到犯事的流氓。这也许就是为什么我稍不留神接触到的团伙成员们一个个都被训练成了鬼鬼祟祟的模样。

曾几何时，本来在社会上游荡的这么一股团伙力量，竟会与社会上政治的、经济的及其他的各种力量，发生交集，碰撞和融合，形成互为利用，利益相关，甚至互关生死的联系。演化为一个称作黑社会的存在。

流氓还是一伙流氓，只是社会哪儿不一样了呢？

2022.06.24

我做了美国警察枪击演习的路人甲

五月份，在美国德州再次发生震惊全美的枪击案后，微信群里一则警局枪击演习招募义工的信息引起了我浓厚的兴趣。但是发布信息者很快就回应咨询说，感兴趣的人很多，招募已满员了。

我忽然想起有一位打过一点交道的华人警察。那是一年多前，忽然有一位华人警察通过一位微友主动联系我，说了解到有人在我的微信群里以警局的名义发布信息，是不合法的。原来有一个人在我的群里转发——警局提醒大家不要上当：布拉布拉之类的。原来美国警察的信息这么灵通！后来我提醒那人并在群里公示：任何人未经授权，不可以转发任何用警察的名义发布的信息，哪怕是好的用意。美国警局的嗅觉敏锐后来又得到过证实：疫情初期，因为黑人被跪颈而死引发全美多城市动乱，不少民众心里恐慌，微信群里出现了几个枪群，号称要互相守望，彼此策应；但很快警局就发布警示，称此举亦涉嫌违法。于是枪群很快自行解散或息声了。我曾经在街上看到过一辆警车车身上的印字，赫然骄傲自称是社区的看门狗Watch dogs——嗅觉灵敏，反应迅捷，而且忠诚有加！这一点与中国人的文化颇有不同。

没想到这道"后门"被我走通了！本来是社区应急队员CERT才有资格参加的，而且满员啦，我被特许参加了这次警局枪击演习活动。

提前半小时，来到当天才收到的电邮所指示的时间和地点，一个大购物中心。天色已暗，忙碌了一天的商户都已打烊，但从路灯和各建筑大玻窗里透出的灯光，把顾客行人甬道照得基本清楚可辨。登记台前，人来人往。我不时被人认出来，待对方摘下口罩，我才认出对方，有老顾，Jenny，诗人JJ戴，他们都是我的病人，还有鹿之鸣，一位朗诵家，只曾在某次活动中见过一面，亏她还能认出口罩后面的我！他们一向都是社区公益事务的热心人。我倒是一眼就认出了马路对面住的邻居白人大爷大卫（David），我们几乎每天蹓狗都会碰面，而且因为他没有戴口罩。我也第一次见到了给我开"后门"的警察苏珊（Susan Li 化名），一位精干亲切，说话风趣的华人美女警察。在今晚有各族裔加入的义工群中，由苏珊警官召募的华人义工，占有相当明显的比例，让华人对社区事务的热心得到尽量充分的彰显。

九点半钟，警局局长，一位年约四十岁上下英俊帅气得让好莱坞都要嫉妒的男警官登高一呼，义工们集中过来。局长宣布了义工们活动的时间和空间范围，安全保证以及注意事项。其中特别规定不许照相拍视频，不许发布到社媒等等，但也诚恳地解释，这是为了照顾到出借场地的商场方对生意影响的顾忌。苏珊警官专门对华人义工组又翻译了一遍，以确保每个人都清楚明确。我问她能不能发公众号文章，也得到否定的答案。这就是为什么本文迟了一月余才发出的原因。

在规定空间里走动聊天的大多数义工可能都是第一次参加这样的活动，不知道后面将会发生怎样的故事。而白人大爷大卫说，他参加这类活动超过二十年了。他参加过学校大巴被劫持的演习，还参加过总统车队遭遇袭击的演习。原来他是位经验丰富的CERT队员。

演习还没有开始，也不知什么时候开始，就像真实生活中的那样。我和大卫跟随很多人去商场设置的家庭盥洗室取用一些警局贴心招待的披萨、水果和饮料等。等我们回到大门时，却出不去了。按规定，演习已开始了，所有在建筑里的人都不能出去，门口有保安把守。我顾不上吃喝手中端着的食物饮料，紧张好奇地盯着窗外散布着"顾客"的甬道。只见三四名警察走来，路过一个商家门口，有一二醉汉模样的人似乎发生了口角。警察上前讯问，醉汉的嗓门在升高。正在此时，建筑的另一端噼哩叭啦响起一阵枪声。我本能地往门口角落上一躲，并向门外张望，只见"顾客"四下奔跑、狂叫，那几名警察撇下醉汉，拔枪向枪响处飞步而去，不一会儿，又是一阵噼噼啪啪的枪声。我们被堵在门里，什么也没看见，遗憾没有忍住肚饿看到好戏。

终于，保安挪开他们堵在玻璃门外面的硕大身形，表示我们可以出去了。"顾客"们又恢复了悠闲自在，四处走动，吃喝聊天。大卫一边喝着饮料，一边对啃着披萨的我说，这是在训练新警察，这些警察也并不确切知道会发生什么，你若看他们的眼神，也是一边走路一边在四处探索。正说着，又有三四名警察走过来，走到那个商家门口，两个醉汉又开始提高嗓门嚷嚷。警察们靠近讯问，两名醉汉你来我往嗓门愈发变大，以致从建筑另一头传过来的枪声，都没能引起警察注意。我心情紧张地倚住一个墙角向枪响处张望，"顾客"们"故意"地东奔西窜，大呼小叫，几名警察终于觉察到别处有异，才拔枪朝着他们感知到情况的方向奔去。很快那里就枪声一片。

剧情重复了两三遍，我们才完全不再紧张，敢于靠近枪响处一探究竟。原来有两个脚本。脚本一，警察路遇醉汉盘问中，枪击案在闹市另一角发生，警察依靠建筑掩护，追近枪手击毙之，最后小心靠近倒地的枪手。脚本二，警察盘问醉汉时，枪击案发生，警察们冲上去与枪手对射，有战友负伤倒地，受伤警察掏出随身急救带自我包扎伤口止血，其余警察兵分两路，一路继续追捕枪手，另一路掩护帮助负伤战友撤至安全地带。

夜空中有一架无人机在来回穿梭，只在飞到头顶正上方，才能听到一点螺旋桨的声音，感觉到一点小旋风。它拍摄到的视频将会用于回放和评估演习的情况。不知何时市长和副市长也来到现场，静静地观看。

演习中所用子弹，只有响声和火光，不会伤人，演习前已经过十几名专业人员反复检查确保安全无虞。落在地上的弹壳被义工们拣到都会扔进一只收纳铁筒，应该还可以反复使用。两套脚本轮流上演，义工们都已非常熟谙，夜深过了十二点，义工们因各种原因需回家的不少，但仍有约一半人决定伴留到底。我来时穿着短袖，夜深渐凉，便去车上取长袖衣物。出去时和保安打过招呼，进场时保安像开始一样，做了搜身检查，以确保现场绝对没有武器出现。

演习进行到深夜两点许，义工们早已熟悉了一遍遍重复着的剧情，不再有好奇和兴奋，只有在寒意中自觉地坚持。有一位警官还专门现身，说了很多感谢和抚慰的话语。

好几位华人义工围着苏珊警官坐在街中一块小草坪上讲故事，她说今夜的演习活动是例行安排，与最近这里那里发生的枪击案无关。今晚大多数义工都是经过警局培训并拿到证书的 CERT 队员，老顾也在三年前拿到了证书。他夸赞CERT教员苏珊警官讲课非常生动风趣，连续九晚的训练课程，每次学员都围着娓娓道来的苏珊警官不肯离去。若遇到紧急情况和大的灾难性事件，这些CERT队员就能配合警方在社区发挥重要作用。可惜疫情期间，培训课程暂时停止了，不过今年又将恢复。

我盯紧了苏珊警官，务必把 CERT 证书拿下。

诗人 JJ 戴（笔名诗与远方）信手拈诗，第二天一早发给我，为遵守保密规定，稍作修改，借用于此：

《夜访商城》

文 | 诗和远方

2022年5月18日夜

深夜访商城，
霓虹映海天。
空飘欢乐曲，
池涌动情泉。
风冷人将尽，
缰松马欲闲。
亥时军幕起，
机密不能言。

2022.07.24～09.10

计划出行第一天：出师不利
奥兰多之旅——噢！难多！

时间过去将近一个月，才有精力和心情回忆与记录那一趟旅行，供有类似旅行欲望与想法的朋友们作借鉴与参考。如果我们能预知这一趟奥兰多之旅，早已如其地名所预示那般风云多变，也许会另作安排。

疫情两年，我们曾作过三次自驾美国国家公园游，俱平安无事。但儿子一直对太空、火箭发射这类的事感兴趣，又在暑假中，便从网上搜寻到最近的火箭发射信息，于是就有了这一趟奥兰多肯尼迪航天中心（Kennedy Space Center）之旅。

本来我对现在坐飞机这件事心存顾虑，一度曾考虑自驾前往，从加州前往佛罗里达奥兰多，相当于从美国西海岸到东海岸，GPS上行程约35小时，日夜兼程终有达时。但太太否决，毕竟太远。

于是还是规划搭机出行。儿子网上查实SpaceX的Felcon9将于6月28日晚5点发射，系一周二，于是计划提前利用周末和周一两三天到达目的地，先来一个佛罗里达一瞥游，周二观看完火箭发射，周三返回。不远万里却行程安排如此匆忙，盖因家有甘作农妇的太太，早已心有牵挂，怕院里几株花草果蔬植物未在自动浇水系统内，烈日炎炎，无人照看浇灌将干枯而死。这就走了远在国内南昌的老父的路子，不爱出远门，即便出门也是日日念回，心里放不下阳台上那一盆盆花花草草。正所谓家有所植，其行不远。

提前数周定好了机票，一向不爱提前预定旅店的，我这次破天荒安排了每一天的住处，哪天住海边，哪一天住面对太空中心的房子，全部妥当。用的还是 APP 软件 Expedia。多年在美旅游已用习惯。

周六25号女儿专门从洛杉矶赶过来送我们到 John Wayne 机场，并接走小狗妮妮。我们值机时，却被告知并没有我们的机票。经查询，民航公司未收到我的付款，故未签发机票。事后我才查信用卡记录，的确没有扣去程的机票钱，但扣了回程的机票钱。至于原因，可能与我所用信用卡，第一次被用于较大数额网上交易被安全系统拒绝，虽经我确认系本人所为，后续交易均无碍，但不知为何这一关键交易没有支付。但 Expedia 方面却显示交易成功，并给我电邮里发过确认信并有订单号。从吸取教训来讲，只能是每一个环节都要自己亲自、反复去落实。比如要事先就要查每一笔信用卡交易，发现没有扣去程机票款，就知去程机票有问题，需及时落实。分享这个教训，让别人第一次就可以做神仙吧，我这亏便没白吃。

事发突然，有点措手不及，行程一下打乱，预定的旅馆安排也跟着乱了套。却又无可奈何。在柜台上问到最早航班也需明天才有，价格高出平时一倍。为了不废整个行程，也只得当即购买了明天前往奥兰多的机票。马上打电话让女儿回到机场把我们接回家。女儿说如果提前24小时自己网上值机就可以提前发现这个问题。可见我们二老很多时候还是在按这辈子的老习惯在行事。

回家后，因为一时难以计算清楚哪个旅馆可以保留哪个应该取消，和 Expedia 联系，索性取消所有旅馆预定，本来多数是不可无惩罚取消的，但 Expedia 基本都小心翼翼地给满足了，毕竟他们也有错在其中，尽管我没有去深究。本来应在飞机上航行的时间，全部用来做这事，耗时三四小时。但有一住处名叫 Casa Coquina Del Mar B&B 的旅馆只能换日子，不能取消。这一处在肯尼迪航天中心不远处，是火箭发射头一日入住，故不取消也OK！租车公司电话均为语音，找不到活人沟通，稍仔细阅读了条款后，可以提前数小时直接网上取消，反倒很轻易完成。太太笑说，好不容易提前安排好一切，果然就来这一出！不过这一次，我还是再次预定了租车和第一晚机场附近的住宿地。

2022.07.27

成行第一天：还算顺利
奥兰多之旅（二）

周日26号，女儿带着小狗妮妮再次驾车送我们三人到 John Wayne 机场。这次基本顺利。只是我们提前了大约2小时，找了一处人少的候机区等待，登机时才回到应去的登机口。

飞机满舱，果然戴口罩的人占少数，乘务员也是有戴有不戴的。我们三人除了短暂的喝水，吃点饼干，基本全程戴着口罩；这时我会想起，疫情初期有朋友坐飞机回国，身穿防护服，紧戴N95，为吃一口东西，需紧盯周围其他人，确保视野内，除了自己，绝不会有另一个从口罩后面露出并张开的嘴；想到此，内心不禁莞尔。

甚至注意到，飞机货架下方舷窗上方的空气循环系统似乎也是从机舱后方往前送风的，而我们买票很晚，座位接近机尾，这点似乎有利。

下了飞机，三人一边急匆匆往转机口奔去，（因为只有四十分钟转机时间，为了紧凑，有意选择了这么短的时间；回头想来也有侥幸成分，假如前机晚点十分二十分钟……）一边摘下旧口罩扔进垃圾桶，戴上新口罩；考虑到机舱内可能较高的病毒浓度和感染机率，觉得这样做还是有必要的。出门时已在包里装了三四十个口罩。

从西岸往东岸飞，中间至少有一次经停。我们这一经停站是德州达拉斯。它有 Skylink Train（且译为空联有轨火车）绕机场去各个登机口。但我们时间紧，对机场不熟悉，觉得还是迈开双腿，沿着登机口的序号一个个找去更踏实。没想到达拉斯机场居然这么大，我们紧赶慢赶四十分钟，差不多以一分钟经过一个登机口的速度，到达前往奥兰多的登机口时，正好轮到我们这组检票。

再次顺利登机，基本准点到达奥兰多。但在提取租车时，耗费不少时间。下机后，我们拿到托运行李，照着租车标志寻去，却被引到会员取车处，等了半天才有工作人员忙完过来告知我们，并指给我们应去的地方。无法复盘在哪里把哪个标志看岔了。等办完租车手续，提到车，时间竟比预计的晚了几个小时。好在有所预估，住宿酒店就安排在机场附近，十几分钟便到。

入住酒店手续办完，已经找不到吃晚饭的地方。转了几处，才找到一处还开着并有酒精出售的超市，买了一大瓶酒精，一瓶碘伏 betadine 漱口液，和一堆即食食物及零食将就一晚。本来太太估计三四天时间小瓶酒精就够了，而我觉得大瓶的多不了几刀，用起来更充裕，若不够又得费时再买，用不完大不了扔掉。这也是我和太太平常在购物上的一个小分歧点，她总选小，而我选大。不想后来证明这次被我押宝中了！这里几处超市都难得见到货架上摆放有酒精、口罩等防疫物品。飞机上不让带大瓶液体，我们只带了空的喷壶。回到酒店，第一件事是把喷壶灌满酒精……这一顿忙活下来，已是深夜。

2022.08.05

日逐迈阿密风云，夜宿精灵"鬼屋"

行前，高校群里喜爱摄影视频并编序成辑的Lisa，知我有佛州之行，专门找出她之前的佛州行视频在群分享，并配有90年代美国著名连续剧《迈阿密风云（Miami Vice)》中满怀激情与思绪的音乐《In The Air Tonight（今晚夜空中）》，乍听上去似乎与她旅途中急切而期待的心情很搭。

远道而来，时间紧迫，虽然目的地是奥兰多，但迈阿密不打卡一下，定会留有遗憾。原计划有迈阿密海滨留宿一晚，但由于旅程第一天的航班问题，只能改为迈阿密一日往返游了。

清晨醒来，太太和儿子还在酣睡。我赶紧做了一下功课。Lisa的视频里，最引起我注意的是迈阿密沼泽公园。

来美后这几年，游历了多种不同地质地貌的国家公园，有夏威夷的火山石公园，由满山满野寸草未生的火山石，到稍有泥土草茎，再渐次过渡到草木茂盛满眼葱郁的植被，让人仿佛一眼就看尽自然界如何从蛮荒年代向万物竞择演化的进程；还有黄石公园的地热喷泉，大提顿公园连绵的雪峰与青翠欲滴的绿色走廊，以及火山湖公园特殊的海拔高度与山峰冰帽及降雨的关系，等等。呈现的是自然景观，感悟的是文明进化历程。心下曾常感叹：见识若早些年，世界观历史观塑成或大不同呵！

佛罗里达是一个沼泽之国。迈阿密和奥兰多均有很多沼泽公园和游览公司，路边，旅馆、办公楼边不时出现一眼小小水塘。以我们三人不紧不慢的节奏，虽然到迈阿密只需四五个小时，但赶去估计已近傍晚。于是我决定先就近在奥兰多游览沼泽公园，再前往迈阿密。

在Yelp网站上搜到数家沼泽游览公司，靠前几家，电话过去，都需预定，最早也要等到明天。只有一家还有空位，而且是在前往迈阿密的路上。正好！

早餐洗漱完毕，驱车不到一小时，来到了位于 Lake Tohopekaliga 湖最南端的 Boggy Creek Airboat 汽船公司。稍等十几分钟，便得以登船向沼泽进发。那种以前只在老进口电影里才见过的空气螺旋桨游船，为沼泽地里复杂的水下水面环境而专门设计，噪音与空气湍流使端坐船上的游客既兴奋又紧张，需紧捂衣帽。

太太和儿子都很高兴得到一种新体验，而我却不甚满足，这趟半小时汽船之旅顶多算一次"草上飞"，缺少植物的丰富性和动物的多样性，尤其是，没有见到鳄鱼。怪不得人气不旺。但只能待以后有机会再见识真正的沼泽啦！

再无牵挂，直奔迈阿密！

驾驶在91号收费公路上向南。沿途不时可见一口口水塘。此时佛州天空的白云，不似加州的白云如一只只白羊挤挤挨挨在一起的白色羊群，而是如山堆如滔浪如雕塑，欲倒欲倾……难道这就是传说中的"迈阿密风云"之灵感来源？这倒很像我小时候居住的国内南方老家：夏天，水塘处处，白云堆堆，忽来一阵雷阵雨。

租车时买了36美元三天的收费公路许可。在加州，走有些收费公路，需有预设账户，否则进入收费公路，会有高额罚款，虽然可以补设账户免除罚款，但需花费相当时间去处理；若有账户，则收费较平。而行走在佛州91号公路上，每走一段，就会出现一个收费提示牌，显示数额不大，应该是按车牌按路段收费。从租车公司买了收费公路许可，对不熟悉的收费公路就可以不必算计，但驶无忧。

路上又收到奥兰多那边晚上留宿旅馆 Casa Coquina Del Mar B&B

那位女士的电话，询问我晚八点前能否到达登记入住。这家旅馆与别家不同，自预定后就电话、短信、电邮联系我好几次，我当时想，是不是因为是定在肯尼迪航天中心对面，档次高级而显得格外殷勤服务周到？其实他们发的信息我还基本没看过。我告知她我不可能八点到，她却告诉我，那到时就没有人接待了，但是会把入住事项都安排好。这时我才意识到，这是一家 Airbnb 家庭旅馆。在 Expedia 上会碰上家庭旅馆！这又是我没想到的！上次去夏威夷，是女儿专门订的 AirBnB。而这次，我从没想过要订一家家庭旅馆！大概那边感觉到了我的一丝不快，随后发来短信安抚：欢迎你明晚再回来，观摩火箭发射！我们只住今晚，明晚将移居机场附近，后天登机离开。而她用词是 night 不是 evening！火箭发射计划是明天下午5点，evening 傍晚都不到，难道发射改成晚上啦？她的短信，让我第一次想到火箭发射时间会发生更改的可能。我提示儿子，等停下休息时，尽快查实一下。

车进迈阿密市区，连栋的高楼大厦，桥梁，港口，塔吊进入视野。加州西海岸的沿海公路为1号公路，佛州东海岸的沿海公路也为1号公路。

座标迈阿密海滩。1号滨海路边，餐厅商店一家一家挨过去，游人如鲫。根据在加州的经验和一路驶来，我知道肯定车位难求。路边有一位面庞英俊堪比好莱坞明星般的小伙子在代客泊车，40刀一车，若还停在路边原位则80刀。我们把车停下交给他，便向海滩走去。

海滩突兀地被一溜人工丛树带隔成两部分，由有门小道进入，前往海边；丛树隔离带外围有沙滩排球场等设施。在加州从没见过海滩这样被里外一隔为二。

佛州海滩是全美疫情中开放最早的海滩！当时觉得佛州有些人何等不可理喻，时过境迁，仍在疫情中，今日亦做佛州人！

海滩面东而向的是大西洋。儿子赤脚走进海水，说比太平洋的水要温暖一些。海面上有一艘游轮离岸很近，当海滩上的人把大海和海上漂浮物当作景物，游轮显然把海岸上的游人，建筑也当风景在看。身立佛州东海岸，面对大西洋望向看不见的欧洲大陆，才意识到，原来在加州太平洋海岸，向西远望亚洲大陆，总在想象中呈现的中国大陆，其实还是蛮近的。

我们回到停车的地方，决定就在路边这家餐厅用餐。菜单上有古巴啤酒、古巴汉堡。地图上古巴只是一海之隔。想想还是待到他日有机会去古巴时再一尝风味吧，餐毕，却悔，为何不尝古巴？临街的人行道上，性感女郎端着烟匣，向路人兜售着雪茄，应该不是有名的古巴雪茄，因为美国对古巴的制裁，在美贩卖古巴雪茄是违法的。路口不时有健硕的泳装黑人女郎出现，第一感觉是她们有一些似乎比加州这边的黑人更黑，显然不是晒得，而是黑得更纯，她们是不是也是古巴女郎？

这家门面宽敞，食客盈门，侍者殷勤的饭馆，食物味道却一般，除了咸，似乎没有留下别的味觉记忆。此行无缘见识行前朋友介绍的米其林餐厅，也无缘驾车一百余迈前往美国最南端小岛Key West（基韦斯特），只在这华灯初上，霓虹灯辉映着的迈阿密滨海路边徜徉。当我们从礼品店出来，回到餐厅前取车时，正在张望着的侍者兴高采烈地跑上前来，递给我忘在餐椅上的灰色御寒外套。这件在Costco买的便服，价格三四十美元，与刚才给侍者的小费相当。

夜灯与星辉互映中，驾车北上回奥兰多的路上，我再次打开Lisa的视频，此刻听着《迈阿密风云》的背景音乐《In the air tonight（今晚夜空中）》，仿佛能从中听出比到此一游更多的故事：

　　I can feel it coming in the air tonight，oh Lord 我能感觉它从

今晚夜空中袭来，天哪

　　I've been waiting for this moment, all my life, oh Lord 我一生都在等待这一刻，天哪

　　Can you feel it coming in the air tonight? 你能否感觉它从今晚夜空中袭来？

　　Oh Lord, oh Lord 天哪，天哪

　　……

　　驶离迈阿密北上。我们开车一个来小时，就会在休息区或加油站停一下。

　　在八点之前，我给住宿地 Casa Del Ray 联系人发了短信，确认不能八点到达。她很快回信说，按照之前发给我的电邮里的指示进行就可以了。我说，收到电邮已是很久以前的事了，请再以短信发我一遍。

　　事已至此，对于这家旅馆如此安排，我是有点耽心的。前不久我们去帝王谷（Kings Canyon）旅游时，订住之处是山林木屋。也是深夜到达，接待处空无一人，只留了一只对讲机。我从没用过那玩艺儿，左弄右拨好一会儿，才听见有人说话，却没法对话。终于有一值班经理出现，打着手电，在黑黝黝的夜幕下领着我们往山林里走去。如果她不把我们领到一间木屋门口台阶上，十米之内，我们都无法找到哪间木屋是属于我们的住处。

　　奥兰多这家旅馆应该不会这样吧？

　　我的心里还是希望它只不过就是一家普通的酒店或旅馆。当深夜一点左右，按地址在一片幽暗的居民区到达目的地，太太在车后座冷不丁地冒了句："不会是一间鬼屋吧？"我看到与网上图片一模一样的那栋建筑就立在眼前街道旁，但是网上图片拍照是白天，眼前这栋

白粉墙上绘有藤蔓的坡顶建筑似曾相识,在微弱的路灯远远照射下,的确显得有点阴森。太太是没有见过照片的,有时你不能不佩服女人的直觉。

我们开车绕到另一条街上,才进入停车场,其实就是房屋旁不足十个车位的一片空地。作为民居这算一栋豪宅了,但作为旅馆,却显得很小。

我打开车内灯,这才在手机上第一次把"入住指南"仔细读了一遍。太太则把在车上熟睡已久的儿子叫醒。我读"入住指南"有如读到魔界探险寻宝指南,就把手机交给儿子去读,寻奇探险是他最爱干的事。

他读过后,马上大胆领着我们往房屋走去。一路睡足后来劲了,打开手机电筒走在前面,先拉开一扇关着但没锁的门栓,进到小院,一条幽暗小径把我们三人引到屋门口。门口有壁灯,够亮,儿子左看右看,眼睛定在门口一张小石桌上,抓起上面一只仿佛装饰物的精美螺石,下面躺着一把钥匙;儿子捏起钥匙,插进有着玻璃格棂的绿色对开门的锁孔,果然把门打开了。如果不是进门有一个 NASA 火箭的造型牌,加上我们有三个人互相壮胆,而且屋内各处不同灯具打出的灯光还算亮,左侧摆着一个类似酒吧的大木框架,里面站着的一个像是侍者的假人,可能真会有点让人瘆得慌。

屋内的桌椅都像居家的古董,上摆各种装饰,非古即旧。右侧一张朱漆桌上,除了装饰摆件,还有一排叠放整齐,但露出手写名字的信封。没有看到我们的名字,儿子马上又读了一下"指南",转身在对着门、屋正中的一张红漆矮桌上看到一只单独摆放的信封,一面写有我的姓名,另一面写有一个单词,是一个宝石名;信封里面装有一把钥匙。

我们往里走，拐弯处楼梯口旁竟然有一具高达屋顶的唐吉诃德骑马雕像，我们三人，在还算明亮的灯光里，幸好没被吓坏！

上楼后才明白，宝石名，是给每间客房的名字。我们住的房间名叫 Topaz。开锁进屋，很意外地一股中国风经由家俱，墙画，桌饰等扑面而来：古仕女画屏，白鹤水墨，大红刺绣靠枕，还有一幅不知是不是清朝皇后慈禧的端坐肖像画。有些裸露的水电管线彰显着房屋老旧，而屋内装饰却古典繁复。后查，Topaz 是黄玉之意，以之命名满布地道中国文化元素的客房，并能从我们的名字判断中国人身份，虽与主人不曾谋面，却从处处感受到用心，不知这家主人曾与中国有着何种因缘。不过屋里也有一个日本风的小木柜，应该不是主人不识货，而可能只是文化接近，无处安放吧！

我们每人随手只提上来一些小行李。我一个人下楼返回车里取大行李箱。一路寂静，空荡无人，来去心里还都一直忐忑坠坠的呢！

次日清晨，我们在满陈各种饰物的屋里各处转了转，又来到屋外小院。举头看见楼上平台正对着不远处肯尼迪航天中心所在的马瑞特岛（Merritt Island），怪不得主人会很自信地邀请我们观览火箭发射了！日本风格的小院，红漆小木拱桥，桥下浅水戏鱼。似才意识到这个有着历史年代感的白粉藤蔓"鬼屋"风格的建筑，为什么既熟悉又陌生啦！

跌撞于舒适区之外，除了惊吓，有时也会与惊喜相遇；熟悉的事物，经由从另一只时空隧道伸过的手，竟可以如此陌生的方式陈列！

2022.08.23

火箭发射真的会改期！
——奥兰多之旅（四）

儿子查了一下NASA网站，说猎鹰九号 Falcon 9 发射时间好像推迟了一天。我心里格登了一下，那就是明天，而明天一早我们是计划返回南加的。如果是真的，我们这一趟，岂不白来了吗？

我们决定还是亲自前往肯尼迪航天中心当面问清楚一下更可靠，既然人都到这里了。我们没有品尝主人繁杂的书面指示中夸赞的各种早餐用茶，简单用了一下行李中携带的各种吃食，便驾车十几分钟驶过跨海公路前往肯尼迪航天中心。

肯尼迪航天中心游客接待建筑群入口处，是醒目的一支红箭冲出地球的立体NASA标志，设计独特的背景墙上有凝视星空的肯尼迪总统和他的名言，吸引着几乎每一位游客在此照相留影。

在安检入口一侧的建筑是游客问询处。我们进去排队等到一位慈祥的奶奶级工作人员，她极有耐心地回答我们所有的问题，直到问无可问才去接待其他人。

她证实了不好的消息，计划今天的火箭发射时间的确改到了明天下午五点；但也有一个意外的好消息：后天傍晚六点多还有一次火箭发射。我们原以为火箭发射时间应该是重要的安排，既已决定并向公众公布，除非重大原因，一般是不会更改的。所以我们的行程安排如此紧凑。看来观摩火箭发射需要宽松的休闲时间才行。

我和太太跟儿子作了简短的商议，不得不紧急修改行程，决定干脆留下来，两次发射都观摩。我们把提前网上订购的一日门票改成两日门票，网上门票订购价的确便宜一些，所以门前现场补交的的钱款显得有点多。

　　我又问"老奶奶"：网上说观摩火箭发射有两个地点，一个远一点，一个近一点，还要坐大巴前往。她拿出一张黑白地图，在上面用马克笔画了个圈，说：你就在这里看就好，清楚着呢！事后却证实，她画的只是远观地点。因为还没有进到游客中心去，我们对环境与情形不熟悉，又没想到工作人员可能介绍不全，而使我们后来错失了在更近地点观摩火箭发射的机会。

　　从问询处出来，我给远在南加诊所值班的前台 Doris 打电话，请她把原预约周四五的病人改到下周一原定休息的公休日——7月4号美国独立日，不然后面一二周都排满了，无法安置。Doris 很快回电：病人都很理解，改毕！

　　突然多出半天来，我们决定去奥兰多中国城看看。每到一个城市，有中国城的，都想去看一下，可能的话品尝一下当地的中餐，似乎以此可以从中感受当地华人的生活。美国各城市中国城一般都在市中心，奥兰多也是，同时可以浏览一下奥兰多市容。

　　肯尼迪航天中心周围地区限制发展，所以景观"很郊区"。路过一个加油站，我们停下来加油。比起南加疫情中涨至6块上下的油价，这里油价只有4块上下，50美元加半箱油还有找。

　　不觉已是午后。儿子又要吃面包棍。附近找到一家 Papa John's 披萨店。尔湾要9美元，这里只要不到6美元。收银员是位漂亮的白人小姑娘，她说，第一次的顾客都打折。后来我们再来以正常价购买时，也就7美元多点。太太想吃蔬菜，旁边有家KFC肯德基，我们干脆就吃快餐凑合一下，因为它有蔬菜沙拉 Cole Slaw。晚上到中国城再好好吃一顿。等餐时，我回到披萨店取面包棍。漂亮的收银员一见我就高兴地递过来两张卷叠在一起的20美元钞票，说是我刚掏钱时掉出来的。

匆忙间抱着面包棍纸盒走到门外，忽然想着应感谢她，从衣兜拿出三美元零钞转身回店放进小费盒。她也很意外地微笑道谢！相对于不到6美元的货品，3美元小费估计在这样乡村一样的所在也是少见的吧？

简餐后，驱车一个小时，来到奥兰多中国城。和盐湖城差不多，中国城也就是一个中国超市，环围着半圈中国餐厅和小店，入口一个中国牌楼。与盐湖城不同，奥兰多这里，牌楼下还有一座当地华侨赞助建造的孙中山铜像。

我们在超市买了点东西，问收银员，附近有没有川菜馆。她想了想，说旁边有家"湘味馆"。大概因为后语搭不上前言，我的表情显得有些怪诞，她补充说，不都是辣菜吗？

我们来到那家"湘味馆"门前，午餐时间已过，晚餐时间未到。这几天和我一样没有好好吃上饭，平时也爱吃点辣菜的太太却毫无来由地表示不感兴趣，不愿等也不愿晚餐时间回来。事后又证明，女人有时无根无据的直觉准得没道理！

昨夜没有休息好。于是再返回航天中心附近，定了一间正规饭店的房间住下。我正琢磨改返程机票的事，却正好收到手机短信：航空公司因故取消了明天回程从奥兰多到中转站德州达拉斯的航班。假使火箭发射今天能按时进行，而航班突然这样取消，那我们按原计划也是回不去南加的呀！只是这时这个意外取消，却无意中帮了我们的忙，因为我们主动改票或取消都不是免费的。顺理成章，我们把回程后半段也免费取消掉了。随后重新安排订了机票。

活了几十岁，第一次领教了航空公司可以如此任性。上一次遭遇航班取消是远在2008年冬天在尼加拉瓜瀑布，因为大风，去纽约的航班被取消。而这几天，从佛州到加州沿途天高气爽，风清云或浓或淡。尽管这几日显示奥兰多有雷阵雨，我们人在这里，却感觉，那似乎都是天上的积雨云一飘而过的事。

真是，人在旅途，身不由己。留客天，不留也得留！

时间过去两个月了，记叙拉拉垮垮，才将将要进入记录的主题——奥兰多，多"难"之旅。这个"难"是困难的"难"，难题的"难"，遭遇诸多意外，不顺；弄不好，也可能会是灾难的"难"！

NASA！想说爱你不容易！
奥兰多之旅（五）

第二天一早，我们胸有成竹地开启了这次旅行的主模式：参观NASA肯尼迪航天中心。

经过安检，首先步入的是火箭广场，露天陈列着美国历年历次发射的火箭模型，是一部浓缩而具象的美国航天简史。有火箭迷或研究美国航天史的人，或可对美国航天技术的发展一枚枚如数家珍。而对发射研究亲历者，他们看到的可能会是围绕着火箭之下，一个个有血有肉性格丰满的科学家朋友们的音容形貌，以及他们每一个作为普通人所伴随的人生悲欢离合。就好比想到NASA，除了火箭，我还会想到曾和在那里工作的我的科学家朋友一起在咖啡厅畅谈人生和家事！

抛开意识形态竞争、国家利益博弈这些因素，人类都有类似嫦娥奔月这样共同的梦想，也都有女娲补天这样的凌云壮志和踏实行动。但是国际风云冲突和地缘政治矛盾，又似乎随时会引发共工怒触不周山，而致天柱崩\地维裂的人类大灾难的发生。眼前陈列的人类科技文明的丰硕成果，但愿永远成为人类和平以及人类文明的造福工具，而非相反。

不得不说，美国人是主题公园的设计大师。美国波澜壮阔的航天史，丰富的史实，在几个被精心设计，倾力打造，造型现代，布局巧妙的场馆里，以图片模型陈列、影片演绎、3D互动电影等形式得到淋漓尽致的展现，与迪士尼、环球影视、海洋馆等艺术或自然主题公园有着异曲同工之妙，吸引着全美乃至全球各地的游人纷至沓来。疫情期间游人大减，但参观每个场馆都仍需排队等候，候时长短不一，从十几分钟至一二小时不等。

在大部分封闭的场馆里，仍在疫情中的人们表现不一，大部分人已不戴口罩了，部分如我等，只戴医用口罩，也有个别严阵以待的。工作人员也有戴有不戴者，各顺其意。

下午三点，在亚特兰蒂斯号（Atalantis)航天飞机展馆旁，我们来到昨日咨询处"老奶奶"在地图上标注的火箭发射观摩场地。已陆续有人前来等候在小铁门外。我们耽心晚了会占不到好位置，便也排队候着，连好奇不远处来往的大巴车是去参观哪里都没顾上去问一下。

等了一个多小时，来了一队保安工作人员，把小铁门打开，长长的等候队伍进入场地，把两大排梯凳占满，晚来的人们则在草坪上席地而坐，满满当当。

十秒倒计时开始，全场人随着液晶计时器不约而同地喊出声。果然五点刚过，一枚火箭在几英里的前方空中，轰然升起，拖着长长的尾焰，向着云层最厚最高处穿插，不时传来云爆声，整个草坪都在微微震颤。人们欢呼成有着共同欣喜惊叹心声的一片！火箭终于带着她的推进尾焰消失在云天之外……我以为期待已久的精彩就此一瞬，但人们都还在静静地原位端坐，不一会儿，欢呼声又起，右前方的大屏幕上，那枚送出了前舱，张开着尾部支架的火箭，又下倒着回到视线,射放出减速与调整方向的尾焰,稳稳落地……这就是马斯克开创了人类航天新纪元的火箭回收场景!

在等待数以千计的人群撤出草坪时,我和身边的一对夫妇聊了起来。女士是很标准的西方美女,男士叫鲍勃(Bob Silver),他们住在距此开车一小时的地方,买有年票,经常来此观摩火箭发射。在他们家其实就能看到升空的火箭,甚至也能感觉到房屋的震动,但他们还是喜欢驱车来到这里,享受与人共乐的气氛。听说我们是中国人,鲍勃立刻变得更为亲切,他说他在中国居住过十几年,做桥梁建造方面的生意,去过北上广深,单在苏杭就住了七八年。他赞叹中国这些年的变化与进步,但也叹息好些地方的特色建筑与文化由此而消失。当他由衷地感慨着时,我几乎分不清他是有着一份中国人还是美国人的情怀。

第二日,我们按照鲍勃的介绍,再次进入园区,参观了另外几座展馆后,已近傍晚,坐上了大巴,前去肯尼迪航天中心的真正的工作与发射区,期待近距离观摩火箭发射。但是无功而返:火箭发射时间计划为6点半,所有游人必须在5点前,从工作区清空。昨天本来有机会,但是错过了!

回到亚特兰蒂斯展馆附近,天空突然阴沉下来,有雷阵雨。这在奥兰多是常事。数以千百人等候在展馆内外达数小时,期盼阵雨过后,火箭如期发射。很多人可能也是第一次来。保安甚至一度打开了观摩区小铁门,但进入草坪等候多时的人们,终于怀揣着失望而离去。这次火箭发射终因天气原因而取消。

网上查发射时间又改在了第二日。第二日傍晚,我们完成别的活动,驱车来到肯尼迪航天中心一岸之隔的印地安濒海湖(Indian Lake Lagoon)畔一处小公园,希望能在这一最后逗留的日子里再次亲眼目睹一次火箭升空。有好些人也把车停驻在路边空地上，或坐在驾驶座，或打开SUV后门，坐在后舱盖上，甚至爬上车顶，向对岸张望到天黑。NASA网站上已经没有今晚发射的信息，儿子说，这可能表示发射又取消了。这是他从这两天的经历中学习到的。

我们千里迢迢而来，花了四天时间在观摩火箭发射升空这件事上，却只看到一次；一会儿延期，一会儿改期，一会儿干脆取消。

NASA！想说爱你，可真不容易哟！

2022.09.03.

奥兰多机场租车"掉链子"！
——奥兰多之旅（六）

本次旅行计划出行的第一天，赶上航空公司没有给我们出票，不得不也取消了租车，另租了一辆。取消的是宝马BMW X3小型SUV旅行车，系当时能租到的最好的小型旅行车，与我们平时开的属同类车型，希望旅行在外比较顺手。可再租时，这一款已经没有了，于是选择了也属小型旅行车的美国车吉普Jeep指南针（Compass）。多年前，我们从尼加拉瓜瀑布租车9小时开去纽约，开的就是美国车，林肯，厚实的底盘，在大风中给人笃笃的安全感。

到达奥兰多机场那天，经过一点小周折，拿到那辆吉普Compass，感觉外观与内饰比较朴实，行程约4万多迈，车外身有几处细微剐蹭。开车出库时和登记的白人大妈说起，她只轻描淡写地一句，没事，我给你标注上。

这就是奥兰多粗线条的一面给我们的第一印象。既往我们租车，鲜有这样多处剐蹭的。回头想来，后来几日屡"掉链子"，伏笔已经隐含其中了。

正式游览肯尼迪航天中心的那一天一早，我们拖着行李，离开旅馆往车场停车处走去。远远地就看见，有一扇车窗半开着忘了关。点火着车时，只有马达响，车却打不着！没想到，只因半扇窗户一夜没关，就把电池的电都耗光。这也说明该车电池的蓄电能力很弱了。

我平时在家里危机意识还是蛮强的，自己车上备有从商场 Costco 买的可给汽车打火起动的充电宝，成功帮别人起动过一次，自己的车倒是还没有享用过。既往旅行中租车也从没出过问题，这次乘飞机出行，就没想起要带上。于是只能求援。

这里离机场租车公司有一个多小时车程，如果请他们救援，估计耗时比较长。以前在加州，有事都是找出AAA救援卡，打个电话请求救援。但这次只随身带了两张信用卡和驾照，其余各种卡和卡包整个留在了家里，AAA救援卡没想到会需要，也落下没有带。于是上到AAA网站查询电话，才第一次发现它居然有无需电话的网上求援系统。因为是第一次网上操作，没有与真人交流，心里没谱，又和远在加州的女儿联系，得到救援卡号信息，按既往习惯打救援电话才觉更放心，而佛罗里达AAA系统，没有与加州AAA通联，工作人员又需时间和加州联系……忙乱一个多小时，结果还是网上求助的救援人员先到了。

救援大叔检测了电池，说已经死掉了，需要换新电池。如果是自己的车，则可能毫不犹豫就换了；如果预知之后换的车也会出问题，也可能就换了！我觉得似乎应征得租车行同意再决定是否换电池为好；可打了半天电话，都没有联系上，犹豫间，AAA救援车可能又接到新任务，开走了。

我和太太简单商量了一下，那天主要目标是下午5点看火箭发射，其他为次，时间还宽裕，于是决定回机场换车，以方便在奥兰多后两天的行程。我们一路往机场方向开，一边给租车公司打电话，一路不敢停车熄火，加油也不敢，怕一熄火又起动不了。

终于和租车公司联系上，好在联系上了，他们给了一个不一样的地址，但也在机场，让找另一不同名的公司换车，说是有附属关系。

我们照做，换了另一辆车，他们也并没有追究油箱没有加满。回头想来，假如私自把电池换了，也可以是有充分理由的。如果我们离奥兰多机场很远，或者行程安排特别紧张，就会不得不按照"置之死地而后生"的思路来决定行事。

之所以会这样检讨，是换过的车当天在肯尼迪航天中心停车场也"趴了窝"！

这是一辆尼桑 Rogue，也是已有4万多迈的里程，同样朴素的外观与内饰，也是车身有多处微小但可见的剐蹭。驾驶中，数控盘上一二功能也失效，但非主要功能，不影响驾驶。可这些细枝末节都说明租车行对车辆的维护与保养是得过且过。而两个不同公司都出现类似的问题，告诫在奥兰多机场租车，心里要多打一个问号！

我们那天如愿看完火箭发射，回到车里三人都很疲劳，便放倒椅背打了个盹。醒来时车场差不多只剩我们这一辆车。我一着车，又是吱吱啦啦一阵响，打不着了！尽管我已经接受前面的教训，停车时检查确保所有门窗、灯光都处于关闭状态。保安开车过来催促我们离开。他一看情况，二话不说便胸有成竹地调来了一辆救援车，一下就把车打着了。看来这里这样的事不老少，为了按时清空游客，人家啥都备齐了！

晚上来到预定的饭店，停车熄火后，又马上试着着火，再熄火，检查所有门窗、灯光。这成为了接下来二天的习惯动作。我们也没有如第一辆车打不着火时那么紧张。毕竟若在饭店时等待救援，有的是时间。

第二天一早出门，车居然能一点就着，也成为我们三人一件喜出望外的乐事。可晚上在肯尼迪航天中心的印地安濒海湖边的小公园里，确定那天火箭发射又没戏了，正要着车离开，车子又罢工了！好在停在旁边的一辆皮卡司机巴西人，有起动电线，帮着打着了车。

明天我们就要去机场乘机离开奥兰多，回加州。晚上停车，又特别着了一下车，反复检查了一下车门窗和灯光。并三人商定次日早起，提前数小时到达机场，以防万一又需要救援。

次日我一睁眼，就先去车场试了一下车，能着，心安许多。但也不敢懈怠，按计划提前出门。放好行李，果然车又打不着了！这才真叫"掉链子"！因为酒店就在机场附近，我试着打租车公司救援电话，一听对方英语口音，就知道是哪个族裔的人，说到关键处，电话掉线了，同一号码有打回来，没等我按接，响声就断了。如是者三！我只好猜，人家是在走"程序"！

但是我没有放弃：一边电话，一边给车打火，试到近十次，车子竟然又轰的一声，着了！喜悦呀！如同遗失物复得！

如果不着，我们还有足够叫AAA救援的时间。我对自己泰然处之，与问题共存的适应能力和心理素质还是相当满意！

还车时，我只好解释为什么又没有加满油箱。收车的师傅仿佛要告诉我以后避免收到问题车的秘诀：看到里程都四万迈了，还不赶紧要求换车？其实这话让我有种受责备感，心想，我自己买了三年的车，也四万多迈了，不还好好的吗？

而租车"掉链子"，还并不是这次旅行中最大的"劫难"！

2022.09.10

原来阳了！就是如日出，如日隐！
——奥兰多之旅（七）

那天傍晚，在奥兰多印地安濒海湖边没能等上火箭发射后，我们驱车一个多小时，再次来到奥兰多市中心的唐人街。尽管太太始终毫无道理地不以为然，我坚持要一尝这里的中餐，似乎匆忙之间唯有这样才能集中地体味一下奥兰多华人的生活。

在夜间关门前半小时，我们赶到了"湘味馆"。我对仍一直显得了无兴致的太太说，如果人少，我们就堂食；人多，就叫外卖！

走进餐馆，竟然食客满堂。我请女侍拿过菜单，问她有什么招牌湖南菜。她欲言又止，指着菜单上中间一排道：辣菜都在这里。我一看，差不多都是一些川菜名，又大致扫了一下其他几排，看到有粤菜，也有西北面食，就是看不到红烧肉，剁椒鱼头，豆豉辣椒蒸鱼之类。心里觉得奥兰多华人区有点意思：我问超市的华人哪儿可吃川菜，她说有湘味馆；来到湘味馆，又指给一堆川菜！在一个特色馆名之下，菜单上却天南海北。

我想要太太爱吃的牙签羊肉，没有，但有孜然羊肉，我想当然地以为只是同样的羊肉没有牙签而已；另外还要了比较下饭的小炒黄牛肉。都是尔湾川菜馆里会有的。

尽管饥肠辘辘，仍坚持着驱车半小时回到宾馆，快饿到饥不择食了。可等打开菜盒，菜品与以往吃过的样子毫无相像之处：一盒是长肉片炒辣椒，这应该是小炒黄牛肉，另一盒是长肉片炒洋葱，猜想是孜然羊肉；两个菜都有小半盒汤。各吃过两口，也分辨不出牛或羊肉。忽然食欲全无。太太这时果然又念，早说过不想在这里吃中餐吧！我心里只有默默佩服。（追忆到这里，本耽心有地域歧视之嫌，但后来有在奥兰多住过的洛杉矶朋友读到我上一篇华埠游记，主动说奥兰多的中餐不能和南加比！我才有勇气尽量客观陈述感受。）

其实这两天都有一点身体不舒服，有隐隐作冷感。这也会影响食欲。我耽心会不会"中招了"！太太说是不是白天游沼泽时，被雨淋，感冒了？

昨天夜回宾馆，我们在再游沼泽和迪士尼乐园之间选择了再游沼泽。这次终于约上了难以预约的"沼泽之魂Spirit of The Swamp"公司的汽动船，看到了大小鳄鱼，各类禽鸟栖息于芦苇，莲禾和各种树丛林木间，"像极了沼泽"的真正沼泽腹地。但出发前忽遇倾盆大雨，在岸上亭屋躲了半小时，待头上那边积雨厚云缓缓挪去，船长便迫不及待让我们上船，谁知仍有一小片积雨云掉队在后，余雨疾落，加之船速不慢，满船人等俱被风吹雨打透。

但我在头一二天就已有不舒服了。于是拿出携带的新冠自测试剂，测试了一下。这是我新冠两年余以来第一次用棉签捅鼻子。CT值，一道杠，阴性！但是我还是嘱太太和儿子保持距离。太太说，要真中招，我们该传也早已传上啦！

第二天一早我们收拾行李准备去机场，我感觉身上作冷，估计有点低烧。为了路途不致难受，去宾馆小卖部买了两粒装的泰诺，吃了一粒。到了机场，想着飞机还得飞好一阵子，万一难受，药丸不够没处求去，就又在商店买了一小瓶。

连日来没有好好吃饭，特别是果蔬更乏。在机场候机时买了一瓶橙汁，喝得很舒服。登机后，乘务大妈送饮料，又要了杯果汁，不久却开始恶心起来，常常需去厕所，对着马桶使劲呕吐，感觉胃净方安。洗手时，又忍不住吐起来。良久吐毕，用手掌托着水把水池周围冲干净，戴好口罩回到机舱座位。条件所限，也只能做到这些了！

终于回到橙县 John Wayne 机场。和太太商议：叫女儿不必来接啦！也不要叫人接机，自己租车回家再还回去，以免万一真中招，扩散了。太太给女儿电话，说了情况。女儿坚持要接机，她说她几个月前就已得过了，没关系。那时只是怕老爸老妈耽心，忧而无益，便没告诉我们。太太有点意外但也不吃惊，问她当时有什么症状。女儿说，和打过疫苗后症状差不多，发热，乏力，咳嗽。对照自己的感受，我基本笃定了。十几分钟从机场到家的路上，第一次，全家四个人在同辆车里戴着口罩。

这些日子微信群里，传来很多认识的朋友"阳了"的信息，尤其外出旅游的朋友，不能说"每游必阳"，但的确稀松平常。普遍症状不重，类似感冒；也有症状稍重的朋友，可以领服免费的特效药Paxlovid，但据说服药病例反而复阳的情况较常见。

外出各种难，回家千般好！周六7月2日晚终于回到家里！女儿放下小狗妮妮，当晚就又回洛杉矶了。刚刚放下行李，各人洗完澡，太太却对我说，儿子也发烧了！刚量，比我还高：我有38度，儿子39度4。于是三个人都做了一下 Covid 自测。我呈弱阳，儿子阳性，太太阴性！第一次见儿子精神有点发蔫。太太去24小时开的超市 Walgreens 买了儿童退烧药回来喂他，睡下。

我连夜通知 Doris，请她尽快通知下周所有病人取消预约，复诊时间待定！第二日是周日，Doris 就一早去了诊所，花了半天时间，通知到所有病人。大家都非常理解，没有半句怨言。

儿子烧了一整天就烧退了，又若无其事的样子，整日闷头写写画画，还做了一只 Lego 乐高火箭卫星！太太却开始有了症状，只是发烧体温不到38度。我的检测正式笃笃地二道"阳杠"！我和太太各自昏昏沉沉睡了两天。

尽管萎靡不振，食欲全无，我们还是坚持蒸些蛋羹吃。这口不愿吃了，便又煮粥喝。不管什么，尽量吃些，对维持抵抗力总有益处。两天下来，裤叉的腰带都松垮了。这时量体重，破天荒来到既往难以企及的170磅以下，轻易达成降重目标！第三天症状大好，有了食欲，我特别想吃梅菜扣肉，便用软件从餐馆叫了二三个菜，让外卖小哥送到家门口。这是我们疫情二三年以来头一次叫外卖送到家。又从微商群订了些蔬果送上门。这也是疫情中的第一次。第一次感觉有主动增加体重的必要。

显阳后二三天，便又弱阳。又临近周末了，Doris问我下周的病人怎么办？有"阳过"的朋友是两三周才转阴的。轮到自己真的不知哪天能转阴。但离下周还有几天时间，可以再观察。我们继续恢复饮食，增加体重和体力，家里每天喷洒酒精消毒，床铺不睡人时，用诊所专业消毒剂喷洒。待到我症状出现后的大约第10天，也就是周六，我的测试呈了阴性！

二三年以来，一直有人在喊疫情这只"狼"，来了！来了！！却常听有人喊，未亲闻"狼嚎声"，时时感觉自己是个"局外人"。而这短短十天之中，便从"局外人"立成"局内人"！被疫情之狼"温柔"噬咬了一口！原来"阳了"，就是从阴到弱阳，到阳，再弱阳，到阴——如日出，如日隐！原来悄然到来之此"狼"，已非人人望风丧胆之彼"狼"矣！科学家们谓此病毒结构有常变，毒性已渐弱，言而无虚！

但也偶闻有因病重而废而终者。家里早早备有血氧仪，这几日一度曾为或多或少一个1%而喜而忧；厉咳之时，也曾极力感受辨别咳在气管还是已侵肺腑，暗暗寻思何为赴医的最佳良机。这就是所谓"心有余忌"吗？

忽然想到，我的疫情日记《疫情美国2020》，出版因故延迟，莫不是于冥冥之中，了然有这一"完美"结局？成全最是"局中人"！

这次奥兰多之旅，成了"噢！难多"之旅！自有其天地人之因素，但也未尝不是我们人生苦旅之写照！不是有谁说过：人生之不如意事常八九！又有谁写过：天有不测风云，人有旦夕祸福！此旅：福未毕，祸未至。此生：幸甚！

2022.09.18.

反思：全家怎么"阳"的？

——写在《奥兰多之旅》后

《奥兰多之旅》，且写且发且读，很多读者朋友陆续提出过很多建议和问题。特别是还没有"阳"过的朋友，有着更多的关心和疑问。特此反思，披露与分享此旅获阳前后的心路历程。

早时就有朋友建议：Space X 公司在加州就有发射卫星，为什么跑到佛州那么远去看？之所以舍近求远，几个原因：1.孩子刚放暑假不久，利用假期；而网上查信息，六月底在佛州奥兰多肯尼迪航天中心的发射安排时机较好。2.我们来美这些年还没去过佛州，想去看看。3.我们评估：风险性较小；不是染上新冠的风险，而是染上已经多次变异后的奥米克戎成重症的风险。身边已有无数朋友和患者染阳，康复而无可见可感之后遗症，仅偶有症重者，一般都有一定的身体状况。疫情中我带家人有过三次离家时间在一周左右的远游，都是自驾的美国国家公园游，也是基于自己对风险评估后安排的。

尽管如此，我们还是希望不要被染上，一是每个人的后遗症不可预知，二是毕竟隔离也会给生活与工作带来麻烦和不便。

乘坐飞机，本来感染风险最大，但常用防疫物品却不方便携带。我们第一天到达目的地，出奥兰多机场，第一件事不是入住旅店休息，而是直奔多个超市，寻找并购买到消毒酒精和碘伏，那里多数超市已经不再售卖这些曾经一物难求的战略物资。甫一入住酒店，马上把消毒酒精灌进随身携带的空喷壶，到处喷洒擦拭。碘伏漱口，是儿子非常抗拒的，也被连吓带哄好歹走了过场，聊胜于无。

在较密闭的空间里绝大部分时间也都尽量保持与他人的距离和戴着口罩；在餐厅吃饭也总能找到离其他食客最远距离的桌子。酒精湿巾和小喷壶随身带随时用。

但也偶有未戴口罩之时，而在一屋子不戴口罩的人们面前掏口罩戴口罩竟然会自发一种不合时宜之心理压力，盖有从众心理作怪；偶也有与人相遇而裸面之时，比如在肯尼迪中心车场时，车内小盹乍醒，忽现未戴口罩之保安人员窗外催离，窗玻璃是摇下来的；偶也有夜深睏极，懒于碘伏漱口的。

一个"偶"，概率应是很低的；几个"偶"，的确有心存侥幸；环境周遭的总体氛围，不知不觉降低了人的警惕性。

简单地网搜了一点资料，奥米克戎的潜伏期平均约在3.42天，儿童似乎更长。但具体到个人，却难以科学地确定感染的准确时间。虽然儿子最早确阳，我次之，太太最晚，可以假设可能儿子最早感染，却不能就此认定，也无太大实际意义。

至于我们最终症状都没有太重，是否与打过疫苗有关，也不好确定，因都没有测过体内抗体。我在2021年4月打的摩得娜第二针，没有打过加强针，时间过去已一年又二个月；太太打第二针辉瑞也已一年；儿子只烧了一晚，服退热药后便毫无症状了，他打辉瑞第二针倒是才过半年左右。

我们的体质都很不错，都没有任何基础病，且平日都有一定锻炼。一年多来我几乎每天会打一二小时乒乓；儿子每周有足球和游泳课；太太每天在后花园劳动如农妇。我和太太都是出现症状后10天左右转阴，比很多朋友2-3周转阴要短了不少。

我在二年前的疫情初期也有过短暂的焦虑心理：那时病例其实

很少，送抗疫物资去社区医院，不敢进院直接接触；医院有人进社区取抗疫物资也会非常耽心他们带入病毒；后来与朋友汤革新医生聊过一次，忽然便焦虑全无。疫情两个月时，在家二门不敢迈的太太与儿子，被我连哄带骗到外面果园摘果后，才消除了"外出恐慌症"，后来便对于游历国家公园积极踊跃。

自2021年底新冠变异成奥米克戎，身边染阳的朋友和熟人一个接一个。说实话，心里还是会想他们没有在意小心；近距接触时也会少许不自在。现在很多人应该还有这种心理。其实他们已经不具传染性。

自测呈阳性前后，发烧，乏力，咳嗽等症状加重期，我们最耽心的是会不会象疫情早期那样，突然出现血氧降低，呼吸困难的情况。好象早就准备了这一天会来，去年就买了血氧仪，但现在似乎很少有人再议论血氧如何，网上也早无此货销售了。

转阴后也曾耽心地观察着有否任何后遗症的迹象，特别是孩子。说完全没有可能为时尚早，但至少目前为止尚无不良发现。

历经"劫波"之后，仿佛是听过"靴子"终于落地之声。我见"阳"过的朋友们多数都更有"曾经沧海"的泰然。但是也仍然会适当小心，不然也会像某些极端的例子那样，阳了又阳。毕竟自我隔离也不是一件多么轻松愉快的事情！

2022.11.27

迷思

能懂的都删了，余下的能懂的自然懂！

一，如果三年同一思维做一件事情，处理效果越来越差，难道不应反省与改变吗？

二，中国民间有谚语：不干不净，吃了没病，居然得到现代医学的印证：人应该适当在有细菌的环境中生活生存，身体才能产生抗体，增加免疫力，才有利于健康。

把人带着脑长期装进"无菌箱"里会有什么好处吗？

三，家里飞进一只苍蝇，是不是要为了拍死这个苍蝇，就不惜砸碎锅碗瓢盆，甚至电脑彩电，还是姑且让它稍飞一会儿，择机再拍死或赶走？

四，当整体环境都已然大张旗鼓，声色俱厉，强调一件事；而风向突变，部分民众心理可能一时难以转弯。

上"察"民意，下顺"上意"，思维是会上下相互影响的。

五，古有"楚王好细腰，宫中多饿死""一将功成万骨枯"！

不仅有简单的目标管理，任务管理，民心依然是个重要砝码！

六，大病大灾来临，部分区域常常暂时少血少氧，可能是机体自然的反应，也可能是治疗的需要。但缺血缺氧超过器官，组织，细胞等的耐受极限，便会导致组织坏死。最后危及的还是整个机体的健康甚至生存。

七，体外循环自然是有科技的进步作用，但人类进化生存长达几百万年，无论是生活生存还是抵抗疾病主要依靠的还是体内循环。长期运行甚至依赖体外循环，一定不是一个健康的机体，即使能维持一定时间，时间稍久，也会发生各种并发症，必然不能长久。

2022.11.11 初稿 2500字
2022.11.27 现稿 500字

文学篇

疫年拾文习诗

1，诗

疫

疫
看不见的影子
看见的是 一个人被打倒的样子

疫
捉摸不到的风
狂扫地球
人类跌出各种狼狈不堪的姿势

疫
不跟你玩捉迷藏的游戏
我们用划地为牢的方式
串连起十亿颗心让你来碰这铜墙铁壁

2020年1月29日

蝠

—— 一个错别字

那得是多远的远古之时
你们之间到底发生了什么事情
人类用一个契约锁定了你的名字
人类给你取名为"蝠"

你错以为是"伏"
于是不去争抢阳光
只用到一点点昏暗的月亮
如果不是没要在陆地上行走的权利
会不会人类连天空也想你放弃？
远离人类的视线
你伏在洞穴，伏在瓦底
你还宁愿错以为是"附"
于是你吊附着身体
本为飞行动物却如蛇蝎獾鼠
往自己身上
揽附人世间最病的毒

你确实很想坚守约定 可是你真的不知道呵
现代的人类早就已经不在远古
他们偏爱的一个字却是那个"福"

他们拿走一切好的还不够
还要悄悄地用一个错别字
去攫取他们贪得无厌的运气
只有你自己知道
在你谨遵的约定里
没有要往人类的烹锅
放进自己的命

于是你把黑夜掷还给人类
太阳本就属于自己
有的人不配在陆地行走的时候
你是不会让出天空的
而是指给他们去天堂的路
你甚至要将名字重新约定
让人类从此俯首称"服"
人类啊，是否醒来
错别字可以有样学样
蝠，不服啊！

2020年2月1日

音符
——题文友王哲摄影作品

我没注意秋风何时来过
把我的诗句刮去了何方？
我不知道春风何时会到
把灵感带给我的枯枝

当我懒散地晒着暖阳
我知道：你来了
给了我一个音符
让我走好一整个冬天

2021.01.31

眼神
——再题文友王哲摄影作品

你在春天给了我一片天空，
任由我的枝杈伸展

我的幸福
从嫩芽长成茎叶把你的盛夏盈满

秋风给你寄去张张叶笺
上面写满我的脉脉思念

我的思念裹着冬季里的暖阳
在枝杈伸延的尽头用完

这时，你浮上我心头的一个眼神
整个儿地把我击穿

2021.02.07

女神
——为三八妇女节而作

每个男人心里都住着女神
女神却不止在心里停留
而是循着经脉游走全身
令男人举手投足，心念意牵

每个女人都是女神
如果你是母亲，曾经怀胎十月
如果你是妻子，曾陪伴男人徜徉生命旅程
如果你是女儿，那一定教给过男人
——女神如何度过如花的童年
甚至你是情人，也曾把一些沉寂的生命点燃

如果没有从一个女神之手传给另一个女神
男人的发育将冰结在少年
如果没有被一个女神又一个女神温柔地拥抱
男人的成长将不知道如何煅造出刚强

女人甘作大地尘埃,用泥土滋养
男人才懂得伏身顶礼
——那是膜拜女神的本能

2021.03.08

从镜头看黄鹂与白鹭

看黄鹂
一定要用慢镜头
才能把一个精灵的魂
解剖成一帧,一帧,又一帧
听见,它的舞蹈
看见,它的歌声
闻见,它摇动翠柳荡起的风

望白鹭
千万要用广角
如果用了窄的
或许你能看见沼泽滩涂
又或你也能看见江河湖海
甚至你还能看见高远蓝天
但是你可能永远不知道
镜头外自由逍遥着一行白云

2021年4月8日

当诗人与更夫相遇

当诗人与更夫将要相遇

更夫走在城市的夜里

诗人正铺陈着自己的意境

当诗人与更夫正要相遇

更夫敲击着熟悉的绑子

诗人熟练地运用着比喻

当诗人与更夫迎面相遇

更夫在灯影里吆喝一声:太平无事!

诗人已从抽象向深广演绎出哲理

诗人与更夫擦肩而过

诗人走进了更夫的黑夜

更夫走入了诗人的意境

2021年4月13日

2. 散文诗

悼伯父

伯父
我刚刚看见您，走过
少年丧父中年丧妻老年丧子的八十五年人生后
憩在包裹着红布的瓦金里
睡进暖色的红土
把苦难和不幸，还有也已年迈的弟弟
留在了人世

小您一岁半的弟弟，我的父亲，
常讲起，那时不过十岁出头的你
在安源煤矿的路上，走在前面
放下肩挑的四十斤洋炭 返身走回，
接过弟弟肩挑的二十斤
再走前，再走回
这一次，您又走前了
而您的弟弟，我的父亲
却只能在无望的等待中，痛泣

伯父，一辈子孝顺的您
一定会赶往母亲，我的婆婆那里

去给她的太阳穴做轻柔按摩

老人家年轻时承受的生活磨难

发作成了一世的偏头痛，忍不住时

会在两个年幼的孩子面前，哭天抢地

你懂事的小手是苦难的母亲唯一的抚慰

兵荒马乱的年月

你壮年的父亲，我的公公

是国家的兵丁，离家的影子

伯父

我在书里读到过很多故事

有着那个年代同样的悲凄

母亲让兄弟抓阄来决定各自命运

而您却对爱读书的弟弟从无抱怨

省却了母亲一道揪心的程序

伯父

您睡的那口瓦金里

不知是不是也有那一木桶热水

那是还在世时的姆姆

给您的双脚辛劳一天后的慰劳

我五岁时跟着婆婆回乡下的第一天

就是在您那一桶热水里泡的小脚

油灯下您卷着裤腿，和我面对面坐着

报纸卷的草烟忽明忽暗

在您嘴里燃烧出慈爱的味道

还听说，我差点成了您的过继儿子

您有三个女儿，我的堂姐妹

农村的观念与现实

需要个儿子才能养活下半辈子

要真的做了您的儿子

我的命运一定会因您而改变

但是我会不会让您一生的苦难和不幸

也少一点点？

注：南方称爷爷、奶奶为公公、婆婆。姆姆为伯父的妻子。

2021年1月25日

3. 疫情小说

酸菜炖羊排

尔湾店外卖前台安娜在工作小群里发言:"老板,那位苏清老先生,今天订的还是一份酸菜炖羊排,可没来取,打他留下的电话,也没人接。您看要把他放入黑名单吗?他这是头一回放咱鸽子,跟您又熟,我问一声!"

"先别,有他的什么情况再告诉我!"保罗不假思索地回道。忽然,他想起什么,问道:"他上次订是什么时候?"

"刚三天前!这几个月他一般两周左右订一回的。"

苏清老先生,微信名叫"珍遇惜缘",在保罗的"酸甜苦辣咸品尝二群"里,平时潜水多过冒泡,保罗却一直还记得他刚入群时说的一句话:"这群名有点文青味啊,但雅俗共赏,令人印象深刻;像群主家的酸菜炖羊排,酸而有味有营养,喜欢!"保罗的确平时爱鼓捣点诗文往群里发,也算是位老文青。这样的群他有四个,群员很多是在餐厅菜单上扫码入群的。

2020年3月19日,新冠肺炎在全美爆发,加州发布居家令,保罗把四个餐馆都停了,再次搞起了募捐。自农历新年他就开始为中国募捐打了上半场,刚刚消停没几天,接着又为自己的社区开打下半场。整整一个多月,每天和几个志愿者把抗疫物资送往一线需要的地方。有些急需而未得到捐献的单位或个人也会找上门,请求紧急援助。

就是在这个时候保罗收到"珍遇惜缘"的私信："你好！我这里有一个小小的请求，不知道你是否可以帮忙。"原来他儿子也是一名医生，服务于一家医疗中心，马上要面对感染了新冠病毒的病人，但防护服和防护镜没有着落。他一直在与各方联系，可是到处都买不到。"可否请你帮我给他买几个大号的防护服和防护镜？或者暂借，以解燃眉之急。无论如何我都非常感谢！"经历一番周折，保罗帮助他儿子和尔湾一位有防护服并愿意捐献的居民对接上了。不久保罗又收到珍遇惜缘的微信留言："你内心当中的那一片柔软，大善于世，大善于实，大善于施。善者，福虽未至，祸已远离。"如此高评，保罗心下不敢专美。但可以看出，这是一位很有文化底蕴的老者。

疫情延宕，经济困难。保罗不得不停止了捐送免费慰劳餐给附近医院的一线医生。加州政府补助餐馆给老人院等需特殊照顾人员做定餐，同时在群里询问外卖的客人也多了起来，但员工领的失业金比上班还多，部分员工不愿上班，保罗好不容易每个店凑齐几个必要的员工，一边做定餐，一边做外卖，维持着生意。

有一天安娜在工作群里说起有个叫苏清的老人只订了一份酸菜炖羊排，却在电话里说了半天老板保罗如何帮助他儿子找到防护服的事。保罗马上知道一定是他："珍遇惜缘"。后来保罗看电脑里订单记录，半年多来老人每次电话订餐都是这一份酸菜炖羊排。一般十天半个月订一回，每次都分秒不差地准时取走。很多人买外卖都不给小费，老人则总是多刷二美元。看来老人对这一味真吃舒服了。保罗心里清楚，老人也是出于感激和支持。

但是老人这次订餐为什么没有来取呢？

到了晚上，不知为什么，保罗心里有点莫名地担心起老人来。于是在手机微信里划到"珍遇惜缘"的名字，点开，打出一行字："您老好吗？为什么订的餐没取走呢？"迟疑片刻，终于一点，发了过去。但是一晚上，发出的信息就像一块小石子落在河冰上，悄悄地滚落一边，连半圈涟漪都没有荡起。

第二天四个店里的事忙起，其他的事情便抛诸脑后了。这一天，微信里"珍遇惜缘"忽然回信了，保罗迫不及待地点开，读到："我是苏启，'珍遇惜缘'的女儿，我父亲苏清上周三因为 COVID-19 去世了。谢谢您的关心！父亲在您那儿订的餐来不及取，很抱歉！钱我会照付！我们认识，我是'心无旁鹜'。"短短的两行字，电击一样，一种麻酥的感觉通过心脏，既震惊又意外。震惊的是这样一位敦厚儒雅长者，仿佛昨天还在耳边谆谆言语，竟然今天就溘然而逝，人生无常可以如此！意外的是，"心无旁鹜"，在微信上认识多年的微友，现实中他们也曾经是朋友和战友，竟然是逝者的女儿，而他们刚刚不久才在微信圈里撕裂，分道扬镳。

"心无旁鹜"本来也在"酸甜苦辣咸品尝群"里，但和父亲"珍遇惜缘"没在一个群。保罗也曾在她的"启心朋友群"里。在来尔湾开餐馆前，保罗就曾想方设法进到尔湾的一些群，了解市场，争取客源，"启心朋友群"对他帮助很大。"心无旁鹜"是位热心，富有正义感，舍得付出的人。有一次为了支持一位好莱坞华人导演的华人故事影片，她自掏腰包请群友去观摩。为了认识这样一位侠义女士，保罗也去取票观看了影片，他们第一次线下在电影院门口见了面。原来她四十多岁，精力充沛，有两位分别读初高中的女儿。几年里他们多次在社区公益活动中，共同参加组织过与政府沟通或抗议示威的运动。不过他们在孩子教育问题上有所分歧：一个主张孩子应公平竞争进好大学；而另一个认为各个种族各有优劣势，社会需要互补长短。本来不足为道的一点认识上的分歧，不料竟在2020年美国总统大选中不知不觉扩大到方方面面。保罗本来一直试图保持中立姿态，但彼此在群议中哪怕片言只语所流泄出的真实差异，让双方立场渐行渐远，终致发生决裂，一个退群一个踢出。隔着手机屏幕似乎也能看到彼此面红耳赤，气恼难平的样貌。人们到底为了什么能对政治如此执念？可以超越友情，甚至亲情？可以不顾情面和颜面？

保罗安顿了一下心神，安慰她道，"这个不幸的消息让我异常震惊，我和店里的同事都很惋惜。人生无常，请你节哀顺变！保重！"

"父亲生前把手机交给了弟弟。我复习了父亲微信里和你的对话"，"心无旁鹜"说："知道了你和父亲的交往和你对弟弟的帮助，谢谢你！" 第二天，保罗被"心无旁鹜"加到一个微信群里，有她自己、她母亲，微信名为"天涯芳草"，她弟弟和她父亲"珍遇惜缘"。母亲"天涯芳草"在群里挂起了父亲的遗像，又贴出了长长的追悼和思念文字，追忆生平事迹，亲友同事评价；接着发出很多照片，有一幅是"珍遇惜缘"生前亲手为家人做好的一桌饭菜，保罗认出其中有一大碗盛着从自己店里买的酸菜炖羊排。最后，贴出了两集经过精心挑选和整理的相片，那是2019年珍遇惜缘刚刚退休与老伴离国多年后再次回国时一起走过丝绸之路的回忆。仿佛身处灵堂，令人动容。保罗感慨由衷："真是可惜，他这样一位学识丰富的敦厚长者！"

一周后，保罗试探性向"心无旁鹜"发出入群邀请，不是她原来所在的"酸甜苦辣咸品尝一群"，而是父亲"珍遇惜缘"曾在的"酸甜苦辣咸品尝二群"。她入群了。但是没有对等地请保罗回她的群。又过了一周，保罗发现她又不在群了，但是她把父亲的微信头像仍留在了群里。

在保罗的食客中，很多因为体质虚弱或病后初愈需要进补者，温和的羊肉常成为他们的首选。但是他们中有些人，接受不了羊肉的腥膻。加入了酸菜炖煮的羊排，则不仅炖化了蛋白质、骨质等营养，更消匿了腥膻，煮进了滋味，让排拒的人不但不排拒，反而欣欣然享用。保罗想，我们的社会无端多出了这样一道深切的伤口，是不是也应该有这样一味酸菜炖羊排来进补修复呢？可又该如何烹制？难道时间就一定能让记忆淡忘，让伤裂愈合或结疤吗？

这一天，保罗坐在前台电脑前调看顾客外卖的名单，目光在苏清的名字上凝住了，安娜从旁观察着老板，试探性地轻声问："黑名单？"

"不！留着！"保罗起身而去。

2021.02/.13

4. 散文

我和武汉的"一面之缘"

2020年世界的开篇,竟然是以中国一个拥有1500万人口的大城市因为一个新冠病毒而跌倒,以致地球人类狼狈不堪的样子为伊始。这个城市的人民,正经历着又一次生存或毁灭的惨烈博弈。而我还曾经与这个城市——武汉,有过"一面之缘"。

那是1989年6月7日,从北京六部口音乐厅和木樨地复兴医院回到西城草岚子胡同北医学生宿舍已经三天,没有电视看,没有报纸读,短波收音机尽是杂音。没有学办或教办老师任何指示和人影,借不到电话给远在千里之外的父母报声平安。一月有余铺天盖地的信息浪涛,此刻戛然沉寂。学生们处于自决去留的境况。在纷乱动荡不定的局势中,探询,接收并过滤着各种真真假假的信息,以确定下一步应采取的方向和行动。这一经历让我受用至今。我们三四个江西老俵和三四个湖南老乡,有男女,有年级高低,有同系和不同系的,决定:结伴回家。因为我们方向相同,路上互相有个照应。

首都的大街上公交汽车不记得何时早就停运。我们七八男女大学生,简装疾行,从西四一路穿行胡同,徒步到达位于东城的北京站。我身上仅余应该用于过完那学期的三十二元钱。用二十五元买了南下的火车票,考虑当时学生身份敏感,并未购买学生半票。没有往常那样可以走京广线直达的列车,我们以为只要往南走,靠近家了,到时应该还有去往家方向的列车。

列车启动时，黑色车头喷出的蒸汽和我们心中松下的那口气仿佛同声息。可是刚到河南新乡，列车便停了下来，这一停，一天一夜，见不到列车员和司机，站台也没有任何消息。我们动了换车的念头，又有怕刚换车车就开的不安心理，错过了一两趟南下的火车后，又一辆绿皮列车驶入旁边轨道，车厢上面的白色长条牌上写着到站——襄樊。来自五湖四海的人聚拢在这车厢里，一路源源不断地流动着各种相关的，确实的或不确实的信息和知识。列车上乘客们提供的地理知识比我们学生地理课本鲜活并与个人经历相联系而显得真切可靠。襄樊有列车去武昌，武昌对岸就是九江，到九江离南昌就不远了；而湖南同学到襄樊就可以转车去长沙。这都是我们从来没去过甚至没路过的地方，没有任何可借助的资源，唯一的策略，就是向家靠近，靠近一步是一步。对着那边车厢里的人喊话，为了听清，他们打起玻璃窗。打听到他们从东北下来，一路基本顺利。于是我们七八人不再犹豫，抢在那趟列车重新启动之前弃车、上车。一路到了襄樊。江西湖南同学在襄樊下车后依依不舍挥手告别，各自询问和等待前往武昌和长沙的列车。

大约傍晚时分到了武昌。我们打听并确认，果然第二天有渡轮去九江。得到片刻间隙，想着尽早给肯定在焦急万分中的父母报个平安，我在车站外面找到一家邮政局，还差几分钟就关门，这里可以给父亲拍电报，按字计费。为了省钱，我努力拟出最精简的文字。其他职工都下班离去，只剩电报员默默看着我在电报纸上改来改去，接过我改定的电报稿后，瞄过一眼，用笔涂改删除了两个冗字。我不放心，要回电报纸一看，原来自己不熟悉电报文式，经他删改后电报文更精炼而意思未变。他告诉我最早明天上午最晚明天下午家人就会收到了。

为了赶上第二天的第一班渡轮，我们决定直接去码头等一晚。

自出了北京一路南下，我感觉愈往南离北京愈远，站台上的当地人对我们的热情愈减。从北京经停新乡转道襄樊，列车上一路都有好心人，虽然不发表任何议论，只是询问与倾听我们的述说，总有人分给我们一些水果和吃食，还有一个中年男子给我们每个人买了一个列车盒饭。加上节省忍耐，身上剩余的几块钱，除了刚才拍电报，居然基本没有花费，但可能只够买一张船票或一张九江到南昌的火车票。盘算着能不能想办法省下船票钱，这样到了九江就没问题了；而若省不下船票，到九江万一解决不了火车票，可能就会快到家了却不得其门而入。

在襄樊转车时，曾试图找站台人员问询，他们要不不等我们靠近就疾步离开，要不就佯装和同事说话，视而不见，徐步挪远。与列车上好心旅客的"热"对比，站台上当地人"冷"得有落差。

到了武昌，街上小商店小商贩邮政局正常营业着，自行车、公交车在不宽的马路上正常地行驶，想着北京大街小巷关门闭户，冷冷清清的街头景象，眼前的"正常"，在心中感觉却"不正常"。一个"远"字，道尽武昌与北京的距离。

对那时武昌城貌的印象，除了黄昏的朦胧和凌晨的清冽，便只有码头入口的铁栏杆和前面那道弯弧的马路了。在马路边站累了，便蹲下来，蹲累了，便拿出从邮政局拣的两张废报纸，摊开铺在马路牙子边，不是嫌地面脏，而是想着那是唯一可以用来挡隔一点南方地面的阴湿潮气。不知什么时候，由坐变躺，睡着武昌马路牙子上的报纸一觉到凌晨，在渐熙渐攘的人声中，眯缝睡眼看到不一样的武昌城。我们排队等着铁栅栏门终于打开放人。其他旅客，都手里捏着票，提着大包小包。我们三四人还有点余钱的同学也买了票。而我手里空空，心里七上八下，做好了被斥责去买票、到九江再想办法的心理准备。两个检票员分站大门两侧。我走近一位检票员时，既想说"我是北京来的学生……"再后面跟一堆原因和理由，但又怕这个身份于此时此地不利。正犹豫间，他就轻轻从后背一把将我推向了渡轮，眼睛转向了后面队伍的长龙。

那一年夏天，我就这样从武昌坐轮渡到九江，自离京历经七日回到南昌。推开家门时，我蓬头垢面，身无分文。母亲后来说，那几天家人因我音讯皆无，正心焦不安，她第一眼看到我时，还以为是叫花子进门。

这么多年过去，我已记不清渡船的形状，甚至当时根本就没有看清楚电报员和检票员一干人等的样貌。回想起来，他们当时的"不正常"，今日思量却又是如此"正常"！他们在不正常的局势下，仍然保持着人性的正常。

我和武汉、武汉人的一面之缘，今日忆起，感喟于心。新冠疫情中，只望珍重再珍重！

2020年3月9日

清明时话

　　丧葬话题通常是很多人忌讳的，如果不是清明这个时间点，无端聊起丧葬，尤其再聊深了，可能会被人认为"晦气"。我自己就曾是这"很多人"中的一员。伴随生老病死而发生的丧葬事件，大多数人一生中经历的次数并不多，有相当的陌生感，由陌生而生恐惧，由恐惧而生讳忌与无所适从。但生老病死的规律是任何一个人及家庭都不因避讳而能够回避的。与其如此，不如去直面，去了解。我就因成人后一次回乡的经历而较能坦然面对了，在那之前，我从童年开始，就因一些偶遇以及大人们的种种避讳而对丧葬之事充满了神秘与恐惧之感。

　　这种神秘与恐惧之感，最初产生于童年偶遇的两起丧亡事件，家中及身边大人并不知晓，完全靠童年懵懂无知的自己去面对、感受和理解，自然自发地在幼小的心灵烙上印记。出生在南昌郊区，长到四五岁时，玩耍中得知而赶去瞧看一幢平房里有位老妇人过世，停在家门口，脸上盖块红布。当时既好奇又恐惧，小小心灵第一次震撼，但很快就复玩如初遗忘脑后。第二次是五岁余，随祖母回到老家江西萍乡乡下。很快熟悉环境，能在伯父家屋场附近玩耍。忽一日，听到吹吹打打，沿村间土路浩浩荡荡行近一队送殡队伍，哀哭痛泣，孝服白幡，在村人和幼小的我眼前经过，一种特殊的神秘气氛在上空弥散，一方面有点恐怖之感，一方面从此知道，和堂姐妹们上山拣油茶籽和拾柴禾时，山上坟包前的花圈纸幡由何而来。这样的经历告诉幼小的自己，死亡既神秘又可怕，因为会有很多人围观。

为亡者讳的神秘之感，也来自于成人面对孩子好奇的眼神时，下意识的对待及教育方式。我那次童年随祖母回乡下是在七岁的哥哥刚刚开始上学之后不久，所以应该是秋天，在乡下度过了一个下雪的冬天和一个油菜花开满田野的春天。回想起来，那是一个冬至前后，我被送到了离伯父家不远的外公外婆家。家里来来往往的人坐在火塘前聊起"拣骨""迁地"等事。听得多了，知道乡下的人把"坟"这种地方叫作"地"。大人们以为似懂非懂的孩子们是全然不懂的。这一天除了身体欠佳的外婆留下在家，我和其他几个小孩都被嘱不得出门玩耍，其他大人都不知何时离了家并一反常态反锁了大门。我们几个小不点无聊又好奇地把门挤出一道缝往外观瞧，天空阴冷，屋场下土道上半天才有一个人推着独轮车经过，车上捆放的东西似乎也不同寻常。那天屋里屋外的空气里到处都是神秘莫测的味道。傍晚家里大人们陆续回家，还陪有一两个陌生人，围坐火塘边刚刚聊起"每一根骨都用油擦过"，"拣在瓦金里"之类的话题，就有大人对竖耳聆听的我们这些小孩子努嘴使眼色，大人便停了话，待到我们被连哄带骗带到别的屋，才又开讲。其实，我那时就知道大人们在做一件"大事"，他们在为去世的先人迁坟。大人们的交谈给我的想象提供了很多细节，而他们的有意避讳与掩饰更让我的一知半解生出想象的翅膀……大人们以为这样是对孩子幼小的心灵筑起了一道保护墙，孰不知，避讳所带来的神秘感，更多地转化为对一件事莫名的恐惧。这种恐惧感，直到成年后的一次直面经历才终于消除。

2000年，我在北京工作。惊悉八十四岁高龄的祖母于老家萍乡去世，在南昌的父母兄弟需急赴奔丧，但计算了一下我须先赴昌再赴萍的时间，家里认为来不及；尤恐赶忙中出错，节外生枝，于是决定我不要回去了。祖母把我们兄弟三人从小带至七八岁，感情极深，未能送祖母最后一程，留下终生遗憾。

　　祖母去世十五年后，即2015年，乡下传来消息：祖母的坟地年久有所塌陷，而且算算年头，也该迁地了。为弥补之前的遗憾，我放下手头的一切工作，安排了冬至回乡为祖母迁移坟地。乡下有一些人熟悉迁地事宜而成为这方面的"专家"，据他们说，人下葬（土葬）肉身经七八年就完全化了，可以迁地了，而且一般的棺木经过十年左右也会朽坏，为了更好地保存先人的遗骨，就需拾骨迁坟。祖母之后已有三代几十口人。迁地那天，能去的子孙男男女女都上山来到祖母坟前。一番仪式，祖母的旧坟挖开时，我的心跳怦怦加速。从小到大，多在城市生活，远离土地，生疏于人类最终的栖息地，加上儿时对这样事情形成的神秘恐惧心理，我有那么一刻不知自己该如何面对敬爱的祖母从旧坟中重现的一刹那。但是"专家"的沉稳老练，家族上下亲人们四下忙碌，个个从容的神态举止，令我放松下来。当看到祖母的全骨时，我感觉到老人家一如当年的安详，祖母身上的衣物有所朽化但基本完整，腕上还戴着下葬时孙女孙女婿即我的堂妹堂妹夫给她戴上的手镯。祖母身下和四周的棺木虽有腐朽但也基本完好，只是棺盖因积雨朽塌一角。虽然头日下了点小雨，山路湿滑，但当日艳阳高照，祖母的二三十位孝子贤孙们齐心协力把新墓石、瓦金等物件一件一件肩扛手抱运到山上，把祖母遗骨安放回不远处另一开阳之地，立起新的墓碑。我到这一天，才补上儿时大人们刻意避讳的那一课。我注意到，这一天，在山上也没有看到一个年幼的孩子。我并非教育专家，不好说，这一人生课程应该何时何地以何种方式向孩子铺展开来，但是从我自身的经历和感受来说，很多可能没有像我这样有机会补上这一课的成年人，可能在心里终生都依然盘桓着儿时形成的对人类死亡的神秘与恐惧之感。

临近清明节，打开微信和网络，可以读到清明节各种忌讳的文章和信息，让人平添许多无所适从和踟蹰。该如何理解古人把清明节视为亦悲亦喜的日子？中华先人是如何把怀古慎远，追缅逝者的日子安排在这鲜花盛开万象欣荣的季节？如何又让人从伤逝的哀痛立转为登高踏青的昂扬喜悦？这样的传统文化要在民族基因里储存怎样的承递密码？在回乡短暂的时间里，虽然没有能够赶在清明时节，但应我的要求，伯父和堂姐堂妹们还是领着我非正式地祭扫了早逝的爷爷和伯母的墓地，伯父随手除去几茎坟冢上的杂草，在墓前燃放了鞭炮焚烧了纸钱；堂姐堂妹们似不经意地抚去落在墓碑上的枯叶和崩落的鞭炮纸屑，仿佛面对重逢的亲人，抚抚头上一丝乱发，掸掸衣襟一抹风尘，亲人不曾远去，只是来到另一度空间。他们脸上并不挂一丝悲切，伯父一向地沉默，堂姐堂妹对着墓碑轻言笑语，如话家常。尔后我被笑问，以前你住过的老屋场现在铺成了火车铁轨，你小时候拣过茶油籽的山还有半面，老油茶树还有三五株呢，要不要去看？本来久离乡土，举止失措的我，一下子又感觉脚踏在了实土上！

多年过去，这种感觉于清明节前带给了我一首诗：

清明·祭
—— 逝去的亲人

我逝去的亲人都葬在故乡的青山上
他们的笑容老早就在我童年的心底埋下
清明时节只不过又一次生芽
如同那山林里拱出的竹笋
把一层一层的思念撑大

我逝去的亲人生活在不同的年代
　　一生的幸福苦难早已在故乡装订成册
　　清明时节只不过再一次展卷阅览
　　仿佛那墓碑前深沉的火焰
　　凝神注视着每一页冥纸，由黄读到黑

　　我逝去的亲人生前有着各不同的性情容貌
　　曾经和故乡的山水
　　演绎出风格迥异的画卷
　　清明时节只不过来到另一度空间再聚
　　取一坛自酿的薯酒，向红土泼洒

　　想那漫山坡上的白色山茶
　　绿丛中或含苞羞涩，或豪放怒绽
　　每一株都沁人心脾，馨香扑面

今年初，我的伯父过世了，他虽一生经历磨难，但始终保持着忠厚善良。每次回乡，他都不言不语带着我去见该见的长辈，去看该看的地方。于我，他老人家并没有走远，只不过去到了另一度空间；清明再聚时，定会有一杯薯酒祭洒。

2021年4月4日清明节 于美

5. 书评

书如其人，厚怀悲悯，可托生死

——《洛城娘子》读后

得悉《洛城娘子》出版并在Amazon上销售，我第一时间就上网购得，欲先睹为快。作者邱明，是一位从京城来到洛城的"娘子"，机缘巧合我因加入美国雕龙诗社有幸与她结识，这也是我第一次读到近在身边作家的长篇小说。作品是作家的心血产品，读者踊跃购买、阅读并反馈应是作家最期许的奖赏和鼓励吧！

初入诗社，低调敏娴的秘书长邱明，以其认真而时常夹带幽默诙谐的言语，特别是对身边每一位成员发自内心的关注而成为每一次诗社聚会的灵魂人物，给我留下深刻印象。逐渐才知她早在国内已是颇有建树的著作者和专栏作家，也是洛城AM1300著名主持。

甫读《洛城娘子》，未及一二章，因美国疫情发展波澜曲折，牵动人心，而一时放下。近日再度拾起捧读，数日中一口气连读两遍，心弦不觉为一个个真实、生动的洛城华人移民美国寻梦的故事所紧扣，眼前浮立起一组以北京姑娘桑可儿为代表的洛城"熟悉的陌生人"——"洛城娘子"群像，她们或令人唏嘘同情，或令人愤懑悲叹，或令人赞赏钦佩。第一遍阅读纯粹是怡悦的文学欣赏，也不乏对故事情节的猎奇。第二遍阅读，感觉一个个鲜活的华人移民故事背后，那悲欢离合的人物命运，真值得社会学家，心理学家乃至历史学家去研究一番；也值得每一位阅读者反省，比照和思悟。

基于小说内容与了解到的作者成书过程，我以"二意三心"概括之。

所谓"二意"指的是作者通过小说主人公桑可儿及其他以女性为主要描写对象的一系列人物，在洛城追求"美国梦"的艰辛曲折的生存过程中，所展示的"自尊"与"爱"。小说有极为丰富的爱情关系描绘，如木讷的小赫嘛对追求浪漫的詹佳佳执着的"痴爱"；而对刘敏芳和高水的爱情描写让人想到欧·亨利的《麦琪的礼物》；有方品嵩对谷晗吉的爱由迷失到觉悟，更有桑可儿与斯蒂夫超越小我的爱的升华。

而"三心"指的是作者"有心，用心，真心"。"有心"：作者在接受洛城AM1300采访中介绍过自己如何做个有心人，用餐巾纸，购物收据随时随地记录收集原生态人物原型资料，堪比书写《聊斋志异》的蒲松龄。"用心"：除了对作品结构精心布局，小说还广泛涉猎到戏曲，古建，婚俗，中医等中国文化元素以及西医，家政，人种，戒酒戒毒类社会组织等美国文化元素，作者都极其用心做了必要的，细致的考证与研究。"真心"：作者在洛城经历丰富，做过保姆、管家、直销、出租车司机、广告推销、赌场发牌员，也做过报纸记者、电台主持等等，因而对作品中洛城社会各阶层各角落的诸多草根人物的描写，刻画真实，情感真挚，读者阅读中颇有带入感。

总之，《洛城娘子》故事叙述质朴、平实、节制，却不乏曲折离奇，引人入胜的章节。作者对书中每一位人物既有深刻透视，又厚怀悲悯。书如其人，诚如作者邱明本人，初识平易无华，深交可托生死。

2020年7月30日

我是我的王，像极了生活

——安隐长篇小说《大梵宫》读后

以文会友，因文得友，大概是文友之间的一件快事。我因在公众号里发了一篇对邱明所著长篇小说《洛城娘子》的读后感，而引来一位国内作家安隐的关注并加友，那时这篇读后感尚未在由美国洛杉矶华文作家协会主办的《洛城小说》上发表。得到她对我的纯文字的认可，也让我对她刮目相看，对这份友谊接受并珍惜。

安隐郑重其事嘱托我给她新出版的长篇小说《大梵宫》也写一篇读后感。从资料上看到，安隐已成就有数部作品，这部长篇已有国内知名专家、作家及影视大咖的联袂力荐，并且也有其他朋友的精彩评论，为何还要如此郑重嘱托我这样一位名不见经传，并且是业余的文字自娱者呢？

从《大梵宫》的书名，就感受到一种久远的佛教文化氛围，但这却是一部架空的未名朝代的宫廷小说，以大梵宫的兴建与落成为两个朝代的兴衰标志，在两代君臣之间，前朝发生着位争权斗，龙位转移，朝更代替；后宫也刀光血影，充盈了爱恨情仇。曲折跌宕的情节，被作者以《红楼梦》般细腻、瑰丽的笔触，如莎翁戏剧般历历呈现在目，画面氛围或雄壮，或凄美，或波谲云诡，或奇幻玄奥。作者借与读者一双彻穿人性的慧眼，而有意无意间将其导向内心菩提笃定的慈悲。

当今文学影视作品中，不乏宫廷权斗的类型，甚至可以用充斥来形容，《大梵宫》如何免俗，如何跳脱槽臼？如何在人们求新猎奇之后挑剔的胃口下不被冷落一旁？诚如作者安隐在后记中一语道破："这同样是风云际会、英雄辈出的朝代，透过历史迷离的斑驳纹路，隐约能听见他们奋力搏斗的呐喊与绝地挣扎的悲鸣——与身处当下的我们为了梦想实现的步步前行何其相似？"大凡宫斗文学，借题讽政者居多，而诚俗者稀，《大梵宫》或许属于这以"稀"为贵的一类吧！

小说中的人物虽多贵为王侯将相，作者却写出了每一个人物复杂多面，随时间随场景随周遭情势而变化的俗常人性格。比如先王陛下宇文虎虽然荒淫无度，对臣下掌握生杀大权，但是他仍然不忘救回、供养被敌营掳去的母亲，以博"孝亲"之名，而善巫术的母亲窥破他气数将尽，规劝他随之离去，他却舍不下王位，终至被弑丧命丢位。这与常执贪念而时好虚荣的我等凡人何其相似！又如孝师如母，为帮爱妻慕容伽兰复仇不惜造反的那延罗，在终得龙位后，也难免寻幸宫美，置爱妻的嫉愤于不顾。当今有多少成功人士在重演着这样相同的故事。再如"贤内助"慕容伽兰为了保存家族，不惜向陛下——杀父仇人宇文虎献出亲生妹妹，而更为了最后帮助丈夫那罗延取得龙位，又不惜加害亲妹和其子。现实中有多少人为了成功，也是这样不择手段，六亲不认，达到了目的？

"世间万物的宿命，其欲望本质富于荒诞，其理想最终湮灭，其命运必为悲剧。"作者开宗明义，意欲通过宇文开、崔文庭、谦明师傅等几个儒释道代表人物溯因逐缘，找寻出路。中国五千年循环往复的历史中，儒释道文化，既是给养者也是依附寄生者，如果没有现代文明的敲击，中国历史的封闭循环终难打破。仅此，恐怕苍生也不尽就得幸福吧？

总括而言，《大梵宫》布局宏大，结构缜密，人物众多而性格丰富各异，人物对话与行止应时应景，恰到好处。作者文化底蕴深厚。其在作品中所作哲理性探索、思辨，可能会让读者不禁转而想着眼下的现实：我是我的王，像极了生活！或许这也是作者想从我这样一位普通读者这里得到的反馈吧？

2020年8月16日于美国尔湾

跋

邱 明

认识余春烛，是在美国雕龙诗社的活动上。当听到这个名字，我不由自主地想到了"春蚕到死丝方尽，蜡炬成灰泪始干"的句子。

后来读他的诗，恰如其人其名，淡淡的。没有嚎叫呐喊、没有惊天动地、没有捶胸顿足；也没有甜腻的风花雪月、没有红唇酥胸，完全没有姹紫嫣红的热闹。

就如春蚕吐丝一般淡淡的却扎实，一字一句、一笔一划编织出美丽的画面，春风般徐徐地吹开思绪；没有烈焰燃烧，没有狂风巨浪，没有倒拔垂杨柳的雄壮，就如小小的蜡烛，燃着小小的火苗，静静地照亮了心灵、温暖了情怀。

就这样，不知不觉温暖了你的心、照亮了你的路、看见了你的过去和将来。这就是作为诗人的余春烛和他的诗。

他待人接物没有夸张、没有吹嘘、没有争吵，甚至没有听他提高嗓音说过一句话。

他就是这样用他的不动声色，关怀着周围的每一个人；亲切地温暖着周围的每一个人。

不知不觉中"疫"来了。

病毒这个东西，比人类来得要早上百亿年，然而它是非常低级的。连细菌都比它高级，细菌是活的。而病毒，没有生命。虽然它从有人类以来，就不停地夺去人的生命。

有记载的瘟疫大流行，雅典鼠疫，近1/2人口死亡，整个雅典几乎被摧毁；九年后瘟疫再次爆发，当时罗马一天就有2000人因染病而死，总死亡人数高达5百万，造成总人口的三分之一死亡；公元4世纪以后，一场空前规模鼠疫在东罗马帝国属地中的埃及爆发，接着便迅速传播到了首都君士坦丁堡及其他地区，死亡人数很快突破了23万人；黑死病在人类历史上是最致命的瘟疫之一，黑死病造成全世界死亡人数高达7500万，其中欧洲的死亡人数为2500万到5000万；在14世纪，2500万欧洲人死于黑死病，而这样一场瘟疫却让一个并不落后的种族在短短几十年间濒临灭绝；16世纪20年代印加文明遭遇上了天花的重创，整个王室几乎都被瘟疫夺去了生命；一种从美洲传入欧洲的疾病是梅毒，它夺走了大量的欧洲人的生命。1629年至1631年，造成大约28万人死亡；伦敦大瘟疫丧生人数，超过当时伦敦总人口的五分之一；之后的莫斯科鼠疫、云南鼠疫等等。

然而这些瘟疫、鼠疫、天花、麻疹、黑死病、梅毒等，伴随着抗生素的发明，现在在地球上几乎已经绝迹了。但是病毒，它却是不能被杀死的。病毒造成的瘟疫，除了人体自己的免疫力之外，至今尚没有办法医治和预防。

凡是可以杀死的东西，一定是有生命的。只有有生命，才可以被杀死。而病毒没有。

它夺取了很多人类和在人类之前的很多生物的生命。有病毒就有了疫。有了疫，人类就有了医。医者对疫来讲，就是战士。医者一举一动都在和疫进行较量。余春烛是医生。

在疫面前没有男女老少、没有肤色人种。那么在疫情面前，医就没有内外妇儿、没有耳鼻喉齿、也没有心肺肝肾的区别。他们都只有一个名字——医生。

当疫来到的时候,余春烛用他的仁爱之心、用他的悲天悯人,担起了医者的使命。

他记下了他所看到的点点滴滴,同时他也在社区内,扎实地做了他的点点滴滴。他也记下了所有人类和医者在与疫的战斗中,所付出的、所思考的、所奉献的。不是为了扬名立万,只是为了把这段历史留给后人,供他们研究。因为"病毒"这个谜题,人类还没有真正解开。

余春烛没有奔走呼号、没有高声呐喊、也没有向世界宣称他做了多少。他只是默默地如春蚕一般,把自己所有的都吐出来,都编织起来,他用自己的身体和自己的知识、自己的全部能力,做成一个盾牌,用这个盾牌护佑着所有他可以护佑的人类。他从来没有向任何人邀功请赏,没有用广告去宣传自己做了多少,他只是默默地奉献着。如同春蚕吐丝,如同蜡烛燃烧着自己。照亮的却是人类,是他所热爱着的人类。

余春烛的文字非常通顺,平易不张扬,很好读。当夜深人静的时候,读余春烛的文字,你可能不会拍案叫绝、也不会手舞足蹈高声叫好。但是这些文字流淌到你的心里,你会觉得一股清新的、柔和的光亮,一种暖暖的潮流流遍了你的身心。让你的思绪变得更开阔、更明朗;让你的内心感到更温暖、更平和。

这就是我想介绍给大家的余春烛。

邱明简介:

邱明 曾用笔名:洛恪、秋明。原北京作家协会会员。少年从军,后就读北京邮电大学，毕业后曾为电脑工程师，业余写作。曾是《中国妇女报》"秋明信箱"主持人；《大众电影》《北京影坛》特约影评员。与戴晴合著《中国女性》，出版《走出心的樊篱》《远嫁中国和远离中国》等书籍，曾于《长城文艺》《中国通俗小说文库》《中华英烈》《北京法制报》等刊物报纸任记者、编辑、副主编等。著有短篇小说、纪实文学、报告文学、影评等并曾获得报告文学、小说和乡土文学奖若干。受到《洛杉矶时报》《基督教科学箴言报》《洛杉矶社会调查报》《编辑与出版》杂志、加拿大《环球邮报》、伦敦《妇女》杂志以及《人民日报》（海外版)专题报道。2004年和2005年凤凰卫视两次进行专访和跟踪报道。1989年始旅居美国洛杉矶。曾在AM1300中文电台、中华之声、金华之声等中文电台担任谈话节目主持人。现任美国洛杉矶华文作家协会理事、美国雕龙诗社秘书长。

是好莱坞故事片、纪录片配音演员。

www.ingramcontent.com/pod-product-compliance
Lightning Source LLC
Chambersburg PA
CBHW030144100526
44592CB00009B/111